老子

引归

谢彦君 著

商务印书馆
The Commercial Press
始于1897

前　言

一

　　老子其人，在历史上可谓扑朔迷离。这不仅是因为老子被道教者流奉为道祖，更主要的是，老子的生平很难在信史中找到确凿的记载。即便司马迁在《史记》中专辟《老子韩非列传》并附有三百多字的老子传记，但一向严谨有加的司马迁在该文中不仅多处闪烁其词，而且所载史料也处处引起后人的质疑。待到20世纪初古史辨派崛起之际，老子其人究竟为谁，生卒于何时何地，与何人有过交接过往等等话题，就更成了人们热议的对象。在各种观点中，有的认为老子其人或本不存在（如孙次舟、杨荣国等），或即便存在，也是战国甚至秦汉以后时人（前者如钱穆、谭戒甫、冯友兰、罗根泽等人，后者则以顾颉刚、刘节等为代表）。詹剑峰在其《老子其人其书及其道论》一书中，借用冯友兰自以为得意的治史经验之谈，将此类疑古之风讥为"愿意怎么说，就怎么说"（冯友兰《四十年的回顾》中语）。疑古派在这一问题上的捉襟见肘主要是其疑古逻辑不能周延之故，有的还存在以立场决定取舍的情况。其实，子学研究领域不同于史学的地方在于，研究者即便可以从极个别的史料失真建构其对史实的怀疑观点，也并不能就此推翻相关子学著作的价值，因为世事虽多更易，但世道人情却总有定理存焉，而子学的使命在于论理，因此，其价值就具有相对的恒常性。疑古派无视于此，遂以人废书，不免本末倒置。所以，以疑古的态度对待古史尚还说得过去，历史之撰写，何尝有过真正的"真实"？但若以同样的态度对待先秦子学，便是罔顾子学论理的一般性，以片面史实之失真而否定子学之价值，恐怕会让后世与诸多伟大的思想失之交臂。倘若以并不完备的史料轻率推断子学著者的年代并误置其学术的历史时段，则必然会影响后世对学术源流的追踪和辨别。2021 年出版的《中国哲学通史（先秦卷）》将"老子的哲学"列于"孔子的哲学"之后，显然是受到了古史辨派历史考据结论的影响。

其实，不管今后人们对老子其人的历史考据会得出什么结论，有一个事实是无可否认的，那就是，《老子》（又名《道德经》）中蕴含的伟大思想，已经得到了两千多年的认可。尽管从史料上看，老子对其同时代学术界的影响似乎不如孔子之巨，但大量史料也证明，孔子本人对老子的推崇——尽管后世儒家门徒不情愿承认——却一再见于先秦儒家典籍。比如，《礼记·曾子问》中，曾子、子夏都曾就礼仪问题请教孔子，而孔子则反复言及"吾闻诸老聃曰""老聃云""吾从老聃""老聃曰"，足见早期儒家并不忌讳"孔子问礼于老聃"这一史实。只是后儒门派观念日重，护法之心益强，方才出现了种种排斥老子及其著作的学术陋习。相反，从《史记》司马迁的口中所见之孔子与老子，则明显是一对惺惺相惜的高人："孔子适周，将问礼于老子。老子曰：'子所言者，其人与骨皆已朽矣，独其言在耳。且君子得其时则驾，不得其时则蓬累而行。吾闻之，良贾深藏若虚，君子盛德，容貌若愚。去子之骄气与多欲，态色与淫志，是皆无益于子之身。吾所以告子，若是而已。'孔子去，谓弟子曰：'鸟，吾知其能飞；鱼，吾知其能游；兽，吾知其能走。走者可以为罔，游者可以为纶，飞者可以为矰。至于龙，吾不能知，其乘风云而上天。吾今日见老子，其犹龙邪！'"《吕氏春秋·当染》也明确说"孔子学于老聃"，显然不是杜撰。在战国时代，老子的思想对各家各派的影响更加广泛，虽然也有遭致负面评价的时候（如荀子对其的诟病），但墨子、尹文子、庄子、列子、韩非子等均受到老子思想的浸润，若非以"某书"为"伪书"或"伪托"为前提（这些假设今日看来多立论不牢或值得深入考证、推敲），便都有迹可循。至于《韩非子》的《解老》《喻老》之作，则更展现了老子思想体系对当时思想家的影响之深。

在战国之后的两千多年间，《老子》一书的传播更为广泛，注家趋之若鹜，代不乏人。时至今日，在中国人的心目中，老子其人其书，即便不能尽详其实，其名也可谓家喻户晓。不仅在学术史的意义上，在文化史、文明史的意义上，老子及其著作都以其智慧的光芒辉耀于历史的天空。《老子》一书被人接纳的程度，一直有增无减。正如张默生所言："中国有最当注意的两部书：一是儒家的《论语》，一是道家的《老子》。"这便是当代中国人继续读《老子》的动力所在。

二

然而，随着时代的变迁，世道的更迭，以及人情的日益浇薄，老子之道论的精髓，也越来越像草蛇灰线一样扑朔迷离了。正如清代学者魏源所说："解老自韩非下千百家，老子不复生，谁定之？彼皆执其一而阂诸五千言者也。"我们该如何把握老子思想的精髓呢？这也是作者的一个疑问。《老子引归》一书的撰写，其目的是通过梳理历来《老子》评论家、注释家的成果，以期回归老子思想的本原。当然，老子神秘，《老子》宏富，凡所欲进入到《老子》世界者，无不人见人异，究竟何者为"老子本原"，其实谁也不敢自信，所以，《老子引归》充其量不过是一得之见，不敢托大。

至于老子思想的核心，按照以往流行的说法，是"无为"。然而，如此简单的表述，其实不足以概括老子思想的本质，也有碍于对《老子》一书的理解，因为，后世被道教所利用的以出世为目的的无为思想，实际上已经走向绝对化、片面化，严重地偏离了老子思想的旨归。统观《老子》全书，不管是就其撰著五千言的立言实践本身来看，还是就《老子》全书集中论述的明君圣王取天下之道来说，都并非绝对的"无为"所能表征的。相反，在《老子》中倒是可以看出为管子所信奉的观点隐约于其中："无为者帝，为而无以为者王，为而不贵者霸。"（《管子·乘马》）因此，老子思想的准确表达，应是"无为而无不为"。在这一思想当中，老子以天道喻人道，在崇尚"自然"（即"自然而然"）的前提下，主张行为伦理上的"不得已"——"感而应，迫而动，不得已而往"（《文子》），从而隐喻了后来被庄子称为"逍遥游"于"无为"和"无不为"两极之间而至于"无穷"的人生智慧，此正所谓"人之有道者，莫不中道"（《关尹子》）。在"无为而无不为"这一总纲领之下，老子提出了一系列近于格式化但本质上充分体现了庄子"游"思想的对立范畴，如"为无为""事无事""味无味""学不学""欲不欲""知不知"等，由这些范畴所构成的连续谱，成了老子行为伦理的实践场景，而真正合宜的行为，就发生在这个谱系中的某个合于"道"的点位上。从本质上看，这一思想与儒家的中庸思想已经没有多大差异了。这是值得注意的一点，它表明道家与儒家在其本源上固然是相互汇通的。

对《老子》一书的理解，还存在一个本体论上的问题，那就是，《老子》一书究竟是宇宙论的、自然观的，还是认识论的、知识观的。主张《老子》一书是有关宇宙万物起源及其运作的人，其良苦用心或在于为老子道论找到一个唯物论的根基，因此，就连科学史家也孜孜以求地在"科学"和《老子》中建立起可信的联系。科学史家的这种态度，无疑是对《老子》注家的莫大鼓舞，从而影响了当代《老子》注家无不倾向于在科学语境理解《老子》。然而，将老子道论比之于"宇宙大爆炸"理论甚至量子物理学的"波粒二象性"说以证明两千多年前老子的"科学洞见"之伟大，这无疑是在虚构老子时代已具备当今科学理论所必不可少的实证条件和知识储备。以这种不免牵强的宇宙论观点看《老子》，一方面会夸大老子思想中科学发现的成分，另一方面会在知识论层面严重低估老子哲学认识论的高度。因此，本书对这种理解倾向持怀疑和摒弃态度。本书对《老子》一书的定性是：它主要是一部知识论之书，是一部哲学认识论著作。它对天道运行规律的观察，是为其考察人类认知世界的规律服务的，这种考察的结论以比附的方式构成了其认知世界的底层逻辑，也是其伦理哲学的知识论基础。以这样的观点注解《老子》，就使得老子哲学中两个最为重要而又相互对立的概念在本书中凸显出来，一个是"道"，另一个是"常道"。"道"是人类语言世界所涉及的万事万物——从而也是人类实践世界以功用或实用定义其本质的万事万物——的总根源或终极决定者。如果自然界（此"自然"

二字为当今物理学意义上的"自然"，非《老子》一书所谓"自然"）确实存在某个造物主的话，那么，"道"就是人类社会在知识疆域中的造物主。这就是本书作者所理解的老子的"道"，它是永动而无所不在的。与"道"相对，"常道"是相对于"能变"（其"所变"即语言世界中的万事万物）的"道"而存在的相对不变的各种常识类知识，各种定理、定义、公理、法规、文化、习俗等知识，皆属此类。如果说，在诠释《老子》的著作已不下千百种的背景下，本书之所以还勉强有问世的动力，其根源则在此。有幸的是，以此基本立场解读《老子》，颇有使作者豁然开朗的感觉。这种感觉在此前出版的《庄子内篇引归》和《名家四子引归》中也都同样出现过。

不过，由于本书既定的"引归"宗旨在于通过征引充分的文献以支撑作者对《老子》一书的理解，因此，即便所征引的文献不止一条，其目的也是能起到采信更加充分、拓展理解视角、丰富阅读体验的作用，希望这样的努力不至于给读者带来烦琐甚至却步之感，也希望这样的努力能切实地激发读者进一步研读《老子》的热情。至于与作者观点相左的前贤注文，除非有值得辨析的必要，否则一概从略。

三

在两千多年的传播过程中，《老子》版本源流交错复杂，版本众多。在诸多世传本中，王弼本一直被认为是较为可靠的经典版本，但郭店楚墓竹简、马王堆帛书、北大汉简出土之后，王弼本面临着重新校订的必要。本书注解即以通行的王弼本（或简称"王本"，指《四部备要》本《老子道德经》，中华书局《诸子集成》收为《老子注》）为底本，充分吸收了 20 世纪以来新出土的文献资料，兼顾多种世传本，择其能贯通《老子》本义者进行校订。主要的参校本有，马王堆汉墓出土帛书《老子》甲、乙本（简称"帛书甲、乙本"或"帛书本"），北京大学藏西汉竹简《老子》本（简称"汉简本"），湖北荆门郭店楚墓竹简本（简称"郭店本"），河上公本，傅奕本（或简称"傅本"），景龙碑本，范应元本（或简称"范本"），以及吴澄本。凡据参校本对原文有重要改动之处，皆在注解中注明。

本书注解的结构安排一仍《庄子内篇引归》和《名家四子引归》之旧，兼顾字注和句解两种阅读需要，同时配合以题解和白话译文，以期最大限度地深化对《老子》文本的理解。凡在注解中引用他书的文字，除非明显的错误，否则一概保持原貌。尽管作者做出了极大的努力，但由于学力不逮，其中错谬之处必不乏见，还望大方之家不吝赐教。

谢彦君

2023 年 12 月 31 日于灵水湖畔

目　录

一章

【题解】

自文字行世之后，各种"经术政教"之言遂尽得威仪，帝王凭以治世，师长借之教人，于是，名教盛行，学者披靡。有德者借由文字之教临人以德，有知者依靠文字之教授人以知，千秋道理，恨不能传承不已，百般教条，巴不得赓续不断。殊不知，即便是金玉良言，也无法回避建言者"其人与骨皆巳朽矣"的事实，怎还可墨守成规？对此如不警觉，必有守株待兔、刻舟求剑之弊。幸运的是，中华文化于其精髓之处，对此早有充分的认识。老子作《道德经》的初衷，也即在"破"此教条之守；其立论之要旨，则全在一"道"字上。

然而，老子之"道"，幽隐玄幻，变化莫测，非言说可及，亦非言教可传，这一点，老子以其"恍兮惚兮，惚兮恍兮"的道象之论，以及"行不言之教"的圣人施教准则，把"道不可道"说得再清楚不过了（在庄子那里，这一思想更进一步借助女偊、轮扁等人之口反复予以彰明）。所以，当其临出函谷关西游之际，面对关尹喜"大道将隐乎！愿为我著书"之请，老子于踌躇之后首言"道可道，非常道"六字，便是极具情境特征的应景之言，既一下子触及了道的本质，也点破了道不可言说而又不得不"假言以说"的传道困境。老子之学，就从首章这"道可道，非常道"

六字开始，一路生发开去，构成了一个宏大而又精密的知识体系。

在这六字当中，有两个根本性的概念："道"与"常道"。"道"本质上难以言说，所以，想借助语言来间接传道其实只是一种不得已的"假言说法"式的传道努力而已。相反，"常道"并不难言，只要形式恰当，任何语言符号都可以作为有效表达"常道"内容的工具，因为"常道"的本质不外是常言、常理、常识、常情，所以，当今科学界流行的种种定理、定义、公理、公式、推理、推论，都属于常道范畴，各种社会习俗、文化传统、法律规范，也属于这个范畴，至于那些通常可以概括为"常言说得好"的谚语、格言、名言、警句，同样也属于常道的范畴。人们对这些常道之言，很容易形成沿袭的惯性，这便是老子所谓的"袭常"（五十二章），而真正善于"袭常"的人，也可以"无遗身殃"。在《老子》全书中，讨论"常道"并非老子的目的所在，因此，相关文字很少。但是，一个不争的事实是，《老子》中所有用来讨论"道"的文字，即便老子努力采用了各种展现"道"之不确定性的语汇，最终也免不了陷入一个吊诡的自我矛盾陷阱：《老子》之书既成，则老子之言即立，于是老子的任何言议便也都成了僵化之言谓，这样，任何以老子之言为"至言""真言"的人也不免成为教条主义者。对此，老子是十分警觉的。《老子》一书通过明确的观点表达、精心的语汇运用、恰当的文本形式设计，将一部论"道"的著作终将成为一部有关"常道"的著作这一吊诡的悖论十分巧妙地展现出来，最终保留了老子道论所强调的"不确定性"，这是《老子》一书"玄之又玄"的品质的最为难能可贵之处。读《老子》书，不理解这个吊诡的悖论，是难以领会老子大道之真谛的。

所以，老子的"道论"之学，首先是破"常道"的学问，这个"常道"，也包括被后世尊奉了两千多年的老子之言。能破此"常道"的，只有"道"；而"道"又难以言说，于是，领会道或悟道，就成了人生修为的最大挑战和终极目标。老子道论之所以被人利用而走向宗教，也与这种修为上的困难有关。在与老子学说关系密切的宗教体系中，道教自不待言，以不立言教为特色的禅宗也显然受到老子学说的启发，甚至佛教体系中所有被中国化了的部分，都能找到与老子学说的关联。这种关联其实也并非关联于老子个人，而是关联于以道家学说为主流的中国学术主脉和中华文明主旨，因为，即便后来获得一尊地位的儒家思想，其实也以与道家思想相通的《易经》思想为源头，其灵魂便是"权宜"或"权变"思想。

这样的学问体系的建立，当然离不开语言体系的支撑。所以，老子道论体系的建立，首先面临着确立概念体系的问题。在首章，老子便将这个问题直截了当地提出来了：在语言世界所构建的理论体系当中，各种名谓、指称构成了理论的基本范畴，它们既是言议的起点，也是理论的基石。在整个道家认识论哲学体系中，两个最基本的概念，便是"无"和"有"，二者决定了道家"道"和"常道"二分法的认识论基础：将世界认定为"无"（即《庄子·齐物论》中那句"有以为未始有物者，至矣，尽矣，不可以加矣"所描述的境界），这样"道"才可以周遍地行其功用；将世界认定为"有"（即《庄子·齐物论》中所言"以为有物而未始有封""以为有封而未始有是非"以及"是非之彰"三种境界），这样"常道"才为人所守。因此，老子于本章言"道"、言"名"，它们都是语言世界的能指符号，对应着客观世界（也包括外化于个人、抽离于情境的独立语言世界）的某种事物、现象或言谓——它们被现代符号学称为所指。同样，老子言"无"、言"有"，二者也是这样的能指，其内涵也各有其所指。只不过，就这些范畴在老子道论体系中的地位来看，它们都是最基本的范畴，具有"元概念"的特质，因此，其重要性自不待言。从老子说"无，名万物之始；有，名万物之母"一语来看，也可以看出这些范畴的重要性。就此而言，该句若读为"无名，万物之始；有名，万物之母"便讲不通了。

从语言逻辑上看，若承认"道"这一能指所指称的道本不可言谓，则"道"这一能指其实也是勉强之"名"，这就是老子说"名可名，非常名"的事实根据。这一道理其实不仅限于对道的命名。对于道家而言，世界正像赫拉克利特所言"人不能两次踏进同一条河流"或孔子所言"逝者如斯夫"一样，具有一种"万物皆流"的本性，因此，从道的意义上来说，万物都是"不可名"的。但是，如果"不名"，又如何利用语言来交流人们对万物的认知呢？所以，万物一定又是"可名"的，即使这种"名"在道家看来十分勉强。而一旦"物"得其名，这个被言说的"物"之"名"便只能是寻常意义上的"常名"。吊诡的是，老子著书，他所欲言议的，恰是那个变动不居的物世界，而不是语言世界的"物"之"名"，因此，老子才说"名可名，非常名"——《老子》全书所动用的各种能指的"名"，其初衷并非人们通常所谓的那些具有固定内涵的"常名"。比如，"无"这一名谓，本来是用以指称那种语言世界之外不可指称的流动的事实的，之所以要给此类事实一个"无"的名，只不过想借助这个"名"以观察、描摹此类事实变幻莫测的奥妙，这便是老子所谓"常无，欲以观其妙"。但是，一旦成"名"，它就必然僵化为一个具有常规内涵的语言能指，这是一定要警惕的。至于"有"这个名谓，虽然它所指称的对象不像"无"所指称的对象那样玄幻，但也有"有物而未始有封""有封而未始有是非"和"是非之彰"的区别，并非一成不变。但不管怎么样，一旦此"名"得成，它们也都瞬间格式化为"常名"，这便是老子所谓"常有，欲以观其徼"（庄子在《天下》篇将上述两种情况概括为"建之以常无有"）。老子的"徼"，就是庄子的"封"，它们指的都是某种边界，就概念而言，即其外延。以上所有此类司空见惯的"常名"，都不是《老子》一书意图要讨论的"名"。所以，老子特殊地强调："名可名，非常名。"在老子的哲学世界，"无"和"有"是一对同出一源而名谓不同的语言范畴，它们本质上都是语言学上的指称，都是客观世界变动不居的现象与语言世界恒常不变的观念之间的纽带或桥梁。明白了这一点，就自然会懂得，语言世界中用以指称客观世界（也包括外化于个体的人的语言世界）之万物的"万物"之名，本来也应该理解成拥有变动不居的品质，而一切僵化、教条的所谓真言、定理，在这样的流动世界中，自然会消解其所谓的"真实性"（reality）。所以，老子之学其实也是有关名实关系的名辩之学。将这个立场作为理解《老子》的一个视角，也能获得极富效率的理解力。

在完成了上述"否定之否定"的逻辑交代之后，对应于"道"与"常道""名"与"常名"的概念框架，老子将"无"与"有"这一对相互对立而又相互依存的语言范畴之间的关系定性为"玄之又玄"，其根据显然是，在这种对立关系中存在着统一的动力。在老子看来，语言世界那些反映人类认知的种种表述，从基本的"名"到各种命题性的表述，进而到规模宏大的理论体系，都是人类的知识存在形态，是人类认知世界的格式化总结。相对于"道"所指称的世界，它们都是僵化的、教条的，是需要借助于"道"去破解的。虽然人们可以在"有"的世界中行事，但必须以"无"的观念检讨这种行事的正当性。正是借助于"道"这一概念，"无"与"有"获得了统一。这既是"道"的玄妙所在，也是"无"与"有"相互对立统一的玄妙所在，更是世界万物是其所是、成其所成的玄妙所在。一言以蔽之，"道"使一切对立的现象得到了统一，所以，"道"可谓"玄之又玄"，"道"是"众妙之门"。

以上笔者对老子"道"及其他诸范畴的理解，建立在几个基本点上，有必要在此作特殊的交代：

首先，上述理解是基于将《老子》一书视为哲学认识论之书，是专门讨论人类认知世界的知识观之书，而不是将该书视为科学宇宙论之书。这是贯穿《老子引归》全书的一个基本观点。

其次，上述理解是基于将老子道论思想视为具有典型的现象学整体论思想的著作，因此，其主旨是批判以分析论为特色的实证科学思想的。二者的对立借由"道"和"常道"的划分而展现出来，科学思想体现为"常道"，老子的现象学思想体现为"道"。但是，老子思想中的反科学观点并非绝对反科学，这在二十一章一句"其情（精）甚真，其中有信"和《庄子·大宗师》一句"道，有情有信"便充分体现出来。也就是说，道家并不排斥"常道"，但绝对反对泥守"常道"。仅仅由于世人皆能于知常、习于守常，所以，老子才致力于用这个"道"对世人的行为伦理加以反向破解。这也是老子基于其当时的社会背景以及文字出现以来人类所形成的思维定式而提出的一种人类自我疗治策略。试想一下，人类社会在其演化进程中所经历的语言、文字、印刷术、大众媒介、互联网数字技术等信息革命，哪一次不在重塑人类的认知模式？居伊·德波所批评的"景观社会"，在哪一次信息革命中不是被进一步强化？人类的伦理观念，在哪一次信息革命中不是在进一步被扭曲而使人不断走向自身的异化？

最后，以上理解是基于对老子"道"与"常道"的二分法的肯定，并以"道"而不是"常道"作为老子学说的最高概念。在这一框架下，老子的"道"是使世界万物是其所是、成其所成的根本力量，这种力量是认识论、知识论的，不是宇宙论尤其不是物理本体论的。用《韩非子·解老》中的说法则是："道者，万物之所然也，万理之所稽也。""万物各异理，而道尽稽万物之理。"所以，"道"不是规律，"道"不是"理"。如果非要将"道"拉向"规律"的范畴，那么，也可以说，"道"是规律的规律，是超越规律的规律，是决定规律的总规律。这个总规律的特点是具有不确定性，因此，"道"不是一般所谓的"规律"。"道"与"常道"的这个关系，也许是先秦时期人们议论的焦点问题之一，因此在《列子·仲尼》篇中也有相关的表述，从中可以看出二者相互纠结、对立统一的关系："无所由而常生者，道也。由生而生，故虽终而不亡，常也。由生而亡，不幸也。有所由而常死者，亦道也。由死而死，故虽未终而自亡者，亦常也。由死而生，幸也。故无用而生谓之道，用道得终谓之常；有所用而死者亦谓之道，用道而得死者亦谓之常。季梁之死，杨朱望其门而歌；随梧之死，杨朱抚其尸而哭。隶人之生，隶人之死，众人且歌，众人且哭。"

所以，"常"字在先秦时当是一个重要的概念，故《老子》中多用之。不过，今本《老子》所用之"常"字，在后来出土的郭店楚简、马王堆汉墓帛书和西汉竹简诸本《老子》中，被证实为西汉时人避汉文帝刘恒讳而改"恒"为"常"（具体情况见附表）。值得注意的是，今本十六章、五十二章和五十五章中的"常"字在三种出土版本中，除了郭店本前两章残缺外，也曾有所出现，且出现的地方是一致的。这是非常重要的信息。尽管"恒"与"常"义同，但就习用的术语组合而言，二者未必尽能互换。从出土版本所涉及的相关文字的具体用法来看，保留的"常"字均有首章"常道"的意涵。所以，本章之"恒道"，其内涵仍属"恒常不变之道"，今天究竟应将其用作"常道"还是"恒道"，已经没有本质区别，因此，本书对首章的"常"字予以保留，并沿用"常道"之意以与"道"相对而言。这是本书立论的又一个基点。

版本\章次	1	3	16	27	28	32	34	37	46	48	51	52	55	61	64	65	74	79
郭店本	缺	缺	缺	缺	缺	恒	缺	缺	恒	缺	缺	常	恒	恒	缺	缺	缺	缺
帛书本	恒	恒	常	恒	恒	恒	恒	恒	恒	恒	常	常	恒	恒	恒	恒	恒	恒
汉简本	恒	恒	常	恒	恒	恒	恒	恒	恒	恒	常	常	恒	恒	恒	恒	恒	恒

毋庸讳言，上述立论的基点，就老学研究的历史和现状来看，是颇为特立独行的观点。实际上，历来的老学研究者在对本章宗旨的理解上，存在着极大的争议，几乎没有定说可言。从整体叙述架构上看，学者无不认同本章是《老子》一书中最为关键、具有开宗明义、统御全书思想的部分，但仅这"道可道，非常道"一语，又正是令多少学术翘楚折腰、铩羽的不解谜题。正如魏源所说的那样："解老自韩非下千百家，老子不复生，谁定之？彼皆执其一言而阂诸五千言者也。"（《老子本义卷上·论老子一》）统

观《老子》历来注家对此六字所作的训解，大体有以下几个难点并相应形成几种不同的主张：

其一者，以"常（恒）道"为老子哲学最高范畴，释"常道"为永存恒在之道，训"常"为"真常""永恒"之意（陈鼓应等）。"'恒道'谓永存恒在之道，此'道'字乃《老子》所用之专词，亦谓为'天之道'（七十二章），'法自然'之道（二十五章）。"（高明《帛书老子校注》下）但此论潜伏的一个根本性问题是，老子哲学在主旨上并不承认"永存恒在"这一命题，它高扬的"天之道""法自然"之道的大旗，其本旨在于强调"天地尚不能久"（二十三章）的变易之道——道无处不在但却随波逐流而绝不恒在、不变，因此，高明将"常道"与"天之道"和"'法自然'之道"并提，其实是硬给老子思想施加了一个自相矛盾的悖论，所以，以"常道"为老子道论最高范畴的主张恐难成立。

其二者，以"道"为老子哲学最高范畴，但却将其解释为天地万物的物质性本源，是宇宙的初始状态。此论多据老子"道生一，一生二，二生三，三生万物"并参及儒家"《易》有太极，是生两仪，两仪生四象，四象生八卦"的宇宙生成模型，将老子的道论推向宇宙论、自然观的范畴。从表面上看，这似乎可以给足老子思想以朴素唯物主义的面子，但实际上却将老子本属于知识论、认识论的哲学思想拉向了神秘主义甚至不可知论。这种从宇宙论、自然观的角度来定义老子的"道"，既贬低了老子哲学知识论的伟大价值，也虚夸了其自然科学观的本体论认知水平，其方向是不合适的，应予扭转。另外，以此论为依据的相应注解也没能安放"常（恒）道"的位置，从而造成了连带性的理论概念自相扞格的困境，因此，这种观点也难以成立。

其三者，是将"道"混同于"理"，本质上是将"道"混同于"常道"。如蒋锡昌云："《庄子·缮性》：'道，理也。'《管子·君臣》：'顺理而不失之谓道。'此道为世人所习称之道，即今人所谓'道理'也。第一'道'字应从是解。"蒋氏以庄子"道，理也"一语而断言"道"即是"理"，是其误读庄子语。庄子在此处所言之"道"，并非老子"道可道，非常道"句中第一个"道"字，而是"常道"之"道"，也包含着"可道"之"道"（引导）的含义。这一点，可以从《韩非子·解老》的相关论述中得到佐证，因为二者的表述方式极为接近而韩非的表述更为明晰："故曰：'道，理之者也。'物有理，不可以相薄；物有理不可以相薄，故理之为物之制。万物各异理；万物各异理而道尽，稽万物之理，故不得不化；不得不化，故无常操。无常操，是以死生气禀焉，万智斟酌焉，万事废兴焉。……凡道之情，不制不形，柔弱随时，与理相应。万物得之以死，得之以生；万事得之以败，得之以成。道譬诸若水，溺者多饮之即死，渴者适饮之即生；譬之若剑戟，愚人以行忿则祸生，圣人以诛暴则福成。故得之以死，得之以生，得之以败，得之以成。……凡理者，方圆、短长、粗靡、坚脆之分也，故理定而后物可得道也。故定理有存亡，有死生，有盛衰。夫物之一存一亡，乍死乍生，初盛而后衰者，不可谓常。唯夫与天地之剖判也俱生，至天地之消散也不死不衰者谓'常'。非（原作"而"，观上下文文意，疑为'非'之形误，故改之）常者，无攸易，无定理。无定理，非在于常，是以不可道也。圣人观其玄虚，用其周行，强字之曰'道'，然而可论。故曰：'道之可道，非常道也。'"显然，韩非与庄周一样，都见到了

"道之理（常）之者"和"道之情（变）之者"，由"道"之"理"而得其"信"，由"道"之"情"而得其"真"，所以，当庄子言"道，有情有信"时，是将"理"和"情"相统一，或者说，是将"道"与"常道"相统一的。细读韩非的大段论述，就可以看出，韩非清晰而准确地理解了《老子》首章所开列的第一对根本性的对立范畴，它们关联到人类知识的全部，却分别以"可道"和"不可道"两种类型呈现出来。这是老子道论的最根本的知识观。另外，从蒋锡昌所引用的管子之语也可看出，"理"与"道"是既有联系但又相互区别的。

其四者，在"道"之"可道"与"不可道"层面持有争议，这属于文章学上的问题。第一种解释是，将"道"视为"可道之道"，将"常道"视为"不可道之道"（如卢育三等），这种理解是直接将"道可道"视为陈述句，最终必然视"常道"为老子哲学的最高范畴，其病与前述第一种主张相同；第二种解释是，只有"常道"才是直接"可道之道"，相反，"道"在本质上是"不可道之道"，而在语言交际实践上又不得不勉强借助言谓而使其成为"可道之道"。这种解释是将"道可道"作为假设条件句，以为勉强可道之"道"不同于确实可道之"常道"，这样，最终自然将"道"视为老子哲学的最高范畴。后一种观点当为符合老子本意者，故为本书所持。

之所以会有上述诸般争论，其缘由是老子行文的高度简约化。老子仅以六字便概括了其宏大理论的基本叙事，这是造成后人困扰的根源。然而，可以肯定的是，这六个字必是老子十分慎重并严谨地予以组织的六个字。其语言虽约，其道理必真。那么，统观《老子》全书，只有将"道"与"常（恒）道"作为两个对立的认识论范畴，并视"常（恒）道"为直接"可道"之"道"，视"道"为不可道但又勉强"可道"之"道"，这样才能通解《老子》全书的所有观点、表述。这就是说，"道"虽勉强"可道"，但由于语言在传递"道"之妙谛方面的局限性，这种"可道"是极具挑战性的，有时甚至是不可能的，以至于老子有"下士闻道，大笑之，不笑不足以为道"之论。所以，《老子》五千言之道论，只是"假言说道"而已，是一种传道路径选择上的"不得已"。在老子等道家经典人物看来，语言世界之"道"，仅仅是语言上的能指，并不是真正的"道"。对于真正的"道"，《庄子·大宗师》作了十分清楚的表述："夫道，有情有信，无为无形；可传而不可受，可得而不可见；自本自根，未有天地，自古以固存；神鬼神帝，生天生地；在太极之先而不为高，在六极之下而不为深，先天地生而不为久，长于上古而不为老。"试想，这样的道，何种语言能够尽其描述之能事呢？从语言作为能指与其所指的实在物的本质关系上看，这样的语言是不存在的。因此，尊奉"道"为其哲学最高范畴的道家在言辩这一问题上主张"不言""希言"，就可以理解了。

道，可道，非常道①；名，可名，非常名②。无，名万物之始；有，名万物之母③。故常无，欲以观其妙；常有，欲以观其徼④。此两者同出而异名，同谓之玄⑤；玄之又玄，众妙之门⑥。

【译文】

道，假言以说，可以；不过，这种不得不借助语言而勉强言说的道，并不同于时人所习称的那种恒常不变的规律性的"道"。名，假言以命，可以；不过，这种不得不借助语言而勉强赋予的名称，并不同于时人所习称的那种恒常不变的固定性的"名"。"无"，本来就是这样一个假言以命的名称，用来喻示万物发生的起始；"有"，也是这样一个假言以命的名称，用来喻示万物存在的根由。把"无"界定为一个恒常不变的固定性的"常名"，目的只不过是借以探究万物生发变化的杳远神妙；把"有"界定为一个恒常不变的固定性的"常名"，目的也不过是借以观察万物生发变化的宽广边界。所以，"无"与"有"这两个名词其实同出于一源，虽称谓不同，但均以幽深玄远为其所指；幽深玄远而又幽深玄远，这就是孕育万物无穷变化的神妙门户。

【注释】

①道可道："道"是可以言说的。第一个道，为道家理论的最高概念，指万物之源；第二个道，言说，称道，引导。常道：常规的道理。常，俗常的，常规的，固定的；道，道理，规律，法则。《韩非子·解老》："道者，万物之所然也，万理之所稽也。理者，成物之文也；道者，万物之所以成也。"司马光《道德真经论》："世俗之谈'道'者，皆曰道体微妙，不可名言。老子以为不然，曰'道'亦可言道耳，然非常人之所谓'道'也；'名'亦可强名耳，然非常人所谓'名'也。常人之所谓'道'者，凝滞于物；所谓'名'者，苟察缴绕。"林希逸《老子鬳斋口义》（以下简称林希逸《口义》）："其意盖以为道本不容言，才涉有言，皆是第二义。"李霖《道德真经取善集》（以下简称李霖《取善集》）："首遯道之一字，大道之道也。下言'可道'之字，言道

之道也。夫大道虚寂，玄理幽深，不可言道，当以默契，故心困焉不能知，口辟焉不能议，在人灵府之自悟尔。虽'道'之一字，亦不可言也。若默而不言，众人由之而不知，故圣人不得已而强名曰道。"案"道"是道家理论体系中的最高范畴，是一个元概念，是使事物"是其所是"的根本规定性或终极存在，义近"自然"，其"生生"功能又与"造物主"相类，但它与"造物主"不同的是，"道"是一个认识论概念，而不是一个宇宙论概念，因此并无生殖实体之物的功能，只有化成、化育某种合于天道之物并使该物在认识论上"是其所是"的功能。因此，"道"的造物功能发生在人的认知世界而非物质世界，它是在知识语境中决定一物是其所是的根本力量。与之相反，尽管"常道"也是一个知识论范畴，但它是世俗社会和一般科学界通常所指的具有规律性、常规性、法条性的理性规则，具有显著的可重复性，这种可重复性建立在某种假定前提的基础上，只要具备此种假定条件，此"常道"即可反复重现，而行此常道者只需要按规律办事，即可获得成功。有关"道"与"常道"关系的解释，在秦汉及更早的典籍中不乏其见，除了韩非之论以外，在《经法·道法》中也可见到："应化之道，平衡而止。轻重不称，是谓失道。天地有恒常，万民有恒事，贵贱有恒位，蓄臣有恒道，使民有恒度。天地之恒常，四时、晦明、生杀、柔刚。万民之恒事，男农，女工。贵贱之恒位，贤不肖不相放。蓄臣之恒道，任能毋过其所长。使民之恒度，去私而立公。变恒过度，以奇相御。正、奇有位，而名弗去。凡事无小大，物自为舍。逆顺死生，物自为名。名形已定，物自为正。故唯执【道】者能上明于天之反，而中达君臣之半，密察于万物之所终始，而弗为主。故能至素至精，浩弥无形，然后可以为天下正。"细品王弼注并纠正传统错误读法，也可见王弼亦区分"道"与"常道"，并以"指事造形"之"常道"为"可道之道"，以"非其常"的"道"为"不可道"："可道之道，可名之名，指事造形。非其常也，故不可道，不可名也。"本句"常"字世传本多同王弼本，而帛书甲本、北大汉简本作"恒"，"恒""常"义通。考帛书本、汉简本，"恒"字均出现二十余次，并全部用作形容词或使动词，几乎没有与他词组成稳定的重要概念的情况；"常"则单独出现七次，说明简、帛二本所据有某种同源性；郭店本因文字脱漏，"恒"字出现次数较少，但仍有"常"字独立出现。王弼本因避刘恒讳而无一"恒"字。故据郭店本、帛书本、汉简本可知，今本《老子》之"常"字，至少在十六章、五十二章和五十五章中原本就是"常"而非后人改"恒"为"常"。

②名：名称，名谓，概念。这里承接上句"可道"一语，特指为"道"命名而形成的一个指称。可名：可以命名。这里指为"道"命名，义同二十五章之"吾不知其名，字之曰道"。名，命名，取名。常名：定名，恒常不变之名。常名是人们日常语言实践中反复使用并用以表征某种稳定的名实关系的名谓、指称。如《荀子·正名》所言："故王者之制名，名定而实辨，道行而志通，则慎率民而一焉。""名无固宜，约之以命。约定俗成谓之宜，异于约则谓之不宜。名无固实，约之以命实，约定俗成谓之实名。"荀子此处所言之名、道，乃经约定俗成之后而获得的相对稳定不变的名，即指常名、常道，与老子所言之具有不确定性、不稳定性的"名"和"道"不同。秦汉以后学界基本忽略了这种细微差别，从而影响了对道家理论的准确把握。

③无：这是老子为其道论建立的第一个基本概念，用以表示

人对变动不居的世界的认识秉持"未始有物"（见《庄子·齐物论》）的观点。司马光《道德真经论》："天地，有形之大者也。其始必因于无，故名天地之始曰无。万物以形相生，其生必因于有，故名万物之母曰有。"《马王堆汉墓帛书·黄帝四经·称》："道无始而有应。其未来也，无之；其已来，如之。有物将来，其刑（形）先之；建以其刑（形），名以其名。"万物：指人类认知世界中的一切事物。王弼注："凡有皆始于无，故未形无名之时，则为万物之始。及其有形有名之时，则长之、育之、亭之、毒之，为其母也。言道以无形无名始成万物，以始以成而不知其所以，玄之又玄也。"（王弼注语中之"无形无名"和"有形有名"本来分别对应于"无"和"有"，这从王弼后文注解言"万物始于微而后成，始于无而后生"也可看出，后世注家不识，误以为王弼读老子原文为"无名""有名"，谬甚）案《老子》中言及"万物"计有十八处，考其义则有二。一者，当其讨论宇宙自然运行之道时所言及之"万物"，往往指自然之物，与人事无涉，此即在自然观、宇宙论中所用的"万物"概念，此种用法出现的频次很少，仅为五章之"天地不仁，以万物为刍狗"，八章之"水善利万物"（有本七十六章原作"万物草木之生也柔脆"，疑此"万物"二字衍），共计二处；其二，指基于人之认识论而构成的一切事物，与现代西方现象学的"生活世界"概念相近，指反映于人的意识当中的一切现象的总和，包括人、物、事或其集合。这是老子常用的"万物"概念，全书计有十六处。历来学界对二者之区别未予理会，这种混淆对待的结果是导致人们大大低估了老子哲学的认识论或知识论高度，也在某种程度上误导了老子哲学的研究方向，牵强地从科学宇宙观角度去拔高老子哲学中的科学本体论水平，以至于将本来为老子所反对的"前识"作为老子理论的现代翻版。

有：是老子为其道论建立的第二个基本概念，用以表示人对呈现出某种定象的万物持有"有物而未始有封""有封而未始有是非"与"是非之彰"（据《庄子·齐物论》）观点时所观察到的"物"的存在形态。本句老子以"无"名"万物之始"，以"有"名"万物之母"，体现了"天下万物生于有，有生于无"的一贯观点。"万物"王弼本原作"天地"，世传本多同王本。然王弼注云"万物之始"，是王本两句原亦皆作"万物"之证。帛书甲乙本、北大汉简本及《史记·日者列传》所引皆作"万物"，据改。

④常无：将"无"作为一个通常的能指，意即赋予"无"以某种相对稳定的意涵。常，作动词用，意谓使之为常态、常式，义承"常道"之常，也呼应六十五章之"楷式"（或谓"稽式"）。观其妙：观察"道性无"的玄妙。妙，精微，深奥，玄妙，这里指概念意涵的不确定性。其，指"无"这一能指所关联的道。常有：将"有"作为一个通常的能指，意即赋予"有"以某种相对稳定的意涵。以上"常无""常有"之义，即庄子所谓"建之以常无有"（《庄子·天下》），是指用语言称谓对相关现象进行概念化的解释、界定。徼（jiǎo）：边界，边际，外延，这里指概念意涵的确定性。王弼注："妙者，微之极也。万物始于微而后成，始于无而后生。"《王安石老子注辑本》（以下简称《王安石辑本》）："道之本出于无，故常无，所以自观其妙。道之用常归于有，故常有，得以自观其徼。"案此句历来注家读法不一，歧义纷呈，而于其言之宗旨，则更其莫衷一是。从读法上看，大体分两派。一种是以无、有绝句，宋徽宗、司马光、王安石、林希逸、范应元、易顺鼎、朱谦之、陈鼓应等多持此说，亦为本书所

持；另一种是以欲绝句，河上公、王弼、蒋锡昌等持此说，今人亦有从之者。为证明后说可持，蒋锡昌论列甚详。然而，此说最大的问题是，恰如卢育三所说："'常无欲，以观其妙'，于老子思想，尚可说得通；'常有欲，以观其徼'，则说不通。老子主张无知无欲，以有欲观物观道都难通。"细审从王弼句读者对文意的解读，多失于迂曲牵强，又由于帛书甲乙本"欲"字后有"也"，有人以此为据断言当从王弼等读法。但帛书本错讹处亦不少，不能视为祖本、定本，且汉简本及其他传世本均无"也"字，疑为衍。

⑤此两者：指"无""有"两个名谓，它们是老子知识论中除了"道"与"常道"之外的两个最基本的范畴。王弼注"两者"指"始与母也"，非是。同出：出自同一本原，即后文之"众妙之门"和六章之"玄牝"，也就是玄妙的道。异名：称谓有所不同，指"无"和"有"两个名谓。同谓之玄：指二者都具有玄妙的属性，故可用"玄"字称之。《王安石辑本》："夫无者，名天地之始，而有者，名万物之母，此为名则异，而未尝不相为用也。盖有无者，若东西之相反而不可以相无也。故非有则无以见无，而无（《集注》"无"作"非"）无则无以出有。有无之变，更出迭入，而未离乎道，此则圣人之所谓神者矣。《易》曰：'无思也，无为也，寂然不动，感而遂通天下之故'，此之谓也。盖昔之圣人常以其无思无为以观其妙，常以感而遂通天下之故以观其徼。徼妙并得，而无所偏取也。则非至神，其孰能与于此哉！然则圣人之道亦可见矣。观其妙所以穷神，观其徼所以知化。穷神知化，则天地之道有复加乎？"苏辙《老子解》："以形而言有无，信两矣。安知无运而为有，有复而为无，未尝不一哉。其名虽异，其

本则一，知本之一也，则玄矣。凡远而无所至极者，其色必玄，故老子常以玄寄极也。"薛蕙《老子集解》（以下简称薛蕙《集解》）："通结上文。'两者'，谓'有''无'也。皆原于道，故曰'同出'；曰'有'曰'无'，故曰异名。"奚侗《老子集解》（以下简称奚侗《集解》）："有生于无，故曰'同出'；有无对立，故曰'异名'。"案老子说"无"和"有"都具有玄妙的属性，这是从知识论角度出发所作出的判断，反映了老子对语言世界中"万物"的"无"和"有"具有独特的知识论见解，而这种见解标志着其至高至妙的知识境界，这种境界后来被庄子予以明确的解读和界定："古之人，其知有所至矣。有以为未始有物者，至矣，尽矣，不可以加矣。其次以为有物矣，而未始有封也。其次以为有封焉，而未始有是非也。是非之彰也，道之所以亏也。道之所以亏，爱之所之成。"（参阅拙著《庄子内篇引归·齐物论》）在庄子所列的四重或四等知识境界中，老子所谓"玄"的境界，就处于前两种境界当中，一种属于"无"，而另一种虽属于"有"但却无封、无是非。恰恰是由于这些"无"，才构成了老子道论的玄奥品质，所以，后文老子才说"玄之又玄，众妙之门"。至于庄子所列的第四重知识境界，则在下章首节给出。帛书甲、乙本此句原作"两者同出，异名同谓。"义同于王弼本。

⑥玄之又玄：此极言道之神妙，不可拘于名谓的指称。这一认知是老子及道家主张施"不言之教"的知识论基础。众妙之门：指道，它是一切变化的源头、出处，即六章之"玄牝"。王弼注："不可得而名，故不可言同名曰玄，而言'谓之玄'者，取于不可得而谓之然也。谓之然，则不可以定乎一玄而已。若定乎一玄，则是名则失之远矣。故曰'玄之又玄'也。众妙皆从（同）［玄］

而出，故曰'众妙之门'也。"苏辙《老子解》："言玄则至矣，然犹有玄之心在焉。玄之又玄则尽矣，不可以有加矣，众妙之所从出也。"奚侗《集解》："高延第曰：'玄之又玄'即庄子'深而又深，神而又神'，赞道之词。道生万物，故云'众妙之门'。"

二章

【题解】

本章紧承上一章言"道"之玄妙，将话题拉向"知"的层面，并将这种"知"作为是非、善恶、美丑等价值观的判别基础，庄子于其《齐物论》中所列举的"是非之彰"的知识境界即与此呼应。"老子认为，天下皆知美之为美，一定是有了丑；天下皆知善之为善，一定是有了恶。同样的道理，一切对立的事物，有此必系有彼，有彼必系有此，彼此互相对立，不断连锁发展，如此矛盾丛生，是非蜂起，天下乃不得安宁。"（黄瑞云《老子本原》）随后，老子又以圣人的无为、不言、弗始、弗恃、弗居之德，将其知识观推向无知的境界。其文章之法可谓大开大合，并且为全书后续之论做了铺垫。

如果以现当代哲学观点评价老子思想，可以说，老子"道论"的灵魂是辩证法，其知识本体论建立在对事物对立统一关系的高度重视当中。所以，当《老子》首章已将道的本质、名分确立下来之后，老子最先触及的问题便是现象界相辅相成的对立统一关系问题。借助于对美、恶和善、不善两对概念所标示的对立统一关系的揭示，老子进而将这种关系作了进一步的一般性推演，概括地列举了有无、难易、长短、高下、音声、先后等诸对矛盾及其辩证统一关系，从而很自然地引申出圣人"居（处）无为之事，行不言之教"的逻辑结论。

按说，只要是"居（处）事"和"行教"，其本质即属"有为"，而"无为"与"不言"只是"有为"行为谱系中的一种独特行为方式。因此，在这段文字表述中，老子实际上已将"有为"与"无为"这一最高层次的对立统一关系暗寓在诸般直观可见的现象界对立统一关系当中，从中亦可看出，老子并非如以往某些注家所理解的那样，断然、决然地主张纯粹的、绝对的"无为"。很显然，"无为""不言"只是针对"有为""有言"的策略上的反动，有效的"居（处）事""行教"才是目标、鹄的，这是理解老子哲学以及整个道家哲学精神实质的关键所在，也是道家哲学至今仍具有其现世价值和持久生命力的根源所在。那么，老子在此所表达的"无为"思想，究竟所指为何？一言以蔽之，乃"不刻意其为"之意！在《老子》全书中，举凡"无为"之论，皆当作"不刻意其为"解，皆须在"无为而无不为"的框架中去理解"无为"，这一点，也与孔子所主张的"毋意，毋必，毋固，毋我"义旨相通。在《庄子》一书中，这一点被阐述、发扬得更其透彻。

在本章，还有一个值得特殊关注的地方，即老子将自己的"无为而无不为"思想具体地展现在一个连续谱当中，形成了"无为自然—有为无功—有功无名"的"作为"序列，"万物作焉而弗始，为而弗恃，功成而弗居"就是这个连续谱三个构成部分的具体表达，而庄子所建立的由至人、神人和圣人共同组成的真人序列，正是老子这个连续谱的系统阐发，而其"至人无己，神人无功，圣人无名"的清晰界定，则为孔子的圣人身份找到了确切的安身之所。这一点是需要特别注意的，它喻示了这样一个事实：

秦汉之后所盛行于学界的儒、道等门派观念，在先秦时期尤其是春秋之际以前，几乎是不存在的。当时学术境界之大，儒、道学术观点之可融通，由此可见其一斑！

天下皆知美之为美，斯恶已；皆知善之为善，斯不善已①。故有无相生，难易相成②；长短相形，高下相盈③；音声相和，先后相随④。

是以圣人居无为之事，行不言之教⑤。万物作焉而弗始，为而弗恃，功成而弗居⑥。夫唯弗居，是以不去⑦。

【译文】

假若人人皆知美之所以为美，则必皆知丑之所以为丑；假若皆知善之所以为善，则亦必皆知恶之所以为恶。所以，有与无相依相生，难与易相辅相成；长与短在比较中凸显，高与下在对照中呈形；音与声相和而应，先与后相随而行。

所以，圣人处事必因任自然，行教必不假言辞。这样，圣人无为而任由万物自发自成，圣人有为却不刻意其为，圣人有功却不居功自重。就因为圣人不居功自重，所以他才不离万物。

【注释】

①天下：这里指所有人。美之为美：美之所以为美。第一个美，为符号学中的能指，是"美"的名谓；之为美，即"美"之所指，是"美"的事实。斯：此，如此，这里指代"天下皆知美之为美"句。郭店本、帛书甲乙本、汉简本均无此"斯"字，王弼本等世传本多有"斯"。已：通"矣"，苏辙本"已"即作

"矣"，下文"已"字汉简本、帛书甲乙本亦均作"矣"。恶：丑。不善：恶。郭店本、帛书甲乙本无"之为善"三字。王弼注："美者，人心之所进乐也；恶者，人心之所恶疾也。美、恶犹喜怒也，善、不善犹是非也。喜怒同根，是非同门，故不可得而偏举也。"《王安石辑本》："夫美者，恶之对；善者，不善之反。此物理之常。惟圣人乃无对于万物。自非圣人之所为，皆有对矣。"此句中之美恶及下文之各对概念，均从名谓上言，因此，本章实就名实关系起论，对此，苏辙《老子解》所言甚明："天下以形名言美恶，其所谓美且善者，岂信美且善哉！"吴澄《道德真经注》亦言："美恶善不善之名，相因而有。"蒋锡昌《校诂》："无名时期以前，本无一切名，故无所谓美与善，亦无所谓恶与不善。迨有人类而后有名，有名则有对待；既有美与善之名，即有恶与不善之名。人类历史愈久，则相涉之事愈杂；相涉之事愈杂，则对待之名亦愈多。自此以往，天下遂纷纷扰扰，而迄无清静平安之日矣。下文乃举'有无'等六对以明之。"蒋论甚是。老子此处言美与恶之名，是就情感而论，相关乎喜好、厌恶；言善与不善之名，是就伦理而言，相关乎是非、对错。因美恶、善不善之名均须在比较中得其实质，故知美则必知恶，知善则必知不善，是乃人情物理之普遍规律。老子举是立言，便能轻松成立其论，于是有以下诸般两两相对之关系。

②故：所以。郭店本、帛书甲乙本、敦煌甲本无此"故"字，他本多有。有无：指名谓上的"有"和"无"，与首章之"有""无"两个能指同义，皆为知识论意义上针对名实关系而形成的对立概念，系从上一句宗旨上推演而出，下文各句亦然。范应元《老子道德经古本集注》（以下简称范应元《集注》）："此以

证上文美与恶为对，善与不善为对。"奚侗《集解》："李嘉谋曰：'天下之物，未有无对者，有无之相生，难易之相成，长短之相形，高下之相倾，音声之相和，前后之相随，有其一，未有无其二。'此以喻美恶、善不善，皆相对而生。"相生：相互依存，相依而生。相成：相辅相成。

③相形：相互比较。形，比较，对照。《淮南子·齐俗训》："短修之相形也，亦明矣。"王弼本"形"原作"较"，他本皆作"形"或假借为"刑"，据改。相盈：相互呈现。盈，为"呈"字之假。王弼本"盈"原作"倾"，汉简本与世传本亦同，郭店本作"涅"，帛书甲乙本作"盈"。帛书整理组云："盈，通行本作'倾'，盖避汉惠帝刘盈讳改。'盈'假为'呈'或'逞'，呈现。帛书《经法·四度》：'高下不蔽其形。'"高明以为"其说甚是"。陈鼓应《老子今注今译》："'盈'为'呈'字之假（盈声、呈声之字古多通假），'呈'与'形'义同，'高下相呈'，是说高与下在对待关系中才显现出来。郭店简本正作'涅'。'涅'通'盈'。"高、陈说是，据改。

④音声：出音和回声，出言和回答。汉简本"音"作"言"。相和：相互应和。《庄子·在宥》篇："大人之教，若形之于影，声之于响。有问而应之，尽其所怀，为天下配。处乎无响，行乎无方。"河上公注："上唱，下必和也。"先后：王弼本及世传本"先"原作"前"，郭店本、汉简本、帛书甲乙本均作"先"，据改。相随：相互追随。《管子·明法解》："故君臣之间明别，则主尊臣卑。如此，则下之从上也，如响之应声；臣之法主也，如景之随形。"

⑤圣人：有道之人，尤指有道之君王，与庄子之"真人"义

近。庄子将至人、神人、圣人合称为真人，并言"至人无己，神人无功，圣人无名"。考老子之"作而弗始"，其意即出于"无己"；"为而弗恃"，其意即"无功"；其"功成而弗居"，则意乃"无名"。居：处，措置，举动。王弼本"居"原作"处"，但其于十七章注云："大人在上，居无为之事，行不言之教，万物作焉而不为始。"可见王注所据原当为"居"。郭店本、汉简本、帛书甲乙本均作"居"，居、处义同，据改。无为：不刻意施为于外物，即因任自然，是老子哲学中最重要的概念之一。奚侗《集解》："本书所云'无为'，皆因任自然之意。道无为而万物化，天无为而万物行。圣人守道，故处无为之事。圣人法天，故形不言之教。"不言：不假言辞。案此句以往注家多侧重于否定意义上的"无为""不言"，其根源在于将老子哲学思想作极端解释，进而推论出老子哲学为"出世哲学"。此论之偏颇在于忽略了老子言语中作为前提而存在的居事、行教的"有为"内涵。换言之，老子此句明言无为和不言是居事与行教之手段、策略，其潜台词则是居事与行教必须依循大道。抓住这一点，既可承接首章要旨，又能贯通全书其他各处关节，还使得道家哲学真正回到当今现实社会，成为可以指导日常治国理政实践的有用之学。

⑥万物作：万物兴作，这里指万事万物然其所然、是其所是、成其所成。作，兴作，创作，作为，造作。弗始：犹"不为始""无为"，不充当万事万物兴作的任何发动者，即完全无为于万物，此即庄子"至人无己"之谓。《马王堆汉墓帛书·黄帝四经·称》："圣人不为始。不专己，不豫谋，不为得，不辞福，因天之则。"为：作为，与"不为始"或"无为"相对。弗恃：不自恃其能。此句言虽有作为，但不勉强、刻意其为，而是因天之

则，此即庄子"神人无功"之谓。弗居：不倨其功名。此句言即便有所成功，但圣人不倨其功为自有，此即庄子"圣人无名"之谓。老子此句列举了圣人的三种境界，即完全无为、为而无功、有功而无名，此乃启发庄子真人有"至人""神人"和"圣人"三种类型、居三种位格的直接思想渊源。理解此句，亦当联系孔子之"人不知，而不愠"及其"绝四"："毋意，毋必，毋固，毋我。""毋我"，犹"无己""弗始""不为始"；"毋意、毋必、毋固"，犹"无功""弗恃"；"人不知，而不愠"，犹"无名""弗居"。本句王弼本原作"万物作焉而不辞，生而不有，为而不恃，功成而弗居"，郭店本、帛书甲乙本、汉简本、敦煌甲本均无"生而不有"，据删；郭店本、帛书甲乙本"不辞"作"弗始"，敦煌甲本、傅奕本、范应元本"不辞"作"不为始"，据改为"弗始"；"不恃"据多本改为"弗恃"。"弗""不"二字古通，而以"弗"的用法为更古老，例如《诗经·小雅·节南山》之"弗躬弗亲，庶民弗信"，而《韩非子·外储上·经五》即引作"不躬不亲，庶民不信"。

⑦去：失掉，离去。吴澄《道德真经注》（以下简称《注》）："不去，长存也。天地不居成物之功，故其功长久而不去。"

三章

【题解】

《老子》一书，其言说的主要对象乃为君王，其著作鹄的在于使君王成为明君圣主。本章于此尤为明确，旨在向君王传授修身、治国之大法。

本章的主题可理解为"行不言之教"，而其具体的展开路径，则是先以强调上行下效的重要性开始，之后则以直言"使夫知者不敢、弗为"作结，全文凸显了老子"去知返道"的思想，为其"无为而无不为"的政治主张做了铺垫。

君王言行的重要性，在先秦时期已为一些有识之士所关注。《诗经·小雅·节南山》有"弗躬弗亲，庶民弗信"之言，即强调君王言行的示范意义。《尹文子·大道上》言："故所齐不可不慎，所饰不可不择。昔齐桓好衣紫，阖境不鬻异采；楚庄爱细腰，一国皆有饥色。上之所以率下，乃治乱之所由也。"《荀子·君道》表达了类似的思想："请问为国？曰：闻修身，未尝闻为国也。君者，仪也，仪正而景正；君者，盘也，盘圆而水圆；君者，盂也，盂方而水方。"依《韩非子·外储说上·说五》所载孔子言行，则荀子的思想当源自孔子："孔子曰：'为人君者，犹盂也；民，犹水也。盂方水方，盂圜水圜。'"由于深明"上之所以率下，乃治乱之所由也"这一基本规律，本章老子即以"不尚""不贵""不见""虚心""实腹""弱志""强骨"来警示君王的言行、修为，最终达到使民"不争""不为盗""心不乱""无知无欲"的治国境界，也使知者"不敢、弗为"。

老子哲学的高妙之处还在于，他将上述规律最终纳入到知识论的框架，从而得出了君王的伦理行为本于"知识"这样的认识论法则，从而很自然地确立了"惟道是从""道常无为而无不为"的道论宗旨。老子对"知"与"道"的这种对立统一关系的认识，不仅在首章通过"道可道，非常道"六字作了高度的概括，在《老子》全书中也通过深入、全面的探讨，将二者的关系做了极为深刻的阐发。在《老子》中，"知"字总共出现60次，与"知"同义的"智"字出现6次，总计66次；与之相对，"道"字出现73次。显然，这两个字是《老子》一书最为重要的关键词。实际上，从二章开始，老子所关注的焦点便已进入"知"的疆域，此后则渐次展开相关论题的阐述，而其宗旨则始终将"知"或"智"置于"道"的对立面来对待，强调"道"的终极地位，通篇隐含着一种"以道御知"的思想。韩非赞孔子，便以"不知"立言："孔丘不知，故称犹盂。"（《韩非子·外储说上·经五》）所以，本章所言"使民不知不欲"，其实与"愚民政治"没有丝毫关系，恰恰相反，它所体现的是老子深重的民本思想，这从他一以贯之地反对"以知（智）治国"的威权政治这一点上就可以看得很清楚。在老子看来，当人民无知于"所尚""所贵""所可欲"时，位高权重的智者则自然有所不敢、有所不为，如此，则天下无不治。

不尚贤，使民不争①；不贵难得之货，使民不为盗②；

不见可欲，使民心不乱③。

是以圣人之治，虚其心，实其腹，弱其志，强其骨④；恒使民无知、无欲，使夫智者不敢、弗为，则无不治矣⑤。

【译文】

不崇尚贤名，人民就不会为名望争锋；不贪欲稀缺的财货，人民就不会成为盗贼；不炫耀诱人的事物，人民就不会心神迷乱。

所以，圣人治理天下，会先虚静自己的心地，充实自己的肚腹，弱化自己的心念，强健自己的筋骨。这样就会总是让人民处于知识阙如、贪欲偃息的状态，所谓智者也会有所不敢、有所不为，如此就没有不可治理之民。

【注释】

①尚贤：崇尚贤名。这里指君王以贤名取士，并非真正重视贤能。《公孙龙子·迹府》曾言齐王："犹好士之名，而不知察士之类。"释德清《老子道德经解》："尚贤，好名也。名，争之端也。"王弼注："贤，犹能也。尚者，嘉之名也。"王注虽释"贤"为"能"（此对后世多有影响），但也明确了"尚者，嘉之名也"，从而喻示着尚贤可能引发的社会效应。案"尚贤"历来被视为君王应有的美德，而老子反其意而用之。《大戴礼记·少闲》："文王卒受天命，作物配天，制无用，行三明，亲亲尚贤。民明教，通于四海，海之外肃慎、北发、渠搜、氐、羌来服。"《墨子·尚贤上》："夫尚贤者，政之本也。"老子此处言"不尚贤"，乃取"不刻意以贤名取士"之义，系针对春秋之际君王以名取士风习而发。《文子·自然》："故不尚贤者，言不放鱼于木，不沈鸟于渊。"《管

子·枢言》:"无功劳于国而贵富者,其唯尚贤乎?"《庄子·天地》:"至德之世,不尚贤,不使能;上如标枝,民如野鹿;端正而不知以为义,相爱而不知以为仁,实而不知以为忠,当而不知以为信,蠢动而相使,不以为赐。是故行而无迹,事而无传。"

②贵:视为珍贵,看重。难得:稀缺。为盗:行盗窃之事。王弼注:"贵货过用,贪者竞趣,穿窬探箧,没命而盗。"寇才质《道德真经四子古道集解》引《南华经》曰:"藏金于山,藏珠于渊,不利货财也。"河上公注:"言人君不御好珍宝,黄金弃于山,珠玉捐于渊也。上化清静,下无贪人。"范应元《集注》:"难得之货,谓金玉之类,倘贵之,则民爱其物而患其无,以至为盗。"

③见(xiàn):显示,彰显,炫耀。可欲:能引起贪欲的事物。乱:迷乱。王弼注:"故可欲不见,则心无所乱也。"范应元《集注》:"不见有可贪之事物,则民心自然不紊乱。"奚侗《集解》:"此言不显示以可欲之事以惑民知。"有本无"民"字。范应元《集注》:"《音辩》云:'古本皆有民字。'"

④治:治理,使有条理,通常指治理国家,这里尤其包括修身。范应元《集注》:"治,理也。理身以理天下也。"弱其志:弱化自己的趣取之念。其,指圣人,下三"其"字义同;志,心意,志向,趣取之念。范应元《集注》:"上守柔和则民化而相让,气不暴也,兹不亦弱其志乎!"《王安石辑本》:"腹既实,则虽有难得之货,亦财、声、色而已。凡所可欲者皆为欲。弱其志,所以无求;强其骨,所以有立。惟其无求也,故不见可欲而有立矣。无所求而有所立,君子之所贵也。惟其能贵于此,则无不治矣。"案本句历来注家多以为"其"指人民,失之甚。盖此节主言圣人之治有三:自治、治民和治吏,自治在于修身,治民在于使民无

知、无欲，治吏在于使吏不敢刻意用知、以知治国。十二章"圣人为腹不为目"即本章"实其腹"之意。

⑤无知：付知识于阙如，即不刻意用知。知，知识，这里指知晓君王之所尚、所贵、所见。无欲：欲望偃息。欲，欲望，这里指超过正常身心需要的贪念。智者：有知或刻意用知之人。弗为：犹"不为"。《老子》六十五章："民之难治，以其智多。故以智治国，国之贼；不以智治国，国之福。"《庄子·胠箧》篇："上诚好知而无道，则天下大乱矣。"魏源《老子本义》："夫民心之不虚者，以其有可尚可贵可欲之事也。无知无欲则无为，纵有聪明知识者出，欲有所作为，而自不敢为。"本句王弼本原作"常使民无知、无欲，使夫智者不敢为也，为无为，则无不治"，汉简本、帛书本"常"作"恒"；"智"分别作"智"和"知"，均无"者"字；"不敢为"作"不敢、弗为"，均无"为无为"三字。全句以汉简、帛书本文安义长，特据汉简本改，并于"智"后保留"者"字，"治"后补"矣"字。

四章

【题解】

《老子》中的"道"，一直有某种神秘性。这种神秘性不是老子刻意经营的结果，是老子以为"道不可道"或"难道"，勉强言"道"，一不小心就会陷入"断灭"的困境——僵死的语言使得"道"之精神不再存在了。本章即试图对"道"之形态、属性和作用方式进行讨论，为了避免陷入"断灭"的窘境，老子特意用了"兮""似""或"这样的虚词，用了"不知"这样的困惑之语，用了一些模棱两可、似乎对立而又实则统一的表达。这一切努力，都是为了使《老子》文本的形式叙事与内容陈述高度地统一起来。从文章学的角度看《老子》全书的这种表达风格，会大大加深对"道"的理解，也会令人为老子文章布局之缜密而叹为观止。

理解本章，对于理解老子"道论"十分关键，因此，值得就此做一些深入的探讨，而其中的关键是解决本章中老子所言的"道"与"象帝"的关系问题。这当中，还要连带讨论一下老子常用的"天地"的概念。

《老子》中凡言"天""天地"，皆有"造物主"的意涵，意其将宇宙万有的实存之物，都归结为天地所造。但在人类的视野中，此"实存之万有"的本质究竟是什么，却永远是个问题，它们也构成了今天科学界不断努力探索的知识领域，人类对此也自有其独特的定义方式和原则。一个突出的特征是，科学界对自然界和人类社会的研究，总是建立在某个假定的前提下，进而对某种"定象"做静止性的观察。而这在道家看来，正是需要突破的一种知识获取路径。道家思想与科学思想之间的张力，便就此而产生。

在《周易·系辞上》中有这样一句话，很可以用来揭示上述两种知识之间的区别和联系："君子居则观其象而玩其辞，动则观其变而玩其占。"在这句话中，明显是将"象"与"变"对举，相应地又将"辞"与"占"对举，本质上是将"确定性"与"不确定性"对举，这说明，"象"乃可观察、可记录的固定之现象，其本质或规律是可以认识的，是可以归纳成为定理、共识的，此即老子首章所言之"常道"（"恒道"）。在本章的语境中，此"常道"便是"象帝"，它就是现象之规律性或现象的宗主，即七十章中所谓"言有宗、事有君"的"宗"与"君"。要认识这个"象帝"已属不易——科学研究的使命即在此，而要厘清"象帝"与"道"的关系，则更其不易。道家理论的高明之处就在于，它认为，与这种可观察、可记录、可求其定理的"象"的规律（即"象帝"）相伴随的，还有一个"变"的现象，一个难以观察、难以记录、几无定理可求的存在，而决定此存在的根本力量便是"道"。在"道"面前，"象帝"因面临着情境的挑战而不得不折屈其对事物本质规定性的刚性守护，令物得以与时迁徙，应物变化，随波逐流，最终曲成其事（物）。这显然是"道"的作用。从这个角度来说，就很自然地可以得出"道"为"象帝之先"的结论。

从上边的分析，或许我们已经可以揭开"道"的神秘面纱了。在笔者看来，老子之"道"本质上是一个认识论范畴而不是宇宙论或自然观意义上的本体论范畴。它实际上就是那种令事物"是其所是"（参考《韩非子·解老》）的根本决定性，存在于人类对一切事物的认识与再认识框架当中。它决定了"竹子是竹子"和"竹子不是竹子"以及"竹子还是竹子"，因此，宋明之际的"性即理"观（据程朱）无法触及"道"的本质，而"心即理"观（据陆王）虽几乎触及了"道"的内核，但当它不能把握"道，有情有信"（据庄子）、"窈兮冥兮，其中有情（精）；其情（精）甚真，其中有信"（据老子）这一兼顾"心"与"性"的总体观点时，也就会成为一偏的理论，从而也自然要形成理学和心学两大几近对立的阵营。这种对立，显然不符合老子本章所主"挫其锐，解其纷；和其光，同其尘"的思想。

老子上述思想的根源在于，它更加重视世界的不确定性。《老子》书中所有关于"道"之恍惚态的表述，都反映了老子对"道"所关联的事物的不确定性的认识，反映了其对世界的"变"的本质的认识，也反映了他在建立"权变"或"曲全"的伦理观时所依据的自然逻辑。从这个意义上说，玄奥的"道"其实并不玄奥，人们在日常事为当中总在践行着它，所以庄子说"道"是"无所不在"的。以这样的观点理解"道"，"道"不再是宇宙论中的万物的起源，不再是量子物理学中的所谓"波"或所谓"粒"，它是认识论疆域中能够将语言符号中的能指与所指达到完美统一的知识论范畴。这样，"道"就是使"宇宙"（能指）成其为宇宙（所指）、使"万物的起源"（能指）成其为万物的起源（所指）、使"桌子"（能指）成其为桌子（所指）的根本力量。只有这样理解"道"，才能体会出"道"的"生生"功能（这时也许可借用高亨的"母力"，或直接用老子的"玄牝"）。当把这一切都置放于认识论、知识论框架的时候，所有这些认识或知识，就都成为概念（前引《系辞上》语句中的所谓"辞"）与现实（前引《系辞上》语句中的所谓"象"）的关系的问题，这时，有关"道"的一切神秘属性，便都涣然冰释了。

　　具体地，再用一个显明的例子来理解上文的讨论。当我们坚持手中的"竹子就是竹子"的时候，这便是"执其锐"，此自非"道"之所为；当我们以为"竹子可以是君子""竹子可以是打狗棍""竹子可以是教鞭"等等时，这便是"挫其锐"，惟"道"能为此，是"道"令其是其所是，而不是基于人类自然观而理解的宇宙、天地实实在在地生成该物。在这里，"道"与"象帝"的地位有了区别，"道"显然可以位列"象帝"之先；当我们为"竹子可以是任何东西"这种纷纭态所困扰时，只要我们应时而动、应景而变地有所作为，比如在遭遇恶犬的威胁时顺势夺下某位绅士手中的竹杖以为"打狗棒"，那么，这便是"解其纷""同其尘"。在这一系列情境变换当中，"物"之所是，完全取决于人类认识论的结论，这显然是后文第八章取象于水而构筑的"上善"之德的体现。通常所言之"和光同尘"，不就是这种基于权变而履行的"道"的实践吗？

　　道冲，而用之又弗盈[①]。渊兮，似万物之宗[②]。挫其锐，解其纷；和其光，同其尘。[③]湛兮，似或存[④]。吾不知其谁之子，象帝之先[⑤]。

【译文】

道体如空虚之巨盅，用以盛物，则永不满盈。渊深啊，它就像是万物之本、万有之宗！它消弭了锋芒，于是也就没有了纠纷；它调和了光耀，于是便能混同于垢尘。幽晦啊，就仿佛似有非有、似存非存！我不知道它为谁所生，只知道它的地位比主宰事物的一般规律还要优先。

【注释】

①冲：通"盅"，器物中空，引申为虚空。老子此处以"盅"喻"道"之体。傅奕本作"盅"，他本皆作"冲"。俞樾《诸子平议》："《说文·皿部》：盅，器虚也。《老子》曰：'道盅而用之'。'盅'训虚，与'盈'正相对，作'冲'者，假字也。第四十五章'大盈若冲'，'冲'亦当作'盅'。"用：利用，如注水于盅。又弗盈：能保持不盈满，义同《庄子·齐物论》所谓"注焉而不满，酌焉而不竭"。又，通"有""或"。《淮南子·道应训》："故老子曰：'道冲，而用之又弗盈也。'"蒋锡昌《老子校诂》（以下简称蒋锡昌《校诂》）："古言盈冲，亦言盈虚。《后汉书·蔡邕传》'消息盈冲，取诸天纪'，即《易经·丰卦》之'天地盈虚，与时消息'也。为'盅'本义以器为比，故下亦以'不盈'为言。四十五章'大盈若冲，其用不穷'，然则'不盈'犹言'不穷'矣。""又"王弼本原作"或"，但其注云："故冲而用之又复不盈，其为无穷亦已极矣。"可见其所引原文或亦为"又"；帛书乙本、汉简本作"有"，傅奕本、敦煌五千字本作"又"。弗，王弼本、河上本皆作"不"，汉简本、帛书本皆作"弗"，前者为后者之抄改，有失于语义的微妙差别，据简帛

本及《淮南子》所引改回。

②渊：深邃。兮：语气词，老子在书中常用类似的语气词或其他具有不确定性的词语（如"或""似"等）来表达"道"的模糊态、变动态，此叙事风格后来被庄子所承续、发扬。宗：本原，主宰，宗主。林希逸《口义》："万物之宗，即庄子所谓'大宗师'也。"奚侗《集解》："'道'，固万物之宗，与'万物之母''众妙之门'同语。"

③挫其锐：消磨它的锋芒。其，指道之用，下同（此句于五十六章重出。"其"于彼处指圣人，为"道之用"在圣人身上的体现，老子灵活化用文意，彼此可以互见）；锐，锐利，锋利。解其纷：消解它的结节。纷，纠结，纷纭，这里指纠缠于末节的事物，类如一团乱麻。陈剑《老子译注》："'挫其锐'，磨砺使无圭角尖锐之处；'解其纷'，万物纷纭复杂，为道所消解，终归于根柢之混一无别。"和其光：降低它的光耀。和，协和，调和；光，光明，这里尤指明亮耀眼的光亮。同其尘：与尘垢混同为一。尘，尘垢，污秽。句谓道本来圆融而无执于纷结，隐晦而无察于尘垢，如此则对事物自然会没有预设的对错之别。马其昶《老子故》："'锐'所以解纷，今挫其锐以解纷；'光'所以出尘，今和其光以同尘。'不盈'之用如此。"劳健《老子古本考》："四句应读如两句，谓'挫其锐以解其纷，和其光以同其尘'也。用锐解纷，犹言用锥解结，与用光照尘，皆事理之常，今反言之，所以明无为之旨。若分释作四句，则无以显其义。"马、劳所见甚是。老子循道而行，所以有"俗人昭昭，我独昏昏；俗人察察，我独闷闷"（二十章）之自喻。以光照之，则必昭昭；以锐解之，则必察察。二者皆非大君子所宜趣取。此乃《庄子·齐物论》中所言

古人知识境界的第一和第二等境界，即"无物"和"有物而无封"（参阅拙著《庄子内篇引归》相关注解）："古之人，其知有所至矣。恶乎至？有以为未始有物者，至矣，尽矣，不可以加矣。其次以为有物矣，而未始有封也。"其中，"封"与"畛"义近，汉简本"同其尘"正作"同其袗"（"袗"通"畛"）。此句重出于五十六章，或以为当删，不取。盖两处文字虽同，但其义旨、功用各随语境，并不违和。此类用法频见于先秦子书，《庄子》即其典型。

④湛（chén）：幽深，隐晦，形容道的隐而未形。似或存：仿佛存在又不存在。此处老子连用两个虚词"似"与"或"，极力状摹"道"的不确定性和混沌态。此种表达手法在《老子》全书中多处重复出现，而《庄子》承之，且又有所发扬，体现了叙述方式上内容与形式的高度统一，这一点，从文章学的角度应予特殊重视。奚侗《集解》："道不可见，故云'湛'。《说文》：'湛，没也。'《小尔雅·广诂》：'没，无也。''道'若可见，故云'似或存'。十四章'无状之状，无物之象'，二十一章'惚兮恍兮，其中有象；恍兮惚兮，其中有物'，即此谊。"

⑤象帝：现象的主宰，这里指现象界各种事物之本质、规律、法式，类于首章之"常道"及下文所引韩非所言之"理"。象，形之于外者，即表象、现象。《周易·系辞上》："见乃谓之象。"帝，主宰者，一般用以象征某种最高的存在，此处借指决定事物本质的根本因素。先：先导，祖先，先在者，这里指"道"。老子在此明言"道"比决定事物本质的"帝"更为优上，倨有该位，万物方能在具体情境中摆脱"帝"之常规（犹"常道"或"恒道"）控制，因顺自然而是其所是。历来注家训"象"为

"似""比拟"或"命名",释"帝"为"天帝",义有未安。一者文意纠结难通;二者因《老子》中乃以"天""天地"与"道"共同构成决定事物变化的初始动力,并无"天帝""上帝"之类的神秘力量。所以,诸解恐多未及老子本义。

五章

《庄子》中曾特辟一篇《刻意》以对各类"刻意其为"的主张和行为进行批评,明确指出:"若夫不刻意而高,无仁义而修,无功名而治,无江海而闲,不道引而寿,无不忘也,无不有也,淡然无极而众美从之。此天地之道,圣人之德也。"在庄子那里,并没有彻底否决"仁义",而是在逍遥游于"仁与不仁"的前提下,对张口闭口仁义道德的行为予以抨击。庄子的这种"无仁义而修"的思想即来自老子的"不仁"之论。

既然"不仁"并非绝对的不仁,那么,老子所谓"不仁",便是在其"无为而无不为"总原则下的"不仁",是在"仁与不仁"之间做恰当的抉择——用老庄的术语,即"因"或"任"。老子所强调的"不仁",即天地不刻意偏爱于万物,圣君也不刻意偏爱于百姓。老子的这种以天道喻人道的论证逻辑其实贯通于《老子》全书。尽管这种思想难免会让人联想到天命论的观点,但是,如果考虑到春秋战国之际中国社会的实际情形,再联系当今世界的现实状况,老子这种借助于唤起人们对天道的敬畏来导引人道的立论方式就显得大有其合理之处,更不用说在中国人的传统思维中,以天道喻人道本来就具有很自然的思想基础。

本章以"不刻意为仁"作为主旨,即林希逸所言之"天地无

41

容心于生物，圣人无容心于养民"，是一种与物、与民"相忘"的思想。老子在确立了这一宗旨之后，则以"刍狗"和"橐籥"两种物类所蕴含的道理为例，进一步阐释"不仁"之论的理据和施行"不仁"策略的技术路线。之所以可以并应该"不仁"，只要看看祭祀仪式中"刍狗"的遭遇就可以明白：刍狗到底被奉为祀品还是被视为可遗弃之物，其决定因素取决于所处的情境，这一事实启迪了道家注重权变、因地制宜的伦理观；天地之所以能"以万物为刍狗"，其根本在于天地拥有如同橐籥一样的虚空之"中心"，由此则可以推演出君王的治世哲学：只有清理干净内心的教条、执念，才能视万物如刍狗；只有视万物如刍狗，万物才能在具体情境中是其所是、成其所成，从而避免让前识性的教条干扰君王对事物本质的认识；当能够端正对事物本质的认识时，君王的治国理政实践就会行止得当，像庄子所说的"缘督以为经"那样恰得其"中"，君王也由此而能成为圣君明王。相反，如果缺少这种认识，国家很快就会走向败亡。

天地不仁，以万物为刍狗[①]；圣人不仁，以百姓为刍狗。天地之间，其犹橐籥乎[②]！虚而不屈，动而愈出[③]。多言数穷，不若守于中[④]。

【译文】

天地不刻意施仁，而将万物视如刍狗一样因境而自成；圣人不刻意施仁，而将百姓视如刍狗一样随遇而自得。天地之间，就像是一个大风箱啊！由于它中部空虚，所以就有用之不竭的蕴蓄；这样，当鼓动风箱时，才不断有气流输出。言语一多，便容易理屈义竭，所以，不如持守虚静中正之道。

【注释】

①天地：指生育万物的自然母体。《老子》中"天地"一词出现凡 9 次，其义均与"万物"相对而立，含有"万物之宗"的含义，义近造物主，而其义理渊源或可溯及《易经》里的阴阳、乾坤学说。不仁：不刻意偏爱谁。仁，与人相亲相爱。《论语·颜渊》："樊迟问仁。子曰：'爱人。'"《韩非子·解老》："仁者，谓其中心欣然爱人也。其喜人之有福，而恶人之有祸也；生心之所不能已也，非求其报也。"《庄子·天运》："至仁无亲。"刍（chú）狗：用草扎成的狗形祭祀之物，用后即弃。王弼注："天地任自然，无为无造，万物自相治理，故不仁也。仁者必造立施化，有恩有为。造立施化，则物失其真；有恩有为，则物不具存；物不具存，则不足以备载矣。"林希逸《口义》："生物仁也，天地虽生物而不以为功，与物相忘也。养民仁也，圣人虽养民而不以为恩，与民相忘也。不仁，不有其仁也。刍狗，已用而弃之，相忘之喻也。三十八章曰：'上德不德，是以有德。'不仁，犹不德也。《庄子·齐物》曰：'大仁不仁。'《天地》曰：'至德之世，相爱而不知以为仁。'亦是此意。刍狗之为物，祭则用之，已祭则弃之，喻其不着意而相忘尔。以精言之，则有'所过者化'之意，而说者以为视民如草芥，则误矣。"林氏所言刍狗喻"所过者化"一语，是对《老子》精髓的深刻洞见，甚是。案"仁"为儒家学说的最核心概念，也是孔子早期所力主的学说根基，而老庄之学皆以"不仁"（即不刻意用仁）立论，这种观点在早期名家代表人物邓析那里也可以见到类似的表述："天于人无厚也，君于民无厚也，父于

子无厚也，兄于弟无厚也。"（《邓析子·无厚》）

②橐籥（tuó yuè）：古代用皮囊、竹管结合做成的用以压缩空气来产生气流的鼓风工具，后来发展为由木箱、活塞、活门构成的风箱。杜光庭《道德真经广圣义》："橐乃皮囊以鼓风，籥乃竹管以运气。"吴澄《注》："橐籥，冶铸所用，嘘风炽火之器也。为函以周罩于外者，'橐'也；为辖以鼓扇于内者，'籥'也。天地间犹橐籥者，橐象太虚，包含周遍之体；籥象元气，絪缊流行之用。"王弼《道德真经注》："橐籥之中，空洞无情无为，故虚而不得穷屈，动而不可竭尽也。天地之间，荡然任自然，故不可得而穷，犹若橐籥也。"

③虚：空虚，这里借橐籥中空无物以比喻道体的虚无状态，这种状态是"动而愈出"的条件。屈（jué）：枯竭。《管子·心术上》："天之道，虚其无形，虚则不屈。"房玄龄注："屈，竭也。"动：启动，发作，动作。《尔雅·释诂》："动，作也。"这里专指鼓风动作，暗喻有为、有言等作为。愈出：越能出风。愈，帛书、景龙碑本、傅奕本、范应元本作"俞"，古愈、俞通。范应元《集注》："'俞'，傅奕引《广雅》云：益也。《汉史》有'民俞病困'。"案风箱因其结构特点，中部空虚是能够施力鼓风的前提，越是中间空虚则出风越多。老子借此强调"中虚"的重要性，从而引出后文"守中"的道德建议。

④多言：言语过多。这里也有政令过于繁杂之义。数（shuò）穷：屡遭困境。数，每每，往往，屡次；穷，尽，完结。守于中：处于虚静、中和的状态。中，与"冲"通，此处以橐籥作譬，兼取空虚（犹"冲"）、中正（犹"不偏不倚"）二义。河上公在上一章训"冲"为"中"，《老子想尔注》亦释"道冲"为"道贵中

和，当中和行之"。薛蕙《集解》："数，屡也；穷，极也。承上
文而言道体如是，本非言之所能为，亦非言之所能尽也。若求之
于言，则言语愈多，适屡至于穷极耳。惟忘言而守中，则道自不
远矣。"苏辙《老子解》："见其动而愈出，不知其为虚中之报也，
故告之以多言数穷，不如守中之不穷也。"案本句"多言"与"希
言""不言"相对，为老子所不取，而孔子亦有"无多言，多言
多败"（《孔子家语》）、"予欲无言"（《论语·阳货》）之说，墨
子则有"多言何益？惟其言之时也"（《太平御览·卷三百九十》）
之议，可见春秋战国之际诸家之学于此多有共通之处。本句汉简
本、帛书本、《老子想尔注》本、遂州龙兴碑本（存于《道德真
经次解》）等"多言"作"多闻"，《文子·道原》所引亦为"多
闻"，傅奕本作"言多"。蒋锡昌《校诂》："强本成疏，'多闻，
博瞻也'。是成作多闻。二十三章'希言自然'、四十三章'不
言之教'，'多言'为'希言'或'不言'之反；《老子》自作'多
言'，不作'多闻'或'言多'也。"蒋说是。但若作"多闻数
穷"，文意亦通。乃与老子"绝学无忧"、邓析"掩目塞耳"诸家
主张相合。如《文子·精诚》："老子曰：'末世之学者，不知道之
所体一，德之所总要，取成事之迹，跪坐而言之，虽博学多闻，
不免于乱。'"联系后文"守于中"之论，则"多言"为出，"多
闻"为入，出入皆得其"中"，乃为先秦道、儒、墨、名家所共
同主张的观点。句中"守于中"，王弼等世传本多作"守中"，但
汉简本、帛书本有"于"字，更能兼顾中正、空虚二义，据补。

六章

【题解】

对于"道"的认识，存在着无数的维度或层面。老子《道德经》全书做过各种努力来尝试对"道"进行描述、界定，这便是依循"道"之"可道"与"不可道"二重属性而施行的自然叙述策略。以"可道"的态度描述、界定"道"而不陷入将"道"理解成"常言之道"，或以"不可道"的态度描述、界定"道"而不陷入不可知论，这便是道家哲学独特而高妙的"守中"之法。世俗不解此微妙玄理，便以为道家之论皆"空言无事实"，这显然是离道而论道，终不能得其旨意。

本章老子主言"道"的化育功能。老子以"谷神"譬"道"，以"玄牝"喻"道"，寥寥数语便将"道"之特性、功能刻画出来，并且建立了"道"与天地、万物之间的关系。依笔者陋见，老子所言的"天地"与"玄牝""谷神"或"道"的关系，或可作如下理解：天地是化生自然万物的母体，而由天地所生育的万物也是自然实在，因此，天地是各种自然实在的造物主。联系《老子》其他章节的内容可知，与"天地"生万物不同的是，"道"（尤其是"圣道""人道"）生万物并非物理意义或生理意义，乃是基于人类视角而能够使那些天地所生之"自然实在"得以在人类事为当中重新"是其所是"的根本规定性或决定性力量（这一点与当代西方的现象学精神颇为一致，值得特别关注）。由于天地的造物功能，所以才有实在的万物（如实在之"山"），并使得人们产生"看山是山"的客观性认知；由于道的社会化成作用，才会出现"看山不是山"和"看山还是山"的神妙变化。所以才说"玄牝之门，是谓天地根"。既然涵育万物的天地都由此而出（即所谓"天地之始"），则万物之始，自然也必由此玄牝之门所生。此也正是"道"为"象帝之先"的本义——道是万物（包括天地）的本源之始，也是万象的终极之归，因为只有"道"才使得"天地"成为天地，"万物"成为万物，"规律"成为规律。

历来注家中或有从宇宙论而不是认识论角度理解此章宗旨者，显得十分牵强，不仅造成对文意的误解，还将老子的辩证法认识论硬性拉扯到科学的宇宙论语境，过度夸大了老子时代所能达到的科学水平，又严重贬低了老子认识论哲学的理论高度。至于将本章要旨解作胎息养生之术者，本为后世道教者流善于施展的移花接木伎俩，恰如庄子所说"此道术之士，养形之人，彭祖寿考者之所好也"，更不足与老子思想相提并论。林希逸就明确指出："此章虽可以为养生之用，而初意实不专主是也。"对此类附会之说，薛蕙《集解》也有所批评："《老子》曰'谷神不死，是谓玄牝'，自古为玄牝之说者，往往不本谷神而别为异说，皆非《老子》之本指也。"

谷神不死，是谓玄牝①。玄牝之门，是谓天地根②。绵绵若存，用之不勤③。

【译文】

孕育万物的"谷神"（即"道"）是不会死亡的，所以称它为幽深玄妙的母体。这个母体的生育之门，可以称作天地造化的起始。它细微得似有还无，但效用却无穷无尽。

【注释】

①谷神：指与某种具有生养功能的空虚之体同时并存的精神实在，义同"道"，是使万物是其所是的根本决定性。谷，为老子借用具象的溪谷等空间形态的能容属性以及粮谷的能生属性而建立的一个哲学概念，用以表示空洞而能涵育万物的某种物质实体；神，这里指依附于"谷"并具有能变属性的精神实在。陈鼓应《老子今注今译》："'谷'，形容虚空。'神'，形容不测的变化。'不死'，喻变化的不停歇。"司马光《道德真经论》："中虚故曰'谷'，不测故曰'神'，天地有穷而道无穷，故曰'不死'。"严复《老子道德经评点》："以其虚，故曰'谷'；以其因应无穷，故称'神'；以其不屈愈出，故曰'不死'。"帛书甲、乙本"谷"作"浴"，有本亦作"浴"，注家或训"谷"为"穀"之假字或"浴"之异文，或以为"谷""浴"并为"欲"之借字。蒋锡昌《校诂》云："《老子》言'谷'者多矣，如十五章'旷兮其若谷'，二十八章'为天下谷'，三十二章'譬道之在天下，犹川谷之于江海'，三十九章'谷得一以盈'，四十一章'上德若谷'，谊皆取其空虚深藏，而未有为他训者，此字当亦同之。'浴''穀''欲'虽可与'谷'并通，然以《老》校《老》，仍当以'谷'为当。"蒋说是，诚能发扬"谷"字内涵之丰富性。玄牝（pìn）：幽深的母体，是老子对谷神的另一譬喻性称谓。玄，幽深

莫测，玄奥；牝，母体，也用以比喻溪谷。《大戴礼记·易本命》：
"丘陵为牡，溪谷为牝。"《朱子语类·老氏》："玄，妙也；牝，是
有所受而能生物者也。至妙之理，有生生之意焉。"《王安石老子
辑本》："谷者，能虚也，能容也，能盈也，能应也。有此四德，
不知所以然，故谓之神。有其神则不死，[不]死则不生。不生，
故能生生而不见其迹。牝，取生物之意。生物而不见其迹，故谓
之玄。《易》曰'太极生两仪'，是亦玄牝之谓也。"奚侗《集解》：
"道主虚、静，故常以溪、谷、雌、牝为喻。'谷'本至虚，言神
则无形可见，无形者无生，无生，又安有死？'牝'，母也。母
常不死，其生万物也无迹，故云'玄牝'。"

②天地根：天地之始。四十章："天下万物生于有，有生于
无。"吴澄《注》："'门'谓所由以出，'根'谓所由以生。虚无
自然者，天地所由以生，故曰'天地根'。'天地根'者，天地之
始也。"

③绵绵若存：虚渺的样子似有还无。绵绵，细弱，连绵。朱
谦之《老子校释》引成玄英曰："'绵绵，微细不断貌也。'"若存，
仿佛存在但却不能肯定。勤：竭尽，穷尽。王弼注："欲言存邪，
则不见其形；欲言亡邪，万物以之生，故'绵绵若存'也。无物
不成用而不劳也，故曰'用之不勤'也。"苏辙《老子解》："绵
绵，微而不绝也。若存，存而不可见也。能如是，虽终日用之而
不劳矣。"奚侗《集解》："'绵绵若存'者，若有若无也；'用之不
勤'者，布施不尽也。"案老子言"绵绵若存"，是其经常用"若"
之类的字眼来描述"道体"的幽深灵妙和变化莫测，庄子亦承用
此叙述方式，足见道家对于语言与道之关系在表述上的谨慎态度。

七章

【题解】

本章仍是以天道推人道的叙述方式立论。

万物之生，事涉三类，即自生、他（它）生与生他（它）。他生受于外因，生他成就外物，惟自生乃属为生而生，与其他二者相对。老子谓天地不自生，则其所能，必是他生与生他，此正是列子所谓"生物者"或"化物者"。在《列子·天瑞》中有这样的表述："故生物者不生，化物者不化。自生自化，自形自色，自智自力，自消自息。"在这里，列子明确指出，像道、天地这样的"生物者"或"化生者"，其自身必然是不生不死、不化不变，具有某种永恒性。列子对黄老之言的这种解读非常契合本章的主旨，薛蕙《集解》就表达了相当的推崇："顾自庄列之后，未有能知其说者，信乎知言之难也。"天地这种"生生"功能以及"长生"禀赋，在根本上取决于其"不自生"的自然特性。按前文所述，天地之生始于道，此即他生；天地化育万物，此即生他。天地惟其能生他、他生而不自生，所以能久久为生。天地如此，圣人亦当循天地运行之理而为，不自生则可长生，不先人则能不后人，外其身而能身存。后来庄子在其《逍遥游》篇以"至人无己，神人无功，圣人无名"立论全书，其思想渊源即当本于老子的"不自生"思想。

本章还有一个难解的"私"字，一直困扰历代注家对老子思想的贯通式理解。其实，道家并非主张彻底的"无私"，而是要把"私"统一在"公"的框架之内，在"行不得已"的总原则下，将存身之道与有功于世、有名于时相统一，不仅要避免因刻意追求功名而陷入庄子所谓"行名失己""亡身不真"的境地，也要避免全然无所作为而致民生寥落。因此，圣人所成之"私"，是其"大私"，即保身佑民之"私"，其义近于"公"，而此"公"也并非有心为之的"公"，乃是同于"天地不仁，以万物为刍狗"而最终形成的"大公"。不过，本章所包含的老子的悯民思想，基本上被历来的注家忽略或误解了。实际上，要想正确理解本章主旨，不应该脱离老子"无为而无不为"以及为庄子所进一步发扬的真人（包括至人、神人和圣人）无己、无功、无名的思想，并且在根本上把握老庄之"无"乃是以"有"为前提的"无"，绝非彻底的或断灭的空无。这是老庄之学得以绵绵不断传之后世的根源所在。

天长地久①。天地所以能长且久者，以其不自生，故能长生②。是以圣人后其身而身先，外其身而身存③。非以其无私邪？故能成其私④。

【译文】

天运悠长，地命持久。天运、地命所以能悠长而又持久，在于它们都不谋求自生自养，所以才能长葆其生生不息的化育功能。因此，圣人若能处身他人之后，反而会处人之先；若能置性命于度外，反而会保全性命。这不就是因为他摒除了私念吗？所以才能成就他的大"私"。

【注释】

①天长地久：天运悠长，地命持久。河上公注："说天地长生久寿，以喻教人也。"苏辙《老子解》："天地虽大，而未离于形数，则其长久盖有量矣。然老子之言长久极于天地，盖以人所见者言之耳。若夫长久之至，则所谓天地始者也。"苏子之特别提醒，在指出天地之长久尚不可比于道之长久。

②自生：自我生养。生，生育，生养。长生：有持续的生育功能，兼有长寿义。王弼注："自生则与物争，不自生则物归也。"苏辙《老子解》："天地生物而不自生，立于万物之外，故能长生。"案本句承上一章"谷神不死"之旨再做申论，进一步明确"不自生"与"长生"的关系。联系《老子》三十三章，则更能理解老子于此所言之"长久"的深层含义："不失其所者久，死而不亡者寿。"

③后其身：身居人后，这里指不争功，即庄子所谓"神人无功"。身先：身居人前，这里指冀求功成。外其身：这里指将性命置之度外，即庄子所谓"至人无己"。身存：得以保全性命。

④无私：没有私念，即做事不出于私心。王弼注："'无私'者，无为于身也。身先身存，故曰'能成其私'也。"案本句两个"私"字当分别看待，前者可谓"小私"，为"有我"心态下的私念；后者可谓"大私"，为"无我"心态下的私念。在道家看来，做事若先在念头中"有己""有功""有名"，则皆属由"有我"的私意驱动，其结果必将事与愿违。这在儒家经典人物那里，也持有同样的观点。《论语·子罕》："子绝四：毋意，毋必，毋

固，毋我。"孔子所绝者，正与《老子》的主旨相契合。李霖《取善集》："此章言道者为之公。天地体道故无私，无私故长久。圣人体道故无私，无私故长存。自营为私，未有能成其私者也。学者体道之公，不私一己，亦得其长久也。"

八章

【题解】

本章主旨在"上善若水"四字。

这是一种"以水比德"的立论方式。本来，从人的立场来看，"水"并非一种完全无害的客观存在。"水火无情"便是这种认识的反映。但从"利用"的角度来看待水，水于万物确实以"善利万物而不争"为德，《老子》正是在这个基点上讨论圣人之德的。

常言道"智者乐水"。水之本性在于"无形"而又"任物成形"，即所谓"盂方水方，盂圜水圜"。以"无形"之水启发"圣德"，核心在于应变，而应变之本即在一个"权"字，这也是道家思想的命脉之一。老子所强调的，或者说，在本章中展现出来的道家与其他各家尤其是儒家有关"水德"的认识上的不同，便是这个"权"字。比如，儒家对于水之德也有类似于道家的观点。在《孔子家语》《荀子》和《说苑》中，都有关于孔子"以水比德"的记载，三种文本虽然文字略有出入，但大旨无异。以《说苑·杂言》所载为例："子贡问曰：'君子见大水必观焉，何也？'孔子曰：'夫水者，君子比德焉：遍与而无私，似德；所及者生，似仁；其流卑下句倨，皆循其理，似义；浅者流行，深者不测，似智；其赴百仞之谷不疑，似勇；绰弱而微达，似察；受恶不让，似包蒙；不清以入，鲜洁以出，似善化；至量必平，似

54

正；盈不求概，似度；其万折必东，似意。是以君子见大水观焉尔也。'"同样，在《管子·水地》篇中，也有类似关于"水德"的表述："夫水淖弱以清，而好洒人之恶，仁也；视之黑而白，精也；量之不可使概，至满而止，正也；唯无不流，至平而止，义也；人皆赴高，己独赴下，卑也。卑也者，道之室，王者之器也，而水以为都居。"显然，在本章所列需体现"上善"思想的"居善地，心善渊，与善仁，言善信，正善治，事善能，动善时"七个事项中，其中的"善"字，皆取"至善""上善"之义，可以理解为"最善于"的意思。因此，不可用世俗的善恶之义去衡量这个"善"字。"善地""善渊""善仁""善信""善治""善能""善时"，指的都是能够做最好、最恰当的选择，换言之，指的是行为上都能合于"中道"。根据老子的道家思想，它们都可以用"地不地""渊不渊""仁不仁""信不信""治不治""能不能""时不时"的独特语言形式加以表达（如六十三章之"为无为，事无事，味无味"及七十一章之"知不知"）。从中也明显可以看出，道、儒两家的观点，大有其可沟通处。尤其是在几个关键点上，道、儒两家并不存在本质性的隔阂。比如，儒家讲"仁""信"，老子亦讲"仁""信"，只是老子更强调借助于"权"而达到"上善"的目标。且单纯就此而论，儒家也并不鼓励僵化地用仁、取信，而是有一个终极的"中庸"哲学在那里"权宜"所有事为的分寸。正如《论语·雍也》孔子所感叹的那样："中庸之为德也，其至矣乎！民鲜久矣。"就此而言，"中庸"与"上善""道""上德"，又有什么区别呢？

因此，理解本章的主旨，关键在于摆脱以往受儒家后学所刻意强调的道、儒之分而产生的误解。既不可断言道、儒在这方面的学说无别，也不可遽说道、儒之间完全脱钩甚至互为反对。尤其是要将先秦道、儒经典人物的观点与其后学的观点流变加以甄别，还原先秦各家在思想上的融通属性。这样，才有益于各家学说之古为今用。

在理解道、儒两家理论的关系方面，蒋锡昌是深有所见的。不过，他在本章的注解中说："本章以水为比，言圣人不争之德。易词以言，不争即无为也。"此语虽不错，但并不全面，尤其当人们将"不争""无为"绝对化之后，此章之真旨更容易被误解。如果仔细揣摩此章所列之"七善"用意，便可知老子并非言绝对的"不争""无为"，而是在警告不可做刻意之争、刻意之为，为则为其"不得已"，为其"全而归之"，其实际的操作策略是"曲全"，以此最终达到符合道家标准的"居地""心渊""与仁""言信""政治""事能""动时"，这样也就能达到诸事皆"有得"的境界。

庄子在《天下》篇中概述老子之学时就说："其动若水，其静若镜，其应若响。"足可见本章在《老子》中的地位。《汉书·司马迁传》对道家思想的总结，也体现了若合水德的思想境界："道家使人精神专一，动合无形，澹足万物。其为术也，因阴阳之大顺，采儒、墨之善，撮名、法之要，与时迁徙，应物变化，立俗施事，无所不宜，指约而易操，事少而功多。"这些，都应该对我们理解本章主旨有所帮助吧。

上善若水[①]。水善利万物而不争，处众人之所恶，故几于道[②]。居善地[③]，心善渊[④]，与善仁[⑤]，言善信[⑥]，正善治[⑦]，事善能[⑧]，动善时[⑨]。夫唯不争，故无尤[⑩]。

【译文】

至高的善就像水一样。水善于润泽万物而不与之相争，停留于通常为人所厌恶的地方，所以最接近于道。至善之人平时善处卑下之地，善于使心绪澄静得如同深渊，善于恰当地施与仁爱，善于恰当地以言取信，善于恰当地施政治国，善于恰当地任贤使能，行动时善于伺机而动。由于持有不争的态度，所以，就不会有过失。

【注释】

①上善若水：至高的善就像水一样。上善，至善，犹至德或上德。案道本无分善恶，惟德有上下之别，故善属于德之范畴。但上善可比于至德，而至德必合于道，故老子以水譬至善，盖因至善亦合于道。从三十八章"上德不德"可知，"上善若水"寓有"上善不善"之意。李霖《取善集》："善者道之继。水为五行首，离道未远，其性最近道，盖离道则善名立矣。上善若水，物理自然。"李说是。

②善利万物：善于成全万物。善，善于，擅长。本章所用"善"字，尤宜以老子"道"的本义来解释，并始终关联于"上善若水"的特殊语境；利，对某物有利有益，利益，成全。不争：王弼等世传本皆同，但汉简本、帛书乙本作"有争"，帛书甲本作"有静"。高明以为"此文完全可以从甲本读作'上善似水，水善利万物而有静'"（《帛书老子校注》），但此三本后文又有"不争""不静"，且文意前后扞格，疑其有误，故高论难立。处：居处。帛书本、傅本、范应元本作"居"，义同。恶（wù）：厌恶。几（jī）于道：与道接近。几，近。河上公注："众

人恶卑湿垢浊，水独静流居之也。"王弼注："人恶卑也。道无水有，故曰'几'也。"李霖《取善集》引陈景元《纂微》曰："此三能之近道也。水性滋润，利泽万物，故曰'善利'，此一能也。方圆任器，壅决随人，故曰'不争'，此二能也。众人恶卑，水性趋下，此三能也。夫水利物则其仁广大，不争则其德谦光，处恶则其量忍垢，举水性之三能，唯至人之一贯，德行如斯，去道不远，故曰'近尔'。"魏源《老子本义》引李贽曰："凡利物之谓善，而利物者又不能不争，非上善也。惟水不然。众人处上，彼独处下；众人处易，彼独处险；众人处洁，彼独处秽。所处尽众人之所恶，夫谁与之争乎？此所以为上善也。"后文七个"善"字，皆当作"善于"解，并且以"上善"为标准，则相应之"地""渊""仁""信""治""能""时"皆非取其普通意义，而是达至"上善"的境界（如"仁"即为庄子所言"大仁不仁"之"大仁"，其他以此类推），这样，便使得道家与儒家在这些方面有了区别，尤其当后期儒家不能将"中庸"（本有"至善"之义）这一儒学精髓有效贯通于以上各个概念时更是如此。

③居善地：平时善处卑下之地。居，平居，平时，与下文"动"相对，指闲处、无事之际。三十一章："君子居则贵左，用兵则贵右。"《周易·系辞上》："君子居则观其象而玩其辞，动则观其变而玩其占。"地，选择所居之地，在此指以卑下之地为居，是合于道的居处观。《荀子·儒效》篇："至下，谓之地。"又《礼论》篇："地者下之极也。"奚侗《集解》："此言'善地'与六十六章言'善下'同。"蒋锡昌《校诂》："'居善地'，言居好下也。居好下者，即六十一章'大者宜为下'之义。"

④心善渊：善于使心绪澄静如深渊。《庄子·在宥》："其居

也，渊而静。"蒋锡昌《校诂》："《广雅·释诂》三：'渊，深也。'《广雅·释天》："'渊，藏也。''心善渊'，言心好深藏也。十五章：'古之善为士者，微妙玄通，深不可测。'《史记·老子列传》：'老子曰：……良贾深藏若虚；君子盛德，容貌若愚。'皆此所谓'心善渊'也。"

⑤与善仁：恰当地施与仁爱。与，给予，施与。陆希声《道德真经传》（以下简称陆希声《传》）："其施与若水之润泽。"案本句并非指以仁为尚，乃有"不强以为仁"的意思，旨承五章"圣人不仁，以百姓为刍狗"的"大仁不仁"之说。汉简本、帛书本"与"作"予"，义同；景龙碑本、傅奕本"仁"作"人"，义通。汉简本、帛书乙本"仁"作"天"，当亦取"天地不仁，以万物为刍狗"之意，以言给予当合于天道。

⑥言善信：善于以言取信。这里寓有善于以"希言""不言"取信的含义，此为老子所主张的言之道。蒋锡昌《校诂》："二章，'是以圣人处无为之事，行不言之教'；五章，'多言数穷'；七章，'信不足，焉有不信焉，悠兮其贵言'；四十三章，'不言之教，无为之益，天下希及之'；四十九章，'信者吾信之，不信者吾亦信之，德信'；八十一章，'信言不美，美言不信'。综此以观，知《老子》所谓'言'者，只是'不言'，'不言'即是'无为'。其所谓'信'者，只是实行无为之治。而与民之善恶得失，浑浑噩噩，毫不加以理会也。故'言善信'者，犹言圣人实行无为之治，因此即为圣人好信之表示也。"

⑦正：通"政"，政事，为政。治：治理得好。蒋锡昌不训"正"为"政"，以为当读如字，其所辨并不适合本句，盖其训导致"善"与"正"字义重复。但其言"老子治国，主张以清静无

为，故以清静之道为正"不误，此正是"善"之语义，故"'正善治'谓好以清静之道为治也"。

⑧事：任事。能：尽其所能。陆希声《传》："其行事若水之任器。"陆氏所谓"任器"，即"盂方水方，盂圜水圜"之意。薛蕙《集解》："遇事则因应无方，善能也。"

⑨动：行动，与前文"居"相对。时：得其时宜。以上七句，总列圣人以不争处事的方方面面。魏源《老子本义》引李贽曰："'居善地'以下，则言圣人利物而不争之实，非仍指水也。"奚侗《集解》："以上七句，皆指上善之人言，所有'善地'以下七'善'字，与'善利万物''善'字同，皆顺其性之自然也。河上及苏辙以此七句属'水'说，太凿。"彭耜《道德真经集注》（以下简称彭耜《集注》）引陈景元曰："至人所居，善执谦下，化及乡党，如水在地，善就卑下，滋润群物，故曰居善地，此一善也；至人之心，善保虚静，洞鉴幽微，如水渊澄，波流九变，不失明静，故曰心善渊，此二善也；至人善行仁慈，惠及天下，如水膏润，无不沾济，故曰与善仁，此三善也；至人之言，善守诚信，不与物期，自然符契，如水景物，妍丑无差，流满辄移，行险不失，故曰言善信，此四善也；至人从政，善治于民，正容格物，物自顺从，如水清平，善定高下，涤荡群物，使无尘秽，故曰政善治，此五善也；至人临事，善能任物，随器授职，不失其材，如水柔性，善事方圆，能随形器，无用不成，故曰事善能，此六善也；至人动静，善观其时，出处应机，能全其道，如水之动，善随时变，冬凝夏液，不差其节，故曰动善时，此七善也。"

⑩尤：过失。吴澄《注》："夫惟有道者之上善，不争处上而甘于处下，有似于水，故人无尤之者。'尤'，谓怨怼。众人恶

处下而好处上，欲上人者有争心。有争则尤矣。"薛蕙《集解》："'尤'，过也。凡所为争者，自贤以求胜于人也。欲胜人者，人亦欲胜之。能无见尤于人乎？其惟谦逊不争者，众将乐推而不厌，此其所以无尤也。章内于不争之德，盖屡叹之。其丁宁之义至矣。"

九章

【题解】

本章主旨在讲"进退"之道。

《易经·上经》"乾卦"有"亢龙有悔"的爻辞，其中对"亢"字作了这样的注解："'亢'之为言也，知进而不知退，知存而不知亡，知得而不知丧。其唯圣人乎！知进退、存亡而不失其正者，其唯圣人乎！"可见，自古中国人就讲究"进退"之道。

不知进退的直接表现便是"自满""自骄"。老子借助生活中常见的"持盈"和"揣锐"现象，来说明进退之间物极必反的道理。比喻生动，道理深刻。

无独有偶。在儒家那里，也秉持着同样的观念。在《孔子家语·卷二》中就有这样的记载：

"孔子观于鲁桓公之庙，有欹器焉。夫子问于守庙者曰：'此谓何器？'对曰：'此盖为宥坐之器。'孔子曰：'吾闻宥坐之器，虚则欹，中则正，满则覆。明君以为至诚，故常置于坐侧。'顾谓弟子曰：'试注水焉。'乃注之水，中则正，满则覆。夫子喟然叹曰：'呜呼！夫物恶有满而不覆哉？'"同样，在《管子·白心》篇中，也有类似的表述："持而满之，乃其殆也。名满于天下，不若其已也。名进而身退，天之道也。满盛之国，不可以仕任；满盛之家，不可以嫁子；骄倨傲暴之人，不可与交。"

知进退，便是"知止"。对于儒、道两家而言，"知止"便是至善之德。《老子》四十四章明言"知足不辱，知止不殆，可以长久"。在《礼记·大学》中，"知止"也被视为达于至善的关键所在："大学之道，在明明德，在亲民，在止于至善。知止而后有定，定而后能静，静而后能安，安而后能虑，虑而后能得。"《诗》亦云："邦畿千里，维民所止。""缗蛮黄鸟，止于丘隅。"对此，孔子说："于止，知其所止，可以人而不如鸟乎？"足见儒、道两家在这一点上的共识。

不管是上述有关孔子行迹的记载，还是老子在本章乃至《老子》全书中所主张的"不盈""不欲盈"或"大盈若冲"观点，都在强调自满、自骄是咎患的原由。相反，以"无名"的心态有功于社会，一旦功成，则引身而退，这才是符合天道的作为。在王弼看来，这就像大自然的轮转一样，"四时更运，功成则移"。

持而盈之，不如其已；揣而锐之，不可长保①。金玉满堂，莫之能守；富贵而骄，自遗其咎②。功遂身退，天之道也③。

【译文】

执持而又让其满盈，不如适时停止；锻打而又求其锋利，锋刃难久维持。金玉满堂，无法长久守藏；富贵而骄，定会自招祸殃。功成身退，这才符合天道。

【注释】

①持：执持，执而不释。盈之：注满水。之，指盛水的器物。

已：止，指停止注水的行为。揣（zhuī）：捶击，锻打。锐：令其锐利。长保：长期保有其状态。河上公注："'盈'，满也；'已'，止也。持满必倾，不如止也。'揣'，治也。先揣之，后必弃捐。"王弼注："'持'，谓不失德也。既不失其德，又盈之，势必倾危。故不如其已者，谓乃更不如无德无功者也。既揣末令尖，又锐之令利，势必催衄，故不可长保也。"苏辙《老子解》："知盈之必溢，而以持固执，不若不盈之安也。知锐之必折，而以揣先之，不如揣之不可必恃也。若夫圣人有而不有，尚安有盈？循理而后行，尚安有锐？无盈则无所用持，无锐则无所用揣矣。"吴澄《注》："'持'，奉之也；'已'，止也；'揣'，捶之也。此章谓道不欲盈，而又以锐为比。言槩水者，不可以盈，盈之则易至于溢，不如已之而不使盈也。遂言捶锋者，不可以锐，锐之则易至于挫而不可长保其锐矣。盈之则不长保其盈，亦犹是也。"薛蕙《集解》："'揣'，治也。持槩水而加盈之，故不如其已。厉锋刃而加锐之，迺速毁之由也，故不可长保。借物理易见者，以况下文。"王弼本"锐"作"梲"，他本多作"锐"，王注亦作"锐"，据改。

②遗（yí）：招致。咎：灾祸。陆希声《传》："贪金玉而满堂，虽有之莫能长守。贵而骄则得其祸，富而骄则益其过。骄生乎心，咎自于己，岂可怨天尤人乎。"《王安石辑本》："'堂'者，虚而受物者也。金玉满之，则是盈矣，故不能守。夫富贵不期于骄而骄自至，所以遗咎患也。"

③遂：完成，成功。王弼注："四时更运，功成则移。"苏辙《老子解》："日中则移，月满则亏，四时之运，成功者去。天地尚然，而况于人乎？"《易经·上经》："其唯圣人乎！知进退存亡而不失其正者，其唯圣人乎！"本句河上本作"功成名遂身退"，郭

店本、汉简本、帛书本、王弼本并作"功遂身退"。河上本"成名"二字当为误增，盖道家思想必以"无名"为最低的真人标准，庄子所谓"真人"即以"至人无己，神人无功，圣人无名"为论，是乃"圣人无名"而可以有功。王弼本"天之道也"原无"也"字，据郭店本、汉简本、帛书本补。

十章

【题解】

本章内容主"动",事涉圣人之"为",其论证分为两个阶次。第一层次是讨论个人修道功夫,"载营魄抱一,能无离乎?专气致柔,能婴儿乎?涤除玄览,能无疵乎"三句,皆就此而论。这是圣人有为于自身的日常功夫,也是其有为于天下的必要准备。

第二个层次言"治国"之"为",主要讨论圣人对待知识和功名的原则、态度,并进而明确合乎"玄德"的圣人境界。

一直以来,校注家对本章的文本和文意多有歧解异议,其原因可能很复杂,但主要或许有这样四点:一是未能理解老子曲折的论证逻辑;二是未能贯通老子的整体思想;三是未能洞察老子的知识论和实践论之间的关系;四是对个别字词训诂有失,此亦与其他三点互为因果。

其实,本章立于"有为"或"无不为"这一主题,所表达的核心思想是:有为但不凭知识;有为而不倨其功;有知而不妄为。

首先,爱民治国,有为也;有为而毋以知,故曰"爱民治国,能无知乎",所以,此句之"无知"必非"无为",否则句内便已自成矛盾。毫无疑问,老子之学,并非绝对的"无为","无为"只是"不刻意其为""不揠苗助长"的另一种表达而已,其思想的总脉络统一在"无为而无不为"的基本纲领之中。因此,"有为"

而功成，于天则生万物，于圣则蓄万民，这是老子思想中的理想的圣人境界，也是五千言《道德经》以天道而推人道所要达到的圣教目标。爱民治国，便是圣人"无不为"的一种表现。老子所要强调的，只是圣人之作为不可以"以知"，要彻底根除"前识"的干扰，而这正是"无为"的表现。正是基于这一基本立场，老子才于六十五章进一步申言"以智（知）治国，国之贼；不以智（知）治国，国之福"。在"爱民治国，能无知乎"一句中，老子将"无为而无不为"真正现实地统一在了一起。

其次，圣人之作，应乎天然，举凡万物之出，皆由于天门。所以，"天门"之谓，绝非如某些学者所言之"耳目口鼻"，乃是万物所由生、万事所由成的天然门户，以其玄之又玄，所以同于"玄牝"，是为"众妙之门"。天生万物出于玄牝，圣蓄万民亦出于玄牝；生之蓄之而不倨有其功，此正是"天门开阖，能无雌乎"之义。无雌，不刻意自以为雌；不自以为雌，则生育之功不自有，这便是老子的"道法自然"的精髓。所以，此句的"无雌"必非"为雌"。自秦汉之际，虽有欲承老子衣钵者，但鲜有能彻悟老子思想之士，所以汉简、帛书以及后来的诸多《老子》文本，皆从其肤浅之义而误改"无雌"为"为雌"，幸有王弼本于此还能一仍其旧，不致使《老子》思想彻底迷失于后人的误解当中。

最后，《老子》一书本质上是知识论之书。后世尤其当代人喜好将其纳入宇宙论或自然观的本体论范畴，其实是后世好老庄之言者不自信的一种表现。表面上看，老子之学对待知识的态度，不仅保守，而且可谓"反动"。在"知识就是力量"的大潮当中，老子的"道论"几如一个刹车装置，强调的是对知识应用上的克制，所谓"反者道之动，弱者道之用"，正体现了这一点。老子为什么会如此鄙薄知识？其实是有其知识论的逻辑根源和社会现实的历史背景的。前者姑且不论，仅就后者而言，春秋之际残酷的社会现实，究其根源，都可以归结为知识的问题，即人对事物的认识问题。知识成了人类一切事为的始作俑者。在这种情况下，越是知识广博的人，则越容易恃知而敢为甚至妄为。正因为如此，老子才于此明确提出"明白四达，能无为乎"。所以，此句之"无为"必非"无知"，不可依他本而改王弼本之旧。

总上所论，可见目前世传各本《老子》，举凡改本文为"爱民治国，能无为乎？天门开阖，能为雌乎？明白四达，能无知乎"者，皆从行文的直截性、认识的浅白性入手，反不见老子表达逻辑的婉转、所立观点的玄奥以及与其整体思想的连贯自洽，因此，所改皆失其本义。

本章论"德"，即在论"有为"。有为而能"无以为"，其"德"则为"上德"，"上德不德"之义，在本章已经开始赫然有立，这在"生而不有，为而不恃，长而不宰"三句话中统一地体现出来了。做到这三点，便达"玄德"的境界，"玄德"亦即"上德"。

载营魄抱一，能无离乎①？专气致柔，能婴儿乎②？涤除玄览，能无疵乎③？爱民治国，能无知乎④？天门开阖，能无雌乎⑤？明白四达，能无为乎⑥？生之、畜之，生而不有，为而不恃，长而不宰，是谓玄德⑦。

【译文】

身体载魂载魄而合二为一，能做到不使二者分离吗？抟聚身体精气，能达到婴儿的柔顺状态吗？要清除玄妙的心镜上的污垢，能不吹毛求疵而和光同尘吗？践行爱民治国之政，能不刻意用知吗？启闭天门而成万物，能不自恃生育之能吗？知识境界明白四达，能不勉强有所作为吗？万物由此而生，由此而养，能做到生养而不倨有其功，作为而不自恃其能，为尊而不肆意主宰，这样的德行就叫作"玄德"。

【注释】

①载：载具，具有，这里指身体的载具功能。唐玄宗读"载"为"哉"并属上句，蒋锡昌等从之，失之。营魄：魂魄。魂，旧指离开身体而存在的精神；魄，旧指依附身体而存在的精神。《太上老君内观经》："动而营身谓之魂，静而镇形谓之魄。"抱一：合而为一。抱，两臂合拢，围合，这里指合并，统合；一，指整体，这里指魂与魄（即当今所谓"身心"）融合、共存的状态。二十二章在列举六对相互对立的关系之后，即以"抱一"以示统合之义："是以圣人抱一为天下式。"无离：没有分别。这里指能合同生死。王西平《老子辨正》："'载营魄抱一'，各家注解纷纭，难以择一而从。'载'，装载、承载着'营魄'。这里省掉了'身、体'。意即身体承载着营魄，合一不离。"案古人以为，人生魂魄共在，人死魂魄两分。言魂魄无离，即视生如出，视死如归，两无分别，则魂魄自不相离。此是庄子所举三种真人之至人境界，正可验之于屈原"载营魄而登霞兮，掩浮云而上征"一语（《楚辞·远游》），"是知之能登假于道者也若此"（《庄子·大宗师》）。历来注家对此句训诂多存异议，几无得其本旨者。

②专气：结聚精气。专，通"抟"，聚集。高亨《老子正诂》：

"《管子·内业》篇:'抟气如神,万物备存。'尹注:'抟,谓结聚也。'《老子》之'专气'与《管子》之'抟气'同。"致柔:达致柔顺,使之柔和。能婴儿乎:能像婴儿一样吗?林希逸《口义》:"婴儿未有闻见,则其气专。"有本"能"下有"如"字,汉简本、帛书甲、乙本皆无。有无"如"字,义同。本句与上句,可作"载营魄而抱一,能无离乎;专气而致柔,能婴儿乎"理解,诸本省两"而"字。

③涤除:清除,清理,使干净。这里指修平心境。玄览:幽深玄妙的明镜,这里借指见道之心。览,犹"鉴",镜子。汉简本作"鉴"。高亨《老子注译》:"'玄览',帛书甲本'览'作'蓝',乙本作'监'。览、蓝均当读为监。监是古'鉴'字,镜也。'览''鉴'古通用。"能无疵乎:能做到不刻意挑剔吗?无,不,勿;疵,挑剔,指责。林希逸《口义》:"'无疵'者,无分别也。""能无疵"向来多被释为"能做到没有瑕疵",此义于老子思想不可通。老子主张"和光同尘",因此绝不可能将"没有瑕疵"这个带有价值判断的标准作为修养圣人应物之心的最高目标。本章以下三个"无"字,皆当释为副词的"不",用以修饰其后动词化的几个名词"知""雌"和"为",带有"不刻意"的含义。此句以上三句,统言修身治心之道,以下三句则言治国之道。

④无知:不刻意用知。知,同"智",运用知识,与今俗语之"智慧"义有不同。六十五章:"以智治国,国之贼;不以智治国,国之福。"王弼注:"任术以求成,运数以求匿者,智也。玄览无疵,犹绝圣也。治国无以智,犹弃智也。能无以智乎,则民不辟而国治之也。"

⑤天门：喻具有造物功能的自然繁育器官，万物由之而出，犹"玄牝"。天，自然之谓；门，成物之门。《老子》书常以不同术语表达同一概念，反映出老子善于以灵活之语言表达万化之事物。《庄子·庚桑楚》："有乎生，有乎死，有乎出，有乎入，入出而无见其形，是谓天门。天门者，无有也，万物出乎无有。有不能以有为有，必出乎无有，而无有一无有。圣人藏乎是。"《王安石辑本》："夫万物由是而出，由是而入，故谓之'天门'。"开阖：开启与关闭，这里借喻生育万物，与"为雌"义同。阖，关闭。"开阖"帛书乙本作"启阖"，汉简本作"启闭"，义同。蒋锡昌《校诂》："……《释文》：'天门，一云大道也。'……是'天门'指道而言。《周易·系辞上》：'其静也翕，其动也辟。''开阖'即《易》所谓'翕''辟'，指动静而言。"无雌：不刻意蓄生万物。"无雌"，河上本同，但帛书乙本、汉简本、景龙碑本、傅奕本、想尔注本等多本皆作"为雌"，后世注家亦多以"为雌"为正，失之，其误盖由"天门"二字失诂，对《老子》书及其思想缺乏整体观以及对本章主旨缺乏正确认识所致。本章正是集中体现老子"无为而无不为"思想最为突出的一篇。老子言"爱民治国"，乃有为于治国平天下；言"天门开阖"，乃从于自然而有为于蓄生万物；言"明白四达"，乃有为于知识积累。凡此三种"有为"，是乃老子"无不为"或庄子所谓"为不得已"之义，《老子》五千言正是为教诲君王而行其"为不得已"之言教，否则《老子》书自然不会出世。这便是老子"无不为"的逻辑。与此相对，老子及道家的"反者，道之动"思想作为其理论的特色所在，更强调其"无为"的重要性，于是便衍生出各种亚范畴及亚亚范畴的"无"（即"不"，意谓"不刻意"）：无知、无雌、无有、无

功、无名等。由于汉简本、帛书本等均非《老子》祖本，故其文字亦不可全信，此章改"无雌"为"为雌"即其明证，经此一改，不仅"天门"二字歧义顿生，"天门开阖"与"为雌"语义重复，且"为雌"与"天门"及后文"生之畜之"皆失关联，全章通篇文意混乱。另外，考汉简本、帛书本、傅奕本，在四句话中，其他三句皆用"无"或"毋"构成否定句式，唯独本句夺"无"或"毋"，足见以"无雌"为能反映原文义旨之辞。本来王弼注已得文意之正，但注中用"为雌"而不用"无雌"，则成了后世注家改"无雌"为"为雌"的自带证据，殊不知，从王弼注整体文意看，其主旨正是"无雌"之义，反与"为雌"不洽。注云："'天门'，谓天下所由从也。'开阖'，治乱之际也。或开或阖，经通于天下，故曰'天门开阖'也。'雌'，应而不倡，因而不导。言'天门开阖能为（无）雌乎'，则物自宾而处自安矣。"后世不察王弼注文意，误改王弼注"无雌"为"为雌"，致多生误解。苏辙《老子解》亦若合《老子》之指，而其作"为雌"亦属误改："'天门'者，治乱废兴所从出也。既以身任天下，方其开阖变会之间，众人贵得而患失，则先是以邀福；圣人循理而知天命，则待唱而后和。《易》曰：'先天而天弗违'，非先天也；'后天而奉天时'，非后天也。言其先后常与天命会耳。不然，先者必蚤，后者必莫，皆失之矣。故所谓'能为雌'者，亦不失时而已。"

　　⑥明白四达：犹"知多"，通晓一切，无所不知。能无为乎：能不刻意作为吗？河上本、景龙碑本等或作"能无知"，河上本与汉简本作"能毋以智乎"，帛书乙本作"能毋以知乎"，"智"与"知"同。诸改无谓，故皆不取。

　　⑦生：生育，繁殖。畜：蓄养，蕴蓄，储积。本句承"天

门"而发，言"天门"或"玄牝"的生蓄功能。有：据为己有。
恃：仰仗，依赖。长（zhǎng）：执掌，作为君长。宰：主宰，掌
控。玄德：幽深玄妙的大德。德，"道"的外在体现。王弼注：
"不塞其原，则物自生，何功之有？不禁其性，则物自济，何为之
恃？物自长足，不吾宰成，有德无主，非玄而何？凡言玄德，皆
有德而不知其主，出乎幽冥。"苏辙《老子解》："其道既足以生蓄
万物，又能不有、不恃、不宰，虽有大德，而物莫之知也，故曰
'玄德'。"

十一章

【题解】

本章讨论"有"与"无"或"实"与"虚（空）"之间相互依存的辩证关系。

在叙述方式上，本章以车毂、盛器和户牖为譬，强调虚无对于实有的相反相成的作用。对此，释德清阐述得十分透彻："此言世人但知有用之用，而不知无用之用也。意谓人人皆知车毂有用，而不知用在毂中一窍。人人皆知器之有用，而不知用在器中之虚。人人皆知室之有用，而不知用在室中之空。以此为譬，譬如天地有形也，人皆知天地有用，而不知用在虚无大道。亦似人之有形，而人皆知人有用，而不知用在虚灵无相之心。是知'有'虽有用，而实用在'无'也。然'无'不能自用，须赖'有'以济之，故曰'有之以为利，无之以为用'。'利'，犹济也。老氏之学，要即'有'以观'无'。若即'有'而观'无'，则虽'有'而不有，是为道妙，此其宗也。"（释德清《老子道德经解》）释德清所言"即'有'而观'无'"，正是本章论述的重点。老子通过例举车、器、室这三个"有"，来发明车毂、盛器、门窗这三物所具有的"无"的作用，其实是基于人们都能见得"有"的便利，而对于"无"的作用却往往忽而不察，所以才举例以晓谕之。

在上一章论及"有"或"有为"之后，老子于本章又将论题拉回到关于"有""无"关系的讨论，再次凸显了一种辩证的观点，这是《老子》一书不时展现出来的张弛有致、收放自如、回环往复的叙述技巧。尤其是三个例子的使用，寓至理于直观，立论直截。这样一种叙述风格，更容易让人接受作者所要传达的深奥的观点。

三十辐共一毂，当其无，有车之用①。埏埴以为器，当其无，有器之用②。凿户牖以为室，当其无，有室之用③。故有之以为利，无之以为用④。

【译文】

三十根辐条可以拱集于一个车毂上，但只有当车毂有了中空部分，才能成就车的功用。把黏土揉和可以制成器物，但只有当器物有了中空部分，才能成就盛器的功用。开凿门窗可以建成屋室，但只有当门窗有了中空部分，才能成就屋室的功用。所以，有了器物可以带给人便利，但这便利却来自虚无所发挥的作用。

【注释】

①辐：车轮上的辐条。共一毂（gǔ）：汇聚于一个车毂之上。共，通"拱"，汇聚，集中；毂，车轮中心可以插入车轴以保证车轮自如转动的装置，外围连接车轮的辐条。戴侗《六书故》："轮之中为毂，空其中，轴所贯也，辐凑其外。"当其无：正因车毂有中空部分。其，指车毂。汉简本、帛书乙本"共"作"同"。有车之用：成就了车的功能。林希逸《口义》："毂，车中之容轴者也。辐，轮之股也。毂惟虚中，故可以行车也。"王弼注："毂

所以能统三十辐者，无也。以其无能受物之故，故能以寡（"寡"原作"实"，楼宇烈据陶鸿庆说校改）统众也。"王弼注似是而非。盖老子以车毂作为"有车之用"的关键，不在其能承辐条，而在其能受车轴。车轴是车之最紧要部件，而辐条非是。或有无辐条之车轮（譬如以整个圆木切片做成车轮），但车毂则必不可少。

②埏埴（shān zhí）：揉和陶土。埏，同"挺"，揉；埴，黏土。汉简本"埏"作"挺"。以为器：做成陶器。河上公注："埏，和也；埴，土也。和土以为饮食之器。器中空虚，故得有所盛受。"

③户牖（yǒu）：门窗。户，入户之门；牖，窗户。林希逸《口义》："户牖，室中之通明处也。"

④有之以为利："有"可以成就其便利。之，指器物。无之以为用："无"可以成就其功用。之，指虚空。王弼注："木、埴、壁所以成三者，而皆以'无'为用也。言'无'者，'有'之所以为利，皆赖'无'以为用也。"林希逸《口义》："此三者，皆是譬喻虚者之为用，故曰'有之以为利，无之以为用'。车、器、室，皆实有之利也，而其所以为车、为室、为器，皆虚中之用。以此形容一'无'字，可谓奇笔。"陈景元《道德真经藏室纂微篇》（以下简称陈景元《纂微》）："此解上三事，明有无相资，俱不可废，故'有之以为利'，利在乎器也，'无之以为用'，用在乎空也。夫器之为利也，必存其外，外资空用而成。空之为用也，必虚其内，内藉器利而就。故'无'藉'有'以为利，而'有'藉'无'以为用也。'无'则同乎道，'有'则成乎器。"

十二章

【题解】

声色犬马，向为古圣先贤所不取。《老子》本章用意，即在张扬此指。

本章文意比较明显，基本无须再费词说加以解释。但章末"是以圣人为腹不为目，故去彼取此"一句，注家也存有歧义。归纳起来，大体有以下几种观点。

一是"圣人为腹不为目"句，或有主张是就圣人"治民"而言，因帛书甲乙本于"圣人"下有"之治"二字。但此解之失在于，帛书本"之治"恐为后人据三章误加，他本并无。另外，即使加此二字，也当如三章作"治身"解而不宜径作"治民"解。故此说自难成立。

对此句的另一种解读是借由河上公注而导向吐纳养生之术，以为老子是"将'腹'与'丹田'等同看待的"，从而将老子的知识论和伦理学说引向了神秘主义。这其实是误解了河上公注所立之"守五性，去六情，节志气，养神明"十二字，其论固不足取。

此外，张默生认为"老子是反对一切物质文明的，我们所说进化，他看来正是退化。"（《老子章句新释》）卢育三则说："这一方面表现了老子对统治者浮华奢侈的生活方式的厌弃，另一方面也表现了他对物质文化进步的反动。"此类观点，因脱离知识论而陷入价值论，因此，没有看到老子的主体观点的积极性，显然是有失公允的。

大多数传统注家都能在本章中看到老子思想的现实意义，认为本句的主旨是"去贪欲之害，而修离欲之行"（释德清语）。事实上，老子的这种思想在先秦具有普遍性，各家各派都有极为相似的表述。《庄子·大宗师》中有"其嗜欲深者，其天机浅"的阐述。在《吕氏春秋》中也有同样的观点，如《本生》篇："是故圣人之于声色滋味也，利于性则取之，害于性则舍之，此全性之道也。"又《重己》篇："昔先圣王之为苑囿园池也，足以观望劳形而已矣；其为宫室台榭也，足以辟燥湿而已矣；其为舆马衣裘也，足以逸身暖骸而已矣；其为饮食酏醴也，足以适味充虚而已矣；其为声色音乐也，足以安性自娱而已矣。五者，圣王之所以养性也，非好俭而恶费也，节乎性也。"这些表述，对今天的社会现实也不无积极的警示意义。

至于"故去彼取此"一句，虽然注家多认同河上公注之"去彼目之妄视，取此腹之养性"，但这一解释仍显得狭隘。在笔者看来，老子于本章最后以"去彼取此"作结，此语当为一般性结论。联系三十八章、七十二章"去彼取此"之重出，结合《韩非子·解老》言"所谓'去彼取此'者，去貌径绝而取缘理、好情实也"之深意，其"彼""此"二字当不仅指文中已有之义，而是兼及远近、表里、外内、他我诸义，这样，去远取近、去表取里、去外取内、去他取我就自然成为道家思想的实践主张。值得注意的是，这种主张并非为道家所独有，在其他各家经典著作中也可以看到语虽异而义相同的表达。例如，在《管子·心术上》中，就有这样的表述："人皆欲知，而莫索之其所以知彼也，其所以知此也。不修之此，焉能知彼？修之此，莫能虚矣。虚者，无藏也。故曰：去知则奚率求矣，无藏则奚设矣；无求无设则无虑，无虑则反复虚矣。"从这一点来看，"去彼取此"一语很可能在先秦之前很久远的时代就已经流传，是一个意涵深厚的成语。奚侗即言"当是古语"，谅非武断。

五色，令人目盲[①]；五音，令人耳聋[②]；五味，令人口爽[③]；驰骋畋猎，令人心发狂[④]；难得之货，令人行妨[⑤]。是以圣人为腹不为目，故去彼取此[⑥]。

【译文】

五色炫目令人眼花，五音纷乱令人耳聋，五味杂陈令人口爽，纵马行猎令人心狂，奇珍异宝令人行妨。所以，圣人之作，仅在得温饱而不求娱耳目，这就是所谓"去彼取此"。

【注释】

①五色：古代以青、黄、赤、白、黑为五色。此处指色彩绚丽。

②五音：古代以宫、商、角、徵、羽为五音。此处指音律繁复。

③五味：古代以酸、苦、甘、辛、咸为五味。此处指众味纷陈。口爽：不能感知正味。爽，伤，败。奚侗《集解》："目有见性，五色足以淫其性而使之盲；耳之于音，口之于味亦然。"

④畋（tián）猎：犹"田猎"。汉简本、帛书本"畋"作

"田"。

⑤难得之货：即奇珍异宝之类。行妨：行为受到妨害。林希逸《口义》："'行妨'，谓妨害德行也。"王弼注："难得之货，塞人正路，故令人行妨也。"

⑥为腹不为目：舍弃声色味嗅之逐而满足于温饱之求。此承三章"是以圣人之治，虚其心，实其腹，弱其志，强其骨"之义。去彼取此：这里表面上"彼"指"为目"，"此"指"为腹"，实则又不止于此义。河上公注："去彼目之妄视，取此腹之养性。"《庄子·天地》："且夫失性有五：一曰五色乱目，使目不明；二曰五声乱耳，使耳不聪；三曰五臭薰鼻，困惾中颡；四曰五味浊口，使口厉爽；五曰趣舍滑心，使性飞扬。此五者，皆生之害也。"王弼注："为腹者以物养己，为目者以物役己。故圣人不为目也。"林希逸《口义》："此五者，皆务外而失内。腹，内也；目，外也。圣人务内不务外，故去彼而取此。彼，上五者也；此，道也。《老子》诸章，结语多精绝。务外亦不特此五事，举其凡可以类推。"林氏所言甚是。本句作为本章总结，其彼、此二字实不仅指上述文中已有之义，当可兼及远近、表里、外内、他我诸义。圣人修身，不由外铄，皆取之于内，发之于中，推己及人，由近及远，是之谓"去彼取此"，能如此则合于道矣。

十三章

【题解】

本章主旨在于确立天子治理天下的"宠辱若惊，贵大患若身"态度。

不过，两千多年以来，人们对这句"宠辱若惊，贵大患若身"的文意却充满了歧义、误解，以至于经文的文字因各种改动而多有不同，究竟孰是孰非，始终莫衷一是。奚侗于《集解》中即言："二句自是古语，而词义不相比，疑有误文。"

比较《老子》的几个较早版本，郭店本、帛书本和汉简本除个别通假字外，与王弼本基本相同，而河上本于"何谓宠辱若惊"一处少"若惊"二字。细品王弼本，其行文明朗，文意完足，可以将其本章作为定本来看待。

可是，自河上公、王弼开始，对"宠辱若惊"四字的训解便已失诂，此后则几无有能出其藩篱者。河上公注此四字为"身宠亦惊，身辱亦惊"，显然是训"宠"为"荣"了。王弼袭此训，曰："宠必有辱，荣必有患。宠辱等，荣患同也。为下得宠辱荣患者惊，则不足以乱天下也。"显然，河上公与王弼均将臣下或庶民而非君王作为本章的言语主体，这不仅不符合本章的立论角度，也与《老子》全书作为君王哲学的整体情况相左。这一点必须予以纠正。只有站在君王的角度重新审视"宠""贵"二字的意涵，才能准确把握老子本章的中心思想。

君王作为人类社会的最高统治者，只能施宠于人，而不能受宠于人。因此，站在君王的角度理解"宠辱若惊"之"宠"字，方可知此"宠"字既非"受宠"之宠，也非"恩荣"之荣，只能是君王的"施宠"之宠，即一种"下视他物"的态度。这是老子借"宠"一字而双关君王尊位和下视态度二义，不可不察。

如此，则"宠辱若惊"四字之诂，便可循裘锡圭《老子今研》的思路将"宠"作为使动词来理解，从而将该语释为"将侮辱视为虚惊一场"。这样，就可以将《老子》此章的论题拉回到春秋之际的社会现实当中，将"宠辱若惊"理解为对君王治国态度的谆谆教诲。因为，在当时，不独道家对于诸侯国之间轻动刀兵的"无义战"持批评的态度，儒、墨、名也莫不如此，多有重兵慎战、偃兵息民的思想。《尹文子·大道上》言："见侮不辱，见推不矜，禁暴息兵，救世之斗。此仁君之德，可以为主矣。"庄子在其《天下》篇评价宋钘、尹文的学说时亦言："见侮不辱，救民之斗，禁攻寝兵，救世之战。"公孙龙在其《迹府》篇中，也记载了尹文"见侮而不斗"的思想。《韩非子·显学》记载："宋荣子之议，设不斗争，取不随仇，不羞囹圄，见侮不辱，世主以为宽而礼之。"荀子虽然不一定认同"见侮不辱"的主张，但从他的相关记载中亦可以窥见当时颇有影响的"见侮不辱"观，而这种观点当即源于老子的"宠辱若惊"思想："子宋子曰：'明见侮之不辱，使人不斗。人皆以见侮为辱，故斗也；知见侮之为不辱，则不斗矣。'"

《韩非子·外储说左上》还记载了这样一件事："蔡女为桓公妻，桓公与之乘舟，夫人荡舟，桓公大惧，禁之不止，怒而出之。

乃且复召之，因复更嫁之。桓公大怒，将伐蔡。仲父谏曰：'夫以寝席之戏，不足以伐人之国，功业不可冀也，请无以此为稽也。'桓公不听。仲父曰：'必不得已，楚之菁茅不贡于天子三年矣，君不如举兵为天子伐楚。楚服，因还袭蔡，曰："余为天子伐楚，而蔡不以兵听从。"遂灭之。此义于名而利于实，故必有为天子诛之名，而有报仇之实。'"在这个记载中，身为大君子的管仲，也不免为了解除桓公之"辱感"而为兴兵伐蔡找个冠冕堂皇的理由。足见当时"见侮不辱""宠辱若惊"之难得。

由此可见，老子本章之"宠辱若惊"一语，实即后来名家"见侮不辱"思想的来宗。在老子看来，只有"宠辱若惊"或"见侮不辱"，而将国家危难视同身罹大患，这样的君王才可以托付天下。秉持这样态度的君王，即使"不得已而临莅天下"，也"莫若无为"，其治国理政必以"无为而无不为"为其德本，不勉强其为，更不会轻举妄动，真正体现"治大国若烹小鲜"的理念。此即本章之宗旨。

宠辱若惊，贵大患若身①。何谓宠辱若惊？宠为下，得之若惊，失之若惊，是谓宠辱若惊②。何谓贵大患若身？吾所以有大患者，为吾有身；及吾无身，吾有何患③？故贵以身为天下，若可寄天下；爱以身为天下，若可托天下④。

【译文】

"宠辱若惊"，就是要将侮辱视为虚惊一场；"贵大患若身"，就是要将国难视如亡身丧命。什么叫"宠辱若惊"？宠，就是下视他物；这样，遭到侮辱可以视作一场虚惊，免于侮辱也可以视作一场虚惊，这就叫做"宠辱若惊"。什么叫"贵大患若身"？我之所以会有大的祸患，是因为顾念我的身体；倘若我置身体于不顾，我还有什么祸患？所以，只有那种能像重视身体一样重视天下的人，或许可以将天下寄托给他去治理；只有那种能像爱惜身体一样去爱惜天下的人，或许可以将天下托付给他去治理。

【注释】

①宠辱：视侮辱为可宠幸的卑微之物。宠，宠爱，宠幸，这里作使动词用，义同轻视，与"贵"相对，暗示君王的居高临下身份；辱，侮辱，耻辱。若惊：像是一场虚惊。惊，心念耸动，吃惊，惊讶，虚惊，这里特指那种并没受到实际伤害而产生的消极心理活动，与实体、实际并不等同，因此并不意味着真正的得失。贵：重视，尊崇，敬畏，这里亦作使动词用。大患：巨大的祸患，这里指君王所面对的灾难，如亡国。身：身体，性命。裴锡圭《老子今研》："以前的解《老》者，大多数将'宠辱若惊'的'宠辱'看作并列的两件事。按照这种理解，'宠辱若惊'和'贵大患若身'这两句并列的话的结构是不一致的。我们把'宠辱若惊'读为'宠辱若荣'，'宠'显然应该看成动词，'宠辱'是动宾结构。按照这种解读，这句话的结构就与并列的'贵大患若身'句完全一样了。"案尽管裴锡圭认为"宠辱若惊"当读为"宠辱若荣"的主张有悖常理并且与老子思想相拗，但他认定"宠"当作动词看待却极为恰切。此句本义实谓将侮辱视作一场虚惊，将亡国视同亡身。春秋战国之际，各诸侯国之间每因君王一时的喜怒而大动兵戈，生灵为之涂炭，所谓春秋无义战，正是当时的社会大背景，为此，老子特别提出"宠辱若惊"，与后来名家尹

文提出的"见侮不辱"同一旨归，都在主张偃兵息民。本句历来注解均失其诂，致使本章文意前后矛盾，甚而至于完全背离或世俗化老子思想。此错误上可溯及河上公、王弼等注，其影响所及则十分深远。

②宠为下：帛书本作"宠之为下"，对卑下之人或物施以恩宠。下，卑下，卑微。得之：遭到侮辱。得，获得，遭受；之，指侮辱，并非泛指恩荣名利，亦非指"宠幸"。失之若惊：免于侮辱也视作虚惊。此句谓某种本以为会遭受侮辱但最终却得以免除的情况。案本句特别对"宠辱若惊"尤其是"宠"字作出解释，强调"宠"的含义是"下视"或"轻视"他物。如此，则举凡荣辱之事，无不类同尘垢，得之、失之都不过是心念一动而已，不足为虑。老子专门对"宠"下定义这一举动，或即出于避免读者误解文意的动机。

③有大患：心存祸患之念。有身：心存性命之虞。本句特别对"贵大患若身"作出解释，从而为君王的行为伦理建立逻辑根据。老子的解释起点先从个人的生命价值开始，指出凡人之所以会有"大患"的忧虑，关键在于人有身体、性命之虞，舍此，则无所谓大患。同理，国君有"大患"的忧虑，就在于国君以国为体、以民为本，国亡民叛，则君失其国体，必罹"大患"。

④为天下：治理天下。寄：托付。此句《庄子·在宥》《文子·上仁》《淮南子·道应训》等均有引，且与郭店本、帛书本、汉简本虽字有不同，但句意明晰且无异，可见秦汉之前的古人对此章旨意的理解十分一致。但后世注家却在训解此章时横生枝节，恰如蒋锡昌《老子校诂》所言："此段经文，诸家纷异，鲜有同者。"

十四章

【题解】

按照林希逸的概括，本章的主旨是"形容道之无迹"。用释德清的说法，则是"言大道体虚，超乎声色名相思议之表，圣人执此以御世也"。他们的总结都不错，但也有未尽之处。

本章的论述逻辑十分严谨而又精彩，总共四个亚主题被层层递进而又回环往复地加以呈现，真正展现了"道"的形态、属性及作用。老子运思之缜密，认识之深刻，可谓令人叹为观止。

在本章前三句中，其所呈现的主题是尝试对"道"的形态作分析性的描述，其假定前提当为"若有物"，故以"视、听、触"三种知觉认识之、描摹之。分析的结果虽然可谓"有物"，但此物的形态却"微、希、夷"，说明这种由分析法得来的认识不免会失于支离，所以老子又提醒此种"致诘"之识之不可靠，而应以"混而为一"的整体论来对待。这样一个"一分一合"的认识过程，与黑格尔的"正、反、合"认识论若合符契，在《庄子》中又以"分、成、毁"思想加以发扬，这是一个值得重视的认识论观点。老子完成了这个"一分一合"过程之后，按理说似可获得一个完整的有关"物"的认知了，然而，"道"不同于普通的"物"，所以，老子不得不接着阐明"道"的"无物"本质。这是本章的第二个主题。不过，"无物"之谓，又很容易使人陷入某种"断灭"的"空无"，所以，为了避免这种误解，老子又回返过来，再度强调，"道"之为"无物"，乃是"无状之状，无物之象"，通过这种否定之否定的表述，老子强调了"道"并非真的绝对"无物"。那么，"道"究竟是什么，谅老子于此际也颇无奈于笔墨文字的乏力，于是强名之曰"恍惚"，并进一步解释这种"恍惚"的"无物之物"迎不见首、随不见后的神秘性。这是本章的第三个话语主题。经此三个回合的论述，就把"道"的那种在物理形态上若有若无的品质呈现出来，它提示人们，即使"道"无实体可感知，但"道"一定是一种真实的存在。

上述二、三层次所强调的"道"的"恍惚"性，是"道"不可执守、只能顺应的认知基础，而一、三层次中所阐明的"道"的实在性，又是"道"可以执守的认知前提，因此，在"执道"这一点上的"若可若不可"，构成了老子对"道"所能发挥的作用的基本态度。所以，在本章最后，当老子提出了"道纪"这种认为"道"也是一种规律的时候，实际上是就"道"之"可执"的一面立言，从而肯定了"执古之道，以御今之有"的可能性。事实上，在《庄子·大宗师》中的"道，有情有信"一说中，"道"之"有信"与老子的"道纪"具有相同的内涵。

从总体上看，本章最开始尝试着对"道"的形态进行描述，其立论基于首章之"道可道"。但"道"本来很难描述，一旦试图描述，所得到的便是僵硬的教条性结论，此即首章所谓"常道"，本为老子所非议。因此，老子在试图用"微""希""夷"等字眼勉强给"道"作出各种不定型的描述之后，担心人们将这些作僵化的理解，所以，他才再度申明，"道"本属"无物"，是一种既不可以感知更不能以语言描摹的存在。实际上，《老子》全书即游离于这种"道"之"可道"又"不可道"的两可状态，其文本形式也正好呼应了所要阐释的内容的本质。这是老子行文的高明之处，不可不察。

视之不见，名曰微；听之不闻，名曰希；搏之不得，名曰夷①。此三者，不可致诘，故混而为一②。一者，其上不皦，其下不昧③。绳绳兮不可名，复归于无物④。是谓无状之状，无物之象，是谓惚恍⑤。迎之不见其首，随之不见其后⑥。

执古之道，以御今之有⑦。能知古始，是谓道纪⑧。

【译文】

眼观而不得见，这叫做"微"；耳听而不得闻，这叫做"希"；手触而不能觉，这叫做"夷"。此三者，不能极度分析，而要将其综合为一体。此一体，其上不显得皎洁，其下不显得晦暗，绵延不绝而不可名状，所以终归于"无物"的状态。言其"无物"，是说它是一种"无状之状，无物之象"，所以，也把它称为"恍惚"。这样一种存在，你迎面看它，看不到它的头；你尾随看它，看不到它的尾。

执守上古的"道"，目的是用以统御当今的万事万物。今天还能够晓知遥远的古代，是因为"道"也有其规律。

【注释】

①微：隐蔽，不显露，幽隐。王弼本原作"夷"，帛书甲乙本作"微"，据改。范应元本作"几"，义同。高明《帛书老子

校注》："'几''微'义同。《礼记·学记》'微而藏'，孔颖达疏谓'微'为'幽隐'；《檀弓》'礼有微情者'，疏云：'微者，不见也。'幽隐无象，故曰'视之而弗见，名之曰微'。足证帛书甲乙本保存了《老子》之旧；今本作'视之不见名曰夷'者误。再如，第三句帛书甲乙本'捪之而弗得，名之曰夷'，今本作'搏之不得名曰微'。显然是今本将属第一句之'微'字与属第三句之'夷'字前后颠倒，张冠李戴。"高说是。希：无声。搏：抚摸。帛书甲本"搏"作"捪"，义同；本或作"扜"，非是。夷：灭失，无形。王弼本原作"微"，帛书甲乙本作"夷"，据改。案以上老子从视觉、听觉和触觉三个维度尝试对"道"进行描述，其路径与当今实证科学的分析论方法并无二致，其终极方向便是走向原子论、元素论，是将一个整体视为可"分析"的对象加以认识。这个方向，恰与老庄的"道"论相反，也是坚持整体论的现象学所反对的。老子后文"不可致诘"一语便是对此方法提出的警告。

②致诘：彻底追问。致，极，尽；诘，追问，追究。汉简本、帛书甲乙本"致诘"作"至计"，义同。混而为一：混合而成为一个整体。混，杂糅，混同。河上公注："不可致诘者，夫无色、无声、无形，口不能言，书不能传，当受之以静，求之以神，不可诘问而得之也。"王弼注："无状无象，无声无响，故能无所不通，无所不往。不得而知，更以我耳、目、体不知为名，故不可致诘，混而为一也。"案道本一体，不可分析；析之则支离，不可谓道。老子此处一语，实是宋明理学、心学分野之先见之明，而后学却终未能如老子般先析之而再混而为一。老子学说之高妙，殆已无人能踪其迹矣。

③一者：指完整的道体。王弼本无"一者"二字，据帛书甲

乙本、傅奕本补。汉简本作"三也",或为"一者"之讹。其上不皦（jiǎo）：道体的上面并不显得明亮。其，指道之体；上，上部，上面；皦，同"皎"，明亮。昧：晦暗，昏暗。高明《帛书老子校注》："河上公释'皦'字为光明，释'昧'字为'暗冥'。苏辙亦云：'物之有形者，皆丽于阴阳，故上皦下昧，不可逃也。道虽在上而不皦，虽在下而不昧，不可以形数推也。'此言道者上不皦下不昧，超然自若，不可以物比，不可以言状。"

④绳绳（mǐn mǐn）兮不可名：绵延不绝而无法命名。绳绳，绵延不绝，无边无际。譬如水之流动，其流不绝，其形恒变，不可名状。王弼本原无"兮"，据傅奕本、景龙碑本补，帛书甲乙本"兮"作"呵"，义同。有"兮"或"呵"义长。复归于无物：终归于无物的状态。复归，终归，还原，重新归于；无物，指没有可界定的物的实体，即不能对该物获得常识。陈鼓应《老子今注今译》："'无物'不是一无所有，它是指不具任何形象的实存体。'无'是相对于我们的感官来说的，任何感官都不能知觉到它（'道'），所以用个'无'字形容它的不可见。"

⑤无状之状：没有形状的形状。无物之象：犹"无象之象"，没有现象的现象。"物"，苏辙本、吴澄本等作"象"。惚恍（hū huǎng）：若有若无，隐约难辨。王弼注："欲言'无'邪，而物由以成；欲言'有'邪，而不见其形。故曰'无状之状，无物之象'也。不可得而定也。"强思齐《道德真经玄德纂疏》引严遵《老子指归》："无状之状，无所不状；无象之象，无所不象；光于惚恍，无所不显；大而若小，存而若亡也。"苏辙《老子解》："'状'，其著也；'象'，其微也。无状之状，无象之象，皆非无也。有无不可名，故谓之惚恍。"薛蕙《集解》："有状之状、有象之象者，

物也；无状之状、无象之象者，道也。物以形器而可见，道以虚无而不测。惚恍，不可谛视之意。物皆昭晰而可察，道独惚恍而无见。"

⑥迎：正对面，迎头。随：跟从，尾随。苏辙《老子解》："道无所不在，故无前后可见。"薛蕙《集解》："迎之不见其首，无始也；随之不见其后，无终也。"

⑦执：执守，秉持，依照。御：驾驭，统领。有：指万事万物，犹"万有"，即天下名物。王弼注："'有'，有其事。"案上古之道，其所可执者，或为道之名，或为道之常，二者合为后文之"道纪"。蒋锡昌《校诂》以为"执古之道"乃为"执古无名之道"，非是："'执古之道，以御今之有'，谓执古无名之道，以治今有名之事也。"本句所言，已经出离上节所言之"道"——因为在老子看来，一旦假言说"道"，则"道"即有名并成为可执之教条，其中可以利用于今的，便是庄子所说"道，有情有信"当中可脱离于情境而存在的"信"的那一面。它就是"道纪"，也即"道"的规律性。能以史为鉴者，前提是能识得这个"道纪"。

⑧能知古始：人能认识遥远的过去。古始，历史的开端，古代的端始。今人喜从宇宙论释"道"，故训"古始"为"宇宙的原始"，非是。道纪："道"的纲纪，即"道"的规律性的一面，类于首章之"常道"。此意在十六章又有更进一步的阐发。《黄帝四经·经法·四度》："当者有数：极而反，盛而衰，天地之道也，人之理也。逆顺同道而异理，审知逆顺，是谓道纪。"王弼注："上古虽远，其道存焉，故虽在今可以知古始也。"强思齐《道德真经玄德纂疏》引严遵《老子指归》："执古自然以御于今，不为

夷狄变则，不为中国改容。一以知始，一以知终，仰制于道，物无不悬。无所不主，无所不临，其职溥大，无所不然。为虚纲纪，天地祖宗也。"案此处言"道纪"类于"常道"而非同于"道"，这一点需要特殊注意。此论亦可在先秦其他典籍中寻得支持。在《管子·心术上》中，由管子将"道纪"与"不言、无为"之事并举而明确道纪居其后，亦可知"道纪"不同于"道"，是指"道"之有规律的一面，属于"理"，故"理"与"道"亦不同："物固有形，形固有名，名当，谓之圣人。故必知不言、无为之事，然后知道之纪。殊形异势，不与万物异理，故可以为天下始。"操万理之常，执万古之"道纪"，而又能以"道"化"万理""道纪"，则万物自成，万事自是，此便是"道"与"常道"相贯通而可以达至的最高知识境界。

十五章

【题解】

继上一章尝试言"道"的形象之后，本章尝试言"有道之士"的行迹特征。

说老子"尝试"言"道"，"尝试"言"有道之士的行迹"，这"尝试"二字或其他字义相近的类似语汇，在《庄子》中频有出现（比如啮缺与王倪之间的对话），在《老子》中便是"强为之容""强为之名"，是老、庄在以言述"道"时特有的一种表达方式。这样的笔法契合于对"道体""道用"的描述，体现了他们存有一个对"道"之不确定性的肯定。注意到这种笔法，有助于增进对"道"的理解，也能洞察老、庄对待"道"的态度。

本章内容分有三个层次。

第一个层次，总言"善为士者"或有道之士的微妙玄通、深不可识。既不可识，则不可道；勉强以言述之，必失其真。这一点毫不奇怪。当首章言"道可道，非常道"之际，便已经埋下了一个逻辑前提，即所有试图借助于感官认知"道"、借助于语言描述"道"的努力都注定会遭遇困难。尽管有道之士必有行迹可见，但若要从"道"的角度去概括这种行迹的本质，则必然会困于其不确定性。这便是"深不可识"论所以成立的内在根源。

然而，"道"及"善为士者"若彻底不可识，《老子》五千言便不会有了。所以，本章进入第二层次，便是在"不可识"的前提下作勉强的认识和勉强的描述。为了呼应"道"之不确定性，老子很显著地反复用了"兮"和"若"两个虚字以及独特的语句形式，来间接传达出他所描述的有道之士的"行迹"其实是"若是若不是"的，不必然就是那个样子。抛开这种形式上的精妙设计，再进一步考察老子于此节所陈述的内容，还可以明显地看到，老子所言的有道之士的"行迹"，原来处在各种复杂的矛盾状态之中，甚至可以说是自相矛盾的。这样，一方面构建了有道之士近乎自相矛盾的行为框架，另一方面又借助于"兮""若"两个虚词化解这个框架的矛盾对立，于是，老子将有道之士的行为自动置于某个"中"的谐和点上，使得概念中的矛盾态得以在实践中被消解，有道之士的行迹被纳入"道"的轨迹。这是何其深刻的认识论！后世除了庄子之外鲜有能解其中之妙谛者。细品《庄子·大宗师》篇，便可以看到庄子继承并发扬了这种在对立统一关系中认识"真人"的认识论原则，同样极其深刻而精彩地描绘了真人种种看似矛盾而实则善取其"中"的践行能力。

本章最后一个层次是对这种善取其"中"的能力的总结性概括。清与浊，安与生，用它们来喻示宇宙间的基本矛盾应该是再形象不过了，借助于静而动、动而静的不断运动过程，天之道就寓于这种矛盾及其相互转化的过程之中，而这种转化的最高境界则是自然而然，此终极规律——一种不是规律的规律，或者说是超越规律的规律——本为"道"所效法，人世间的有道之士的行为，又怎能不效法呢？效法自然而得"中道"之行，对于个人修为来说，就需要以"不盈"为前提。唯其"不盈"，才能在旧与新或"敝"与"成"这对矛盾中"日日新，又日新"。《诗》曰：

"周虽旧邦,其命维新。""中道"之谓,非其义邪?所以,老子之学,即便不被承认是诸学之源,亦必为诸学所从汲取其善者也,而儒家又如何?

古之善为士者,微妙玄通,深不可识①。夫唯不可识,故强为之容②:豫兮,其若冬涉川③;犹兮,其若畏四邻④;俨兮,其若客⑤;涣兮,其若冰之将释⑥;敦兮,其若朴⑦;旷兮,其若谷⑧;混兮,其若浊⑨。孰能浊以静之徐清?孰能安以动之徐生⑩?保此道者,不欲盈⑪。夫唯不盈,是以能敝而成⑫。

【译文】

古代的得道之人,微妙玄通,深不可测。正因为深不可测,所以只能勉强做一些描述。他小心翼翼的样子啊,就好像冬日履冰过河;他谨慎犹疑的样子啊,就好像防备左邻右舍;他恭谨庄重的样子啊,就好像在人家作客;他轻松亲和的样子啊,就好像即将融冰化雪;他敦厚诚实的样子啊,就好像璞玉原木;他旷达宽容的样子啊,就好像大川幽谷;他混同是非的样子啊,就好像同流合污。谁能用静止不动的方法让浊水逐渐变清?谁能用不停搅动的方法令止水萌动生机?葆有此道的人不会自满。正因为他不自满,所以他总是能旧能新。

【注释】

①善为士者:指大君子或圣王、圣人,犹"得道之人"。河上公注:"谓得道之君也。"六十八章"善为士者,不武"。"士"

帛书乙本、傅奕本作"道",但郭店本、汉简本及大多世传本皆作"士"。蒋锡昌《校诂》:"'士'亦君也。……《说文》:'士,事也。'段注:'引申之,凡能事其事者称士。'则士本为能任事者之称,凡国君、士官、士大夫、卿士等皆可用之。"微妙玄通:谓精微神妙,幽玄通达。深不可识:其德渊深,不可察识。"识"本或作"志",义通。《王安石辑本》:"'士'者,事道之名。始乎为士,则未离乎事道者也。终乎为圣人,则与道为一,事道不足以言之。与道为一,则所谓微妙玄通,深不可识是已。"

②强为之容:勉强予以形容。容,形容,描述。案后文老子以七个"兮"字和七个"若"字,将得道之士的行容作了"若是若不是"的描述,而此二字对于体现"道"的圆融特质是极为关键的字眼。王弼注:"凡此诸'若',皆言其容象不可得而形名也。"

③豫兮:形容小心翼翼的样子,逡巡之态。豫,小心翼翼;兮,语助词。奚侗《集解》:"'豫兮',王弼本作'豫焉',与下文'犹兮''俨兮'等句不律。兹据《文子·上仁》篇及宋河上本改。"其若冬涉川:他就像在冬天踩着冰过河。"其"字,王弼本无,据郭店本、帛书本、汉简本补。后文"其若畏四邻""其若冰之释"句中二"其"字同。河上公注:"举事辄加重慎,豫豫兮若冬涉川,心犹难之也。"王弼注:"冬之涉川,豫然若欲度,若不欲度,其情不可得见之貌也。"

④犹兮:形容谨慎犹疑的样子。河上公注:"其进退犹犹如拘制,若人犯法,畏四邻知之也。"苏辙《老子解》:"疑而不行曰犹,其所不欲,迟而难之,犹然如畏四邻之见之也。"范应元《集注》:"此形容善为士者应物既已,而尚若畏四邻,盖谨于终而常

不放肆也。"薛蕙《集解》："畏四邻，慎自持也。"

⑤俨（yǎn）兮：形容恭谨庄重的样子。若客：像是在别人家作客。河上公注："如客畏主人，俨然无所造作也。"薛蕙《集解》："俨若客，不敢僭也。""客"王弼本原作"容"，形近而误，据郭店本、帛书本、汉简本、河上本、傅奕本改。

⑥涣兮：形容放松亲和的样子。涣，流散，离散。释德清《老子道德经解》："其气也，涣若冰将释。庄子谓'暖然似春'，又云'冰解冻释'，谓其气融合，使可亲爱之意。"

⑦敦兮：形容敦厚朴素的样子。朴：未经加工的原木，质朴，淳朴。陈景元《纂微》："'敦'者，淳厚貌；'朴'者，质素貌。又形未分曰朴。言有道之士，天资淳厚，质素未分，语默恬和，无文饰也。"

⑧旷兮：形容旷达宽容的样子。谷：幽谷，山谷，大川。河上公注："旷者宽大，谷者空虚，不有德功名，无所不包也。"

⑨混兮：形容含混不清的样子，喻能混同是非、和光同尘。混，同"浑"，混合，浑一。浊：脏污，污浊。陈景元《纂微》："杂波流曰浑，不分明曰浊。言有道之士，内心清静，外杂波流，若浊水之不明，曷分别乎妍丑？"苏辙《老子解》："和其光，同其尘，不与物异也。"

⑩浊以静之：让浊流静止下来。之，指浊流。徐清：慢慢变得清澈。安以动之：让止水流动起来。安，平静，这里指处于静态的事物，如止水。徐生：慢慢地萌发生机。《庄子·刻意》："水之性，不杂则清，莫动则平。"王弼注："夫晦以理，物则得明；浊以静，物则得清；安以动，物则得生。此自然之道也。'孰能'者，言其难也；'徐'者，详慎也。"苏辙《老子解》："世俗之士，

以物汩性，则浊而不复清；枯槁之士，以定灭性，则安而不复生。今知浊之乱性也，则静之，静之而徐自清矣。知灭性之非道也，则动之，动之而徐自生矣。《易》曰：'寂然不动，感而遂通天下之故。'今所谓动者，亦若是耳。"

⑪盈：满溢，指容器盛满物时的状态。《尔雅·释诂》："溢，盈也。"王弼注云："盈必溢也。"老子此处以"盈"警示人尤其是君王不可志气骄矜。同样的思想在儒家经典中也多有强调，如《易经·上经·乾卦》："象曰：'亢龙有悔'，盈不可久也。"《尚书·商书·仲虺之诰第二》："德日新，万邦惟怀；志自满，九族乃离。"《孔子家语·三恕第九》："孔子观于鲁桓公之庙，有欹器焉。夫子问于守庙者曰：'此谓何器？'对曰：'此盖为宥坐之器。'孔子曰：'吾闻宥坐之器，虚则欹，中则正，满则覆。明君以为至诚，故常置于坐侧。'顾谓弟子曰：'试注水焉。'乃注之水，中则正，满则覆。夫子喟然叹曰：'呜呼！夫物恶有满而不覆哉？'"

⑫能敝而成：能旧能新。敝，陈旧，破败；成，成全，新生，新。《老子想尔注》："尸死为弊，尸生为成，独能守道不盈溢，故能改弊为成耳。"宋徽宗注："有敝故有新，有成故有坏。新故相代，如彼四时；成坏相因，如彼万物。自道而降丽于形数者，盖莫不然。惟道无体，虚而不盈，故能敝能新，能成能坏，超然出乎形数之外，而未常敝，未常坏也。故曰'夫唯不盈，故能敝不新成'。木始荣而终悴，火初明而末熄，以有新也，故敝随之。日中则反，月满则亏，以有成也，故坏继之。有道者异乎此。"在宋徽宗的注解中，其言"能敝能新""能成能坏"，即是将"敝与新""成与坏"各自作为一个对立统一体来看待，而视"新""成"同义。其见甚是。"能敝而成"王弼本原作"能蔽不新成"，汉简

本作"能蔽不成",帛书乙本、傅奕本、范应元本作"能蔽而不成",景龙碑本、遂州龙兴碑本、司马光本作"能弊复成"。诸本"蔽""弊",皆当训为"敝"之借字。案本句历来注家多有歧解,但多失《老子》本旨,甚至与老子整体思想相扦格。此参酌易顺鼎《读老札记》所论改正:"疑当作'故能蔽而新成'。'蔽'者,'敝'之借字。'不'者,'而'之误字也。'敝'与'新'对。'故能蔽而新成'者,即二十二章所云'敝则新',与上文'能浊而清,能安而生'同意。《淮南·道应训》作'故能蔽而不新成',可证古本原有'而'字,'不'字殆后人臆加。《文子·十守》篇作'是以蔽不新成',亦后人所改。诸本或作'而不成'者,或作'复成'者,皆不得其谊而以意改之,不若以本书证本书之可据也。"易说以"不"为"而",良是;但其不以"新"为衍或为误增,则是忽略"新""成"同义。以此论之,景龙碑本等作"能蔽复成",义亦不误,"复"与"而"义近。关于本句校注方面的歧见,概括起来,问题主要在于,认同王弼本的注家多以《淮南子·道应训》《文子·九守》为据,以为《老子》古本如此;至于认同汉简、帛书等本者,自然以其存世更早为依据,亦似立论有力。但就字义、文意解释而言,持两种校勘观点者却均未能解决文意贯通问题,亦不乏牵强不伦者。愚意理解此句,要点或在于统观《老子》全书所用的几个概念,其中与此句最为相关的当属"虚""不盈"和"盈",显然,"盈"与"虚"相对,但并不与"不盈"相对。"不盈"可以是"不满"或"不溢",同时也可以是"不虚"。正是这种"中"的状态,才可以推导出"敝而成"或"蔽复成"这种合于"中道"的道家思想,是"善为士者"对"无为而无不为"总体思想的一个具体落实——用庄子"逍遥游"的思想来解释，就是能"游于守旧与创新之间"。至于世传本之"新"字，疑为传抄者因不明"成"与"新"义本接近，而据二十二章"敝则新"误补而遂成衍文，汉简本、帛书乙本均无此字（甲本缺）。

十六章

【题解】

　　本章主旨在于沟通"道"与"常"或"常道"的关系，是《老子》全书在主论"道"之外唯一专论"常"的一章，也是老子将"道"与"常道"予以统一的最关键一章，因此值得特殊重视。

　　见于本章的"常"字，在帛书甲乙本和汉简本中都不是"恒"而仍作"常"。按照王弼本因避汉文帝刘恒讳而改"恒"为"常"一说，知王弼本较另三本为晚，如此，则根据另三本中"恒"与"常"共在同出的情况，就可断定此二字之间本义上的关系。查帛书本与汉简本，独用"常"而非"恒"的地方涉及四章，计有七处。本章即有其中四处。这一点很重要，说明《老子》本章所用的"常"字本来如此，而非为避讳"恒"字所改。这样，"常"就需要作为一个独立概念来理解，因为老子还特别地对该字下了定义。

　　依笔者判断，本章所谓"常"，即首章所谓"常道"或"恒道"，是那种建立在某种假定前提基础上因而具有某种貌似恒常不变特性的定理、公理、常理或种种具有约束性、规训性、戒律性的习俗或文化，当今的种种所谓"理论"亦属该范畴。历来有注家将老子之"常道"或"恒道"理解为老子的最高哲学范畴，直接释为"永恒不变之道"，其实是大错特错的，因为《老子》全书主论"道"而非"常道"或"恒道",帛书《老子》和汉简本《老子》真正言及"常"的地方,除了九章、五十二章和五十五章三处之外,仅此章而已。从科学哲学的角度看,今人往往以为定理性或公理性的理论最具"普适性",可以"放之四海而皆准",但在"道"的认识论范畴中,此种"理论"恰是最不具周遍性的、容易沦为教条的知识。把握住这一点,在理解《老子》本章内容、主旨方面会大有帮助;以此作为解释的基础,就会发现老子思想中早已具有的兼顾"道"与"常"、变与不变的思想,这样也会更好地理解老子"道论"与现代科学哲学的关系,从而使《老子》的观点在现代社会重放异彩,帮助现代人重建科学哲学观,帮助现代人摆脱知识问题上的认识论困境。从这个意义上说,本章是极为重要的一章,绝不应该仅仅把它理解为是老子教人"做静定功夫"(释德清语),遑信道教中人据以将老子推为善于"修真炼道"而成"金仙"(黄元吉语)的道教鼻祖。在知识论框架中明辨《老子》本章之旨,是贯通老子整体思想、破解《老子》书中诸多疑难的一把金钥匙,此不可不察。

本章包含了一系列十分重要的概念,因此也是十分令人费解的一章。在不足七十字的文本中,竟然有二十来个甚至不止于此的理论术语,严谨而玄奥,这样的表述方式几乎是一件不可思议的事情,但老子之文却如行云流水,一带而过,毫无迟滞痕迹。内容如此大气磅礴而形式如此轻捷顺畅,古往今来,恐唯此一人而已!

稍作提取,则本章新出现的核心概念至少包括:复、根、归根、静、复命、常、明、容、公、天、道、久。这些概念,每一个的内涵都极为丰富,值得作深度探究。这里仅基于本章的主题,针对历来的曲解、误解和肤浅无用之解，对其中主要的概念作特殊的辨析，进而对一些重要的命题作适当的引申，以明《老子》本章之旨。

首先一个概念是"复"。复，其义为反复、往复，若将其上升到近世的科学哲学层面，便是"规律"。从这一点看，"复"与"常"与"静"具有意义上的关联甚至等价关系，这是老子以"曰"或以"是谓"并列地定义这几个概念的缘由。可以说，"静"是规律的特点，"常"是规律的性质，"复"是规律的表现。太阳总是东升西落，春夏秋冬年复一年，万有引力定律恒为有效，从中都可见其静、其常、其复。庄子后来以"道，有情有信"概括"道"的内容构成，其中之"信"，便是老子之"复"的引申之言，由此可见，道家的理论，或"道论"思想之全体，不是彻底排除规律不谈。不仅不是不谈，而且，借助于本章精彩的、层层递进的推论，老子还将"常"与"道"高度统一起来。这是承认老子之学一分为二地对待知识之"常"与知识之"变"的证据。老子之高明，老学之可用于今日，全在于此。《老子》全书主论"道"而鲜及"常"，这是其"道论"之旨主要在于"破常"的立意所在，并非老子主张彻底弃"常"。

"常"之须破，在于"常"往往囿于成见、拘于教条、从于权威。"常"之能破、得破的前提，在得其心法。对于老子而言，此心法就是"致虚极，守静笃"。这一心法，本来简明实用，但后来被道教者流搞得神秘起来。今天，如果我们把视野转向西方现象学，那么，胡塞尔的"悬置"手法，"回到事实本身"的主张，"直观本质"的功夫境界，在"生活世界"中求得真知的认识论哲学，哪一点不是"致虚极，守静笃，以观其复"的重现呢？当我们漂洋过海而欲以舶来之西学为圭臬去指点当下时，倘能回望两千五百年前的华夏思想，也许会发现，此六字所辉耀的光芒，未必逊色于千百卷的西学著作！

所以，老子的"静"字，不可孤立地去理解，同时也不可以视作老子用以界定"道"之特征的概念，更不可从而得出老子之学为绝对的"守静"之学的结论。在笔者看来，老子"道论"并非主张绝对的"守静"。守静只是养心之法而不是应物之法，应物是守静的目的。老子"道论"的目的在应物，应物的总则是无为，无为的根据是无物，无物的根源在于物之恒变。恒变，便不是静。所以，静只是心法，绝不是物态。以老子言"守静笃"而以为老子之学为绝对的"守静"之学并主张日常性的枯坐入定，乃是道教者流的刻意曲解。

另外两对重要的概念是"根"与"命"，"归根"与"复命"。根，即本即原，物之得以自立者也。草有草根，木有木根；天有天根，地有地根。草木之为草木，天地之为天地，皆在于其根。所以，根是令物在寻常意义上"是其所是"（不是令物在情境中"是其所是"）的本原所在。但草之不为木，天之不为地，是言物之相别而非物之可同，因此，当以"归根"观物，所见乃物各自有其命，命命自有不同。草木春荣秋枯，天地不老不荒，是其命。命出于性，性归于根，所以，归根的结果，是万物各归其本性。各归其本性，是承认物各有其性，这便与释家所谓"自性有"论以及朱熹"性即理"论不谋而合。自性有，则草自为草，木自为木，草木不类；是自为是，非自为非，是非有别。凡有别，则不入于"道妙"，在知识论层次上已经位于较低的层次，是庄子所谓"有封"甚至"有是非"的层次。这样的知识，只能在合于

"复""静""常"的"规律"中去寻找。所以，老子此处的"根"与"命"、"归根"与"复命"，都是对立于"道"而对应于"常"的。如果理解错位而误将其置于"道"（以庄子的分层，"道"就知识而言，处于"未始有物""有物而未始有封"和"有封而未始有是非"的层次）的范畴当中，则不仅本章之旨不可得，就连老子思想之一贯也必会遭到破坏。

在严密而系统地建立了上述几个概念之后，老子提出了一系列命题，用以阐述自己的知识主张。其最为精彩之处，是建立了"常"与"道"之间能够相互沟通、可以彼此达成的桥梁或阶梯。这个关键命题就是"知常曰明"，能知常，则能入于"道"；入于"道"，则能久而没身不殆。

那么，"知常"如此重要，到底何为"知常"？知常，就是不仅要知"常"之内涵，还要知此"常"所以成立的前提条件。不仅要知道自由落体运动规律，还尤其要知道此规律的假设前提；不仅要知道马克思科学社会主义理论的内涵，还要知道此理论产生的社会背景及其立论目标。本书特用"彻知"一词表示这样的知识水平。凡仅知其一而不知其二、仅知其然而不知其所以然者，断非"知常"。以其"不知常"而"妄作"，结果就会成为教条一族。其所执愈深，则与"道"相去愈远，而其所谓"功业"，又岂可久哉！

致虚极，守静笃①。万物并作，吾以观其复②。夫物芸芸，各复归其根③。归根曰静，是谓复命，复命曰常④。知常曰明⑤；不知常，妄作，凶⑥。知常容，容乃公⑦；公乃全，全乃天⑧；天乃道，道乃久⑨。没身不殆⑩。

【译文】

达到至虚之境，持守极静之态。这样，就可以从万物竞生当中观察其循环往复的规律。万物纷纭，总是各归其根。归根叫做"静"，它也叫"复命"，就是回归于本性。复命叫做"常"，彻知此"常"，就是"明"。不能彻知此"常"，就会妄加作为，其结果便是遭遇凶险。彻知此"常"，就能通于权变；通于权变，就能达于大公；达于大公，就能臻于周遍；臻于周遍，就能顺应于天；顺应于天，就能合于大道；合于大道，就能终于长久。能如此，终身都没有危害。

【注释】

①"致虚"句：达到至高的虚无境界，持守极致的静寂状态。极、笃，义同，均表示极点。王弼注："言致虚，物之极笃；守静，物之真正也。"苏辙《老子解》："致虚不极，则'有'未亡也；守静不笃，则'动'未亡也。丘山虽去，而微尘未尽，未为'极'与'笃'也。盖致虚存虚，犹未离'有'；守静存静，犹陷于'动'；而况其他乎！不极不笃，而责虚静之用，难已。"高明《帛书老子校注》："'虚'者无欲，'静'者无为，此乃道家最基本的修养。'极'与'笃'是指心灵修炼之最高状态，即所谓极度和顶点。"

②并作：竞生，共生。作，生长。以：凭借，这里指"致虚极，守静笃"的身心状态。观其复：观知它们的循环往复。其，指"万物并作"。王弼本原无"其"字，他本多有，据补。复，反复，循环。河上公注："'作'，生也。万物并生也。言吾以观见万物无不皆归其本也。人当念重本也。"王弼注："动作生长。以

虚静观其反复。凡'有'起于虚,'动'起于静,故万物虽并动作,卒复归于虚静,是物之极笃也。"苏辙《老子解》:"虚极静笃,以观万物之变,然后不为变之所乱,知凡作之未有不复也。"蒋锡昌《校诂》:"《尔雅·释言》:'复,返也。'万物自生至死,犹人行路之往而复来,比喻适当,此正《老子》用字之精。'万物并作,吾以观其复',谓万物竞生,吾因观其终归之道也。"

③芸芸:纷杂,众多。复归其根:回归到它的本原。河上公注:"'芸芸'者,华叶盛。言万物无不枯落,各复反其根而更生也。"苏辙《老子解》:"万物皆作于性,皆复于性。譬如华叶之生于根而归于根,涛澜之生于水而归于水。"

④复命:归于本性。命,性,指事物自有的本质规定性,是决定事物呈现某种规律性的属性,类于释家所言之"自性",也是与事物之"静"态对应的属性。林希逸《口义》:"既归根矣,则是动极而静之时,此是本然之理,于此始复,故曰'复命'。得至复命处,乃是长久而不易者。"释德清《老子道德经解》:"'命',乃当人之自性,赖而有生者。'性',乃真常之道也。"《易经·上经》:"乾道变化,各正性命。"孔颖达疏云:"性者天生之质,若刚柔迟速之别;命者人所禀受,若贵贱夭寿之属是也。"案历来注家对"复命"的解释,或失于含糊,或流于肤浅,或囿于成见,或陷于玄奥,或乖于事理,总之,多不能与本章语境、主旨相合,乖于老子本义,更未能与《老子》书之前后相贯通。老子在本章连续界定了多个重要概念(如"归根""静""复命""常""明"),并连带应用了若干重要概念(如"容""公""王""天""道""久"),这些概念在构筑老子学说的思想连续体上无疑占据着非常重要的地位,所以,必须予以特殊

的重视。就"复命"这一概念而言，须结合后文若干概念作整体性的解释，其中最为突出的是，这一立基于"静"的概念，是后文"常"的概念的基础，同时也是与"道"相对立的一个概念。如果回到《老子》首章并将"道"与"常道"统一起来看，这一点就不难理解。

⑤知常：知晓某个定理，即对某种规律有全面的了解。常，常理，定理，公理，即《老子》首章之"常道"，亦《庄子·大宗师》所谓"夫知有所待而后当，其所待者特未定也"中的"知"，当今所说之各种"理论"，即属此类。明：明达，洞明。《老子想尔注》："知此常法，乃为明耳。"案这里所说的"常"是用以描述"规律"的某些定理、法则，其特点是具有"恒常性"，故《老子》首章谓之"常道"或"恒道"，它很容易被人们期许为"放之四海而皆准"，但实际上，这种"普适性"是建立在特定假设的基础上，因此，与"道"不同，这种"常理"反倒并不具有周遍性。真正懂得这种定理的人，不仅要懂得定理的内容，还要懂得定理的假定前提，本书谓此等之知为"彻知"。做到这一点，才算得上"知常曰明"。

⑥妄作：妄加作为，轻举妄动。凶：凶险，祸乱，灾难。句谓倘若不能彻知定理或规律的内容和适用条件而妄加作为，必然会遭遇凶险。《老子想尔注》："世常伪伎，不知常意，妄有指书，故悉凶。"案此句文意十分微妙，非能洞察老子之"常"与"道"之关系者，恐难理解老子本意。如王弼注云"'常'之为物，不偏不彰，无皦昧之状，温凉之象"，其所言实非老子所谓"常"，而是其所谓"道"。老子于本章将"常"与"道"对立，从"常"至"道"，中间要经历好几个关键环节，"常"方得入于"道"，

所以，凡以释"道"之路径释"常"者，均未得老子"常"之精义。又如苏辙《老子解》："不知复性，则缘物而动，无作而非凶。虽得于一时，而失之远矣。"苏氏以不知"常"则会"缘物而动"释此句，立意不仅有违本章之旨，而且也乖于老子整个道论思想：在老子思想中，"缘物而动"乃是"道"之妙用，即庄子"因是因非"之意，也是老子"自然"哲学的伦理原则，既能得于一时一地一人一事，是"因地制宜"的结果，也能得于久远、普遍。故苏子之释，亦不得其正。

⑦知常容：彻知此"常"，就能通于权变。容，宽容，包容，引申为善于权变。王弼注："无所不包通也。"容乃公：通于权变，就能达于大公。公，公平，公正，这里尤指大公，可借庄子"大仁不仁"之例，理解此"大公"为"大公不公"。王弼注："无所不包通，则乃至于荡然公平也。"

⑧公乃全：达于大公，就能臻于周遍。全，周遍，周全，完全。全乃天：臻于周遍，就能顺应于天。王弼本"全"作"王"，世传本多同，帛书本、汉简本亦作"王"，唯遂州龙兴碑作"生"。高明《帛书老子校注》亦主当为"王"。然考此句上下文，各句皆言事言理，唯此句若以"王"言，则属言人，显有乖兀。劳健《老子古本考》："'知常容，容乃公'，以'容''公'二字为韵。'天乃道，道乃久'，以'道''久'二字为韵。独'公乃王，王乃天'二句韵相违。'王'字义本可疑。王弼注此二句云：'荡然公平，则乃至于无所不周普也；无所不周普，则乃至于同乎天也。''周普'显非释'王'字。《道藏》龙兴碑本作'公能生，生能天'，'生'字更不可通。按《庄子·天地》篇云：'执道者德全，德全者形全，形全者神全，神全者圣人之道也。'此两句

'王'字盖即'全'字之讹。'公乃全，全乃天'，'全''天'二字为韵。王弼注云'周普'是也。又《吕览·本生》篇'天子之动也，以全天为故者也'，高注：'全，犹顺也。'可补王注未尽之义。今本'王'字，碑本'生'字，当并是'全'之坏字；'生'字尤形近于'全'，可为蜕变之验也。"虽然高明以为"劳氏之说只是一种推测，并无可靠的依据"，但劳说确能贯通文意，当从。

⑨天乃道：顺应于天，就能合于大道。道乃久：合于大道，就能终于长久。河上公注："与道合同，乃能长久。"《老子想尔注》："天能久生，法道故也；人法道意，便能长久也。"案至此句，老子已经将人的知识境界从"知常"推向达于大道的境界。进入这样的境界，必有"没身不殆"的结果，进入庄子所谓"真人"的层次。

⑩没身不殆：终身没有危害。没身，或作"殁身"，终身。王弼注："无之为物，水火不能害，金石不能残。用之于心，则虎兕无所投其齿角，兵戈无所容其锋刃，何危殆之有乎！"《庄子·逍遥游》："之人也，物莫之伤，大浸稽天而不溺，大旱金石流土山焦而不热。"

十七章

【题解】

本章以"贵言"为宗旨立言，重申君主不言、无为的"太上"境界。

"贵言"，即"希言""不言"，与"多言"相对。在《老子》中，以"贵言"立论来体现其"无为而无不为"思想的地方甚多，可见于二章之"是以圣人居无为之事，行不言之教"，五章之"多言数穷，不若守于中"，八章之"言善信"，二十七章之"善言者，无瑕谪"，三十五章之"道之出口，淡乎其无味"，四十一章之"大音希声"，四十三章之"不言之教，无为之益，天下希及之"，五十六章之"知者不言，言者不知"，七十三章之"天之道：不争而善胜，不言而善应"，八十一章之"信言不美，美言不信"。在其他道家典籍中，贵言思想也比比皆是，如《关尹子·六匕》："大言不能言，大智不能思。"《九药》："喻道者不言。"在《庄子》中类似表述之多更不待言。

贵言、不言之倡，在儒家也不乏其见。《周易·系辞上》："默而成之，不言而信，存乎德行。"《论语·先进》："子曰：'夫人不言，言必有中。'"《阳货》："子曰：'予欲无言。天何言哉？四时行焉，百物生焉，天何言哉？'"

由此可见，"贵言"的重要性，为先秦诸子所共见。其所以重要，在于"言"是取信的重要渠道。人言可以致信，这在"信"字的形体结构中也可以看出——《说文》："信，从人从言，诚也，会意。"所以，本章的核心主张是，太上之君，必贵言以取信。至于以言行邀誉倨功的君王，虽或言而有信，行而有果，但难免"信不足"，故非老子所最崇尚的为君之道。至于为百姓所"畏之""侮之"的失信之君，固为老子所不取，已不在话下。由此可见，本章虽列明四等君王阶次，唯太上之君，能贵其言，即便功成事遂，但却能无功、无名，最终达到"百姓皆谓我自然"的治理效果。这是道家"为天下"的最高治国境界。

太上，下知有之①；其次，亲而誉之②；其次，畏之；其次，侮之③。信不足，焉有不信，犹兮其贵言④。功成事遂，百姓皆谓我自然⑤。

【译文】

至善的君主，百姓只知道他们的存在。次等的君主，百姓亲近他，赞誉他；再次等的君主，百姓畏惧他；最下等的君主，百姓轻侮他。君主的诚信不足，百姓于是也不信任他。所以，好的君主就会犹豫其言，令宽政简。这样，即便事功本属君王所成，百姓也会说："这是我们自己完成的。"

【注释】

①太上：最好，至上，上善。承十五章"善为士者"，尤指有道之君。以下文有"亲而誉之""畏之""侮之"，知"太上"非指"最好的世代"或"上古之世"。下知有之：群下知他的存

在。下，指臣属、百姓。荀悦《申鉴》："纯德无慝，其上善也；伏而不动，其次也；动而不行，行而不远，远而能复，又其次也；其下者，远而不近也，凡此，皆人性也。"王弼注："'太上'，谓大人也。大人在上，故曰'太上'。大人在上，居无为之事，行不言之教，万物作焉而不为始，故下知有之而已，言从上也。"苏辙《老子解》："以道化育天下，而未尝治之，民不知其所以然，故亦有之而已。"宋徽宗注："在宥天下，与一世而得淡泊焉。无欣欣之乐，而亲誉不及；无悴悴之苦，而畏侮不至。莫之为而常自然，故下知有之而已。"蒋锡昌《校诂》："'太上'者，古有此语，乃最上或最好之谊。《魏策》：'故为王计，太上伐秦，其次宾秦，其次坚约而详讲与国，无相离也。'谓最好伐秦也。襄二十四年《传》：'太上有立德，其次有立功，其次有立言。'谓最上有立德者也。《吕览·孟秋纪·禁塞》：'凡救守者，太上以说，其次以兵。'谓救守者最好以说也。《有始览·谨听》：'太上，知之；其次，知其不知。'谓最好知之也。《孝行览·遇合》：'凡举人之本，太上，以志；其次，以事；其次，以功。'谓凡举人之本，最好以志也。《先识览·察微》：'凡持国，太上，知始；其次，知终；其次，知中。三者不能，国必危，身必穷。'谓持国最好知始也。皆其证也。""下知有之"之"下"字，有本或作"不"。郭店本、帛书本、汉简本并作"下"，河上本、傅奕本、景龙碑本、范应元本等世传本亦多同作"下"。若以老子"无为"论衡量，凡真人皆"无己、无功、无名"，故可谓人不知其有，作"不"亦通，但于本章所言之事未尽合，不取。

②其次：下一等的君主。后文"其次"，则为"更下一等"之谓。亲而誉之：亲近而又赞誉他。有本作"亲之誉之"，义同。

河上公注:"其德可见,恩惠可称,故亲而誉之。"王弼注:"不能以无为居事,不言为教。立善行施,使下得亲而誉之也。"苏辙《老子解》:"以仁义治天下,其德可怀,其功可见,故民得而亲誉之。其名虽美,而厚薄自是始也。"

③畏:畏惧。侮:侮辱。河上公注:"设刑法以治之,禁多令烦,不可归诚,故欺侮之。"王弼注:"不能复以恩仁令物,而赖威权也。不能法以正齐民,而以智治国,下知避之,其令不从,故曰侮也。"苏辙《老子解》:"以政齐民,民非不畏也,然力之所不及,则侮之矣。"宋徽宗注:"道之以政,齐之以刑,故畏之。举天下以赏,其善者不劝;举天下以罚,其恶者不沮。诸侯有问鼎大小、轻重如楚子者,陪臣有窃宝玉、大弓如阳货者,此衰世之俗,故侮之。"

④"信不足"句:意谓由于君主的诚信不足,人民于是也不信任他,所以,君主应该犹豫其言,不轻易发号施令。焉,于是;贵言,犹"希言",少说话;犹,犹豫,迟疑的样子,义同于十五章"犹兮,其若畏四邻"之"犹"。河上公注:"君信不足于下,下则应之以不信而欺其君也。说太上之君,举事犹贵重于言,恐离道失自然。"苏辙《老子解》:"吾诚自信,则以道御天下足矣。惟不自信,以加之仁义,而重之刑政,而民始不信。圣人自信有余,其于言也犹然。贵之不轻出诸口,而民已信之矣。"本句王弼本原作"信不足焉有不信焉悠兮其贵言",注家读法不一。"悠"世传本多作"犹",郭店本、帛书乙本、汉简本同,据改;郭店本、帛书甲乙本、汉简本第一个"焉"字或作"安",或作"案",与"焉"义同;世传本多无第二个"焉"字,郭店本、帛书甲乙本、汉简本并同,据删。

⑤ "功成"句：意谓即便事功本属君王所成，百姓也会说："这是我们自己成就的。"自然，自成，谓非由外力助成。王弼注："举无为之事，行不言之教，不以形立物，故百姓不知其所以然也。"宋徽宗注："帝王之功，圣人之余事也。使民甘其食，美其服，安其俗，乐其业，而余事足以成帝王之功。然谓我自然而已，曰帝力何有于我哉？此之谓太上之治。"蒋锡昌《校诂》："《老子》所谓'自然'，皆指'自成'而言。'自成'亦即三十六章及五十七章'自化'之意。"案如庄子所状之真人，至人无己，神人无功，圣人无名，是乃圣人虽有功于民，因其不倨功为己有，不邀名于世，故民不知事功之所以成，竟以为乃由其自为自成。这是老子所主张的无为之治的理想境界。

十八章

【题解】

本章主旨在于揭示当时社会病态的根源所在。

仁、义、忠、孝、知，皆为春秋战国之际社会普遍提倡的观念，更为儒家学派所极力主张。不过，老子在本章所彰明的态度，主要是对君主刻意施行仁义之政的批判，以此，后世儒家和当今时代很难理解和接受这种观点。老子的这种观点之所以会遭受质疑，主要在于人们对社会病态与仁义之政何者为因、何者为果持有不同的见解。在《老子》三十八章中，老子对此有明确的立场："故失道而后德，失德而后仁，失仁而后义，失义而后礼。夫礼者，忠信之薄，而乱之首。"

老子的此类表述，给后世造成了一些误解，以为道家是彻底反仁义的。其实，道家对待仁义的态度，是主张"大仁""上仁"，而"大仁不仁""上仁为之而无以为"才是道家有关"仁"的观点，其核心思想是对"仁"持有一定的变通态度。此正是《吕氏春秋·审分览》所谓"故至智弃智，至仁忘仁，至德不德"之义。因此，道家所真正反对的，不是适当地施仁行义，而是春秋战国之际社会现实中普遍存在的"为之仁义以矫之，则并与仁义而窃之"（《庄子·胠箧》）的假仁假义现象。正是基于对这种社会现实的深刻认识，老子才于此章以貌似激烈而极端的语言，阐发社会病态的因果关系。不幸的是，老子所抨击的现象，随着社会的演进，正日益成为一种不可逆转的历史潮流。自老子的时代开始，在促成这一潮流的各种力量中，"知"是一个带有根本性的因素，而当今的信息社会、互联网世界则使"知"的力量更是被无限放大，深刻地影响着人们的"仁义忠孝"观念，从而也决定着社会发展的方向和所能维持的状态。仅就此而言，也使得我们今天重估《老子》的认识论价值具有十分明确的现实逻辑。

大道废，有仁义①；智慧出，有大伪②。六亲不和，有孝慈；国家昏乱，有忠臣③。

【译文】

大道废弃，才倡导仁义；智巧盛行，才出现诈伪。六亲不和，才主张慈孝；国家昏乱，才出现忠臣。

【注释】

①大道废，有仁义：大道废弃，才倡导仁义。河上公注："大道之时，家有孝子，户有忠信，仁义不见也。大道废不用，恶逆生，乃有仁义可传道也。"苏辙《老子解》："大道之隆也，仁义行于其中而民不知。大道废，而后仁义见矣。"

②智慧出，有大伪：智巧盛行，才出现诈伪。王弼注："行术用明，以察奸伪，趣睹形见，物知避之，故智慧出则大伪生也。"苏辙《老子解》："世不知道之足以统御万物也，而以智慧加之，于是民始以伪报之矣。"此句郭店本脱。帛书本、汉简本及世传本并有。《老子》作为知识论之书，通篇以"知"立言，"知"被视

为一切作为的基础，故以有此句为善。

③六亲：历代说法不一。王弼注取父子、兄弟、夫妇："甚美之名，生于大恶，所谓美恶同门。'六亲'，父子、兄弟、夫妇也。若六亲自和、国家自治，则孝慈、忠臣不知其所在矣。鱼相忘于江湖之道，则相濡之德［不知其所］生也。"苏辙《老子解》："六亲方和，孰非孝慈？国家方治，孰非忠臣？尧非不孝也，而独称舜，无瞽瞍也。伊尹、周公非不忠也，而独称龙逢、比干，无桀纣也。涸泽之鱼，相呴以沫，相濡以湿，不如相忘于江湖。"

十九章

【题解】

上一章既已阐明社会乱象产生的根源，则相应就需要有适当的"对策"来解决这些问题。本章的意图在此。

从本章内容构成上看，老子似乎提出了两组对策方案，一是"绝圣弃智、绝仁弃义、绝巧弃利"，还点明了这个方案可能带来的直接效果；二是"见素抱朴、少私寡欲、绝学无忧"，对这一组方案老子并未预言其效果。

那么，老子究竟主张哪一组方案？是二者都赞同，还是有所偏重，抑或要做出取舍？这个问题必须弄清。其实，揭开谜底的钥匙就是"此三者以为文不足，故令有所属"这一断言。由此可以推断，老子所主张的治理社会的方案，是后者而不是前者。但老子对前者并非彻底否定，只是言其"不足"。那么，这种不足究竟是什么呢？联系《老子》全书，以及比对老子所提出的第二种方案，就可以得出答案了：它们都过于具体、过于言之凿凿，坚执于此，就不免会失之教条。另外，它们都是在求于末而非归于本。凡求于末者，必不能周遍。这便是三者"不足"之所在。

所以，"绝圣弃智、绝仁弃义、绝巧弃利"三言，不管是老子所引用的他人之言，还是老子自引所曾表达的观点，既然形于文字，老子都可以基于"道"的本质予以反身性的否定。这便是

《庄子》中曾两度用"胥易技系"来表彰老子对任何"成说"的批评态度，即便这种"成说"看上去几近完美之言，甚至，即便是这种成说原本是自己的观点，都需要自觉地将其纳入一种"否定之否定"的知识境界。这说明，老庄思想都不是绝对的，因此，本章首言三"绝"，从老子自身的逻辑出发也必然成为老子的自我扬弃对象。从根本上说，道家思想的本质就不允许他们走向绝对，道家理论在认识论层面所展现的辩证法精神，足以将自己的理论消解于任何与之对立的理论面前，或者相反，以其"道论"消解任何理论之主角。这一点，不仅可以从《老子》和《庄子》中各处直言的观点上看出，也可以从两书的文本叙述方式、遣词用语的微妙设计上得以证实。后人不察于此，所以错失了老庄著作的文本真义。这是应该予以纠正的。

至于作为第二方案的"见素抱朴、少私寡欲、绝学无忧"，虽然也不免落入言诠，但这是"道可道，非常道"固有的无奈。细品这三句话，其与前述三言的本质区别在于，此三言在导人归本，前三言在予人以策。归本则可以应变，执策则必有偏。由此可见，老子言"此三者以为文不足"，岂虚言邪？

"绝圣弃智，民利百倍①；绝仁弃义，民复孝慈②；绝巧弃利，盗贼无有③。"此三者以为文，不足，故令有所属④：见素抱朴⑤，少私寡欲⑥，绝学无忧⑦。

【译文】

"杜绝为圣之念，放弃智识之执，人民就会受益百倍；摒绝仁爱之心，弃绝正义之求，人民就会复归孝慈；禁绝诈巧之伎，抛弃财利之算，人民就会不做盗贼。"以上三言，亦为教条；不能周遍，当循其本：察知事物的本然之质，抱持自己的本真之性；减少私心，降低欲望；摒弃知识，勿行烦扰。

【注释】

①绝圣弃智：杜绝为圣之念，放弃智识之执。绝，搁置，放弃，隔绝；智，犹"知""学"，在《老子》一书中是与"道"相对的概念。李霖《取善集》引钟会曰："绝制作之圣，弃虑谋之智，人当反朴还淳，故其利百倍。"吴澄《注》："'绝'，谓绝而不为；'弃'，谓弃而不用。"

②绝仁弃义：摒绝仁爱之心，弃绝正义之求。河上公注："绝仁之见恩惠，弃义之尚华言。"

③绝巧弃利：禁绝诈巧之伎，抛弃财利之算。蒋锡昌《校诂》："'绝巧弃利，盗贼无有'，谓人君绝伎巧，弃难得之货，则盗贼无有也。"

④此三者：指绝圣弃智、绝仁弃义和绝巧弃利，或指以上三句话，皆通。者，郭店本、帛书本、汉简本、想尔注本并作"言"，世传他本皆作"者"，义近。为文：作为一种文饰，意喻这三句话只代表一种表面功夫。文，此处兼有三义，可通释之，一为繁于文采，二为条文律令，三为文字描述。该字诸本皆同，唯郭店本作"史"，而义与上述一、二义同（参见廖名春《郭店楚简老子校》）。《庄子·缮性》："心与心识知而不足以定天下，然后附之以文，益之以博。文灭质，博溺心，然后民始惑乱，无以反其性情而复其初。"不足：不充分，不全面，不准确，不周全。老子于此显然以为以上三种观点有瑕疵，故作此批评，此不

可不察。令有所属：要让这种表面功夫有所归属，这里指要回归到更为根本的东西（即下文三句所指）上去。属，归属。王弼注："圣智，才之善也；仁义，人之善也；巧利，用之善也。而直云'绝'，文甚不足，不令之有所属，无以见其指。故曰此三者以为文而未足，故令人有所属，属之于素朴寡欲。"案老子基于"道可道，非常道"的基本原则，必将一切条文、律法甚至圣教，都视为"胥易技系"（《庄子》中两度用到此词，皆指在圣人看来属于"劳形怵心"的教条行为），因此，本章首出三言，看似高明律条，但其实，如果奉为圭臬，便有其不足。但凡僵化地执守此律条并将其作为行为准则的人，都已与大道相悖，为老子所不取，所以，此三言固非老子所主张，而是他引用时人所力倡之言，并明确指出其"不足"。在语言层面，老子勉强所能或所欲教人者，必终归于素朴之道，而不是各种具体的教条、律则，即使它们看上去无比漂亮。历来注家多有不识诸子文本中或有引用时论、古谚甚至论敌之语者，而遽将其视为作者的观点，此在一些被误断为伪书（如《邓析子》）的注解著作中不乏其例，值得特殊重视。

⑤见素抱朴：察知事物的本然之质，抱持自己的本真之性。见，视，察知。或训"见"为显现、显露（如薛蕙注），或训作抱持、持守（如河上公注），义均可通。以郭店本"见素抱朴"作"视素保朴"，故此处如王安石注取"视"义；素，本义指未经染色的生绢，喻质朴、朴素；抱，保持，持守；朴，未经加工的原木，质朴，本真。河上公注："见素者，当抱素守真，不尚文饰也。抱朴者，当见其笃朴以示下，故可法则。"《王安石辑本》："'见素'，则见性之质而物不能杂。'抱朴'，则抱性之全而物不能亏。"范应元《集注》："'素'，《释文》：'质之始也。'《说文》：

'朴，木素也。'以譬人之质朴也。《庄子·马蹄》：'同乎无知，其德不离；同乎无欲，是谓素朴'。"薛蕙《集解》："见音现。物无饰曰素，木未斫曰朴。'见素'者，外见其质，不加饰也；'抱朴'者，内全其真，不分散也。"

⑥少私寡欲：减少私心，降低欲望。河上公注："少私者，正无私也。寡欲者，当知足也。"《王安石辑本》："不言守素而言见素，不言返朴而言抱朴，不言无私而言少私，不言绝欲而言寡欲。盖见素然后可以守素，抱朴然后可以返朴，少私然后可以无私，寡欲则致于不见所欲者也。"

⑦绝学无忧：弃绝知识，勿行忧扰。学，犹"知"，即四十八章"为学日益，为道日损；损之又损，以至于无为"之"学"；忧，烦累，忧虑，引申为扰乱。案学与知同，知与忧伴，忧与扰通，故老子说"绝学无忧"，乃取"无知不扰"之意，以合其"无为"之旨，以避"以智治国"之患。此宗旨在《庄子》中多有发扬。《庄子·列御寇》："巧者劳而知者忧。"《山木》："故有人者累，见有于人者忧。"《人间世》："仲尼曰：'夫道不欲杂，杂则多，多则扰，扰则忧，忧而不救。'"《庄子·则阳》："忧乎知而所行恒无几时，其有止也若之何！"林希逸注《庄子》此句云："忧乎知者，以人之私智，其忧万端多少计较，能几件计较得行？故曰'所行无几'。"《田子方》："始吾以圣知之言仁义之行为至矣，吾闻子方之师，吾形解而不欲动，口钳而不欲言。吾所学者直土梗耳，夫魏真为我累耳！"蒋锡昌《校诂》："《庄子》所谓'学'，亦指'圣知''仁义'而言，与《老子》同，可资参证。盖为学与为道，立于相反之地位；为学即不能为道，为道即不能为学。唯绝学而后可以为道，唯为道而后天下安乐，故曰'绝学

无忧'也。"蒋氏所言，其前文不错，后文则有瑕。《老子》书并未将"学"与"道"完全对立，"学"之日损便是入"道"之途，二者是可以打通的，前文之十六章亦已借"知常"而将二者予以贯通，"学"虽属"常"，但"知常"即为"知学"，而"知常曰明"，自可入于道矣。另外，老子所言之"绝学"，亦非指人生由始至终均与"学"或"知识"相隔绝，而是强调在现实情境中悬搁此"学"而能实见事物当下之"真"。否则，老子作为周之守藏室之史而终于得道，当又作何解释？故"绝学"之义，乃是令所持之学损之又损而冀其近于道。郭店乙本第三、四、五简中，"绝学无忧"正在前引四十八章句"无为"之下，足见"绝学"是针对"为学"而来，是"为学日益"的反说（据廖名春《郭店楚简老子校释》）。王弼本等世传本"绝学无忧"皆属下章之首，此据文意及近代注家考证改移此处。蒋锡昌《校诂》："此句自文谊求之，应属上章，乃'绝圣弃智，……绝仁弃义，……绝巧弃利'一段文字之总结也。晁公武《郡斋读书志》谓唐张君相《三十家老子注》以'绝学无忧'一句，附'绝圣弃知'章末，以'唯之与阿'别为一章，与诸本不同。当从之。后归有光、姚鼐亦以此句属上章，是也。"

二十章

【题解】

本章通过两两对比的叙述方式，举例说明"俗人"或"众人"之"守常"与"我"之"循道"两种不同德行的内在和外在表现。河上公题本篇"异俗"，甚得老子本意。

在描绘两种人的行为特征之前，老子首先从语言学或语义学的角度提出了一个涉及是非、美丑判断的价值问题："唯之与阿，相去几何？美之与恶，相去何若？"

粗略一看，这个问题好像提得十分突兀，因为后文不仅没有给出答案，而且叙述的内容也似乎并不相关，加之文字叙述闪烁其词，以至于让人感到通篇不知所云。刘笑敢就感叹说："本章语句多扑朔迷离，相当费解。"

其实，细品本章内容，不仅层次井然，而且文意恣肆，论理高妙绝伦，可谓一篇文质兼得的奇文。从内容结构上看，本章行文大体分为两层。一层是章首的提问，另一层是后续大段的正面描述，而在这段描述中，又渐次从不同维度展开更深入的讨论。

首先，老子开篇一句提问，其实并不突兀。如果回溯春秋之际学术界讨论的话题以及这些话题与当时社会政治生活的关系，就可以轻易理解老子提出这个问题的初衷和意义。从本质上说，老子提出的这个"唯阿美恶"问题，是当时学界普遍关心的"名实关系"问题的具体案例之一。当时道家与名家，甚至包括儒家、墨家、法家，都对"名实关系"发表过极为重要的观点。孔子之"必也正名乎"自不待言，《老子》全书关于"名"的讨论，几乎构成了其"道论"思想的核心内容之一；《庄子》承其旨而大为阐发，从而形成了基于"道"的"不辩"思想，此正是老子"大音希声"的体现。尤为重要的是，这种思想在名家那里也得到了充分的体现，名家的开宗立派人物邓析，在其著作中对此就有鲜明的表达，其他人也有类似的思想——即使表面看来十分好辩的惠施，一生也与主张"不辩"的庄子为挚友，这一关系所喻示的内涵十分深刻而有趣。在《邓析子·转辞》篇中，一开始就写道："世间悲哀喜乐，嗔怒忧愁，久惑于此。今转之。在己为哀，在他为悲；在己为乐，在他为喜。在己为嗔，在他为怒；在己为愁，在他为忧。在己若扶之与携，谢之与议，故之与右，诺之与已，相去千里也。"显然，与老子同处一个时代的邓析所关注的问题，以及他所持有的思想，与《老子》可谓遥相呼应！这一点是历来被学界所忽视的，以至于邓析身上一直背负着洗不掉的污名。

所以，老子于章首所提的问题，绝非无根之木，而是渊源有自。不仅如此，老子表面上看似没有答案的文句，其实是隐藏着答案的：以道家"道"的思想为根据，本来就不应也不能对一个具体的问题给出确切的价值论意义上的答案！一个在答案上"开天窗"的价值论层面的问题，只有不回答，才符合"道"之精神。这一点十分重要。

当然，《老子》通篇并非只言"道"——尽管这是其主体，相反，它也言及"常道"——尽管最明显的言及这个话题的地方，除了首章之外，仅有第十六章。其实，《老子》全书兼涉两个主题，而且是将两个主题交错着讨论的，只是在行文表述上有显和隐两种手法而已。这种兼顾，在本章则得到了具体的落实。

在本章的第二层次，首句"人之所畏，不可不畏"其实就是对章首的疑问句所作的回答之一部分，是立足于"常道"或"常"，再明确一点的话，是立足于"众"或"俗"而对该疑问的回答。但这仅仅是答案的一面。在认识论上以辩证法为圭臬的老子，自然不会仅仅给出一面之答案。凡物，必有另一面；凡问，必有另一答。与《老子》"道""常道"相对而言，另一面的答案，就必立足于"道"，再明确一点的话，就是立足于"我"——一个"异于人"的独特个体。以此为理解的线索，就可以破解《老子》此章后续所有内容的话语主题，并见出老子立论之高妙。

由此观之，老子所提的"唯阿美恶"问题，以"常"视之，其中有别，相去万里；以"道"视之，其中无差，和光同尘。在此，"常"与"道"是两面不同的镜子，一面照"常行"，一面照"道行"。"常"之所重在"畏人"，"道"之所贵在"食母"。所以，"人之所畏，不可不畏"其实就是常人所看重的行为准则，是"畏人"的表现（帛书《老子》和他本《老子》此句衍一"人"字，形成"畏人"之读，或为后世据注解文字而误增或窜入）。而贵"道"之我，既然已入真人"无己、无功、无名"之境，则何所畏哉！

在维特根斯坦的思想中，有一个非常重要且著名的主张，即"哲学的本质就是语言"，这是因为，哲学的巅峰在认识论，认识论的表达是离不开语言这个载体的。《老子》书的主体在认识论，所以，《老子》中包含大量探讨语言或名实关系的内容，不足为奇。真正令人奇怪的是，后世研究老学的人，慑于科学实在论的霸权，总试图在科学语境里为《老子》谋得一块田地以证明其学说的当代合法性，这其实大可不必。

阅读本章文本，还会让人惊讶老子是以怎样纵横捭阖的文笔，将"俗众"与"我"的差异，袒露于读者面前。仔细玩味本章旨意，就会发现，老子那种不固守陈规、不刻舟求剑、不邯郸学步、不亦步亦趋的思想，总之，其"因地制宜""实事求是"的思想，不是深藏于此高妙的文字描述之中，静待后人去发掘吗？

唯之与阿，相去几何①？美之与恶，相去何若②？

人之所畏，不可不畏③。荒兮，其未央哉！众人熙熙，如享太牢，如春登台⑤。我独泊兮，其未兆，如婴儿之未孩，儽儽兮若无所归⑥。众人皆有余，而我独若遗⑦。我愚人之心也哉，沌沌兮⑧。俗人昭昭，我独昏昏；俗人察察，我独闷闷⑨。忽兮，其若晦；漂兮，若无止⑩。众人皆有以，而我独顽以鄙⑪。我独异于人，而贵食母⑫。

【译文】

"唯"与"阿"，它们的字义有多大差别？"美"与"恶"，它们的字义差别有多大？

众人所怕的，个别人自然也不能不怕。看看吧，远处那些熙熙攘攘、络绎不绝的人们，就像是要去参加盛大的祭祀活动，又如同在春日里登上高台眺望美景。而我，却独自驻留，那种无所事事的样子，就好像婴儿发笑之前没有什么预兆一样，坦坦荡荡。众人都收获满满，唯独我空空如也。我怀着一颗愚笨的心，浑沌而无知。俗人都那样光鲜，而我却如此平淡；俗人都那样明察，而我却如此失辨。恍恍惚惚，若晦若暝；漂泊浮荡，无所系系。众人所行，都有依凭；唯我之行，率真任性。唯独我与人不同，我看重循道而行。

【注释】

①唯：应诺之词。阿：为"诃"之借字，通"呵"，呵斥之词。陈鼓应引成玄英疏："'唯'，敬诺也；'阿'，慢应也。"焦竑《老子翼》："'唯''阿'，皆应声。'唯'恭而'阿'慢。"本句"阿"世传诸本，除潘静观《道德经妙门约》作"诃"外，皆同。郭店本作"可"，读为"呵"。刘信芳《荆门郭店楚简老子解诂》："可、诺、如乃一声之转。"刘师培《老子斠补》："'阿'当作'诃'。《说文》：'诃，大言而怒也。'《广雅·释诂》：'诃，怒也。''诃'，俗作'呵'。"高明《帛书老子校注》："譣之帛书，今本'阿'字甲本作'诃'，乙本作'呵'。古文'言''口'二形符通用，故'诃''呵'同字。此为刘说得一确证，'阿'字当为'诃'之借字。"高说是。

②"美之"句：美、何若，王弼今本原分别作"善""若何"。郭店本、帛书甲乙本、汉简本、傅奕本、遂州龙兴碑本"善"作"美"，"若何"作"何若"，另有多本"若何"作"何若"。易顺鼎《读老札记》："王本作'美之与恶，相去何若'，正与傅奕本同。注云'唯阿美恶，相去何若'，是其证也。今本作'若何'，非王本之旧。"易说是。二处据他本及易说改。

③"人之所畏"句：此句乃就人们该如何辨析前文"唯阿美恶"四个名词而言。人，众人，俗人。王弼注："唯阿美恶，相去

何若？故人之所畏，吾亦畏焉，未敢持之为用也。"案本句虽世传本皆同，但注家之释义却各持己见。其歧义肇始于河上公注，之后严遵之《指归》、想尔注等皆恣漫其议，均不可从。即便王弼注，也只能择其片言以为可取者。自郭店本、帛书本、汉简本出，又于"不可不畏"之"畏"字后多一"人"字，注家之论更其纷纭。考各家之争，其论所以难立，皆由于无视本章宗旨，仅局限于个别字、句勉强为训，终致全章文意支离。实际上，世传本本句文意十分明显且合乎逻辑，其所阐述的就是一种普遍的从众现象的心理基础：作为一个语言学问题，理解"唯阿美恶"四个"名"或概念的意涵，其基本原则就是"从众从俗"。此可从前述《邓析子·转辞》篇和《荀子·正名》的相关内容得到旁证："名无固宜，约之以命。约定俗成谓之宜，异于约则谓之不宜。名无固实，约之以命实，约定俗成谓之实名。名有固善，径易而不拂，谓之善名。"基于上述判断，简帛本"畏"字后所多出的"人"字，当为衍文无疑。自此句以下，老子便交替地描述作为一般人的"众人""俗人"和作为非一般人的"我"的行为特征，一种流于"常"，而另一种则合于"道"。合于"道"者无"畏"，流于"常"者不"独"。本章宗旨由此则豁然而出矣！

④荒：借为"望"之古字"朢"，广远的样子。帛书乙本"荒"作"朢"，汉简本作"芒"。央：尽，涯际。高明《帛书老子校注》："'朢'字王本作'荒'，他本有作'忙'或'莽'者。因'荒'非本字，故各家训释皆未切精义。帛书作'朢呵，其未央哉'，'朢'字乃'望'之古体，今'望'行而'朢'废。古'望''荒''忙'三字音同，可互为假用，在此'望'为本字。

《释名·释姿容》：'望，茫也，远视茫茫也。'"

⑤熙熙：盛多的样子。如享太牢：如同参加盛大的祭祀活动。享，享受，享有，宴飨；太牢，古代君王、诸侯祭祀社稷时，牛、羊、豕三牲全备为"太牢"。日本学者金谷治《老子读本》："放眼望去，世间众人皆兴高采烈、熙熙攘攘，像是要去参加盛大的宴席，又如同春日里登上高台眺望美景。"

⑥独泊：独自停留，这里专指"我"之与"众人熙熙"相对。泊，停船靠岸，停留，止息，恬静，停泊。此处老子用停船靠岸的意象，暗喻"我"的静而有动、动又非动的状态。静，不是死寂；动，不是真动、有目的的动。得道之人于无事之际，正应当处于此种状态，而不应该盲从众人。其未兆：那种没有征兆的样子。意谓其"泊"如静水明鉴，无风则不扬波，无物则不应照。婴儿之未孩：婴儿没有发笑。孩，同"咳"，小儿发笑。帛书本"孩"正作"咳"，当为本字。《说文》："咳，小儿笑也。"奚侗《集解》："《释名》：'人始生，曰婴儿。'《孟子》：'孩提之童。'赵注：'在襁褓知孩笑者也。'婴儿未至乎孩，是情欲未萌之时。"傫傫（léi）：羸弱疲惫的样子。这里指身体柔弱放松得仿佛不受意志控制，坦荡至极。范应元《集注》："傫傫兮，外无文饰。"若无所归：好像无所归属。意犹无所系缚的样子。蒋锡昌《校诂》："言圣人无情无欲，貌若羸疲不足，而其行动汎若不系之舟，又似无所归也。"陈鼓应《老子今注今译》："谓落落不群，无所依傍。"案此句历来几无确解。当代注家或释"婴儿之未孩"为婴儿"还不会欢笑""不知嘻笑"，颇不伦。盖婴儿非不能笑，其笑本于自然，全属应激而发，亦无过无不及。老子怎会以婴儿"不会嘻笑"自喻其道貌？老子本意，乃以为婴儿之笑纯出于自然，不迎不将，

因境随情，全无征兆。此便是"不从众、不从俗"之义。林希逸《老子鬳斋口义》训"孩"为婴儿稍长，义则转晦，不取。但其强调婴儿之无知识，却得老子本意："'孩'，稍长也。婴儿之心，全无知识。"

⑦有余：多有富余。众人因好其"有"而成其"余"。若遗：好像有所缺失。遗，遗失，匮缺。奚侗《集解》："'遗'借作'匮'，不足之意。"河上公注："众人余财以为奢，余智以为诈。我独如遗弃，似于不足也。"王弼注："众人无不有怀有志，盈溢胸心，故曰皆有余也。我独廓然，无为无欲，若遗失之也。"

⑧愚：质朴，淳厚，这里指仿佛不善于辨析事物之真伪、对错，与"察"相对。沌沌：混沌无知的样子。王弼注："绝愚之人，心无所别析，意无所好欲，犹然其情不可睹，我颓然若此也。"蒋锡昌《校诂》："'我愚人之心也哉'，谓圣人居心，无识无求，一若愚人也。'沌沌兮'，所以形容圣人浑沌无知也。"

⑨昭昭：明白、炫耀貌。五十八章："其政闷闷，其民淳淳；其政察察，其民缺缺。"王弼注："耀其光也。"释德清《老子道德经解》："'昭昭'，谓智巧现于外也。"昏昏：昏昧、晦暗貌。《庄子·在宥》："至道之精，窈窈冥冥；至道之极，昏昏默默。"察察：精于辨析的样子。《尔雅·释训》："明明、斤斤，察也。"王弼注："分别，别析也。"闷闷：迟钝、含混貌。奚侗《集解》："'昭昭''昏昏'对持己言，'察察''闷闷'对接物言。"

⑩忽兮：惚恍的样子。忽，犹"惚"。《淮南子·原道》："忽兮怳兮，不可为象兮。"苏辙《老子解》："漂然无定，不见其止

宿。"又王弼注此句云"无所系縶",所释与"飂"字义未尽切合,而与"漂"字义相吻合。高明《帛书老子校注》:"世传今本此句经文甚为杂乱,无论用字或句型,彼此都各有差异;诸家注释也各持一说,互相抵牾,读者亦难以判断是非。""忽"王弼本原作"澹",帛书甲乙本、汉简本、河上公本、想尔注本等多本作"忽",据改。"晦"王弼本原作"海",帛书本与之同,但汉简本、想尔注本、遂州龙兴碑本、苏辙本等多本作"晦",据改。又王弼注此句云"情不可睹",其义亦为"忽"、为"晦",与"澹兮其若海"义不相涉,疑其本原即为"忽""晦"而非"澹""海"。漂兮:漂浮不定的样子。"漂"王弼本原作"飂(liáo)";帛书甲乙本作"朢",读为"恍";汉简本作"芒",同"恍";傅奕等多本作"飘";河上本、景龙碑本、苏辙本等作"漂",义长,据改。

⑪有以:有所凭借,有根据。这里指行为、对策的知识基础。王弼注:"'以',用也,皆欲有所施用也。"顽以鄙:浑沦而质朴,这里指浑沌无知,对是非不作苛察之辨。以,而,且。王弼注:"无所欲为,闷闷昏昏,若无所识,故曰'顽且鄙'也。""以"王弼本原作"似",河上本同。蒋锡昌《校诂》:"'以''似'古通。"帛书甲乙本、汉简本、想尔注本、遂州龙兴碑本皆作"以",据改。又王弼注云"顽且鄙","且"疑为"以"之古字"目"之形误。

⑫贵:看重,重视。食母:取用于道。母,比喻"道"。二十五章:"有物混成,先天地生。寂兮寥兮,独立而不改,周行而不殆,可以为天地母。吾不知其名,字之曰道,强为之名曰大。"五十二章:"天下有始,以为天下母。"河上公注:"'食',

用也;'母',道也。我独贵用道也。"王弼注:"食母,生之本也。
人者皆弃生民之本,贵末饰之华,故曰'我独异于人'。"苏辙
《老子解》:"道者,万物之母。众人徇物忘道,而圣人脱遗万物,
以道为宗。譬如婴儿无所杂食,食于母而已。"

二十一章

【题解】

本章以"孔德之容，惟道是从"一句，承上一章"循道"之行而再论"道"之形态、性质。

就"道"与"德"的关系来看，道是德的根本，德是道的显现，道为德之体，德为道之用，二者相互依存，是一种主从、本末、里表的关系。因此，从某种程度上，可以借助于德来洞察道。不过，就"孔德"或"大德"而言，这种借德观道的目标通常很难达到。按照三十八章"上德不德"的命题，要想弄清"大德"的行状、行迹或样貌，几乎是做不到的，因为"大德"是与无形、无状、无迹可寻的"道"相随相伴的，而这种"惟道是从"的"孔德"或"上德"，自然也同样变幻莫测，其行迹难以捉摸，只有盛德之人才能够得见其真相。

至于"道"的样貌，老子则用"恍惚""窈冥"之类充满不确定性的语汇加以描摹，这也是老子一贯的手法，由此也构建了一种与"常道"那种明晰、确定的语言表述相对立的状摹"道"的独特话语体系。

在本章中，有几个关键词是必须注意的，其中包括："物""象""情（精）""真""信"，它们均与"道"存在着某种关系。

　　首先，从"道"与"物"的关系来看，"道"并非"物"，但也并非"非物"，所以，老子言"道之为物"，其实是包含这种似是而非、似非而是的关系的。从本质上讲，道成万物，道生万物，人类语言世界当中基于意识而获得其称谓的所有"物"现象（因该"物"之具体可辨，可谓之"有形"，此"有形"并非完全局限于物理意义），皆由道所生、所成，而成就此种有形万物的"道"本身，却是变动不居、无形无迹的。换言之，任何一物之所以成为该物，都是由道决定的，这便是"其中有物"；而那个使一物是其所是、成其所成的"道"，却是捉摸不定、惟恍惟惚的，这就是"道之为物"。"道"能成万物，必然以自身的"恍惚"为前提。《庄子·应帝王》言"中央之帝为浑沌"，其"浑沌"即老子"恍惚"之化身。

　　其次，从"道"与"象"的关系来看，"道"本无形，自然无"象"，老子四十一章即言"大象无形"。但此处老子又言恍惚之间有"象"，是什么意思呢？这个"象"便是可认知的"定象"，它与难以捕捉的、对应于"道"的"无象之象"共同构成了一物之所以成为该物的根本力量。所以，本句中"象"字虽仅出现一次，但其所寓之深意，则意味着有两种"象"的存在：一种是"恍惚之象"，即"无象之象"，与"大象无形"及"道"相对应；另一种是在"恍惚"中存在的"象"，它是一种可观察的"定象"，与有形万物及"常道"相对应。在人类的认知世界当中，人们善于识别有形万物的定格不变之象，却难以认识无形大道的变幻不定之象，圣愚之别，就在于此。大圣之人，一如《周易·系辞上》所言之"君子居则观其象而玩其辞，动则观其变而玩其占"，能在"象"（指恒定之象）和"变"（指变幻之象）之间轻松遨游。

再次，老子言"道"与"情"和"信"的关系，将"道论"的精髓作了深刻的概括，是这一章的灵魂之所在，也是《老子》全书涉及"道"与"常道"本质内涵的重要辨析之语。

老子以"窈兮冥兮"形容"道"悠远、晦暗、遥不可及的一面，又以"情"来强调"道不远人"的一面。"情"即情境中的事情，它完全切近于人，是由人的亲身体验形成的认知。如此，老子将一对矛盾并置一处，构成了明显的"彼岸"与"此岸"的关系。"彼岸"虽远，但与"此岸"为对，相互成立；又以"此岸"为始点，由此方能及彼，这便是老子说"其中有情"的道理所在。在老子看来，"情"或"此岸"是决定性的，它们都依存于"道"；"象"或"彼岸"是条件性的，它们都对应于"常道"。所以，只有"情"才可谓"甚真"，真理与实在，都掩藏在此"情"中。老子寥寥数语所勾勒的宏大理论框架，与今日西方流行的现象学、语境论、情境主义，有什么差别吗？而尤为难能可贵的是，老子在作了上述强调之后，还能再回返于人类认知世界的"常识"层面，明确指出，在变动不居的"情"当中，依然"有信"，"有信"就是"有规律"可循！由此可见，老子之学的灵魂所在，便是"有规律"（常道）和"无规律"（道）的统一，"无规律"是对"有规律"的超越，"无规律"本质上是一个"总规律"，也可以说是"不是规律的规律"。环顾古今中外，在哲学认识论的千百家流派中，试问，有哪一家曾以如此简约之语兼顾了人类认识世界的两种知识境界？能与之互为伯仲者，或许还是老子其时的同道先驱。比如，管子就曾言及："人皆欲知，而莫索之其所以知彼也，其所以知此也。不修之此，焉能知彼？修之此，莫能虚矣。虚者，无藏也。故曰：去知则奚率求矣，无藏则奚设矣。无求无设则无虑，无虑则反复虚矣。”其大意虽近似，然而以其辞之约，旨之远，则又不能及于老子。

在王弼本和世传通行本当中，“情”本作“精”。此据帛书甲乙本、汉简本及高明《帛书老子校注》说改作“情”。高明说：“‘情’字在此训‘真’或‘实’。”高明之见，窃以为合于老子本意，乃从。

如果按以往注家对“精”的解释，此“精”字则与“象”“信”重叠，而非如作“情”那样，是与“象”“信”相对，因为相关训解是将“精”联系到“象”上去，以为它是“构成‘象’的极细、极小的微粒，是‘物’之质”（王西平《老子辨正》）。这种理解既不如以“情”字立论更其深刻，也容易陷入玄学窠臼。古来方术之辈、道教者流，大都在“精”字上作此类文章，从而引出系统性的吸纳养生之术。考虑到《老子》首章以“道可道，非常道”起论，而《老子》全书又无非在讨论“道”与“常道”的关系，加之庄子于其《大宗师》中明言“道，有情有信”，所以，此处改“精”作“情”，以期能贯通《老子》全书及道家思想之宗旨。

不过，即便沿用王弼本及世传本所用之“精”字，也仍然有重新训解并使之不违于老子道学一贯思想的可能性。

正如冯友兰所言，“精”字在先秦的道家思想里面，都是确有所指的。若依管子之见，其所论之“精”，几与“道”同义，则该“精”又与“情”字义通。在《管子》中，这种贯通不乏其例。如《业内》：“精也者，气之精者也；气，道乃生。”《心术下》：“一气能变曰精，一事能变曰智。”这种表述，其“精”与“道”已相去不远，“精”不过是“道”的特质而已。《业内》篇的下边一段文字，更加充分地体现了"精"与"道"的联系："凡物之精，此则为生。下生五谷，上为列星。流于天地之间，谓之鬼神；藏于胸中，谓之圣人。是故民气，杲乎如登于天，杳乎如入于渊，淖乎如在于海，卒乎如在于己。是故此气也，不可止以力，而可安以德；不可呼以声，而可迎以音。敬守勿失，是谓成德，德成而智出，万物果得。"显然，管子的这段阐述，不管是从内容上看还是从行文的风格上看，都与庄子在其《大宗师》篇论述"夫道，有情有信，无为无形"时所列举的诸般"得之"时的话语相类似。由此，可以得出这样的结论：先秦思想家所言之"精"，其意涵通于"道"，合于"情"，因此，"精"与"情"是相通的。若其不信，可在《管子》《关尹子》和《文子》中再择几段文字以为佐证。只要细加体会，并能以老子之"道"与"常道"会通之，则不难见到"精"与"道"与"情"的这种意涵上的重叠或近似。如《心术上》："道在天地之间也，其大无外，其小无内，故曰：不远而难极也。虚之与人也无间，唯圣人得虚道，故曰：并处而难得。世人之所职者精也。去欲则宣，宣则静矣。静则精，精则独立矣。独则明，明则神矣。神者至贵也，故馆不辟除，则贵人不舍焉。故曰：不洁则神不处。"再如《关尹子·八筹》："是道也，其来无今，其往无古，其高无盖，其低无载，其大无外，其小无内，其外无物，其内无人，其近无我，其远无彼。不可析，不可合，不可喻，不可思。惟其浑沦，所以为道。"又《文子·微明》云："老子曰：'道可以弱，可以强；可以柔，可以刚；可以阴，可以阳；可以幽，可以明；可以包裹天地，可以应待无方。知之浅，不知之深。知之外，不知之内。知之，粗；不知之，精。知之乃不知，不知乃知之。孰知知之为不知，不知之为知乎? 夫道不可闻, 闻而非也; 道不可见, 见而非也; 道不可言, 言而非也。孰知形之不形者乎? 故天下皆知善之为善也, 斯不善矣。知者不言, 言者不知。'"

在上述征引的文献中, "精" 显然是对应于 "道" 的, 而 "道" 的最大特质则是它能应于 "情变" ——随着情境的变化而发挥 "道" 的化育、生生功能。从这一角度理解 "精" "情" 进而理解 "道", 可以将老子的道学拉出玄学的神秘泥沼和道教练养家的窠臼, 摆脱那种一厢情愿地从现代物理学、宇宙论视角将 "精" 与物质世界的最小构成元素 (如原子、夸克之类) 等同对待的牵强, 从而让老子之学得以复返于其哲学认识论的高度。这一点, 对于重新研判老学的当世价值是至关重要的。

上述言及 "以老子 '道' 与 '常道' 会通之", 此语实为本书《老子引归》著述立论的一个总思想。在理解本章这句 "窈兮冥兮, 其中有情 (精); 其情 (精) 甚真, 其中有信" 的核心意涵时, 这一宗旨尤其重要。从上述征引的文献来看, 不管原文作 "精" 还是作 "情", 其核心义旨是相同或相通的。"精" 亦有 "情" 义, "情" 亦有 "精" 义, 此或为诸本或作 "情" 或作 "精" 的学理根源。然从本文来看, 老子以 "有信" 与之并言, 则用 "情" 字更为妥帖, 既能凸显实践对物之是其所是的决定性作用, 又能从对立面展现由 "信" 所包含的规律性, 这样, 一 "情" 一 "信", 一 "道" 一 "常道", 一 "变" 一 "不变", 就共同地构成了自古及今所有知识论当中的两条主脉及其相互融通的可能性, 而恰是这种可能性, 才是 "真" 之可求的真正认识论根据。这就是在中国文化中赓续延绵数千年不绝的 "实事求是" 思想, 而这种思想又恰好是由道家学派早期的经典人物所系统阐述的。老子

于本章最终言"自今及古，其名不去，以阅众甫"，就充分展现
了老子的这份自信。

孔德之容，惟道是从^①。道之为物，惟恍惟惚^②。惚兮
恍兮，其中有象；恍兮惚兮，其中有物^③；窈兮冥兮，其中
有情；其情甚真，其中有信^④。自今及古，其名不去，以阅
众甫^⑤。吾何以知众甫之状哉？以此^⑥。

【译文】

大德的行状，完全依循于"道"。假设把"道"也视为一
"物"，那么，此"物"就是一种似有似无、飘忽不定的东西。不
过，尽管它惚惚恍恍，但其中一定有"象"显现；尽管它恍恍惚
惚，但其中一定有"物"生成；尽管它窈窈冥冥，但其中一定有
"情"存在，而这决定"物"得以是其所是的"情"，不仅非常真
实，其中还有规律可循。从古至今，"道"的名谓及功能从未消
失，凭借它可遍阅万物的端始。我依靠什么得以知晓万物之初的
状况呢？靠的就是这"道"。

【注释】

①孔德之容：大德的行状、表现。孔，大；孔德，犹大德、
上德；容，表示事物所呈现的外貌、形态，此处指行迹、行状。
奚侗《集解》："'容'借作'颂'，《说文》：'皃也。'此云'容'，
谓形状，德大之皃。"惟道是从：一切都遵从"道"。《尚书正
义·虞书·大禹谟》："人心惟危，道心惟微。"孔颖达疏云："道
者，经也，物所从之路也。"《庄子·天地》篇："德出乎道。"河

上公注："'孔'，大也。'惟'，独也。"苏辙《老子解》："道无形也，及其运而为德，则有容矣。故德者道之见。自是推之，则众有之容，皆道之见于物者也。"李霖《取善集》引陈景元《纂微》云："道常无名，唯德以显之。至德无本，顺道而成之。言大德之人，容状若于诸相，岂可见邪？唯有顺道之容，仿佛是其状矣。动容周旋中礼，盛德之至也。盛德容貌若愚，岂可见邪？唯从事于道之容，略可见矣。故目视、耳听、鼻闻、口言、手持、足行，无非道也。故'惟道是从'。"

②道之为物：假如把道也看作一物。为，谓，称作，作为。古"为""谓"通。帛书本、汉简本皆无"为"字，作"道之物"，意为"道这种物"，该"物"字也当理解为称谓上的"物"，于义方安。此语是一假定语，盖道实非一个物，此处仅仅从物的角度来观察道而已。惟恍惟惚：形态模糊不清、飘忽不定、似有似无的样子。王弼注："恍惚，无形不系之叹。"案"道"之不可道，即在于其"恍惚"；"道"之可道，亦在于只能以"恍惚"勉强道之。凡凿凿以言"道"者，其实非"道"，乃言"常道"耳。本句"物"字是一假设语，与后文"有物"之"物"不同，后者为确凿之某"物"，而此句仅仅是以"物"之名譬喻之，是属于认识论范畴的"物"，而非为唯物论所言之"物质性的东西"。二十五章"有物混成"之"物"，也是指"道"而言，义同本句。庄子亦曾明言"道"之"非物"，只是"犹其有物"，是可以假设为"物"的一种认识论上的概念："仲尼曰：'有先天地生者物邪？物物者非物，物出不得先物也，犹其有物也。'"（《庄子·知北游》）"明乎物物者之非物也，岂独治天下百姓而已哉！"（《在宥》）

③象：形象，现象，即外显的静定之象。这里指对应于某具

体之"物"的特殊而确定的现象，可以为人所识得，与不确定的道所呈现的恍惚之象不同。《周易·系辞上》："是故君子居则观其象而玩其辞，动则观其变而玩其占。"其中"象"与"变"相对。物：指某即成之具体事物。这里指已经获得自性的独特事物。凡物即成，则即有其象。王弼注："以无形始物，不系成物，万物以始以成，而不知其所以然。"苏辙《老子解》："道非有无，故以恍惚言之，然及其运而成象，著而成物，未有不出于恍惚者也。"案"象""物"与"道"，是"所生"与"能生"或"所成"与"能成"的关系，所生者静，能生者动。"象""物"既为"道"所生，故皆在"道"中，亦庄子所谓道之"无所不在"。

④窈（yǎo）兮冥兮：形容幽深玄远的样子，义与"玄牝"之状相关。情：情实，实情，情境。王弼本原作"精"，据帛书甲乙本、汉简本改。真：使事物是其所是的本质规定性，即近代西方哲学所谓的"实在"（reality）。信：信验，有规律，指事物反复出现。王弼注："窈冥，深远之叹。深远不可得而见，然而万物由之；其可得见，以定其真，故曰'窈兮冥兮，其中有真'也。信，信验也。物反窈冥，则真精之极得，万物之性定，故曰'其精甚真，其中有信'也。"苏辙《老子解》："方无有之未定，恍惚而不可见。及夫有无之交，则见其窈冥深眇，虽未成形，而精存乎其中矣。物至于成形，则真伪杂矣。方其有精，不容伪也。真伪既杂，自一而为二，自二而为三，纷然错出，不可复信矣。方其有精，不吾欺也。"案"情"王弼本原作"精"，世传本皆同。帛书甲乙本、汉简本并作"情"。汉简整理者："'请''精'皆应读为'情'。"高明《帛书老子校注》："王本'其中有精'，冯逸据《庄子·大宗师》'夫道，有情有信'，谓《老子》此文'精'

字当读作'情','有精'即'有情',其说甚是。……'情'字在此训'真'或'实'。……《韩非子·解老》篇：'所谓处其厚而不处其薄者,行情实而去礼貌也。'所谓'情形''情实',即真情、真实也。再如王弼释'其中有精',谓为'以定其真'。可见王弼即读'精'为'情',尚可作此解释。'窈呵冥呵,其中有情',乃承上文'其中有象''其中有物'而言。谓虽窈冥深远似不可见,但其中则存实不虚。'其情甚真,其中有信',此乃进而阐述其中之实不仅存在,而且甚真,并以其自身之运动规律可供信验。后人不知'精'字当假为'情',皆读为本字,则释作'精神''精力''精灵''精气',或谓'最微小的原质'等等。诸说虽辩,但皆与《老子》本义相违,均不可信。"高说甚得,据改"精"作"情"。又细品苏辙之解,亦显有"情"义。亦可参阅拙著《庄子内篇引归》"夫道,有情有信"之注释。《庄子·大宗师》："夫道,有情有信,无为无形；可传而不可受,可得而不可见；自本自根,未有天地,自古以固存。"《管子·形势》："中情信诚则名誉美矣。"

⑤自今及古：今传王弼本原作"自古及今"。楼宇烈《老子道德经注》："'故曰自古及今',《道藏集注》本及《老子》经文及注均作'故曰自今及古'。按,长沙马王堆三号汉墓出土帛书《老子》甲乙本经文均作'自今及古'。据此,此段王弼注文两处'自古及今'当均为'自今及古'之误。"汉简本亦作"自今及古"。据改。其名不去："道"的名谓一直没有消失。其,指"道"；去,消失。以阅众甫：用"道"这一名谓及其内涵去考察万物的起始。以,凭借,用；阅,遍览,全面考察；众,这里指万物；甫,肇端,起始。王弼注："至真之极,不可得名。无名,

则是其名也。自古及今，无不由此而成，故曰'自古及今，其名不去'也。众甫，物之始也，以无名阅万物始也。"案物本随情境而成，离开情境便无所谓实物的存在。离情索物，犹按图索骥，虽然其术难灵，但亦不失为索物之一术。故此句所言，与十四章"执古之道，以御今之有。能知古始，是谓道纪"的旨意是相通的。

⑥以此：凭借"道"。以，凭借，用。此句回应首句"惟道是从"。案万物之始，惟精惟微，"道"遍在于万物，因此可以说"阅物之端始无数"。今以"道"之名，用"道"之实，亦可知万事万物之"真实"。

二十二章

【题解】

《老子》一书处处散发着辩证法的光辉，此于本章又可一见。

曲全、枉直、洼盈、敝新，它们都是相互对立的现象。然而在老子看来，它们之间却存在着相互转化的可能性，其前提则是在行为、举事方面能居下就卑，如此则无事不得周成。

本章文意比较明朗，其思想也已经成为中华文化的一种品格特色。不过，老子于本章所阐明的主旨，也存在被歧解误读之处，其中最为突出的，便是这"曲则全"三字。

作为本文的纲领，"曲则全"的本义是"曲以应之则能得事之周全"，这既是道家道德哲学的纲领，也是其实践哲学的指南。但在中国漫长的文化演进过程中，这一本旨逐渐衍生出"忍辱负重""委曲求全""隐忍不发"等怯懦的意涵来，它们甚至成为某些人"卫生""保命"的思想依据。这显然是对老子"曲全"思想的误解。老子思想的本质在于，它总是统一于"无为而无不为"这一二元对立关系当中，其"无为"与"无不为"是相辅相成的。当其力言"无为"时，他有一端"为不得已"（此在《庄子》中得以进一步阐发）作为底线；当其力言"无不为"时，他另有一端"不勉强其为"作为警钟。而其最终目的所在及其最高判别标准，便是本章最后一句"诚全而归之"——最终要确实能周成其事。

因此，本章虽然也可以作为"卫生之经"来理解，因为老子道论中包含着"保身"思想，但若站在老子或道家思想的总体框架来理解本章义旨的话，其核心仍以"周成其事"为指归。把握这一点，对葆有《老子》的思想光辉，使之能在现代社会的人际乃至于国际交往中展现中国智慧，具有十分重要的意义。

本章在注家当中存有歧义的另一个地方是对"抱一"尤其是其中之"一"的理解。通常，主流的解释倾向于将"抱一"视同"守道"或"执道"，从而将"一"等同于"道"。可以说，这是当代《老子》注解之作的常见系统性失误。上溯至河上公、王弼等注家，均未直言"道"即为"一"。所以，此处之"抱一"与十章之"载营魄抱一，能无离乎"句中之"抱一"意涵相同，其中之"一"多指对立统一的关系，体现的是整体论的知识观，它可以作为"道"的特征之一或修道、达于道之境界的一种方式来理解，但"一"绝非"道"，"一"并不等同于"道"。

本章可以与二章、八章、十章及二十四章对读。

曲则全，枉则直[①]；洼则盈，敝则新[②]；少则得，多则惑[③]。是以圣人抱一为天下式[④]。

不自见，故明[⑤]；不自是，故彰[⑥]；不自伐，故有功[⑦]；不自矜，故长[⑧]。夫唯不争，故天下莫能与之争。古之所谓"曲则全"者，岂虚言哉[⑨]！诚全而归之[⑩]。

【译文】

曲应可以周成其事，弯屈才能成就正直；低洼可以带来满盈，敝旧才能迎来新生；匮少可以有所获得，繁多反会令人困惑。所以，圣人将此对立统一规律作为教谕天下人的法则。

不自炫其知，反能显其明达；不自以为是，反能名声昭著；不自夸其功，反能成就功业；不自负其能，反能位尊于人。正因为与人无争，这样天下人才无法与之相争。古人所说的"曲则全"，真不是虚言啊！这样做最终确实能周成其事。

【注释】

①曲（qū）则全：曲以应之则能得事之周全。曲，曲折，宛转，周遍，义犹"变通"，与"全"字义相呼应；则，就，便，那么；全，周全，全面。《周易·系辞下》："其旨远，其辞文，其言曲。"《王安石辑本》："方则易挫，曲以应之，此所以能全也。"苏辙《老子解》："圣人动必循理，理之所在，或直或曲，要于通而已。通故与物不迕，不迕故全也。"释德清《老子道德经解》："曲，委曲，即'曲成万物而不遗'之意。谓圣人委曲以御世，无一事不尽其诚，无一人不得其所。譬如阳春发育万物，虽草芥毫芒，春气无不充足。若纤毫不到，则春气不全。圣人之于人，无所不至。苟不曲尽其诚，则其德不全矣，故曰'曲则全'。"案后世注家释"曲则全"多近于"隐忍不发而自求保全"，横生出一种消极义来，而其本来之积极义消弭殆尽。枉则直：有弯曲才能得伸直。枉，曲，屈，弯曲；直，伸，伸直，不弯曲。《荀子·劝学》："蓬生麻中，不扶而直。"此两句之指，亦可见于《周易·系辞下》："尺蠖之屈，以求信也；龙蛇之蛰，以存身也。"（其中"信"犹"伸"）。庄子在概括老子思想时，也说："老聃之道，人皆求福，己独曲全。"（《庄子·天下》）可见"曲全"也是道家思想的核心组分。

②洼则盈：有坑洼方能有盈满。洼，卑低之处；盈，充盈，满盈。释德清《老子道德经解》："众水所聚，地之最下者曰'洼'。譬如江海，最为洼下，故万派皆归。而圣人之心至虚至下，故众德交归，德无不备，故曰'洼则盈'。"奚侗《集解》："江海善下，众水所归。"敝（bì）则新：有破旧方能得更新。刘禹锡诗云："芳林新叶催陈叶，流水前波让后波。"此正所谓"无秋冬之凋落，则无春夏之荣华"。释德清《老子道德经解》："'敝则新'者，衣之污损曰敝（案《老子》帛书乙本'敝'正作'獘'，可证憨山之训正得其正）。不敝，则不浣濯，不见其新，以其敝乃新耳。""敝"，多本作"弊"，或作"蔽"。汉简本、帛书甲本作"敝"，乙本作"獘"。

③少则得：匮少才能有得。多则惑：繁多就会迷失。惑，迷失。王弼注："自然之道，亦犹树也。转多转远其根，转少转得其本。多则远其真，故曰'惑'也；少则得其本，故曰'得'也。"《王安石辑本》："少者复本，则得矣；多者有为，则惑矣。"彭耜《集注》引黄茂材曰："为道日损，损则少，其入道也近，故得。为学日益，益则多，其去道也远，故惑。"蒋锡昌《校诂》："四十四章，'名与身孰亲？身与货孰多？得与亡孰病？是故甚爱必大费，多藏必厚亡。故知足不辱，知止不殆，可以长久。'是'少'即'知足''知止'之谊；'得'即'长久'之谊；'多'即'甚爱''多藏'之谊；'惑'即'大费''厚亡'之谊。而'少则得'又为上文'曲则全'一谊之重复，'多则惑'乃'少则得'一谊之相反。"案以上六句，再次反映了老子的辩证思想，林希逸《口义》对此作了很好的总结："能屈而后能全，能枉而后能直，能洼而后能盈，能弊而后能新，能少而后能多。此皆能不足而后

能有余，能真空而后能实有之义。"

④抱一：合而为一。这里指将每一种对立关系予以统一对待。十章："载营魄抱一。"其"抱一"即言身与心合一。可见老子之"抱"有和合、综合之义。式：法式，法则。句谓圣人统合以上每一种对立关系来作为天下的法则。十章："载营魄抱一，能无离乎？"河上公注："抱，守法式也。圣人守一乃知万事，故能为式也。"王弼注："'一'，少之极也；'式'，犹则之也。"彭耜《集注》引黄茂材曰："曰全、曰直、曰盈、曰新、曰得、曰惑，散之则六，敛之则一。通乎一，万事毕，又何有于六乎。故曰'圣人抱一为天下式'。"蒋锡昌《校诂》："'是以圣人抱一为天下式'，言是以圣人行卫生之术，为天下模范也。此极言圣人重身轻物，故不惜曲以全之，少以得之，甚至行卫生之术以助之。《庄子·让王》篇：'道之真以治身，其绪余以为国家，其土苴以治天下。由此观之，帝王之功，圣人之余事也，非所以完身养生也。'此即老子此文之谊。"本句"抱一"汉简本、《老子》帛书甲乙本均作"执一"，"式"作"牧"。案高明《帛书老子校注》以为"抱一"与"执一"有原则之分，并以帛书"持一"为正。高明所论虽辨，但其中或有未见之处。其所见者，以为"老子所谓'执一'即'执道'"，此论非是。世传本今本《老子》中并没有"执一"一说。虽然《文子》中多处言及老子的"执一"之论，且先秦典籍中也曾有多家言及"执一"，但其中之"一"多指对立统一的关系，体现的是整体论的知识观，它可以作为"道"的特征之一或修道、达于道之境界的一种方式来理解，但"一"绝非"道"，"一"并不等同于"道"。如《管子·心术》篇："君子执一而不失，能君万物。"《内业》篇："化不易气，变不易智，惟执一之君

子能为此乎！"《荀子·尧问》篇："执一无失""执一如天地"。
《韩非子·扬权》篇："故圣人执一以静，使名自命，令事自定。"
由此可见，这一时期的"执一"观点十分盛行，也影响到《吕氏
春秋》和《淮南子》当中的一些观点的表达。名家虽然没有使用
"执一"这一用语，但对于"一"的重视也不逊于其他各家，这与
名家也出于道家一脉有关。比如《邓析子·无厚》篇有"故明君
审一，万物自定"的观点。儒家将"执一"作为更为狭义的理解，将
其与所主张的"执中"相对，其实也只是换了术语用词，而其内
核与其他诸家的"执一"并无二致。《孟子·尽心上》："孟子曰：
'杨子取为我，拔一毛而利天下，不为也。墨子兼爱，摩顶放踵利
天下，为之。子莫执中。执中为近之。执中无权，犹执一也。所
恶执一者，为其贼道也，举一而废百也。'"孟子的这句话里，前
边还有"子莫执中"一语，明显是说"连'中'也不可'执'"，
否则，就是偏执于"一端""一念"，就是"执中无权"，这样就
成了"执一"。显然，孟子这里所警告的"执一"，已非管子、
荀子、韩非子、文子所言的"执一"，因为以道家为核心所主张
的"执一"，其特点就在于"能权"，执一而权正是道家理论的
方法论，这与儒家中庸理论的"执中"在本质上没有区别。就这
一点而言，高明所论，恐有其未见之处。另外，一个值得注意的
现象是，世传本《老子》和《庄子》书中都没有"执一"的概念
（帛书《老子》不论），这或许也体现了道家两位最重要的人物对
"执"字的警觉从而不肯轻用，此虽为推断，但其正确性或已自存
于老庄的理论架构之中。

　　⑤自见（xiàn）：自我表现。见，同"现"，显露，暴露，炫
耀。这里指炫耀其知。明：显明于人，与下文"彰"同义。这

里指让他人觉得自己明达、睿智。范应元《集注》:"'见'音'现',彰明也。"吴澄《注》:"'自见',犹云自炫;'明',谓智之明。'不自见'者,用晦而明也。"释德清《老子道德经解》:"智巧炫耀于外曰见。"案本句河上公注云:"圣人不以其目视千里之外也,乃因天下之目以视,故能明达也。"显然其训"见"为"目视",似与汉简本、帛书甲乙本这两句中"自见""自视"并用有关。宋吕惠卿亦用河上公之训。检视先秦文献,"自见"之用实有三义,一者为向外自现其长,二者为反身自见其短,三者为投身亲历亲见。《老子》所用,当为第一种,如七十二章谓"是以圣人自知不自见,自爱不自贵",其义十分明显。《文子·自然》亦谓:"老子曰:'不自奉故富,不自见故明,不自矜故长,处不肖之地,故为天下王。'"桓宽《盐铁论·卷五》:"大夫曰:'刚者折,柔者卷。故季由以强梁死,宰我以柔弱杀。使二子不学,未必不得其死。何者? 矜己而伐能,小知而巨牧,欲人之从己,不能以己从人,莫视而自见,莫贾而自贵,此其所以身杀死而终菹醢也。'"第二种用法见于《庄子》《韩非子》以及《淮南子》等,其用法显然不同于《老子》。《庄子·胠箧》:"吾所谓明者,非谓其见彼也,自见而已矣。夫不自见而见彼,不自得而得彼者,是得人之得而不自得其得者也,适人之适而不自适其适者也。"《韩非子·喻老》:"故知之难,不在见人,在自见。故曰:'自见之谓明。'"《韩非子·观行》:"古之人目短于自见,故以镜观面;智短于自知,故以道正己。镜无见疵之罪,道无明过之恶。目失镜,则无以正须眉;身失道,则无以知迷惑。""故明主不穷乌获以其不能自举,不困离朱以其不能自见。因可势,求易道,故用力寡而功名立。"《淮南子·齐俗训》:"夫性,亦人之斗极也。有以自见也，则不失物之情；无以自见，则动而惑营。""所谓明者，非谓其见彼也，自见而已；所谓聪者，非谓闻彼也，自闻而已；所谓达者，非谓知彼也，自知而已。是故身者道之所托，身得则道得矣。道之得也，以视则明，以听则聪，以言则公，以行则从。"《说林训》："椎固有柄，不能自椓；目见百步之外，不能自见其眦。"第三种用法，即河上公所用之义。这种用法亦见于《邓析子·无厚》篇，但邓所立观点与河上公恰好相反，此乃邓析基于名家所主之"掩目塞听"论的当然逻辑："夫自见之，明；借人见之，闇也；自闻之，聪；借人闻之，聋也。明君知此，则去就之分定矣。"河上公反其意而用之，既不合于《老子》语境，又不合于名家观点，总体上也与道家思想若即若离，故不可取。

⑥自是：自以为是。此就"是非""对错"而言，与前文"自见"就"知"言略异。彰：显明，这里指名声昭著。河上公注："圣人不自以为是而非人，故能彰显于世。"范应元《集注》："有德而不自以为是，故彰。"吴澄《注》："'自是'，犹云自贤；'彰'，谓名之彰。'不自是'者，闇然而日彰也。"

⑦自伐：自夸，这里指博取功名。伐，夸耀。有功：功名归为己有。河上公注："伐，取也。圣人德化流行，不自取其美，故有功于天下。"吴澄《注》："夸其功曰'伐'；'功'谓事之成绩。"

⑧自矜：自负其能。矜，夸饰，骄傲，自满。三十章："果而勿矜，果而勿伐。"《尚书·大禹谟》："汝惟不矜，天下莫能与汝争能。"《管子·形势》："伐矜好专，举事之祸也。"《后汉书·胡广传》："不矜其能，不伐其劳。"长（zhǎng）：成为官长，意谓得显其能，列于尊位。这里指以其专长而位居显位。吕惠卿《道德真经传》（以下简称《传》）："任万物以能，而我不自矜也，故

长。"以上总四句，皆取水德，谕以退为进之义。蒋锡昌《校诂》："四句文异谊同，皆上文'曲则全'一语之伸释也。"

⑨"古之"句："曲则全"汉简本、帛书乙本皆作"曲全"，《庄子·天下》篇亦作"曲全"，当为省略语，义同。"岂虚言"汉简本、帛书乙本皆作"几语"，"几"与"岂"通。《荀子·荣辱》："几不甚美矣哉？"杨倞注："'几'亦读为'岂'。"

⑩诚：确实。全而归之：终归于周成其事。汉简本作"全归之也"，帛书本作"全归之"，义无大别。蒋锡昌《校诂》："'诚'，实也。'诚全而归之'，言人苟行'曲'之道者，则全身之效，能确实归其所有也。此句与上句'岂虚言哉'相应。"吴澄《注》："'曲则全'三字，古有是语，老子述之以为此章首句。章内'抱一'为纲；'曲则全'以下五者，'夫惟不争'以上五者，凡十事为目，皆'曲则全'一语所可该也，故重述于章末。"

二十三章

【题解】

本章主旨在"希言自然"四字。

《老子》一书，言"言"有十余处，如二章"行不言之教"，五章"多言数穷"，十七章"犹兮其贵言"，二十七章"善言者，无瑕谪"，四十三章"不言之教，无为之益，天下希及之"，五十六章"知者不言，言者不知"，六十二章"美言可以市，尊行可以加"，六十六章"是以圣人欲上民，必以言下之"，七十章"吾言甚易知，甚易行。天下莫能知，莫能行。言有宗，事有君"，七十三章"天之道，不争而善胜，不言而善应"，七十八章"正言若反"，八十一章"信言不美，美言不信"，足见"言"在《老子》中的重要地位，也彰显了《老子》一书重在认识论的哲学本色。

老子论"言"，其主张在于"不言""贵言"和"希言"。"不言"表面上看是一种极端表达，其实是道家的一种叙述策略，呼应着其"无为"进而"无为而无不为"的思想主旨，这一点在《庄子》中得到了进一步的发扬并更加明晰化、系统化。道家的"无为"和"不言"都是有条件、有历史背景和情境约束的，本质上是"不刻意其为""不刻意其言"，是"为不得已之为""言不得已之言"，因此，"贵言""爱言""希言"才是道家语言实践中的现实策略。就这一基本思想来说，老子等道家一派的观点并非特立独行的观点，在儒、墨、名家那里也有类同的观点。比如，孔子言"君子食无求饱，居无求安，敏于事而慎于言"，"君子欲讷于言而敏于行"，"夫人不言，言必有中"，"一言可以兴邦，一言可以丧邦"，"予欲无言"，"天何言哉？四时行焉，百物生焉，天何言哉？"，主张"时然后言"，这些观点与老子的思想并无二致。《艺文类聚》和《太平御览》都载有墨子与子禽的对话，说明墨子也有"贵言"的思想："《墨子》曰：子禽问曰：'多言有益乎？'墨子曰：'虾蟆、蛙黾日夜而鸣，舌乾，擗然而不听。今鹤鸡时夜而鸣，天下振动。多言何益？惟其言之时也。'"名家鼻祖邓析也有"非所宜言，勿言，以避其口"、"一声而非，驷马勿追；一言而急，驷马不及"的思想，足见当时各家立言的主旨所在皆有不脱离"言"论的取向，这与春秋之际诸侯国之间战和关系往往因言而定的现实有关，也与"言"在个人社会生活中所扮演的至关重要的角色密不可分。从这种本于认识论思想的立场理解本章和《老子》全书，就可以摆脱一直以来在领悟老子思想方面存在的受宇宙论等视角所干扰而导致的误解，这对发扬老庄思想的现实价值具有重要的意义。

本章其余内容，是对"希言自然"论之所以成立的进一步解释。老子使用其一贯以天道推人道的逻辑路线来立论，十分有说服力。借助于一番论证，老子将因言而得、因言而失的内在根源与"道"的作用相贯通，从而也很自然地提出了言足以兴邦、言足以丧邦的警示。在不足百字的文本中，以如此严密的逻辑展现了这样宏大的主题，读来颇有振聋发聩之感。

在各种世传《老子》版本中，本章文本的文字有所不同，可能存在错简和传抄错误。幸有马王堆汉墓出土的《老子》帛书甲乙本，以之校勘世传各本文字，显见帛书本文字更为准确，文意明朗，思想也与《老子》全书相贯通，因此，本章文字所据，以帛书本为主。

希言自然[①]。

飘风不终朝，骤雨不终日[②]。孰为此者？天地[③]。天地尚不能久，而况于人乎[④]！故从事于道者同于道[⑤]，德者同于德，失者同于失[⑥]。同于德者，道亦德之；同于失者，道亦失之[⑦]。

【译文】

言语、政令少出，则事功自成。

疾风不能整早一直地刮，暴雨不能全天一直地下。是谁始作这疾风暴雨？是天地。而天地尚且不能持久其事，更何况人呢！所以，循道而行的人必然与"道"同体，行而有得的人也与"得"相合，行而有失的人则与"失"相契。与"得"相合的人，"道"也济之以"得"；与"失"契合的人，"道"则济之以"失"。

【注释】

①希言：犹爱言、贵言，即少言、少说话甚至无言，也可理解为少发政令，行无为之治、无言之教，义与第五章"多言数穷"相呼应。傅奕本"希"作"稀"，可通。七十三章："天之道，不争而善胜，不言而善应。"自然：这里指符合自然之道。李霖《取善集》引陆佃曰："夫物莫能使之然，亦莫能使之不然者，

谓之自然。"句谓言语、政令少出，则事功自成。河上公注："希言者，是爱言也。爱言者，自然之道。"王弼注："听之不闻名曰希。下章言，道之出言，淡兮其无味也，视之不足见，听之不足闻。然则无味不足听之言，乃是自然之至言也。"陈景元《纂微》："《易》曰：'吉人之辞寡，躁人之辞多'，贵其希疏而戒其不常也。言希疏则合自然。夫至人有问即应，接物即言，动静以时，故合自然。以谕风雨时若，则利乎万物，暴卒无常，则为害。"蒋锡昌《校诂》："老子'言'字，多指声教法令而言，如二章'行不言之教'，五章'多言数穷'，十七章'悠兮其贵言'，均是。'希言'与'不言''贵言'同谊，而与'多言'相反。'多言'者，多声教法令之治；'希言'者，少声教法令之治。故一即有为，一即无为也。'自然'解见前十七章，即自成之谊。'希言自然'，谓圣人应行无为之治，而任百姓自成也。此句文太简略，故古来解者多失之。"

②飘风：烈风，疾风。终朝：整个早晨。本句用飘风、骤雨象征"多言"并暗喻"有为"，以反衬上文"希言"所具有的"自然""无为"特性，表明自然之道自有其运行法则，即便其始动者为天地，也不能全凭意志左右事物的变化，由此很自然地引出"有为"之不可久而"无为"之可久的结论。陈景元《纂微》："飘，猛烈也。骤，暴急也。从旦至晡，为终朝。自早及暮，为终日。夫山泽相通为此飘风，阴阳喷激作此骤雨，盖由阴阳失节，和气不洽而致此，故不能长久也。以况于人，语言违戾，喜怒不常，其于纯和，宁不丧乎？"王弼本句首原有"故"字，帛书甲乙本、河上本、想尔注本、景龙碑本等多本无此字，以此句与上下句语义关系看，以无"故"字义胜，据删。

③为此：令疾风暴雨发作。

④人：指有为者，这里尤指有为之君王。蒋锡昌《校诂》："'人'指有为之君而言。"

⑤"故从事"句：所以循道而行的人必然与道同体。王弼注："从事，谓举动从事于道者也。道以无形无为成济万物，故从事于道者以无为为君，不言为教，绵绵若存而物得其真。与道同体，故曰'同于道'。"唐玄宗《御注道德真经》："故从事于道之人，当不执滞言教。体道者，悟道忘言，则同于道矣。"案本句总括体道者与道的一般关系，主言"道体"；后文言"德"言"失"，则主言"道用"。知此区别，则于上下文意可得贯通矣。王弼本、河上本此句原作"从事于道者，道者同于道"，第二个"道者"衍，据帛书甲乙本、汉简本及《淮南子·道应训》引文删（三本及引文均作"故从事而道者同于道"）。上引王弼注文亦可见其所据本当为"故从事于道者同于道"。

⑥"德者"句：本句是上一句的引申，蒙上句省"从事于"三字，从言"道体"转向言"道用"，又将"道用"从结果上分为"得"和"失"两种，明言得失之间自有其内在的因果关系，即王弼所谓"同体"。德，犹"得"，古通。王弼注："'得'，少也。少则得，故曰'得'也。行得则与'得'同体，故曰'同于得'也。'失'，累多也。累多则失，故曰'失'也。行失则与'失'同体，故曰'同于失'也。"王弼注"德"正作"得"。楼宇烈《老子道德经校释》："'得''德'古通，《道藏集注》本'少则得'之'得'字正作'德'。又，易顺鼎、刘师培据王注均作'得'，并以为《老子》经文'德者同于德'两'德'字均当作'得'，与下文'失者同于失'对。"楼引是。后文两"德"字

亦当作"得"。

⑦德之：令其有得。失之：令其有失。王弼注："言随行其所，故同而应之。"明太祖《御注道德真经》："好此而得此，好彼而得彼。"案此句正俗语所谓"种瓜得果，种豆得豆"之意，言得失之间，均有道在其中，此正庄子所谓道"无所不在"之意。本句王弼本、河上本原作"同于道者，道亦乐得之；同于德者，得亦乐得之；同于失者，失亦乐得〔失〕之"，据帛书甲、乙本并参汉简本删改。此句后各本赘有"信不足，焉有不信焉"一句，疑为十七章错简重出于此，又帛书甲、乙本无此句，据删。奚侗《集解》："二句与上文不相应，已见第十七章，此重出。"

二十四章

【题解】

本章主言"过犹不及"，强调"过度"不合于道。

踮起脚尖去看，为的是看得多一点，但不能持久；迈开大步行走，为的是走得远一点，但欲速则不达。总是标榜自己有知，其实是暴露了自己的无知；总要证明自己是对的，别人却未必买账。总是自夸劳苦功高，最终却可能功名尽毁；总是自以为才能超群，结果却可能屈居人下。所有这些，都被老子看做"余食赘行"的过度之为，有道者是不会这样做的。

上述这样一些警语，从古至今人们耳熟能详，可是，回到现实世界，看人们的实际作为，往往不都是朝着被警告的方向使力吗？这就是俗众不可避免的宿命。人们唯恐"不及"，却对"过度"无感。真正能够被"过犹不及"之训唤醒的人少之又少，唯有道者能之。

本章可谓二十二章的姊妹篇，可以结合起来阅读。

企者不立，跨者不行①；自见者不明，自是者不彰②；自伐者无功，自矜者不长③。其在道也，曰余食赘行，物或恶之，故有道者不处④。

【译文】

踮起脚尖者站不稳，跨步而行者难致远；自炫其知者不明智，自以为是者名不彰；自夸其功者失其功，自负其能者不得任。从道的角度看，这些行为如同贪吃而长的赘肉，连普通人都可能有所不取，有道者更不会去做。

【注释】

①企：同"跂（qǐ）"，踮起脚尖。多本亦作"跂"。《荀子·劝学》："吾尝跂而望矣，不如登高之博见也。"王弼注："物尚进则失安，故曰'企者不立'。"跨：迈开大步。不行：走不远。苏辙《老子解》："人未有不能立而行者也，苟以立为未足而加之以跂，以行为未足而加之以跨，未有不丧失其行立者。"蒋锡昌《校诂》："王注'物尚进则失安'。'企者不立'，盖所以喻人君行有为之政，如飘风暴雨，急往前进，而其结果，终不免失败也。"

②"自见"句：意谓自炫其知的人其实并不明智，自以为是的人，反倒不能彰显其想要的好名声。河上公注："自以为是而非人，众共蔽之，使不得彰明。"

③"自伐"句：意谓自夸其功的人反倒不会真正获得成功，自负其能的人不能被众人推为尊长。李霖《取善集》："顾欢曰：'兴功济物而自取其名，名既属己，则功不在物。'郭象曰：'矜夸自恃，不解忘功，众所不与，故不长也。'"

④余食赘行：因进食过多而致身体产生很多赘肉。余食，过度饮食。赘行，诸本皆同，犹"赘形"，赘肉，系由过度饮食所导致的过多脂肪堆积，致使形体累赘不堪。苏辙《老子解》："譬

如饮食，适饱则已，有余则病；譬如四体，适完则已，有赘则累。"物或恶之：普通人也都有所不取。物，这里指一般人，与"有道者"相对。不处：不为，不做。案"赘行"一语，历来注家训释不一。河上公训"赘"为"贪"，但于"行"似无训，或读如本字，注为"使此自矜伐之人，在治国之道，日赋敛，余禄食，为贪行"。其注"余"字，亦以"贪多"为义。王弼注最突出之处是"却至之行"四字："其唯于道而论之，若却至之行，盛馔之余也。本虽美，更可秽也。本虽有功而自伐之，故更为肬赘者也。"后世注家解王注之"却至"为"春秋时晋大夫"（据楼宇烈）。此解颇令人困惑：王弼会不会以非特指的某人"之行"为一个概念作注？除非他明确该行为属于某一次具体行为，因为史上的却至之行可以引申出多种意涵，"自矜伐"未必就是其唯一解释。另外，王弼注用"肬赘""盛馔"二词，后世便将其理解为"赘疣"和"剩饭"，甚至还把"赘疣"解释成"肿瘤""胼拇"之类（类似情况也出现在后世注家对《庄子》中一些身体有残疾的人的解释当中）。赘疣、胼拇本非人为，与"无为"思想无涉，以此警人，不仅背离"自然"之道，也使行文出现前后矛盾以及思想方面的自相矛盾，还使老庄蒙受歧视生理缺陷之人的误解，此绝非老庄本意。再如释"余食"为剩饭，从古至今，人们对待剩饭的态度，都未必是"恶之"，相反，却都有"打包走"的美德。老子言"有道者不处"，显然是言其"无为"于此类行为，而非言厌恶某种形体、饭食，故愚意"余食赘行"不可释为"剩饭悬疣"。高明《帛书老子校注》："'余食赘行'是一句古成语，老子用它以喻上述'自是''自见''自伐''自矜'等轻躁行为，谓此矜伐之人，以有道者看来，如若'余食

赘行'。由于它是一句贬义成语，故下文云'物或恶之，故有道
者不居'。至于'余食赘行'四字之原义，早已佚亡，难以确切
说明。"

二十五章

【题解】

本章是老子对道所作的富有特色的集中论述。老子先言道之性状、功能，兼及道在语言世界中被勉强赋以种种名谓（"道""大""逝""远""反"）的认识论属性，从而将"道论"纳入语言哲学范畴，进而得以构建道与人之间的关系，最终顺理成章地推导出人法自然的伦理主张，为君王施政指明了方向。

在不足百字的本章文本中，老子动用了数十个内涵极为深刻的概念。其中不仅包括诸如物、人、王、天、地、道、自然、母这样一些极为重要的本体论范畴，还涉及诸如名、字、域这样的认识论范畴，当然还包括一些描述事物性状和作用、表示事物之关系的寂、寥、大、逝、远、反、生、独立、周行、混成等范畴。利用这些复杂而深刻的范畴，老子建构了以道为核心的宏大的哲学认识论体系，《老子》全书所涉及的话题、所依据的核心观点、所构建的种种命题，都从这个体系中生发出来。

尽管本章的文字十分晓畅、明晰，但对其内容尤其是一些关键范畴的理解却存在不小的困难，因此学界一直存在不少争议。就本书的立场而言，其所拟申辩的焦点仅在于一点：理解老子的观点、概念，应该基于体面的唯物论的宇宙论，还是基于唯物与唯心相统一的哲学认识论？这二者究竟何者为宜？

　　比如，如何理解"有物混成"当中的"物"这一概念？如果基于唯物论的宇宙论，那么，就会试图为其寻找所谓的"物质"的属性，以便于可以将"有物混成"一语连同"道生一，一生二，二生三，三生万物"的模型与当代的宇宙大爆炸理论相联系，进而震惊于老子在科学发现方面的极其高明，几可比肩于当代最伟大的物理学家、宇宙学家。如果基于心物统一的哲学认识论，那么，此"物"不过是人类认知世界的一个概念，它是一个符号学上的能指，自然地对应着物质或物理世界的某个所指；如果再以历史唯物论史观返回到先秦对此概念使用的语境，还可以知道，这个"物"不仅包含物质性的物，还包含社会性的事，因此，那时所使用的"物"，实指今日所谓"事物"或"物事"；尤为需要注意的是，在很多子书的语境里，这个"物"甚至仅仅指"人""人们"，老子、庄子、名家诸子的著作尤其如此。在笔者看来，那种非要在科学霸权的时代为老子及其理论找到某种先知先觉的科学发现方才心安的学者，其实是低估了老子以其守藏室之史的身份在其著作中总结人类漫长的认知世界的知识历程的能力，是对老子哲学作为认识论哲学的理论高度缺乏认识而不够自信的表现。事实上，对于最近数百年科学迅猛发展所取得的成就，就其所属的知识基本类型和所具有的知识属性而言，老子早已经洞若观火、了然于胸了。他仅以"常道"二字，便轻松地将科学哲学系统纳入其宏大的知识论麾下，并不时地用"道"的光辉去照亮科学这一"常道"之识的暗昧。所以，本章对《老子》相关概念的训解，维持在那个始终一贯的思想脉络上：将老子哲学定性为认识论哲学。这样，有关那个"物"的理解，一定要先在名实关系上立论，然后，顺势而下，所有概念甚至整个文意，都豁然展现在这个框架之下，闪耀出老子道论宏大体系的光辉。这种光辉可以扫尽《老子》一书的神秘色彩，让其思想重回人间，指导今人的日常实践，重构今人的日常理性。

有物混成，先天地生①。寂兮寥兮，独立而不改，周行而不殆，可以为天地母②。吾不知其名，字之曰道，强为之名曰大③。大曰逝，逝曰远，远曰反④。故道大，天大，地大，王亦大⑤。域中有四大，而王居其一焉⑥。

人法地，地法天，天法道，道法自然⑦。

【译文】

有一种或可称为"物"的东西，它是一个混合的虚体，先于天地的存在而存在。它寂然无声，又空虚无形。它独立而不改，又周行而不殆，可以作为天地的本根。我不知道它的名字，就用"道"字标记它，再勉强用"大"称谓它。大意味着运行，运行意味着致远，致远意味着回返。所以，道大，天大，地大，圣王也大。在任一现象界，都有四大存在，圣王是其中之一。

人效法地，地效法天，天效法道，而道以自然为本。

【注释】

①有物混成：有一种假设可以称为"物"的东西，它是一个混合而成的虚体。这里"物"即指"道"。郭店本"物"作"䐗"，楚简整理小组以为"疑读作道"。河上公注："谓道无形，混沌而成万物，乃在天地之前。"王弼注："混然不可得而知，而万物由之以成，故曰'混成'也；不知其谁之子，故'先天地

生'。"吴澄《注》："'混成'，谓不分判而完全也。"蒋锡昌《校诂》："'物'即二十一章'道之为物'之'物'，'物'即'道'，'道'即'物'也。道之成也，混然不可得而知，故曰'混成'。"案"道"本无形、无名，有体而虚，故"物"自然不是它的名称，只是一个假设的用以称谓的概念，是一个认识论的"名"。在没有正式为"道"命名之前，只能含混称之为"物"。这本身也属于行文的语言逻辑问题。

②寂兮寥（liáo）兮：形容极为静寂空虚的样子。《说文》："寂，无声也，寥，虚空也。"周行而不殆：周成于万物而不息。周行，周遍，周普，周成，指无所不在；不殆，无所停息。河上公注："寂者无音声，寥者空无形，独立者无匹双，不改者化有常。道周行天地，无所不入，在阳不焦，托阴不腐，无不贯穿，故曰'不殆'也。道育养万物精气，如母之养子。"王弼注："寂寥，无形体也。无物匹之，故曰'独立'也。返化终始，不失其常，故曰'不改'也。周行无所不至而免殆，能生大全形也，故'可以为天下母'也。""独立而不改"王弼本无"而"字，据帛书乙本、汉简本、傅奕本补。"天地"王弼今本作"天下"，郭店本亦作"天下"，世传本多同。帛书本、汉简本、范应元本作"天地"，宜从，据改。

③字之曰道：用"道"字标记它。强为之名曰大：勉强用"大"称谓它。大，形容无所不包。河上公注："我不见道形，不知当何以名之，见万物皆从道所生，故字之曰'道'也。不知其名，强曰大者，高而无上，罗而无外，无不包容，故曰'大'也。"苏辙《老子解》："道本无名，圣人见万物之无不由也，故字之曰道。见万物之莫能加也，故强为之名曰大。然其实则无得而

称之也。"蒋锡昌《校诂》："道本无形，既不可得而字，亦不可得而名。《庄子·知北游》所谓'道不可闻，闻而非也；道不可见，见而非也；道不可言，言而非也。知形形之不形乎，道不当名'；《则阳》所谓'道之为名，所假而行'也。但为便利人意沟通计，故不得不有一假定之名。其曰'道'、曰'大'，正犹呼牛、呼马，毫无所分。但名称一立，则意为所限。老子苦于创名之难，而又不足以尽其意，故一则曰'强字'，再则曰'强为之名'。言外真谊，学者宜自玩索得之也。"

④逝：去，往，指道的运行不息。远：致远，遥远，指道的运行没有极限。反：同"返"，回返，反复，指道的运行周而复始，以至于无穷，而又终极于人本（即"以人为尺度"之谓）。河上公注："其为大，非若天常在上，非若地常在下，乃复逝去，无常处所也。言远者，穷乎无穷，布气天地，无所不通也。言其远，不越绝，乃复在人身也。"王弼注："'逝'，行也。不守一大体而已，周行无所不至，故曰'逝'也。'远'，极也。周无所不穷极，不偏于一逝，故曰'远'也。不随于所适，其体独立，故曰'反'也。"吕惠卿《传》："大则周行而无不在，不止于吾身而已，故大曰逝。逝则远而不御，故逝曰远。远而不御，则吾求其际而不可得也，复归其根，而未始离乎吾身也，故远曰反。"

⑤王亦大：王道也同样无所不包。王，指圣王。傅奕本、范应元本作"人"，或据后文"人法地"之"人"误改。河上公注："道大者，包罗诸天地，无所不容也。天大者，无所不盖也。地大者，无所不载也。王大者，无所不制也。"王弼注："天地之性人为贵，而王是人之主也。虽不职大，亦复为大，与三匹，故曰'王亦大'也。"吕惠卿《传》："王者，人道之尽者也。"苏辙《老

子解》："由道言之，则虽天地与王皆未足大也，然世之人习知三者之大，而不信道之大也，故以实告之。"案人类穷究万物之性理，其终极目的无非为人服务，此为认识论之本质。无人，则万物之性自存，何所究问之由？故河上公言"乃复在人身"，王弼言"天地之性人为贵"，苏辙言"反而求之一心足矣"，吕惠卿言"未始离乎吾身"，皆言老子之"道"乃一认识论概念，非可遽与宇宙论相提并论。由《老子》文本所述及上述注家所论，可知宋明心学之肇端，亦必从《老子》出。

⑥域：范围，领域，这里尤指语域、语境中的现象界，类于胡塞尔现象学中的"生活世界"概念。王弼本"域"字郭店本作"囿"，帛书本作"国"，汉简本作"或"，世传本皆同王本。案此"域"字亦颇费解，历来注家多有歧义。比较突出的观点有三种。第一种解释是训"域"为天下、国家，高明、卢育三等持此解，主要以帛书本为据。高明《帛书老子校注》："《说文·戈部》：'域，邦也。'《囗部》：'国，邦也。''国'字与'域'同音同义，乃异体同源，故'国中''域中'无别也。……今人陈柱以为'域'字当作宇宙解，其谊太狭，恐非老子本谊也。"第二种解释便是陈柱之"宇宙"论："此'域'字当作宇宙解。"（《老子集训》）此种观点乃脱离认识论而进入宇宙论，强为老子学说谋其科学本体论价值，很容易在科学语境中获得认同，因此，今人持此观点者甚众。张松如看出了以"国"为训的破绽，但却陷入了"宇宙论"的泥沼："帛书曰'国中'，于'王'固可，于'天、地、道'则不伦，显然容纳不下'四大'。近人陈柱以为'域中'当作宇宙解，得之矣。"然细审《老子》用字本意，实非"宇宙"所能当之。若贯穿整体"道论"思想，以上二解更其无谓。第三

种解释，与"邦国""宇宙"无关，而径取道家习用的概念，似更贴近老子本意，但倘不能会得其义，又会堕入玄学。此种解释可溯源自河上公注："八极之内有四大，王居其一也。"显然，河上公乃训"域"为八极。吕惠卿《传》："在六合之外则不足以言之，所谓四大者，域中而已。""八极""六合"，皆先秦诸子常用术语，颇能与老子思想会合。但因释义并不明确，亦难从之。鄙意以为，"域"当读为本字，郭店本"囿"、帛书本"国"和汉简本"或"，皆应读为"域"，此说从裴锡圭《老子今研》："'囿'，《郭店》误释'国'，我在校读此书原稿时失校。此字亦见云梦秦简，是'囿'字异体。'有'与'域'古音相近可通。'囿'从'有'声，亦可与'域'相通。简文之'囿'，跟帛书本的'国'一样，似皆应从今本读为'域'。"裴说甚明。但廖名春《郭店楚简老子校释》引用裴说，虽认同其读，却反申言"'域'在先秦与'国'同义，也是指封邦、封疆，没有'宇宙'义"，所论则又陷于高明等人所主之"国家"说矣。那么，既然"域"为本字，则当作何解为正？统观诸家之解，似唯王弼注可通："四大，道、天、地、王也。凡物有称有名，则非其极也。言道则有所由，有所由然后谓之为道，然则道是称中之大也，不若无称之大也。无称不可得而名，曰'域'也。道、天、地、王皆在乎无称之内，故曰'域中有四大'者也。"细审王弼注，可知其是唯一会得老子本意者："道"之不可见、不可闻、不可称、不可名、不可言传，皆在王注中得以体现，其要害尤在于老子用一个意涵并不确定，只能随情境获得真解（情实）的概念"域"，来对应"道"之特性。非此，则老子不成其"道论"矣！故域中四大，王有王道，是为圣道；地有地道，天有天道；道自本自根，则道有道道。道为最大，包容诸道；无事则其寂寥，有事则其显现于"域中"，贯通天道、地道、圣道。此老子所言"四大"之意。薛蕙《集解》："道为天下母，均养万物，而天地以阴阳佐之，此三者所以为大也。三者虽立，然非有王者，则亦无以统理万物，故必授命一人以为亿兆之主。'王亦大'者，此也。域中唯有四大而王居其一，不亦贵乎？然必真能尽其所以大者，斯可以列于四大也。老子言此，所以劝王者之意深矣。"盖天地行自然法则，圣王主人文规矩，万事万物由此得成，是道在其中矣。道所"逝、远、反"之处，即万事万物适生适成之"域"，此"域"即胡塞尔现象学之"生活世界"，从中可直观事物本质，得事物之"正"，即能"实事求是"之谓。

⑦人法地：人效法地，即人道以地道为法。人，既指圣王，也指一般人。以下数句，为本章之总结，故"人"不必单指前文之"王"，而"王"自在其中。道法自然：道以自成其成、自是其是为法。自然，自成，指事物之成败，都没有人为的外力强行干预，乃是自成其成、自是其是、自然而然。此处言"道以自成其成为法"，则道乃性本自然，等于说它已经无所谓以什么为法了，"道法自然"仅仅是假借语言所作的一种近似的表达而已。河上公注正是此意："道性自然，无所法也。"王弼注："法，谓法则也。人不违地，乃得全安，法地也。地不违天，乃得全载，法天也。天不违道，乃得全覆，法道也。道不违自然，乃得其性。法自然者，在方而法方，在圆而法圆，于自然无所违也。自然者，无称之言、穷极之辞也。用智不及无知，而形魄不及精象，精象不及无形，有仪不及无仪，故转相法也。道顺自然，天故资焉；天法于道，地故则焉；地法于天，人故象焉。所以为主，其一之

者主也。"吴澄《注》："道之所以大，以其自然，故曰'法自然'，非道之外别有自然也。'自然'者，无有无名是也。"蒋锡昌《校诂》："'自然'者，自成之谊。'人法地，地法天，天法道'，非谓人、地、天、道四者先后互法，乃谓人、地、天三者皆法道也。'道法自然'，谓道所法者，乃是一个自然，即自成。《庄子·大宗师》所谓'自本自根'也。夫道之所法，既为自成，故圣王所法，亦不过自成而已。"

二十六章

本章分别以重、轻和静、躁为尺度，对比地分述圣王与普通君主在修身、治国方面的德行差异。其宗旨是提醒那些万乘之主要行圣王之道，以持重、守静为尚，不可因自己的轻躁、妄动而丧失其为国之本、为君之位。这一思想与十六章的"致虚极，守静笃"一脉相承。其中涉及的"重身以为天下"的观念，又与十三章"故贵以身为天下，若可寄天下；爱以身为天下，若可托天下"的思想相贯通。在老子看来，只有自重其身的君王，才不会"以身轻天下"。

当然，后世道教者流也对本章旨意以及重、轻和静、躁两对概念大加发挥，从而将实学之《老子》曳入神仙家特有的灵异世界，则是另类话题了。

重为轻根，静为躁君①。是以圣人终日行不离辎重②，虽有荣观，燕处超然③。奈何万乘之主，而以身轻天下④？轻则失本，躁则失君⑤。

【译文】

重是轻的根本，静是躁的主宰。所以，圣王之行，终日无不

174

持重守静，即便拥有荣华奇观，也能超然于外物，闲适自得。为什么那些大国的君主，却不以自身为重，在治理国家时轻躁行事呢？轻举就会失去国本，躁动就会失去君位。

【注释】

①重：指分量大，这里指持重，与"轻"相对。根：根本，根柢。躁：躁动，不安静，与"静"相对。君：主宰，统帅。王弼注："凡物轻不能载重，小不能镇大。不行者使行，不动者制动，是以重必为轻根，静必为躁君也。"薛蕙《集解》："根，本也；躁，动之甚而烦扰也；君，主也。此非但校其本末贵贱之不同，意在安危存亡之不同尔。"蒋锡昌《校诂》："重谓寡欲自重，轻谓纵欲自轻，二者皆以治身言。静谓清静无为，躁谓急功好事，二者皆以治国言。"

②圣人：这里指圣王。辎重：外出随带的大量物资。辎，有帷盖的载重大车，这里特指君王所用的车辇。案"圣人"帛书本、汉简本、想尔注本、傅奕本并作"君子"，后多有从者。从整句文意衡量，其义虽亦不差，但略显泛化，故不取。盖圣人必为大君子，然普通之君子则未及于圣人。比如庄子对此就有所区别："始也我以女为圣人邪，今然君子也。"（《庄子·天地》）"故乐通物，非圣人也；利害不通，非君子也。"（《大宗师》）而本句言"终日行不离辎重"，则非君王而不能；而同时又能"虽处荣观，燕处超然"，是乃圣人之德（奚侗以"君子"为"卿大夫士"，然其于此亦未必然，故其释未为周全。又蒋锡昌以为只有君子方可"常在军中管理辎重之事"，其论亦未为周延）。

③荣观：荣华而壮丽的景观。这里尤指宫阙。一般国之君主，

老子引归

行则有辎重相随,居则有宫阙楼台为伴,荣华尽显,奇观尽有,故曰"荣观"。燕处超然:形容安适无欲的样子。燕处,犹"燕居",闲居,安闲;超然,超脱于世俗、物欲。王弼注:"不以经心也。"焦竑《老子翼》:"荣观,纷华之观也。《公羊传》曰:'常事曰视,非常曰观。'燕处犹燕居。超然,高出而无系者也。"薛蕙《集解》:"承上言轻重静躁,其事不同。君子知其然,故其行也,不敢轻疾而远去其辎重;其静处也,虽佳丽之玩在前而无所系累。见君子随其所在而未尝失于轻躁也。"

④万乘之主:指大国的君主。以身轻天下:轻其身以至于轻天下、国家。失本:丧失本根,这里也指丧身。失君:丧失君位。苏辙《老子解》:"人主以身任天下,而轻其身则不足以任天下矣。"薛蕙《集解》:"轻躁者,君子莫之肯为也。奈何万乘之主,所系至重,顾可轻其身于天下乎?人主轻其身于天下,祸患之所必至也。"案前文言圣王,动静之际,皆能超然物外,本于重静,则其身存,其位不失。此言不明于道的大国之主轻躁行事,其必丧身失位。

⑤失本:丧失国本或性命。民为国之本,身为人之本。失君:丧失君位。王弼注:"轻不镇重也。失本,为丧身也。失君,为失君位也。"奚侗《集解》:"尚轻必亡其身,尚躁必丧所守。"案此句紧承上句,是针对轻躁的万乘之主的直接警告,故采王弼之说为宜。若以此句为一般性概括,则与首句之意重复。有本"本"作"根",义同;或作"臣","失臣"与"失君"语义重复,故不可取。帛书本、汉简本、想尔注本、傅奕本皆作"本"。

二十七章

【题解】

本章主言一"善"字。

人们对"善"的理解，通常都会局限在世俗的善恶、对错、好坏框架中作直接的价值判断。但是，这样的理解，已经出离道家"善"的语义。以道家的境界言，这样的"善"已属知识境界的最下层，人世间的是非、爱恶等都在此层次中滋生、发作。比如，我们一再提到，庄子在《齐物论》中就将"古之人"的知识境界分成四个层次，其中首推"以为未始有物"，并视该境界"至矣，尽矣，不可以加矣"，其次则"以为有物而未始有封"，再次则"以为有封而未始有是非"。这三重境界，便是二十章所谓有道之人"昏昏"又"闷闷"于其间的境界。相反，其所谓"是非之彰"这一"爱成而道亏"的境界，则是俗人"昭昭"而"察察"于其间的境界。在这个境界当中，人们纠缠于善恶、对错、美丑之辨，从而消弭了混同是非、和光同尘的可能性。《老子》书中的"善"，尽管曾在十七个篇章中出现过五十余处，但多不属于这第四等境界（二章与二十章除外）而属于前三种境界（如本章、八章、二十七章、四十九章尤为明显）。从八章开始，老子已经为书中几乎所有的"善"字定了基调，明确摆脱了世俗"善恶"标准上的意涵，而赋予其独特的"上善若水"的"上善""至善"之义。因此，理解本章的"善"字，必须回到道家的知识境界中去，才能正确训解该字真义。阅读《老子》书，均宜有此警觉，否则必产生对老子的误解。

从文章的行文结构上看，本章包含着严密的论证逻辑。

首先，老子以行走、言说、计数、关闭和束捆这五种日常现象为例，将世俗所谓"善"与道家所主张的"善"予以区别。在世俗的认知框架中，凡行必有辙迹，凡言必有瑕疵，凡计必用筹策，凡关闭必用锁钥，凡束捆必用绳索，离开这些，几乎是不可能成其事、有其功的；同样，只要循迹而行、规范言辞、运筹而算、以锁关闭和用绳捆绑，则必然功成事遂。但是，在道家看来，这样的路线根本不管用。就像庄子所说的那样："将为胠箧、探囊、发匮之盗而为守备，则必摄缄縢、固扃鐍，此世俗所谓知也。然而巨盗至，则负匮、揭箧、担囊而趋，唯恐缄縢、扃鐍之不固也。"因此，对于老子等道家的早期思想家来说，只有基于"无为而无不为"的行动总纲，才能克服世俗价值观的危害。吴澄在其《道德真经注》中对《老子》此节文字作了细致的解读："行者必有辙迹在地，言者必有瑕谪可指，计数者必用筹策，闭门者必用关楗，结系者必用绳约，然皆常人所为尔。有道者观之，则岂谓之善哉？善行者，以不行为行，故无辙迹。善言者，以不言为言，故无瑕谪。善计者，以不计为计，故不用筹策。善闭者，以不闭为闭，故无关楗而其闭自不可开。善结者，以不结为结，故无绳约而其结自不可解。举五事为譬，以起下文'圣人善救'之意。"吴澄所用之"以不 A 为 A"的表达式，符合老子的"无为而无不为"思想，而其中的"不 A"，含有"不刻意其 A"的意涵。《老子》书中不时出现的类如"知不知""行不行"甚至

"为无为""事无事""味无味"等表达式，都可以转译为道家独有的"以不知为知""以不事为事"的格式化表达。

其次，既然上述五事之"以不 A 为 A"的行动指针是可行的，那么，就圣人的救人、救物以至于救世行为而言，也自然应遵从于这一模式，在"以不救为救"的原则下完成"善救人"和"善救物"的事功。正由于"以不救为救"，所以，圣人之救人、救物，也不会造成普通君主那样的因救人、救物而产生弃人、弃物的弊端。这样，大仁不仁、大公不公、大爱不爱的道家哲学，都在老子这种"以不 A 为 A"的"袭明"哲学中得以实现。这是何等崇高的知识境界和治国方略啊！

不言而喻，这样的圣人，他们在救人、救物乃至救世方面所达到的境界，自然可以作为君王救人、救物乃至救世的楷模。不过，能完全达到此等境界的圣人并不多。"老子曰：'欲治之主不世出，可与治之臣不万一，以不世出，求不万一，此至治所以千岁不一也。'"（《文子·下德》）这也正如孔子所感叹的那样："圣人，吾不得而见之久矣；得见君子者，斯可矣。"（《论语·述而》）既然圣人不世出，因此，君王就不能也不必单纯向圣人学习。在老子看来，那些不能达于至善境界但却也想救人、救物的人，尽管他们的所作所为不免会存在救人必有弃人、救物必有弃物的弊端，但这些弊端其实正是圣人治国理政可以资取的借鉴，自然也可以作为普通君王治国理政的他山之石和前车之鉴。老子说"故善人者，不善人之师；不善人者，善人之资"便是这个意思。其中的"善人"，就是"善救人"的圣人；其中的"不善人"，就是"不善救人"而仍有救人之念的普通君主。

最后，老子将治国理政实践与知识相关联——这一点也再度证明老子之学属于知识论之学，强调君主倘若不能真正懂得并遵从圣人"无为而无不为"的为君之道，不能从历史或现实各种治国理政的败绩当中汲取经验教训，那么，即便他拥有极为广博的知识，也会陷入"以智治国，国之贼"的困境。这便是"虽智大迷"一语的核心关切。有知反能有迷，这个悖论，非常人所能理解，但实为道家认识论哲学的关键知识观。细读《老子》就会发现，它贯穿《老子》一书的始终。"能通此意，是谓知微妙要道也！"（河上公注）结合下一章老子集中对"知"和"守"的讨论，可以更为透彻地理解老子"是谓要妙"一语的深意。

善行者，无辙迹①；善言者，无瑕谪②；善数者，不用筹策③；善闭者，无关楗而不可开④；善结者，无绳约而不可解⑤。是以圣人常善救人，故无弃人；常善救物，故无弃物⑥。是谓袭明⑦。故善人者，不善人之师⑧；不善人者，善人之资⑨。不贵其师，不爱其资，虽智大迷⑩。是谓要妙⑪。

【译文】

最善于行走的，就能不留痕迹；最善于言说的，就不会有瑕疵；最善于计算的，就用不着筹策；最善于关闭的，不用门闩别人也进不来；最善于束捆的，不用绳索别人也解不开。所以，善于救人的圣人能使人自成，不会有谁被遗弃；善于救物的圣人能令物自成，不会有物被遗弃。这叫做"袭明"，就是因循空明之道。由此可知，善于救人的上善之人，可以成为不善于救人之人的老师；不善于救人之人，也可成为善于救人之人的借鉴。不将圣人这种善于救人的人尊为老师，不将不善于救人的人视为值得珍惜的鉴戒，那么，即使有再渊博的知识，也会深陷迷惘。这个道理，可谓精要玄妙之极。

【注释】

①善行者：善于行走的人。善，犹"上善若水"之善，指从于道的善，即"上善"，非指一般价值论上的好、坏之善。下同。无辙迹：没有留下行走的痕迹。王弼注："顺自然而行，不造不始，故物得至而无辙迹也。"苏辙《老子解》："乘理而行，故无迹。"吕惠卿《传》："《传》曰：'车行则有辙，徒行则有迹。'则行固不能无辙迹者也。知行之所以行，则行出于不行，故曰'善行无辙迹'。"彭耜《集注》引达真子曰："善行者，以道为行者也。"案此处所谓"善行者"，尤指不循规蹈矩于寻常路线而善于因顺自然之人。常人行走，多循车辙人迹，但其路径未必为达于目的之最佳途径；至善之行者，既不循迹而行，也不留常人可循之迹。《庄子·人间世》以"无行地""为天使""以无翼飞""以无知知"为有道之行，即承老子之意："绝迹易，无行地难。为人使易以伪，为天使难以伪。闻以有翼飞者矣，未闻以无翼飞者也；闻以有知知者矣，未闻以无知知者也。"王弼本原无"者"字，据帛书本、汉简本、傅奕本等补。后文四"者"字同此。

②谪（zhé）：瑕疵，毛病。王弼注："顺物之性，不别不析，故无瑕谪可得其门也。"苏辙《老子解》："时然后言，故言满天下无口过。"

③数：计算。筹策：古代的计算用具。王弼注："因物之数，不假形也。"苏辙《老子解》："万物之数，毕陈于前，不计而知，安用筹算？"奚侗《集解》："《淮南·精神训》：'能知一则无一之

不知。’所谓‘善数不用筹策’也。”

④关楗（jiàn）：旧时用以在屋内闭锁木门的装置，犹“门闩”之类。范应元《集注》：“‘楗’，拒门木也。横曰关，竖曰楗。”句谓无须设置关楗就能达到让人无法打开门的目的。苏辙《老子解》：“全德之人，其于万物如母之于子，虽纵之而不去。故无关而能闭，无绳而能约。”

⑤结：捆绑，打结。无绳约而不可解：不用绳索但却解不开。蒋锡昌《校诂》：“《说文》：‘绳，索也’；‘约，缠束也’。是二者皆用以为束之物也。”案老子此处所引之关楗、绳约，皆为礼仪、规范之喻。《庄子·骈拇》对此有更为明确的表述：“且夫待钩绳规矩而正者，是削其性者也；待绳约胶漆而固者，是侵其德者也；屈折礼乐，呴俞仁义，以慰天下之心者，此失其常然也。天下有常然。常然者，曲者不以钩，直者不以绳，圆者不以规，方者不以矩，附离不以胶漆，约束不以纆索。”庄子所言，即承此句之旨。王弼注对以上诸例作了这样的总结：“因物自然，不设不施，故不用关楗、绳约而不可开解也。此五者，皆言不造不施，因物之性，不以形制物也。”

⑥善救人：善于挽救人、成全人，亦即善于使人自成，语承八章“与善仁”和五章“天地不仁，以万物为刍狗；圣人不仁，以百姓为刍狗”之旨而发。无弃人：无人被遗弃，即无人不得其成。此句意谓，倘以“上善”待人，则必能使人自成。人皆自成，则无人为圣人所弃。王弼注：“圣人不立形名以检于物，不造进向以殊弃不肖，辅万物之自然而不为始，故曰‘无弃人’也。不尚贤能，则民不争；不贵难得之货，则民不为盗；不见可欲，则民心不乱。常使民心无欲无惑，则无弃人矣。”苏辙《老子解》：“彼

方执策以计，设关以闭，持绳以结，其力所及者少矣。圣人之于人，非特容之，又善救之。我不弃人，而人安得不归我乎？"吴澄《注》："圣人之救人救物，以不救为救。亦若上文所譬，以不为其事为善也。盖有所救者，必有所弃。假使所救者百千万人，百千万物，然此百千万之外，皆弃而不及救者也。圣人之善于救者不然，一皆无所救。无所救则亦无所弃矣。不见其为救此而弃彼也，故无一人是弃而不救之人，无一物是弃而不救之物。"

⑦袭明：因循空明之道。袭，因袭，沿用；明，澄澈，空明，这里指能知大道的空灵心态。释德清《老子道德经解》："承其本明，因之以通其蔽，故曰'袭明'。'袭'，承也，犹因也。"案"明"为《老子》和《庄子》中的一个非常重要的哲学概念。《老子》十六章："复命曰常，知常曰明。"五十二章："见小曰明。"《庄子·齐物论》："欲是其所非而非其所是，则莫若以明。""为是不用而寓诸庸，此之谓以明。"崔大华《庄子歧解》引藏云山房主人注云："明者，真宰之自然明通也。释家之明心见性者即此明，吾儒之明明德者，亦此明也。"钟泰《庄子发微》："'明者'，脱然于是非之外，而以鉴别夫是非者，《应帝王》篇所云'至人之用心若镜'是也。"老子用"袭明"，与庄子用"以明"义同。蒋锡昌《老子校诂》言"'明'即'常'谊"，显是误解老子"知常曰明"。

⑧善人者：即上文所言之"善救人"者，乃能行上善之圣人。不善人者：犹"不善救人者"，类于《老子》四十一章之"中士"，或如《论语·雍也》之"中人以下"者，其知识境界主要以规矩、绳墨为限，不能达于权变。句谓最善于令人自成的圣人，可以作为不善于令人自成的人的老师。四十九章："圣人常

无心，以百姓心为心。善者，吾善之，不善者，吾亦善之，德善。信者，吾信之，不信者，吾亦信之，德信。"案此句中"善人"之"善"字，有"使之成人""使人完善"的含义，乃承上文"行""言""数""闭""结"诸字的动词用法和哲理意涵，并非世俗所谓"善恶"之"善"。盖老子学说乃混同是非、和合善恶之学，上一句所谓"袭明"之要义亦在此。老子行文，必不至于前后不贯，刚刚言混同善恶，旋即堕入善恶之分的境地。历来注家多于此失察。"不善人"世传本皆同，唯帛书乙本、汉简本作"善人"而脱"不"字。高明《帛书老子校注》以《韩非子·喻老》用文王予费仲玉板之事为据，证明帛书乙本为《老子》本文，当无"不"字。其辩虽力，然其未见韩非此处之"喻老"，已有权谋诈术之意，且明确以文王、太公为善，以纣王、费仲为恶，殊非道家思想所主。故不取其说。

⑨善人之资：上善之人可以资取的东西。资，取资，利用，借鉴。句谓不善于救人之人，也可成为善于救人之人所资取、利用或借鉴的对象。王弼注："'资'，取也。善人以善齐不善、以善弃不善也，故不善人，善人之所取也。"

⑩不贵其师：不将圣人这种善于救人的人尊为老师。贵，视为珍贵，重视；师，指"善救人"者，即圣人。不爱其资：不将不善于救人的人视为值得珍惜的鉴戒。爱，爱惜，珍惜。虽智大迷：即便有知识，也会有大迷惘。智，同"知"，指可言传身教的知识，与行不言之教所养成的能力正相对待。帛书本、想尔注本、傅奕本、景龙碑本等多本作"知"。《老子》一书对单纯的、教条性的知识持否定态度。三章："使知者不敢为、弗为。"八十一章："知者不博，博者不知。"此句为假设条件句。河上公注："虽自以

为智，言此人乃大迷惑。"王弼注："虽有其智，自任其智。不因物，于其道必失。故曰'虽智大迷'。"案本句历来注家多有误读、误解。如"虽智大迷"一句，苏辙读属下句，与"是谓要妙"连读，并释作"圣人之妙，虽智者有所不谕也"。而对本句的注解则说"圣人无心于教，故不爱其资；天下无心于学，故不贵其师。圣人非独吾忘天下，能使天下忘我故也"（《老子解》），显然训义完全不同。奚侗《老子集解》亦言："不矜贵善人之可以为师，不爱利不善人之可以为资，则善不善之迹泯矣。"蒋锡昌《老子校诂》蹑其迹，所作的解释也与之相类："言圣人不贵其师，不爱其资，以圣人所重者，在大道而不在师资也。盖大道之行，则无师资，首句所谓'善行无辙迹'也。"并最终总结道："本章言道贵崇本，不贵救末。崇本，如'善行无辙迹'是也；救末，如'贵其师''爱其资'是也。"这些注家将"虽智大迷"作为一个独立语句来看待，等于认定"知"与"大迷"之间存在一种天然的因果关系，这显然是不能成立的。按照老子的本意，是在强调，如果不能向善于变通的圣人学习，不能向不善于变通的"中人以下"者或"中士""下士"学习，那么，即使有再丰富渊博的知识，在实践中也必然陷入大迷惑之中。这样的道理，不是千古不变的真理吗？这也是老子将"道"与"学"或"知"相统一的一个例证。

⑪要妙：精要玄妙。奚侗《集解》："要妙，谓精要玄妙之道。"

二十八章

【题解】

本章承十六章所彰明的"归根曰静,是谓复命;复命曰常,知常曰明"主旨,并紧随上一章"虽智大迷"之论,再度从矛盾对立统一的立场阐明应该持有的"知"其一端而"守"其对立一端的知识观,冀此以最终拥有"常德不离""常德不忒""常德乃足"的实践能力。因此,本章实际上是在德行的层次上对"道"与"常道"关系的再一次完整论述,并以所得的推论作为圣人治国理政的新的知识基础。

从今人的逻辑和常识上看,毫无疑问,"知"为人类所共求、同逐,人类对知识的态度总是积极的,"知识就是力量"是共识。以这样的共识推论,那么,圣人治国,似也必先有知。然而,老子又明确说:"以智(知)治国,国之贼"(六十五章),"爱民治国,能无知乎"(十章)。这就出现了一个悖论,人类到底应该持有什么样的知识观?这是本章所关涉的一个重要问题,也是《老子》一书在"德"的层面不得不探讨的一个终极命题,因为,《老子》立言的根本出发点,毕竟是君王的治国之学,因此,老子的"道论"其实是为其"德论"服务的。当然,为了使这种服务建立在一个牢靠的知识论基础上,老子的"道论"很自然地成为其道德哲学的核心所在,这使得老子哲学具有其独特而难以超越的认识论高度。

联系首章老子"道可道，非常道"六字箴言所切割的"道"与"常道"两个范畴，并结合十六章"归根曰静，是谓复命；复命曰常，知常曰明"的阐述，可以认为，本章老子所用的"常德"这一概念，就是呼应首章"常道"的，是在常识、公理、共识意义上对"德"予以解释，因此，在日常实践中，此"常德"往往失于支离、偏差，不能完足于周成万物，必然要面临着各种各样的挑战，因为世界本身是流动的，万物本身是变动不居的。只有结合具体的场景条件（此即释家所谓"缘"）而适当地突破"常德"的规范性框架，相应的德行才可以"不离""不忒""乃足"。而要做到这一点，根本还在于在知识观上采取既能"知"又能"守"的态度，这样就可以进入"知常"而"明"的境界，从而在实践上自由地游弋于"德"与"常德"（二者分别对应于"道"与"常道"）之间。能为此者，自然是圣人；若圣人有国，则必为圣王。这就是《老子》一书以"道"与"常道"两个对立范畴以及"德"与"常德"两个对应范畴作为核心论题所构建的宏大知识论体系及其社会功用所在。一言以蔽之，圣人治国，其知识观是"道"与"常道"以及"德"与"常德"的对立统一。

也许，上述道理还是过于抽象了，所以，老子本章的实际叙述方式采用了十分形象的手法。他以具象的雄与雌、白与黑、荣与辱这些彼此对立的现象为例，将已"知"和能"守"统一起来。在老子的逻辑当中，只有达到这种统一，才可以"为天下谿""为天下式""为天下谷"，相应地，才可以进入圆融的道的境界，复归于"婴儿""无极"和"朴"。这样，与"常道""常德"属于同一范畴的知识，就与对应的"道""德"实现了统一。这个过程颇类同于释家所言的"转识成智"的过程，其间的转换机制十分玄妙，确乎难以言表，但从《老子》全书的理论脉络来看，还是可以理解的，因为它们都统一于"无为而无不为"的思想框架当中。比如，林希逸就指出："知雄守雌，不求胜也。知白守黑，不分别也。知荣守辱，无歆艳也。"显然，林氏参悟到了老子所要阐明的离而终归、别而终浑、散而终合的道理，也看到了老子之"知"隶属于"无不为"的范畴，而"守"的目的是力求归于"无知"，"无知"自然属于"无为"的范畴，这样，已"知"而能"守"，便进入了"知不知"（七十一章）的境界，在德的层面也就进入了"不求胜""不分别""无歆艳"的境界。这种境界是庄子于《齐物论》中所言"古之人，其知有所至矣"诸种境界中的"以为未始有物""以为有物而未始有封""以为有封而未始有是非"的境界，是圣人、大君子的知识境界。老子所主张的圣人治国之法，就是这等善于混同是非、和光同尘，能游于"道"与"常道"或"德"与"常德"之间的大法。从"道"的本质意涵上来说，此"大法"也许应该叫做"非法之法"，因为一旦以"法"言，则跌入"常道""常德"层次，与"道"相对，所以也去"道"已远。此等"非法之法"的德行，是为玄德。能行此德，则为制必大，更不会彼此割裂。这便是老子理想的治国方略。国能如此，万民幸甚也哉！

　　知其雄，守其雌，为天下谿[1]；为天下谿，常德不离，复归于婴儿[2]。知其白，守其黑，为天下式；为天下式，常德不忒，复归于无极[3]。知其荣，守其辱，为天下谷；为天下谷，常德乃足，复归于朴[4]。朴散则为器，圣人用之，则为官长⑤。

故大制不割⑥。

【译文】

已知事物为雄性，若还能以洞察雌性的心智相对待，就可成为天下万流归往的溪谷。万流所归，常德就不会支离，于是能恢复到婴儿的纯一无知状态。已知事物为白色，若还能以洞察黑色的心智相对待，就可成为天下万民遵行的法式。万民遵行，常德就没有错失，于是能归宗于无极的广袤无穷状态。已知事物为荣耀，若能以洞察侮辱的心智相对待，就可成为天下万物所向的空谷。万物所向，常德就自然完足，于是能回归到原初的无形无制状态。由原初的状态割制而成为形器，圣人利而用之，于是便有官职之设，首长之任。

总之，至善的制度设计，其内部构成不会相互割裂。

【注释】

①知其雄：已知事物为雄性。知，知识，知晓，为《老子》作为认识论之作所讨论的最重要的概念之一。老子对知识持有谨慎的克制态度，其道论思想建立在对知识的反动的基础上。守其雌：以洞察雌性特征的心智相对待。守，持守，保有，维持，执持。谿（xī）："溪"的异体字，指山间的溪谷。《尔雅·释水》："水注川曰谿，注谿曰谷，注谷曰沟，注沟曰浍，注浍曰渎。"蒋锡昌《校诂》："六十一章：'牝常以静胜牡，以静为下'。牝，雌也；牡，雄也。老子以雌表好静好下之德，以雄表好动好上之德。《说文》：'谿，山渎无所通者，从谷，奚声。'《尔雅·释水》李

注：'水出于山，入于川，曰谿。'盖谿位卑下，常为一切山水所归往；故老子亦用以表圣人卑下之德也。'知其雄，守其雌'，言圣人知雄德之不足取，故守雌德也。'为天下谿'，以譬圣人应为天下之卑下也。"河上公注："雄以谕尊，雌以谕卑。人虽知自尊显，当复守之以卑微，去雄之强梁，就雌之柔和。如是，则天下归之，如水流入深谿也。"王弼注："雄，先之属；雌，后之属也。知为天下之先也，必后也，是以圣人后其身而身先也。"

　　②不离：不至于支离。离，支离，离析，散乱，这里指由于各种分析性的知识（如今日之科学实证性知识）的干扰，而不能对事物形成有整体性、综合性的认知（即"道"的认知方法，如今日西方之现象学知识），也即宋明理学争论中陆象山讥朱熹学说"支离"之"离"。蒋锡昌《校诂》引强本成疏："'常德不离，复归于婴儿'，离，散也。"后世注家多有受河上公影响而释"离"为"离开己身"者，其谬甚大。比之后文"常德不忒""常德乃足"之意，亦可见"不离"非"不离于己""不离于身"之谓，因为"德"既有"不忒""足"，便会有"忒""不足"，而若当"忒德不离于身""不足之德不离于身"，则何谓也？故其训必非是。复归于婴儿：回归于婴儿不受知识所牵制而用志专一的纯真状态。王弼注："谿不求物，而物自归之。婴儿不用智，而合自然之智。"苏辙《老子解》："盖不知而不为，不若知而不为之至也。知其雄，守其雌，知性者也。知性而争心止，则天下之争先者，皆将归之，如水之赴谿，莫有去者。虽然，譬如婴儿，能受而未能用也，故曰'复归于婴儿'。"案此处"常德"即对应首章"常道"的德行，与对应于"道"的德行相对，也是一个专门概念。在一般情况下，常德容易陷入支离的困境。帛书本、汉简本"常"皆作"恒"，

义同，在此以形容词用法作定语。

③式：规范，法式，轨则，即常德的通常功用或状态。忒（tè）：偏差，差错，畸变。无极：无穷，指时空上都没有边际。王弼注："式，模则也。忒，差也。"苏辙《老子解》："知其白，守其黑，见性者也。居暗而视明，天下之明者皆不能以形逃也，故众明则之以为法，虽应万物，而法未尝差，用未尝穷也，故曰'复归于无极'。"易顺鼎等疑本句及下文"知其荣"共二十三字为后人误增，未为可信。高明《帛书老子校注》主张王本无误，论证详备，从其说。

④谷：两山之间的狭长低洼地带。饶尚宽《老子》："有水曰溪，无水曰谷。谷无水则空虚。"足：完足，充足，完满。王弼注："此三者，言常返终，后乃德全其所处也。下章云，反者道之动也。功不可取，常处其母也。"苏辙《老子解》："知其荣，守其辱，复性者也。诸妄已尽，处辱而无恨，旷兮如谷之虚，物来而应之，德足于此，纯性而无杂矣，故曰'复归于朴'。"

⑤朴散则为器：由原初的状态割制而成为形器。用之：因势而对器物加以利用。为官长：设立官职，任命相应的负责官员。为，指圣王设立官职名位等事。王弼注："朴，真也。真散则百行出，殊类生，若器也。圣人因其分散，故为之立官长。以善为师，不善为资，移风易俗，复使归于一也。"蒋锡昌《校诂》："王注：'朴，真也。'真即先天地而生之'道'也。二十九章河上注：'器，物也。'物即万物也。'朴散则为器'，言道散而为万物也。"

⑥大制不割：最大的裁制不是分割，意犹至善的体制设计不会造成条块分割，而是一个有机整体。制，裁制，体制，制度；割，分割，割裂，互不连属。王弼注："大制者，以天下之心为

心，故无割也。"苏辙《老子解》："圣人既归于朴，复散朴而为器，以应万物。譬如人君分政以立官长，亦因其势之自然，虽制而非有所割裂也。"薛蕙《集解》："凡裁物者必分割之，所成弥多而其全弥亏矣。故大制不割，即朴散为器之反也。"

二十九章

【题解】

本章言天下万物，恒变于两极之间，其变化之神奇，以至于任何人不可以己意一律对待。圣人因顺自然而取其中，此即孔子所谓"叩其两端而竭焉"之说，亦合于作为儒学命脉的中庸思想。

文章共分三个层次。首先老子亮明自己对治理天下的基本观点：不可为又不可执。这一观点的确立，建立在万物变化之"神"这一事实基础之上。万物皆流，这不仅是道家学派对世界的基本认知，也是很多哲学认识论的基本看法。所以，君王以一己之见而欲执掌天下并勉强其为，怎能不失败呢？

接下来，老子例举了数种带有两极意味的现象，以说明万事万物变化的极限范围。

最后，文章又回返过来呼应前文的观点，很自然地得出了圣人行于中道、"无过无不及"的修身治世结论。

林希逸以为，"此章结得其文又奇。'甚''奢''泰'只是一意，但如此下语，非唯是其鼓舞之语，亦申言其甚不可之意。其言玄妙，则曰'玄之又玄'，则曰'大'，曰'逝'，曰'远'，皆是一样文法。读者不悟其意，故不见他文字奇处，又多牵强之说"。其说甚有见，值得读者玩味。

将欲取天下而为之，吾见其不得已①。天下神器，不可为也，不可执也；为者败之，执者失之②。故物或行或随，或嘘或吹，或强或羸，或培或堕③。是以圣人去甚，去奢，去泰④。

【译文】

想要靠"有为"而取得天下人心，我看是不会达到目的的。天下人心是一种"神器"，变幻莫测，既不可强为治理，也不可固执把持。强为治理会遭致失败，固执把持会蒙受损失。所以，世间万物，有的行前，有的随后；有的轻嘘，有的劲吹；有的强健，有的羸弱；有的萌长，有的衰落。因此，圣人之行，不过分，不穷奢，不极端。

【注释】

①取天下：君临天下并使百姓悦服。河上公注："欲为天下主也。"吴澄《注》："'取天下'，谓使天下悦而归己也。"为之：以有为的手段治理天下。河上公注："欲以有为治民。"吾见其不得已：我以为他不可能达到目的。奚侗《集解》："'不得'，谓不自得也。《淮南·原道训》：'吾所谓有天下者，非此谓也，自得而已。'又云：'所谓自得者，全其身者也。'"苏辙《老子解》："圣人之有天下，非取之也，万物归之，不得已而受之。其治天下，非为之也，因万物之自然而除其害耳。若欲取而为之，则不可得之矣。"《庄子·在宥》："故君子不得已而临莅天下，莫若无为。无为也而后安其性命之情。故贵以身于为天下，则可以托天下；爱以身于为天下，则可以寄天下。故君子苟能无解其五藏，无擢

其聪明，尸居而龙见，渊默而雷声，神动而天随，从容无为而万物炊累焉，吾又何暇治天下哉！”

②神器：变化无常的器物。蒋锡昌《校诂》："《老子》'器'字，用为万物之代名。"不可为：不可勉强作为。为，人为，勉强其为。不可执：不可固执地加以把持。王弼注："神，无形无方也；器，合成也。无形以合，故谓之神器也。万物以自然为性，故可因而不可为也，可通而不可执也、物有常性，而造为之，故必败也；物有往来，而执之，故必失矣。"司马光《道德真经论》："为之则伤自然，执之则乖变通。"奚侗《集解》："'神器'，无方无体，变化不测，不可以人力为之者。"王弼本原无"不可执也"一句，诸本皆同，此据刘师培、易顺鼎、马叙伦等说补。

③或行或随：有的行前，有的随后。蒋锡昌《校诂》："'物'指人而言，即上文所谓'神器'也。'故物或行或随'，言故天下之人，其性或愿行于前，或愿随于后也。"或嘘或吹：有的轻嘘，有的劲吹。"嘘"王弼本原作"歔"，想尔注本、景龙碑本作"嘘"，高明《帛书老子校注》亦读为"嘘"，据改。他本或作"呴"，义同。或强或羸（léi）：有的强健，有的羸弱。羸，瘦弱，疲困。或培或堕：有的萌长，有的衰落。培，使萌发，使成长；堕，衰落。"或培或堕"王弼本原作"或挫或隳（huī）"，帛书甲乙本、傅奕本、范应元本并作"或培或堕"，据改。河上本作"或载或隳"，义近。王弼注："凡此诸'或'，言物事逆顺反覆，不施为执割也。圣人达自然之至，畅万物之情，故因而不为，顺而不施。除其所以迷，去其所以惑，故心不乱而物性自得之也。"王注所用之"因""顺"二字尤耐玩味，抓住了本句和下句的关键，符合道家思想的根本宗旨。宋徽宗注曰："万物之理，或行或随，

若日月之往来。或嘘或吹，若四时之相代。或强或羸，若五行之王废。或载或隳，若草木之开落。"

④甚、奢、泰：义近，同为过分、过度、极端，均指背离中和之道。强思齐《道德真经玄德纂疏》引严遵云："'甚'，有为也；'奢'，不中和也；'泰'，高大也。故去之也。"林希逸《口义》："'甚''奢''泰'三字，皆过当之名，亦前章'余食赘行'之意。圣人去之者，无心无累，无为无求也。"宋徽宗注云："役于时而制于数，固未免乎累，惟圣人为能不累于物，而独立于万物之上。独往独来，是谓独有。独有之人，是谓至贵。故运神器而有余裕，物态不齐，而吾心常一。圣人睹万物之变迁，知满假之多累，故无益生，无侈性，无泰至，游乎券内而已。若是则岂有为者之败，执者之失乎？故曰繁文饰貌无益于治。"

三十章

【题解】

本章主旨在于劝诫君王"不以兵强天下",主张偃兵息民,反对不义之战。

文中"物壮则老,是谓不道。不道早已"之"物壮则老"一句,当代注家皆译作"事物达到盛壮就会走向衰亡",有的勉强以增字途径将"物壮"解为"过于强大",以求通其文意,但最终仍然悖于常理,因为事物强大并不注定走向衰亡。其实,细审《老子》文本,其原意并非如注家所释。老子的"物壮则老"是一个假言判断,其中的"则"字表示转折之意,而非因果顺承之意,当译作"反倒"而不可译作"就",故原句本意是"如果事物本来强壮反倒迅速走向衰亡",那么,这种现象一定是不合于道的,所以叫做"不道"。因为,正常或"合于道"的情况应该是,事物依循自然发育、自然衰亡的规律,会保持一个相对较长时间的强壮期。这个时期的长短,取决于事物是否刻意用强,凡属刻意用强者,便违背自然之道,其早亡则是必然的。相反,不管事物如何强大,只要它能持守一种谦退的精神,甘居卑下之地,则必能如收纳百川的大海一样,成为"百谷王",从而也就不存在"物壮则老"的情况。将三句话连作一处予以理解,上述文意自然浮现。所以,以为《老子》原文所表达的思想是片面的,其实是今人未能领会老子文字的本义所致的误解。

本章思想与三十一章、六十六章、六十八章、七十六章和七十八章等章相互呼应，可以对读。

以道佐人主者，不以兵强天下，其事好还①。师之所处，荆棘生焉；大军之后，必有凶年②。善者果而已，不以取强③。果而勿矜，果而勿伐，果而勿骄，果而不得已，果而勿强④。

物壮则老，是谓不道。不道早已⑤。

【译文】

依凭"道"来辅佐君王，不依靠武力称霸天下，这样，相关之事都容易复本还初。军队所到之处，定会荆棘横生；大战之后，必然出现荒年。即使凯旋而归，也不过就是一个结果，所以，不要用武力来逞强。结果不错，也不要自满；结果不错，也不要自夸；结果不错，也不要自骄；结果不错，也是出于不得已；结果不错，就不要再逞强。

事物正值强壮反倒随即走向衰亡，这叫做"不道"，即背离天道。背离天道，自然会提早衰亡。

【注释】

①以道佐人主：依凭"道"来辅佐君王。其事：指想要以武力解决的事情。好还：容易返还至事物应有的状态。句谓因不取极端，不以兵强天下，方得行中道，诸事才可能通过斡旋等手段进行协商解决。还，归，返回，回还。《经典释文》："'还'，音

旋。"范应元《集注》："经史'旋''还'通。"王弼注："以道佐
人主,尚不可以兵强天下,况人主躬于道者乎!为始者务欲立功
生事,而有道者务欲还反无为,故云'其事好还'也。"后世注家
误解老子本意和王弼注文,读本句属下句,并释"好还"为恶有
恶报之意,文意扞格,于理不通,失甚。

②师:军旅,军队。凶年:荒年。王弼注："言师,凶害之物
也。无有所济,必有所伤,贼害人民,残荒田亩,故曰'荆棘生
焉'。"林希逸《口义》："用师之地,农不得耕,则荆棘生矣。用
兵之后,伤天地之和气,则必有凶年之灾。此意但言好战求胜,
非国之福。"

③善者:指最好的结果,如凯旋而归。善,至善,义承八章
"上善若水"之意。果:成果,指战胜。司马光曰："果,犹成也。
大抵禁暴除乱,不过事济功成则止。"《王安石辑本》："'果'者,
胜之辞。"不以取强:不用兵力来逞强。王弼注："果,犹济也。
言善用师者,趣以济难而已矣,不以兵力强取于天下也。""善者"
王弼本作"善有",他本多作"善者",帛书本、汉简本、想尔注
本、傅奕本并同作"善者",据改;"不以取强"王弼本原作"不
敢以取强",河上本同,郭店本、汉简本、想尔注本"不敢"作
"不",帛书本作"勿"。考王弼注言"不以兵力取强于天下也",
似其本原亦作"不"而无"敢"字,据删。

④果而勿矜:有成果但不自满。王弼注："言用兵虽趣功果
济难,然时故不得已当复用者,但当以除暴乱,遂不用国以为强
也。"案"不得已而为"是老子"无为而无不为"思想的一个重要
内容,后被庄子予以发扬。《老子》三十一章："兵者,不祥之器,
非君子之器,不得已而用之,恬恢为上。"《庄子·人间世》："无

门无毒，一宅而寓于不得已，则几矣。""且夫乘物以游心，托不得已以养中，至矣。"《大宗师》："以知为时者，不得已于事也。"《在宥》："故君子不得已而临莅天下，莫若无为。"《刻意》："圣人之生也天行，其死也物化；静而与阴同德，动而与阳同波；不为福先，不为祸始；感而后应，迫而后动，不得已而后起。"《庚桑楚》："动以不得已之谓德，动无非我之谓治，名相反而实相顺也。"

⑤物壮则老：事物正值强壮便旋即走向衰亡。壮，强盛，雄壮；则，然而，反倒，表示转折。不道：不合乎道。早已：提早消亡。案"物壮则老"以往注家多误以为是必然规律，以"早已"为物壮的必然结果，盖因其皆训"则"为"因而"义，训"物壮"为"以兵强天下"，非是。如王弼注云："壮，武力暴兴，喻以兵强于天下者也。飘风不终朝，骤雨不终日，故暴兴必不道，早已也。"其实，"物壮则老"作为一个假言判断，反映的是一种违背自然规律的现象，因此可称之为"不道"。既然属于"不道"，则"早已"才成为必然。河上公注云："不行道者，早死之也。"显然河上公以为"早已"即"提早死亡"。此恰能反证"物壮则老"之"老"是提前衰老而非正常衰老。只有"提前衰老"才可谓"不道"。老子此处所谓"物壮则老"，可比之于《易经·上经·乾》之"亢龙有悔"："上九曰'亢龙有悔，'何谓也？子曰：'贵而无位，高而无民，贤人在下位而无辅，是以动而有悔也。'""'亢'之为言也，知进而不知退，知存而不知亡，知得而不知丧。其唯圣人乎！知进退存亡而不失其正者，其唯圣人乎！"《易经》释"亢"所表达的有"知"而不能"守"思想，与《老子》思想是一致的。

三十一章

【题解】

本章承上章"不以兵强天下"的思想,统言兵事之不可尚,唯不得已方可用之,是为本章之旨。

老子所谓"不得已",是道家"无为而无不为"思想体系中的一个重要的行为原则,道家之"无不为",均由这"不得已"三字予以约束,中国古代兵家所主的"后发制人"的军事思想,当亦导源于道家的这个"不得已"。二十九章言"将欲取天下而为之,吾见其不得已",以及《庄子》中反复出现的"不得已"之德,都反映了老子"始于无形,动于不得已"(《文子·符言》)的思想,它是道家典型的"应"或"因应""善应"思想的另一种表述形式。

老子在本章鲜明地表达了自己对于兵事的态度,直言"兵者,不祥之器",称那些美化战争的人是"乐杀人",主张对交战双方的死亡将士都应"以悲哀泣之",甚至即使在战胜之际,也还要"以丧礼处之"。老子以这样一种态度谈论兵事,反映了他强烈的反战思想和人道情怀。

夫兵者,不祥之器,物或恶之,故有道者不处^①。
君子居则贵左,用兵则贵右^②。兵者,不祥之器,非君子之器，不得已而用之，恬淡为上。③胜而不美，而美之者，是乐杀人。夫乐杀人者，则不可得志于天下矣④。吉事尚左，凶事尚右；偏将军居左，上将军居右，言以丧礼处之⑤。杀人之众，以悲哀泣之；战胜，以丧礼处之⑥。

【译文】

军事武装是不祥之物，人们往往会厌恶它，所以，有道的人不会以此立身。

君子平时以左为上位，战时以右为上位。军事武装是不祥之物，不是君子所器重的东西，如果万不得已要用到它，最好是适可而止。即便胜利了，也不要以为是好事；如果以为是好事，就是以杀人为乐。以杀人为乐的人，不会得到天下人的拥戴。通常，吉利的事以左为上，凶丧的事以右为上。但在军旅当中，偏将军却居于左侧，上将军居于右侧，这说的是将战事作为丧事来对待。杀人众多，要以悲哀之心对待死者；战场胜利，要用丧礼来举办仪式。

【注释】

①兵：军队，武器，此处尤指前者，统指兵事。物：这里指普通人。《老子》中之"物"，通常包含现代语言中的"人""事""物"三义，以"事"为主，以"人"为多。不处：不以此立身。苏辙《老子解》："以之济难，而不以为常，是谓不处。"本句"夫兵者"王弼本原作"夫佳兵者"，郭店本作"古曰兵者"，帛书本无"佳"字，据帛书本删。

②居：安居，闲居，这里指与战时相对的平时。贵左：以左

为上位。陈景元《纂微》："天地之间，左阳而右阴，阳主德生、主柔弱，阴主刑杀、主刚强。故君子平居则以有德者居左，戎事则以有勇者居右。"

③恬淡为上：以适可而止为最好。恬淡，安静闲适，淡泊寡欲。《韩非子·解老》："恬淡有趋舍之义，平安知祸福之计。"吴澄《注》："'恬'者，不欢愉；'淡'者，不浓厚。谓非其心之所喜好也。"

④美：嘉美，赞美，以为是好事。林希逸《口义》："'不美'者，言用兵不是好事也。若以用兵为喜，则是以杀人为乐，岂能得志于天下？孟子曰：'不嗜杀人者能一之。'亦其意也。"郭店本、帛书本、汉简本此句行文略异，但与王弼本相比，经义无别。

⑤尚左：以左为重。尚，尊崇，崇尚。奚侗《集解》："'凶事尚右'，上将军专杀，故亦居右。"陈景元《纂微》："左为阳主生，故居常则尚左，吉也。右为阴主死，故丧礼则尚右，凶也。《礼记·檀弓》曰：'夫子与门人立，拱而尚右，二三子亦尚右。夫子曰：二三子之嗜学也。我则有姊之丧故也，二三子复当尚左。'夫上将军专杀则处右，偏将军不专杀故处左，言用兵之道，同于丧礼。今上将军居右者，是以丧礼处置之也。"

⑥以悲哀泣（lì）之：以悲哀之心对待杀人之事。泣，同"莅"，临视，看待，对待。薛蕙《集解》："礼，吉事以左为尚，丧事以右为尚。军礼，偏将军处左，上将军处右，是迺以丧礼处之，故以右为尚也。古有制军礼者如此，寓戒之义深矣。"此四句奚侗以为"必非老子本文，即系古注羼入，亦极鄙浅，当删去。古以丧礼处兵事，不必战胜也"，其说未必为是。

三十二章

【题解】

本章探讨的主题有两个，一是阐明"道"作为最重要的"名"，侯王若能守之以取天下，则天下莫不宾服。在这里，老子所讲的侯王之守名，当与名家"循名责实"义有渊源。二是立足于"名"的视角，重申"道""朴"的意涵，阐明"守道"的意义及其自然法理，将圣道与天道相贯通，从而建立了圣人循道而为天下的自然哲学观点。

在讨论"名"的问题时，本章确立了一个重要的思想，即"知止"。此观念为先秦诸家各派所共有，并得到充分的讨论，其中犹以道家为先导，儒、墨、名三家为响应，而名家更是在"名实关系"的框架中对此进行深度发掘，自成其大观。公孙龙之"白马非马"论，本质上也是一种"知止"思想（可参阅拙著《名家四子引归》）。由此又可见司马谈对道家学说的评价之真确："道家使人精神专一，动合无形，赡足万物。其为术也，因阴阳之大顺，采儒墨之善，撮名法之要，与时迁移，应物变化，立俗施事，无所不宜，指约而易操，事少而功多。"

从叙述层次上看，上述主题是交叉陈述的，因此行文极其活泼，恰如波澜之一起一伏，这也是《老子》一书一贯的风格。

道常无名，朴，虽小，天下莫能臣也[①]。侯王若能守之，万物将自宾[②]。天地相合，以降甘露，民莫之令而自均[③]。

始制有名，名亦既有，夫亦将知止，知止所以不殆[④]。譬道之在天下，犹川谷之与江海[⑤]。

【译文】

"道"原本是没有名称的。它是某种可称为"朴"的原初性的东西，虽然极为微隐，但天下万物没有哪一种可以让它臣服。侯王如果能够持守此"道"，则万民自然就会宾服。天地阴阳之气交合，就会降下甘露，而人民不需要谁来命令他们，就自然都求雨露均沾。

从最初给事物赋予一个名称，到这个名称得以通用，"知止"就成了把握该名称所喻的内涵与外延的关键。只有"知止"才能做到有为而无害。"道"与天下万物的关系就像江海与百川万流的关系一样。

【注释】

①道常无名："道"通常是没有名称的。常，常常，总是。郭店本、帛书本、汉简本均作"恒"，义同。朴：事物的原初状态，这里以喻"道之始"及"道之本"。臣：使之臣服。《庄子·马蹄》："夫至德之世，同与禽兽居，族与万物并，恶乎知君子小人哉！同乎无知，其德不离；同乎无欲，是谓素朴；素朴而民性得矣。"王弼注："道，无形不系，常不可名，以无名为常，故曰'道常无名'也。朴之为物，以无为心也，亦无名，故将得道莫若守朴。夫智者可以能臣也，勇者可以武使也，巧者可以事役

也，力者可以重任也。朴之为物，愦然不偏，近于无有，故曰'莫能臣也'。"《王安石辑本》："道常无名矣，名者强名之也；朴者，道之本而未散者也；小者，至微而不可见者也。朴未散则虽小可以为物之君，朴散则为器，器则虽圣人足以为官长而已。故曰'朴虽小天下莫能臣'。"苏辙《老子解》："朴，性也。道常无名，则性亦不可名矣。故其为物，舒之无所不在，而敛之不盈毫末。此所以虽小而不可臣也。"

②自宾：自然归附。宾，臣服，归附，归顺。王弼注："抱朴无为，不以物累其真，不以欲害其神，则物自宾而道自得也。"苏辙《老子解》："故匹夫之贱，守之则尘垢秕糠足以陶铸尧舜；而侯王之尊不能守，则万物不宾矣。"

③民莫之令：人民没有受到谁的指令。自均：义承"自宾"，谓自然而均等地得到。均，均分，均遍，均沾。苏辙《老子解》："冲气升降，相合为一而降甘露，吻被万物，无不均遍。圣人体至道以应诸有，亦如露之无不及者。此所以能宾万物也。"案天地相合而降甘露，体现了"道"的运行；万民雨露均沾而非由外力所致，体现了道的效用。老子以此为例，喻"道法自然"。

④始制有名：最初给一个事物赋予名称。此类事物既包括不可名的形而上之"道""朴"，也包括通常可名的形而下之"器"。蒋锡昌《校诂》："'始'即万物之始。"知止：知道行为之所当止于何处。由于人的行为乃由其知识所主导，因此，以知识形态存在的术语、概念、命题、定理或理论，就将决定人的行为止于何处。显然，这是人类社会最重要的知识论命题。王弼注："始制，谓朴散始为官长之时也。始制官长，不可不立名分以定尊卑，故始制有名也。过此以往，将争锥刀之末，故曰'名亦既有，夫亦

将知止’也。遂任名以号物，则失治之母也，故‘知止所以不殆’
也。”王弼之论以“官长”立之，仅为举例而已，盖老子当时，
道、儒、名家并起，大家都关注“循名责实”的君王之道，所以，
对君王而言，确立百官之职，定其名分，便是最重要的“器”，
是以王弼以“官长”说解老子之意。苏辙《老子解》：“圣人散朴
为器，因器制名，岂其徇名而忘朴，逐末而丧本哉？盖亦知复于
性，是以乘万物而不殆也。”案无论是“道”还是“朴”，都是强
为之名的语言称谓，是以文字形式尝试界定其内涵和外延，由此
形成了某种“知识”。然而“道”变动不居，“朴”玄奥不见，用
概念根本无法框定“道”“朴”的本质，这样，相对于所要表达的
对象而言，名谓上的“道”和“朴”便都成为教条的概念。以此
应事，必须明了这种局限，即了解概念的内涵所指和外延所限，
能根据实际情况权宜而行。此即为“知止”。知止，乃先秦诸子
思想中极为重要的概念和理念，而它所针对的恰是知识论中主要
探讨的理论与实践的关系问题。四十四章：“故知足不辱，知止不
殆，可以长久。”《庄子·庚桑楚》：“知止乎其所不能知，至矣；
若有不即是者，天钧败之。”《礼记·大学》：“知止而后有定，定
而后能静，静而后能安，安而后能虑，虑而后能得。”“《诗》云：
‘邦畿千里，维民所止。’《诗》云：‘缗蛮黄鸟，止于丘隅。’子
曰：‘于止，知其所止，可以人而不如鸟乎？’”“所”王弼本原作
“可”，郭店本、帛书本、汉简本并作“所”，他本亦多有作“所”
者，据改。

⑤“譬道”句：“道”与天下万物的关系就像江海与百川万流
的关系一样。王弼注：“川谷之求江与海，非江海召之，不召不
求而自归者。世行道于天下者，不令而自均，不求而自得，故曰

'犹川谷之与江海'也。"苏辙《老子解》:"江海,水之钟也;川谷,水之分也。道,万物之宗也;万物,道之末也。皆水也,故川谷归其所钟;皆道也,故万物宾其所宗。"蒋锡昌《校诂》:"此句倒文,正文当作'道之在天下,譬犹江海之与川谷'。盖此文以江海譬道,以川谷譬天下万物。""与"王弼本原作"于",郭店本、帛书本、汉简本并作"与",他本亦多有作"与"者,且王注亦作"与",据改。

三十三章

【题解】

本章承上一章所言侯王当以守道为尚的思想，进一步明确圣人守道的几个要点，其中涉及知识观、财富观、生死观等方方面面。尽管本章所列举的条目并非对立选项，但老子于其中还是有所倾向趣取的。比如，就"知"而言，老子对"知人"的态度，远不如"自知"为积极，这也是道家思想在知识论上的根本立场：道家主张混同是非、对错，其知识基础自然要反对"小知"之"察察"，反对强作区别。就生死观来说，道家有"至人"一说，明确提出"至人无己"的主张，而其守道之则，就是庄子所描述的情状："至人神矣！大泽焚而不能热，河汉冱而不能寒，疾雷破山、飘风振海而不能惊。若然者，乘云气，骑日月，而游乎四海之外。死生无变于己，而况利害之端乎！"此正是老子所谓"不失其所者久，死而不亡者寿"之意。古今中外，多少仁人志士，赴汤蹈火，万死不辞，而其精神，却能千秋永存。

知人者智，自知者明①；胜人者有力，自胜者强②。知足者富，强行者有志③；不失其所者久，死而不亡者寿④。

【译文】

了解他人的人可谓有知识，了解自己的人可谓能明达。能战胜他人的人可谓有力量，能战胜自己的人可谓能坚强。知道满足的人可谓富有，奋力前行的人可谓有志。不失根本的人可谓长久，身死道存的人可谓长寿。

【注释】

①知人者智：能了解他人的人可谓有知。知，了解，知晓，指对事物能做区别；智，同"知"，多用作动词，表示"有知""能知"。河上公注："能知人好恶，是为智。人能自知贤不肖，是为反听无声，内视无形，故为明。"王弼注："知人者，智而已矣，未若自知者，超智之上也。"苏辙《老子解》："分别为智，蔽尽为明。分别之心未除，故止于知人而不能自知。蔽尽则无分别，故能自知而后可以及人也。"彭耜《集注》引曹道冲曰："智以达外，但能知人；明以照内，自灵于身。"案先秦时"知"与"智"通，经常互换使用。上引诸注，"智"亦多取"知"义。《老子》本文如此，不同版本的《老子》亦如此。"知人者智"帛书本即作"知人者知也"，汉简本则作"智人者智"。秦汉之后，多用"智"指超越于"知"的"智慧"，但此解在《老子》中多不成立。故王弼本之"知""智"并用，或为后人误改，原文当如简帛本。

②自胜：战胜自己。王弼注："胜人者，有力而已矣，未若自胜者，无物以损其力。用其智于人，未若用其智于己也；用其力于人，未若用其力于己也。明用于己，则物不避焉；力用于己，则物无改焉。"苏辙《老子解》："力能及人而不能及我，能克己复性，则非力之所及，故可谓之强也。"

③强行：勉力前行。陈景元《纂微》："'强行'者，谓勤而行之也。"陈鼓应引严灵峰疑"强"为"勤"字之误，其说可以参考。盖老子主"无为而无不为"之说，是反对"勉强其为"的。不过，本句"有志"或亦并非全为道家所主，因其亦有"有执"之意，如此则"强行者有执"，也可理解为并非为老子所推崇，或亦可通。但终以"强"训"勤"为上。王弼注："知足自不失，故富也。勤能行之，其志必获，故曰'强行者有志'矣。"苏辙《老子解》："知足者所遇而足，则未尝不富矣。虽有天下，而常挟不足之心以处之，则是终身不能富也。不与物争而自强不息，物莫能夺其志也。"蒋锡昌《校诂》："二十二章：'少则得，多则惑。'四十四章：'是故甚爱必大费，多藏必厚亡；知足不辱，知止不殆，可以长久。'是'富'乃不辱不殆之意。四十一章：'上士闻道，勤而行之。'是'有志'乃勤勉行道之意。'知足者富，强行者有志'，言知足不辱，是富也；勤勉行道，是有志也。'富'与'有志'，皆谓圣人。"

④死而不亡：身死而其道存犹。王弼注："以明自察，量力而行，不失其所，必获久长矣。虽死而以为生之，道不亡乃得全其寿。身没而道犹存，况身存而道不卒乎？"苏辙《老子解》："物变无穷而心未尝失，则久矣。死生之变亦大矣，而其性湛然不亡，此古之至人，能不生不死者也。"彭耜《集注》引叶梦得曰："'所'者，人之所安也。人之所安，莫大于道。《易》曰：'艮其正，止其所也。'所，犹有在道，变通不穷，则无所不在。随所在而安之，孰不可以为久者？所谓道乃久也。"

三十四章

【题解】

本章基于圣人立场，言大道之性、之功、之德、之名。

大道之性，可左可右，可上可下，可大可小，以其流动性，故不可名。大道之功，万物以之而生，万物以之而养，万物以之而归，万物以之而成，以其为而不言，故亦无名。大道之德，生而不恃其能，成而不有其名，养而不为主宰，以其谦下之德，故自不名。倘欲勉强名之，则大道之名，以其不刻意于有功、为主，虚无为怀，则可名之为"小"；以其涵容万物，生之蓄之，则可名之为"大"。名"大"名"小"，但为名而已，无关乎其实质。名之为"小"，可以观其妙；名之为"大"，可以观其徼。圣人所以能成就大功业，其根本在于不刻意而求。及至刻意于"有为"，则其功业乃必败之、失之。此为本章之旨，既承前面数章之意，而其为言又别有大义存焉。释德清论本章之旨，以为"此言道大无方，圣人心与道合，故功大无外，以实前'侯王能守'之效也"，亦得矣。

本章之"常无欲"，乃就前文之"生而不辞""功成而不名有""衣养万物而不为主"而言。圣人能成事而不居功，能生物而不辞、不为主，是乃"无欲"；常能如此，即以"不欲"为常态，如此，则心已达于"至虚"，从而入于万有皆"无"之境。道之

"至大无外，至小无内"的特性，老子于此章一并言及，只是根据所阐述的内容更换了语言表述形式而已。

老子此处所说之"常无欲"，亦可借《韩非子·解老》之言谕之："所以贵无为无思为虚者，谓其意无所制也。夫无术者，故以无为无思为虚也。夫故以无为无思为虚者，其意常不忘虚，是制于为虚也。虚者，谓其意无所制也。今制于为虚，是不虚也。虚者之无为也，不以无为为有常。不以无为为有常，则虚；虚，则德盛；德盛之为上德。""常无欲"，以其"不刻意为虚"从而成为"上德"，这是道可以名为"小"的根据。历来注家于此多辩，然或多有未及其义者。更有以此"常无欲"为据而读首章为"常无欲""常有欲"者，当属误读，盖两处文意自不同，不足以互为判据。

　　大道氾兮，其可左右①。万物恃之而生而不辞，功成而不名有，衣养万物而不为主②。常无欲，可名于小③；万物归焉而不为主，可名为大④。以其终不自为大，故能成其大⑤。

【译文】

　　大道，浮泛无际，可左可右，可上可下。万物赖之以生，而道不自矜自夸；事功赖之以成，而道不自倨功名；万物赖之以养，而道不自作主宰。由于总能无思、无虑、无欲，所以，可以用"小"称呼道；由于总能涵容万物而不作主宰，所以，可以用"大"称呼道。又由于它终归不会刻意自求其"大"，所以能自成其大。

【注释】

①氾兮：形容泛滥无边的样子。氾，为"泛"的异体字，有本作"汎"，漂浮貌，亦通。其可左右：指道的变幻不居，周遍而无不至。王弼注："言道氾滥无所不适，可左右上下周旋而用，则无所不至也。"薛蕙《集解》："'汎'者，周流无滞之意；'可左可右'者，言其无所不可。举左右以例其余也。"

②恃之而生：依靠道而得以生存。不辞：不作矜夸之辞。此"辞"乃拟道之所言。蒋锡昌《校诂》："《周易·系辞·释文》：'辞，说也。''万物恃之而生而不辞'，言万物赖道而生，而道未尝为说也。《论语》：'天何言哉？四时行焉，百物生焉。'正与此谊合。"或有释"不辞"为"不避"，则万物之成，乃有求于道矣，此失之自然，非道所为，故其解实有不伦。不名有：不倨有功名。衣养：护养。衣，以衣覆盖，义犹"庇护"；养，养育、蓄养。有本"衣养"作"衣被"或"爱养"，义皆相近。不为主：不自作主宰。王弼注："万物皆由道而生，既生而不知其所由。""功成而不名有"，王弼本原无"而"字，据帛书甲乙本、汉简本补。

③常无欲：心里总能无所欲求。意谓在行动上总能无所刻意，不对任何东西存有执念，包括不执于循道而为的念头。可名于小：可以名之为"小"。于，同"为"。此承前句"万物恃之而生而不辞，功成而不名有，衣养万物而不为主"而来。以其能生、有功、能主而不辞、不有、不宰，可知其"无欲"；能"无欲"则无思无虑，心怀湛然，空虚若谷，于是成其幽深玄妙之能，此即通于十四章所言之"微"，十五、三十二等章之"朴"，所以可名之为"小"。吕惠卿《传》："凡物之大者则不可名于小，小则不可名于大。是道也，以其可以左右也，故万物恃之以生而不辞，功成不

居；衣被万物而不为主。夫惟不居，不为主，故常无欲。常无欲，则妙之至者也，故可名于小。"

④"万物"句：二十五章以"可以为天地母"而"强为之名曰大"，与本句义合。本句"不为主"有本或作"不知主"，大意无别。吕惠卿《传》："万物归焉而不知主，则容之至者也，故可名于大。虽然，既大矣，而可名于小，则非大也；既小矣，而可名于大，则非小也。非大非小，此道之所以隐于无名也。"

⑤不自为大：不刻意自求其"大"。成玄英疏云："明体道。圣人忘我存物，静退谦恭，终不为大。只为先物后己，忘于功大，故为众圣之长，独居三界之尊，而成其大。"苏辙《老子解》："大而有为大之心，则小矣。"苏辙所谓"有为大之心"，指的就是刻意。吕惠卿《传》："然则道之所以为大也，果不在大也。圣人，体道者也，则其所以能成其大者，其自大也哉！"

三十五章

【题解】

本章承上一章言"道"之余绪，而申言道"象"之大及其恍惚之态。

按照《周易·系辞上》所言之"君子居则观其象而玩其辞，动则观其变而玩其占"可知，古人已经鲜明地将"象"与"辞"衔接，以"辞"作为"象"的描述；将"象"与"变"相对，以此建立有关世界之"常"、之"变"的两套知识系统。《易》所言之"变"之"占"，实为老子"道"论的自然依据；而《易》所言之"象"之"辞"，乃是世俗常识、定理（一般以"辞"来表达，即《老子》首章所谓"非常道"之"常道"；本章言"道之出口"，其意即所言说出来的东西就是对"道"的一种语言界定，也即一种"辞"）的现象基础。因此，本章所言之"大象"并不等同于"道"，而是"道"的表象。作这一区别的重要性十分明显，因为"象"与"大象"概念的提出，是老子将"道"的思想进一步推向可观察与不可观察、可测量与不可测量这一知识论阶层的显著标志。其中可观察、可测量的"象"，是"常道"建立的基础，《老子》中虽鲜有涉及，但老子也并非完全没有顾及，而这个"象"又恰是现代实证科学研究的基本对象；至于其中不可观察、不可测量的"大象"，便是与老子之"道"相对应的概念，可谓"一体一象"，有体必有象，二者合而为一。"大象"之显为"几"，而"象"之显为"定"，这是当今科学哲学在面对确定性和不确定性时必然涉及的知识课题在《老子》中的反映。从这一点看，只要将老子学说纳入知识论、认识论范畴而摆脱宇宙论的挟制，就可见出老子哲学的高度，已远远超越于今日的科学哲学。而从伦理学或实践论角度出发来理解老子"执大象，天下往"，则足以让今天的我们摆脱任何教条和"主义"的钳制，实事求是地设施家国制度，使之能适应各种具体情境，成为下章所言的"国之利器"。

执大象，天下往①。往而不害，安平太②。乐与饵，过客止；道之出口，淡乎其无味③。视之不足见，听之不足闻，用之不足既④。

【译文】

治国以无象之象为象，天下万民则自然归往。归往而无所伤害，国家自然就会安泰。音乐和美食，能让路人止步；而讲道的言语一出，寡淡之味却无人关注。视之而不见形，闻之而不得声，用之却不能穷。

【注释】

①执大象：秉持无象之象。此就圣人言。大象，指"道"之表象，犹"无象之象"。四十一章："大音希声，大象无形。"或谓"大象"即"大道"，以"象"为"道"，显然义有不洽。象，形象，现象，事物之表象，亦有"定象"之意，乃常识之依据，常

人日常所能执者，但"象"而已。《老子》书中不言"执道"而言"守道"，义有"道不可执"之意。注家或言"执道"，乃于其本意未能详审耳。《周易·系辞上》："君子居则观其象而玩其辞，动则观其变而玩其占。"是"象"与"辞"呼应，而与"变"相对。老子所谓"大象"，乃极言"象"之变动不居者，以此呼应于"道"，故"大象"乃"道"之象也。往：前往，去。或释作归往，归附，亦通。王弼注："大象，天象之母也。不寒，不温，不凉，故能包统万物，无所犯伤。主若执之，则天下往也。"林希逸《口义》："'大象'者，无象之象也。'天下往'者，执道而往行之天下也。"魏源《老子本义》："'执大象天下往'者，如文中子'如有用我，执此以往'之意。盖圣人有大象，东西南北，无不可执此以往。所谓'抱一以为天下式'也。"

②往而不害：谓以道化民，自无害于民。安：乃，于是。王引之《经传释词》："安，犹于是也，乃也，则也。"平：均平，即三十二章"民莫之令而自均"之意。太：太平，极为安定。有本或作"泰"，义同。吕惠卿《传》："失道而天下往，则去之而已，则其往也不能无害。执道而天下往，则虽相忘于道术，而未尝相离也，故'往而不害，安平泰'。"

③乐与饵：音乐与美食。饵，糕饼，这里泛指美食。止：使止步。出口：此指以言语表达。王弼注："言道之深大。人闻道之言，乃更不如乐与饵，应时感悦人心也。乐与饵则能令过客止，而道之出言淡然五味。"《王安石辑本》："夫五味之于口，五音之于耳，世皆沉溺而不知反者，以其悦之于口耳之间也。惟道之于口，则非味而常淡然耳。"陈景元《纂微》："此举喻也。夫音乐之和，人必为之少留；馔饵之美，客必为之暂止。乐之佚也，耳满

而过焉；饵之饫也，舌味而爽焉。……夫乐佚饵饫，则过爽随焉；大法一弊，则畏侮彰焉。若夫道之出口，淡然无味，所谓信言不美也。"

④不足既：不可穷尽。这里指"执大象而用之"。既，尽。王弼注："视之不足见，则不足以悦其目；听之不足闻，则不足以娱其耳。若无所中然，乃用之不可穷极也。"吴澄《注》："既，尽也。言外物之可利者皆不能久，惟道之利人，以不利为利，故能久也。"吴澄所言之"以不利为利"，即"不以刻意利之以为利"之意。凡刻意之为，皆不合于道。

三十六章

【题解】

本章再度申言相互矛盾的事物在其发展变化过程中所依循的对立统一规律。

凡事物之歙张、强弱、废兴、与夺，作为相互矛盾的双方，实际上都是互为条件、互为前提的。开首八句，老子在叙述语气上似乎仅言其一，而略其二，但其完整的观点却是基于辩证法的立场。虽然老子在此似作对策之论，而其所据，实为万物运作的自然规律。万物之运动，莫不以此为表现：事物将要闭合，必定先要张开；事物将要衰弱，必定先已强壮；事物将要废止，必定曾经兴发；事物将要获取，必定要有给予。以上对立的双方，失去任何一方，另一方都不能成立。通过这种对比，老子确立了"物极必反"的自然观。从这一点上看，老子此章所论，并没有脱离自然大道的基本宗旨。后世或有人视此章为"权谋"甚至"阴谋"之术（如吴澄《道德真经注》言："孙吴申韩之徒，用其权术，陷人于死而人不知。论者以为皆原于老氏之意，固其立言之不能无弊。"），实在是误解了老子立言的初衷。如果联系三十章"物壮则老"、四十章"弱者道之用"、四十三章"天下之至柔，驰骋天下之至坚"、五十二章"守柔曰强"及七十六章"强大处下，柔弱处上"诸论，则不难看出，老子本章所列的各项主张，实际就是其一以贯之的"柔弱胜刚强"思想或"守柔"观的另类表述。言其另类，要点在于老子所列举的四对矛盾，无非其极端者，而现实的应对策略，老子何曾有过取其极端的开示？道家之家法，必在游于两极之间耳，恰如孔子所言之"叩其两端而竭焉"者。因此，理解上述各项，不应忘记老子曾说"大道氾兮，其可左右"，也不应忘记"圣人去甚，去奢，去泰"这样的明确主张。尽管老子此章所言足以启发世人用智于权谋，但这也不过是因为事物之运行本身固已蕴含权谋之用的机理而已。此正如苏辙所言："圣人之于世俗，其迹固有相似者也。圣人乘理，而世俗用智。乘理如医药巧于应病，用智如商贾巧于射利。"

　　本章中老子提到了一个重要的术语"微明"，但却没有给予概念性的界定。理解其含义需要仔细体会老子所列举的四对矛盾现象的本质特征。范应元在《老子道德经古本集注》中云："张之、强之、兴之、与之之时，已有翕之、弱之、废之、取之之几伏在其中。几虽幽微，而事已显明也。故曰'微明'。"由此可见，"微明"指的就是事物发展变化过程中所蕴藏其中而又若隐若现的微妙玄机。能把握此玄机，是成其事的关键所在。

　　将欲歙之，必固张之[①]；将欲弱之，必固强之；将欲废之，必固兴之；将欲夺之，必固与之。是谓微明[②]。
　　柔弱胜刚强。鱼不可脱于渊，国之利器不可以示人[③]。

【译文】

　　将要闭合，必已开张；将要衰弱，必已强壮；将要废止，必已兴发；将要夺取，必已施与。此间玄机，叫做"微明"。

柔弱能战胜刚强。鱼不可脱离深渊，利国之大器，既无法明示于人民，也不能脱离于人民。

【注释】

①将欲：将要。歙（xī）：收敛，闭合。之：指相关事物。必固：必然已经。固，固然，本来，原来，已经。张：扩张，张开。案本句"固"字之训十分重要，是导致后世对老子立言初衷产生歧解的源头。马叙伦《老子校诂》主张："'固'读为'姑且'之'姑'。《韩非·说林上》：'《周书》曰："将欲取之，必姑予之。"'是其证。下同。"马氏不识韩子正用《老子》此句以构其权谋之术，遽作是解，虽多有从者，然未得其正。焦竑《老子翼》引王纯甫云："'将欲'云者，将然之辞也；'必固'云者，已然之辞也。造化有消息盈虚之运，人事有吉凶倚伏之理，故物之将欲如彼者，必其已尝如此者也。将然者虽未形，已然者则可见。能据其已然，而逆睹其将然，则虽若幽隐，而实至明白矣。故曰'是谓微明'。"焦、王说甚是。非释"必固"为"已然"，便不能还原老子所寓之"几"意，而后文之"微明"也失去了根本，而世人只知用老子一句"将欲取之，必固与之"而营其权谋，这是为老子所不取的。

②夺：夺取，获取。兴：兴发。与：给予，施与。微明：幽微玄暗中透露的一丝光明。此喻兆示事物变化的玄奥之机。王弼注："将欲除强梁、去暴乱，当以此四者。因物之性，令其自戮，不假刑为大，以除将物也，故曰'微明'也。足其张，令之足，而又求其张，则众所歙也。与其张之不足，而改求其［案原作"其求"，疑有误，姑改之］张者，愈益而已，反危。"

③国之利器：犹"利国之器"，指真正能使国家得利的"大器"，是合于大道的无形之器。若其有象，亦为"大象"，即无象之象。大器之用，在法则法网恢恢，在政则大政简简，在言则大言闲闲。不可示人：没有办法或不应该呈现于人前。大器以其无形而不可示于人，而其用则自在人间矣。言"鱼不可脱于渊"，犹言利国之大器不可脱于人民而存在。倘君王以武器、刑罚、权谋临天下，则是以其"小器"示于人者，如此则虽霸，亦非老子之道。七十四章："民不畏死，奈何以死惧之？若使民常畏死，而为奇者，吾得执而杀之，孰敢？常有司杀者。夫代司杀者，是谓代大匠斫。夫代大匠斫者，希有不伤其手矣。"此处所言之"大匠"，义与"大器"相通，而其宗旨却是一以贯之的。《庄子·胠箧》："故曰：'鱼不可脱于渊，国之利器不可以示人。'彼圣人者，天下之利器也，非所以明天下也。"王弼注："'利器'，利国之器也。唯因物之性，不假刑以理物。器不可睹，而物各得其所，则国之利器也。示人者，任刑也。刑以利国，则失矣。鱼脱于渊，则必见失矣。利国器而立刑以示人，亦必失也。"

三十七章

【题解】

本章的主题是彰明道家思想的最高宗旨："道常无为而无不为"。

《老子》中绝大多数文字是用来阐述其"无为"思想的，至于"无不为"，全书仅在此章和四十八章两处出现。这样就给人一种假象：老子思想的核心是"无为"。有人甚至将仅有的这两处文字表达解释成因果关系而不是矛盾的对立统一关系，以为老子之意是"无为才能无不为"，如此，老子思想中便仅仅剩下了"无为"二字。加上人们绝对化地将"无为"理解为"无所作为"的"什么事也不做"，结果，老子似乎成了历史上最早躺平的名人，而其所谓"圣者"，则不知"圣"在何处了。这样的误解，也连带造成人们对庄子学说理解上的困难和乖谬，为道家思想的古为今用设置了一道几乎不可逾越的高墙深壑，老庄思想之大体被淹没、搁置，而其美文丽辞则成为当世借以勾兑灵魂鸡汤的完美材料，被世人支离破碎地加以使用。此或为中国学术之一大憾事。

若以庄子之意注解老子之"无为"，其实就是"不刻意其为"；以其意注解老子之"无不为"，便是"为不得已"。以此解释天道则不谬，解释圣道亦得之。天道、圣道、人道，合而为言，便是"无为而无不为"。所谓道之"周遍于万物"者，其根本亦在此。

在先秦诸子中，提出"无为而无不为"或"无为无不为"表述的思想家，除了老子之外，当数庄子、文子（或以《庄子》外、杂篇为其"后学"所为，《文子》为伪书，其实证据并不充分，而所谓"庄子后学"，很可能就是一个子虚乌有的存在）。而后世持此论者，其人数已不可数。秦汉之后黄老学派之兴，就意味着老子此论之深得人心；其能为政治领域所广为采纳，说明其于治国平天下亦不无可行之处。拣择诸子中若干体现"无为而无不为"思想的表述，足可见老子之说在道家系统中的影响所及。《庄子·至乐》："故曰：'天地无为也而无不为也。'人也孰能得无为哉！"《知北游》："故曰：'为道者日损，损之又损，以至于无为，无为而无不为也。'"《庚桑楚》："此四六者不荡胸中则正，正则静，静则明，明则虚，虚则无为而无不为也。"（此语亦被《吕氏春秋·似顺论》所引）《则阳》："万物殊理，道不私，故无名。无名故无为，无为而无不为。"《文子·道原》："是以圣人内修其本，而不外饰其末，厉其精神，偃其知见，故漠然无为而无不为也，无治而无不治也。所谓无为者，不先物为也；无治者，不易自然也；无不治者，因物之相然也。"（此语亦被《淮南子·原道训》所引）《道德》："夫道无为无形，内以修身，外以治人，功成事立，与天为邻，无为而无不为。"《上仁》："古之善为天下者，无为而无不为也。……夫道，退故能先，守柔弱故能矜，自卑下故能高人，自损弊故实坚，自亏缺故盛全，处浊辱故新鲜，见不足故能贤。道无为而无不为也。"此外，老子的"无为而无不为"思想对名家的影响也极深极大。至于孔子所主张的狂狷思想，于此也别无二致，这一点可以从《论语》和《孟子》中的表述得到证明。《论语·子路》："子曰：'不得中行而与之，必也狂狷乎。狂者进取，狷者有所不为也。'"《孟子·尽心下》："'孔子岂不欲中道哉？不可必得，故思其次也。''敢问何如斯可谓狂矣？'曰：'如琴张、曾皙、牧皮者，孔子之所谓狂矣。''何以谓之狂也？'曰：'其志嘐嘐然，曰：古之人，古之人。夷考其行，而不掩焉者也。狂者又不可得，欲得不屑不洁之士而与之，是狷也，是又其次也。'"在笔者看来，老子之"无为而无不为"思想，与儒家的"中庸"思想，其实并无本质上的差异。两家的差异不在对世界运行规律的根本认识上，而在于对"圣道之行"的主张上，前者取退让的成分居多，后者则以进取的态度为尚，而其学术之用，均在于入世。所以，老庄之学，并非绝然的出世哲学，而是克制的入世之学，其与释家分道扬镳处即在此。

本章是《老子》上篇《道经》的最后一章，因此具有提纲挈领总结上篇、开启下篇的作用。

道常无为而无不为，侯王若能守之，万物将自化①。化而欲作，吾将镇之以无名之朴②。无名之朴，夫亦将无欲；不欲以静，天下将自定③。

【译文】

"道"通常并不刻意作为，但又无所不为。侯王如果能持守此"道"，万物将自然得以化育。化育当中倘有躁动妄作之行，我就用那个无名之"朴"来加以匡正。这个无名之"朴"的使用也不能刻意。以不刻意而静待物来，万物自然会自成其成，是其所是。

【注释】

①道常无为而无不为：道通常不刻意作为，但又无所不为。无为，不刻意施为于外物，即因任自然而不勉强其为；无不为，没有哪一种事物不是由它成全的。自化：自成，自然化育，自我成就。阮籍《通老论》："道者，法自然而为化，侯王能守之，万物将自化。《易》谓之'太极'，《春秋》谓之'元'，《老子》谓之'道'。"（《太平御览•卷一》）范应元《集注》："虚静恬淡，'无为'也。天地人物得之以运行生育者，'无不为'也。"案王弼注释"道常无为"意为"顺自然也"，释"而无不为"意为"万物无不由'为'以治以成之也"。楼宇烈从陶鸿庆说以为王弼"此节注文疑有错乱"，其实王弼注文无误，其所言正是"无不为"之本意：万物无不由"为"而得以治、得以成。此正是无为之道的有为之功，庄子所谓"道无所不在"之意。此外，《老子》中凡言"守道""抱朴""持道""执大象"甚至庄子所言之"循道"，其中动词"守""抱""持""执"，皆有导人于执念之蔽，所以，《老子》中不时会以"否定之否定"的文法，来破此执念之蔽。下文所言之"无欲""不欲"，都是要求消除意念之执，以防出现《庄子》中反复借老子之口警告的"胥易技系"的情况。此一点在道家理论中极为重要，向来多被忽视，不可不察。苏辙《老子解》释"道常无为而无不为"乃"'无所不为而无为之'之意耳"，亦颇得其指。"道常无为而无不为"，郭店本作"道恒无为也"，汉简本作"道恒无为"，帛书甲乙本作"道恒无名"，他本多同王弼本。高明以帛书本为《老子》书原貌，其论难立："通过帛书甲、乙本之全面校勘，得知《老子》原本只讲'无为'，或曰'无为而无以为'，从未讲过'无为而无不为'。'无为而无不为'的思

想本不出于《老子》。它是战国末年出现的一种新的观念，可以说是对老子'无为'思想的改造。曾散见于《庄子》外篇、《韩非子》《吕览》及《淮南子》等书。"其实，被公认为处于战国中期的郭店本中，其四十八章就有"亡为而亡不为"的表述，与今本全同，足可证明"无为而无不为"并非战国末期思想家的新提法。帛书本作"道恒无名"，本与三十二章重复，且于本章文意不甚和洽，此已可疑是否错简重出，高明以此为据，其论实不可信。加之本章为上篇《道经》之结，老子以"道常无为而无不为"总述其思想制高点，并自然带出下篇《德经》之"德论"，乃是运思、行文的自然逻辑，盖"德"者，得也；"得"者，行之果也；"行"者，"为"也。王弼注曰"万物无不由'为'以治以成之也"，亦足可见老子著文五千言已属有为，人不可能绝对脱离"有为"而自存。

②化而欲作：在化育过程中有兴发、冲动的欲望。作，兴起，兴发，发作，这里指一些偏离中正的作为。镇：使安处，使镇定，使归于中正。无名之朴：即"道"。苏辙《老子解》："圣人以无为化物，化之始于无为而为，而渐至于作。譬如婴儿之长，人伪日起，故三代之衰，人情之变日以益甚。方其欲作，而上之人与天下皆靡，故其变至有不可胜言者。苟其方作而不为之动，终以无名之朴镇之，庶几可得而止也。"范应元《集注》："'吾'者，指侯王而言；'作'，动起也；'镇'者，安也，重也，压也。人之心，易塞而难虚，易动而难静，易迁而难守，易变而难常。虽已相化，而或有复为外物所动欲起妄作者，吾将镇之以道，使不敢妄作也。"

③夫亦将无欲：它也将是不刻意去使用。夫，它，指"无

名之朴"。廖名春《郭店楚简老子校释》:"这里的'夫'是指代辞,作'彼'讲。"无欲,不刻意于想要去做。"无"多本作"不",义同。不欲以静:不刻意怀有抱朴之念,就能达于虚静的境界。以,而,就;静,虚静,指心境廓然空虚宁静。天下将自定:天下万物就会自成其正。自定,犹"自正",自成其正,自然成其所成、是其所是。定,傅奕、范应元等多本作"正",义通。苏辙《老子解》:"圣人中无抱朴之念,外无抱朴之迹,故朴全而用大。苟欲朴之心尚存于胸中,则失之远矣。"范应元《集注》:"'正',平也,定也,不枉也。君天下者,至于欲朴之心亦无,则纯于道也,安有妄动哉!无思无为,不动而化,不言而信,垂衣拱手,天下不待教令而将自平正也。太古之风不过如是而已。从事于道者,至于纯则化矣,不可以有加矣,不知道为吾而吾为道矣。故以是结上经焉。"

三十八章

【题解】

本章作为老子《道德经》下篇《德经》的首章，总言"德"的属性及各种德行在是否刻意其为方面的不同表现，从而给出了各种德行的层次归属，并最终导引出要弃薄处厚、弃华处实、返本归真的结论，老子将这种取舍原则总结为"去彼取此"。

本章对"德"的阐述，是结合对"道"的再认识而不断推进的。"道"本无上、下之分，故"为一"；而"德"是基于"人"的立场所提出的概念，因此，"德"的含义是"得"，故有层次之别。

上章言"道常无为而无不为"，意思是说"道"本周流，无处不在；其功在成物，其用在成事，而成与不成，皆由于"道"，与刻意的人为没有关系。因此，从自然观出发，"道"本无所谓"失"。老子于此所谓"失道"者，乃是变更了言说的立场，基于人的视角尤其是针对儒家等立场来评价道之运行，以为凡不能使人有"得"之道，皆为"失道"，于是乃倡仁、义、礼之"德"。此倡，若不能行其"至上"者（即"上仁""上义""上礼"），则必重新陷入儒、法等家之末流眼中的"失道"，以至于会变本加厉于施行其所谓"德政"，甚而至于在"仁、义、礼"之后进一步诉诸"法"；如果普通的"法"依然不行，则再诉诸条文更为琐细、惩罚更为严酷的"苛法",于是,所谓的"德政""仁政",其实是苛察缴绕的弊政,民不堪其扰。此即所谓"愚之始"也!值此之际,能体现"上法"观念的"法网恢恢,疏而不失"的道家法治理念,在现实中便越来越不见踪迹了。

在此,老子基于常人的善恶观建立了一个多元、相互交叉重叠的分类、分析框架:将德分为上德、下德,而仁、义、礼三者,各自亦有其上、下之别,其上者属于上德或近于上德,类于至善或近于至善;其下者则远于上德,自然也达不到至善。在这个框架中,仁、义、礼三者彼此也构成一个等而下之的序列,其中尤以礼为最下,所以说它为"忠信之薄而乱之首"。

老子关于"厚""薄"之论,乃是对上述分析框架中各个构成部分的第一个综合。其次一个综合是"实"与"华",最后一个综合是"彼"与"此"。统而言之,其厚者、实者、此者,乃道德序列之"道"者,上下序列之"上"者,仁、义、礼序列之"仁"者;薄者、华者、彼者,乃以上诸序列之"德"者、"下"者、"礼"者。能去薄取厚、去华取实,即是去彼取此;而取此者,也即五十五章所谓"含德之厚"者。能辨此复杂、交错的道德架构并择善而从,则所行必合于大道。然而,此亦其至难者。后期儒法之流,以为循道之德难立,于是便以利益诱惑之,则其离道则愈益远矣。韩非借以说服君王的道理,便是如此:"夫缘道理以从事者,无不能成。无不能成者,大能成天子之势尊,而小易得卿相将军之赏禄。"此论自然是后期法家立论时难免会有的出发点,只是其功利心与老庄的清静境界相去已远。

老子在本章也关涉到了"道""德""知"之间的关系问题。毫无疑问,"知"在老子"道论"或其"道德经"体系中处于中介的地位，扮演着桥梁的角色，当然也是十分重要的角色。对"道"的认识归于"知"，对"德"的导引源于"知"，因此，"知"的重要性自不待言，而《老子》全书是知识论之书，也由此可以确定：道家思想中所持有的对"知"的谨慎甚至反动（此"反动"一词是中性的，即"反者，道之动"的"反动"）态度，也正是基于这样的一种知识观而建立起来的。因此，在本章，老子提出了一个"前识"的概念，并将其斥为"道之华而愚之始"。仔细审度一下，这或许也是当今信息社会各种"主义"之知弥漫天下、国际地缘关系深受其影响的一种知识现象，特别值得警醒。

本章中还有一个重要的表述是"无以为"。这是理解本章宗旨、正确释解本章语句的关键之所在，也是贯通老子"无为而无不为"思想的一把钥匙。依笔者的理解，此"无以为"即庄子所谓"不刻意"，也是三十七章所言之"不欲""无欲"。道家修心的关键，就在于消除一切刻意。这样说来，凡"道"，凡"至德""玄德""上德""大德"，凡"至善""上仁""上义"，只要到了"刻意"（即"有以为"）的地步，便也旋即都成了执念；执念既有，则虽情变境转而此心依旧，于是就成了老子所讥之"胥易技系"。那个古老的楚人"刻舟求剑"的故事，说的就是"有以为"的情况。

王弼对本章的注解，给出的是一篇完整的论述，对于理解本章乃至《老子》全书意义重大，可以参阅。

上德不德，是以有德①；下德不失德，是以无德②。上德无为而无不为，下德为之而有以为③。上仁为之而无以为，上义为之而有以为④。上礼为之而莫之应，则攘臂而扔之⑤。

故失道而后德，失德而后仁，失仁而后义，失义而后礼⑥。夫礼者，忠信之薄，而乱之首⑦。前识者，道之华，而愚之始⑧。是以大丈夫处其厚，不居其薄，处其实，不居其华⑨。故去彼取此⑩。

【译文】

至上的德行，不刻意于行德，所以，德行自然圆满；卑低的德行，会执念于行德，所以，德行自然亏缺。至上的德行不刻意其为而又无所不为，卑下的德行有所作为并且有意为之。至上的仁有所作为而又无意其为，至上的义有所作为却又有意为之。至上的礼是如果得不到人民的响应，就会顺从地任由其自然化育。

所以，当人们以为迷失了"道"的时候，就会在德行方面强为倡导；而当德行也有所迷失的时候，人们先是会主张行仁；仁不得行，人们又会倡导义举；义不得举，人们再推行礼节。礼节，是忠信丧失的表现，是祸乱的罪魁祸首，是以"前识"这种先物而有的成见为基础设立的。然而，"前识"就如同"道"的花饰一样，实是一切愚行的开端。

因此，大丈夫行事，要弃薄处厚，弃华处实，做到这一点，就是做到了去彼取此。

【注释】

①上德：至上的德行。上，即"上善若水"之"上"，以道为其依归；德，道的功能表现，在人则为人的行为表现。《韩非子·解老》："道有积而德有功；德者，道之功。"《扬权》："夫道者，弘大而无形；德者，核理而普至。……道无双，故曰一。"王

弼注:"'德'者,得也。常得而无丧,利而无害,故以德为名焉。"不德:不刻意于德,即所行皆因循于道。有德:有所获得。德,犹"得",获得。苏辙《老子解》:"圣人从心所欲不逾矩,非有意于德,而德自足。"

②下德:卑低的德行。不失德:不放弃德念。不失,犹"执";德,指为德之念。林希逸《口义》:"'不失德'者,执而未化也。"无德:无所得。德,得。苏辙《老子解》:"其下知德之贵,勉强以求不失,盖仅自完耳,而何德之有?"

③无不为:意指德行无不圆满,即适宜的有为。有以为:刻意于行德。有以,有所依凭,指心念所系;为,指行德。前句承上章"道常无为而无不为",将上德作为道的外在表现,以同样的结构和规律周行于万物;后句专言下德以有为为尚,且为心念所系。苏辙《老子解》:"无为而有以为之,则犹有为也。唯无为而无以为者,可谓无为矣。其下非为不成,然犹有以为之,非徒作而无术者也。"苏氏之解,基于苏本首句作"上德无为而无以为",但其大旨不差。"无不为"王弼本原作"无以为",傅奕本、严遵本、范应元本并作"无不为"。《韩非子·解老》亦引作"无不为",据改。盖老子言"上德无为",则"无以为"之意已在其中,不必再以"无以为"重复之。且王弼注本身也主要以"无不为"解之,故原本"以"字亦当为"不",此范应元已明确谓"'上德无为'两句,韩非、王诩、王弼、郭云、傅奕同古本。河上公作'上德无为而无以为,下德为之而有以为'。今从古本。"故王弼今本之"以"字当为后世流传中据河上本系统之"以"字误改。帛书本、汉简本"不"作"以",帛书本并脱"下德为之而有以为"句。

④上仁：至上的仁。为之：指行仁德。上义：至上的义。苏辙《老子解》："仁义皆不免于为之矣，其所以异者，仁以无以为为胜，义以有以为为功耳。德有上下，而仁义有上无下，何也？下德在仁义之间，而仁义之下者，不足复言故也。"苏释此句甚得。案仁、义皆为一种德行，为儒家所尊奉，以为"立人之道曰仁与义"（《易经·说卦》），认为"仁者，义之本也，顺之体也，得之者尊"（《礼记·礼运》），主张"行仁政而王，莫之能御也。……孔子曰：'德之流行，速于置邮而传命。'当今之时，万乘之国行仁政，民之悦之，犹解倒悬也"（《孟子·公孙丑上》）。《礼记·乐记》："天高地下，万物散殊，而礼制行矣。流而不息，合同而化，而乐兴焉。春作夏长，仁也；秋敛冬藏，义也。仁近于乐，义近于礼。乐者敦和，率神而从天，礼者别宜，居鬼而从地。故圣人作乐以应天，制礼以配地。礼乐明备，天地官矣。"道家则主张"大仁不仁"（《庄子·齐物论》），即"上仁为之而无以为"之意。

⑤上礼：至上的礼。莫之应：没有回应，这里指百姓对君王所推行的礼节不买账。攘（rǎng）臂而扔之：随顺地任由其自然化育。这里指不强为实施某种礼节，而是期望它逐渐发挥化育之功。攘臂，挽起袖子露出胳膊打拱，表示顺从、曲就、恭谨的样子；扔，同"仍""因"，因顺，任由。河上本、景龙碑本等世传本"扔"多作"仍"。蒋锡昌《校诂》："言上礼之君为礼，人莫之应，则出臂拱手，强行敬礼，而就人也。"案儒家认为，道德仁义都要借助"礼"来实现，因此对礼至为重视："道德仁义，非礼不成。是以君子恭敬撙节退让以明礼。"（《礼记·曲礼》）但在老子看来，至上之礼不以强制手段实施，而是如春风化雨，于无

声无息之中能起到移风易俗的功能。或释"攘臂而扔之"为"捋袖伸臂拽着别人服从"（如林希逸所谓"民不从而强以手引之"），此必大乖于老子本意，其于礼不仅谈不上"上礼"，反倒成了为邓析所讥之"岂在振目搤腕、手据鞭朴而后为治欤"，故其解不足取。

⑥失道：道不得其行。道本周流，无处不在；其功在成物，其用在成德，本无所谓"失"。其所谓"失道"，是老子站在普通人尤其是当时儒家的立场评价道之运行，以为凡不能使人有"得"之道，皆为"失道"，于是乃倡仁、义、礼之"德"。下文失德、失仁和失义诸语，均非立足于道家立场。盖道家主张"上德不德""大仁不仁"，则无所谓"失"。

⑦忠信之薄：忠信薄弱的表现。乱之首：祸乱的魁首。《庄子·天运》："夫孝悌仁义，忠信贞廉，此皆自勉以役其德者也，不足多也。"范应元《集注》："尽己之谓忠，以实之谓信。自失道之后，愈降愈下，人鲜能尽己以实，是忠信之薄也。忠信薄而后约之以礼，使之循规蹈矩弗畔于道，及其末也，以文灭质，反为乱阶之首也。"

⑧前识：于事前既有的知识，即成见。《韩非子·解老》："先物行先理动之谓前识。前识者，无缘而忘意度也。"华：花，花饰，指虚浮而不切实际的东西。苏辙《老子解》："圣人玄览万物，是非得失毕陈于前，如鉴之照形，无所不见，而孰为前后？世人视止于目，听止于耳，思止于心，冥行于万物之间，役智以求识，而偶有见焉，虽自以为明，而不知至愚之自始也。"范应元《集注》："前识犹言先见也。谓制礼之人，自谓有先见，故为节文，以为人事之仪则也，然使人离质尚文。"

⑨大丈夫：犹“大君子”，圣人。苏辙《老子解》：“世之鄙夫，乐其有得于下而忘其上，故喜薄而遗厚，采华而弃实。非大丈夫，孰能去彼取此？”范应元《集注》：“‘大丈夫’者，君子也。”

⑩去彼取此：指弃薄处厚、弃华处实。其厚薄、华实的具体所指，参阅本章题解，亦参阅十二章注。《韩非子·解老》：“所谓‘大丈夫’者，谓其智之大也。所谓‘处其厚而不处其薄’者，行情实而去礼貌也。所谓‘处其实不处其华’者，必缘理而不径绝也。所谓‘去彼取此’者，去貌、径绝而取缘理、好情实也。故曰：‘去彼取此。’”案本章之“彼”之“此”，均在以上相互对举中完整地陈述出来了，何者为上，何者为下，何者当取，何者当去，老子的态度十分明确。但为了强调其重要性，老子最后又以此语表出，作出总结。

三十九章

【题解】

本章主旨是批评"析物而数"的分析哲学思想，认为这种观物的方法背离"道"的整体观。

统观历来注家对本章的注解，可谓众说纷纭，莫衷一是。更令人沮丧的是，在各种注解中，几无一家注解能自圆其说，贯通全章之旨，依任何一家之说都存在使本章文意扞格、前后矛盾的情况。至于当今用白话翻译的文字，读后则更是让人不知老子所云为何。

造成这一后果的原因，概括起来有以下几点：一者，绝大多数注家误将"得一"视为"得道"，将"一"等同于"道"；二者，所有注家均将老子引述他人的话语作为老子本人的话语，并将其中本属老子批评的观点作为老子的观点来对待；三者，在文字点读方面存在错误，比如将"非乎"或"非也"读为疑问句而不是否定陈述句；四者，对本章最后一句话（即"故致数舆无舆，不欲琭琭如玉、珞珞如石"句）全然不知何意，从而误改经文，以至于文意不伦。

以下就此数端略作辨析，以求归正老子本意。

关于"得一"和"一"的理解，历来注家皆以为"得一"为"得道"，"一"即"道"，其所据即四十二章之"道生一"。但是，老子言"道生一"而非"道即一"，且复言"一生二，二生三，三生万物"。如果"道生一"可以理解为"道即一"，则亦可言"道即二""道即三""道即万物"，显然这是错误的。河上公注言"'一'，道之子也"，是其有见，由此也可看出"一"绝非"道"。道家理论只言"道成万物""道生万物"，不言"道即万物"。如果勉强言"道性"湛然为"一"，但道性又非"道"；勉强言"道体"浑然为"一"，而道体亦非"道"。所以，"一"必非"道"，"得一"必非"得道"。

那么，"一"究竟是什么？

我们且从王弼的注文寻找突破口。很难想象，这位天才的青年，是怎样始终如一、一以贯之地准确把握老子思想的总脉络，同时又能深入到《老子》文本的每一处言语的微妙之义。但他确实做到了。

王弼注云："'昔'，始也；'一'，数之始而物之极也。各是一物之生，所以为主也。物皆各得此一以成，既成而舍以居成，居成则失其母。"

如何理解王弼这段注文呢？

先来看几个关键词："数之始""物之极""一物之生""为主""成""舍""居成""失其母"。除了这几个有实义的关键词之外，还有像"各"这个十分关键的虚词，也决不可轻易略过。

王弼言"一"为"数之始"，这很好理解，因为"一"自是数的起点。但值得注意的是，王弼所用的这个"数"字，一定是面对可罗列、可分析（分解）、可计算的对象，而这样的对象，一定不是浑然的"道"。"道"之不可分，不管是在老子还是在庄子那里，都是十分坚定的理论基石。因此，王弼这里的"数"与老子后文所用的"数舆无舆"的"数"完全是一个意思，即"析而数之"之义，把一个整体分解开，从局部去观察，此即"数"的本义，它虽然呼应了现代实证科学的哲学本体论，但却是与老子道论相对立的概念。

"物之极"者，是"物是其所是"的意思：该物只能是该物，不能是他物。这样一种观点，只有在"象"或"定象"而非"大象"的视野中才存在，而这样的"象"一定是某物的一面或片面之象：天之"清"、地之"宁"、神之"灵"、谷之"盈"、侯王之"正"，皆为此类之"象"，是物之一偏、一极，而非物之全貌。这是王弼对"一"的解释。这样，"一"逐渐从"道"当中脱离出来，成为一个定格了的"物"，此正是老子言"道生一"的真义。

一物即成，即有其性。王弼言"一物之生"，即"一物之性"，"生"借为"性"，这是常见的用法。这样的"性"，即某物的"自性"。按照朱熹的"性即理"的思想，此性将决定该物的物理、规律。朱熹《中庸章句》言："天下之物，皆实理之所为，故必得是理，然后有是物。所得之理既尽，则是物亦尽而无有矣。"在宋明理学、心学之争，以及佛家自性有、自性无之争当中所至关重要的问题，在老子和王弼这里，则已然举重若轻地阐明了。

有了这个认识，"为主"便很容易理解了，凡物之所以成其为该物，皆此"自性"所主。"天得一以清"，则天乃成为"清天"矣！清天者，非天也；如白马者，非马也。清天只不过是"天"之一面而已。得此一面，"清天"已成。所以，所谓"成"者，获其"自性"而成一物者也。在这样的框架中理解王弼的"成"，一切困惑即得冰释。

一物既成，对常人而言，很容易形成惯性的"守成"之念，是乃有所谓定理、公理、结论、常识之谓。这便是"既成而舍以居成"。舍，寓所也，留居也。若"舍"为心府，则其地即为执念所生之地。执念既生，则道丧，道丧，是"失其母"。所以，王弼深得老子本章之旨，知老子在批评"析物而数"的观物方法，所以才能如此言约意周地诠释老子的"一"。这是这位天才青年最令人动容之处。

总而言之，老子此处所言之"一"，非为"道"，乃是一"物"，且是一物之一"偏"、一"极"。知道这个区别，对理解本章甚至理解老子整体思想，都极为重要。

就注家误将老子引用他人之语作为老子的话，例见两个"致"字的下文。

比如，老子言"其致之谓"，其实就是他引用别人的话的转承语。历来注家多释"致"为因果关系上的"导致"，以为由上述五者而导致下述五者，以喻物极必反之意，失之甚。盖天之清，一时之清也，其亦可暗昧，亦可雨雪；地之宁，一时之宁也，其亦可裂震，亦可繁荣；神之灵，一时之灵也，其亦可遁隐，亦可消歇；谷之盈，一时之盈也，其亦可虚空，亦可溢流；侯王之正，一时之正也，其亦可邪僻，亦可暴戾。然而，所有其一时之成，并非他时之绝对因由。故下文之裂、发、歇、竭、蹶云云，绝非上文清、宁、灵、盈、正之必然、唯一结果。且以天例之。须知，天除了"清"之外，尚有春夏秋冬、飘风骤雨，气象万千，何可尽数？怎一个"清"字了得？由此可知，"其致之谓"以下数语，绝非老子言道之论，乃是老子引述他人蔽于"一"者的一孔之见。老子对这种只见其一、不及其余的认知错误所持有的态度从根本上说是否定的，故最后有"非乎"一语，以明确这种失于一偏的说辞并非真正的"以贱为本"。这也是道家整体论哲学与其他分析论哲学相对立的体现。

本章最后一个问题是对"故致数舆无舆，不欲琭琭如玉、珞珞如石"的训解问题。时至今日，这一问题似已演化为一个不可解的难题。按说，《老子》本身行文就十分简约，而此句又似乎在用典故来说理，而这些典故的历史背景如今已经难以检索，所以，这句话中所隐含的真义益发变得扑朔迷离。不过，若按照前文训"致"为引用他人说法的转承语，则第一句"数舆无舆"属于引用古语并解释为"析车而数之"，从老子思想之一贯而言，是没有问题的。从河上公的注解来看，更是切中老子本章全文之旨。

现在，剩下来的问题就是如何理解"不欲琭琭如玉、珞珞如石"这句话的含义了。这里仅列举几家影响较大的注解，以观其主流。河上公注云："琭琭谕少，落落谕多。玉少故见贵，石多故见贱。言不欲如玉为人所贵，如石为人所贱，当处其中也。"大约受河上注影响，苏辙《老子解》谓："故'一'处贵而非贵，处贱而非贱，非若玉之琭琭，贵而不能贱；石之落落，贱而不能贵也。"至范应元，则明确言"是以王侯不欲琭琭若玉之贵，但落落若石之贱也"，将老子原文正式表述为"不要……宁要"的选择语，此意多为今人所从，致有将原文译作"因此不愿像玉的华丽，宁可如石块般的坚实"（陈鼓应），"因此为人不求琭琭如美玉之贵，宁愿珞珞如硬石之贱"（王晓玮），"所以有道之士不愿像玉那样精美，而宁可像石头那样朴实"……。如此训解此句句意，且不说所得出的结论是多么背离人之常情和老子哲学的基本思想（且思考老子之"犹龙也"的境界），但就从老子原文的严格文字表述来看，何曾有"不要……宁要"之转折呢？老子原文难道不是二者都不要吗？如果二者都不要，那就是美不要，陋也不要；贵不要，贱也不要。那么，老子到底要什么？他说不要，到底说的是不要什么？

这些都是必须回答的问题！

从全文思想之一体来看，老子所不要的，一定是种种"片面"之见。以为天必清、必崩，片面也；地必宁、必发，片面也；神必灵、必歇，片面也；谷必盈、必竭，片面也；王侯必正、必蹶，亦片面也。由此而推之，则玉必璟璟，石必珞珞，亦片面也。片面非道，如轮毂之非车，故不欲。这才是"不欲璟璟如玉、珞珞如石"这句话的正解！若其不以此为信，尚可以王弼注、严遵注作为补充，尽管二注尚有不够周延之处。王弼注曰："玉、石璟璟、珞珞，体尽于形，故不欲也。"严遵《老子指归》注云："是以圣人，为之以反，守之以和，与时俯仰，因物变化。不为石，不为玉，常在玉石之间。"如果再补以《后汉书·冯衍传》的详细记载，仔细揣摩其中两句话的深意，则其真意已经呼之欲出了："冯子以为夫人之德，不碌碌如玉，落落如石。风兴云蒸，一龙一蛇，与道翱翔，与时变化，夫岂守一节哉？用之则行，舍之则藏，进退无主，屈申无常。"

由此观之，历来注家对本章旨意的理解，多已失之远矣。

昔之得一者[①]：天得一以清，地得一以宁，神得一以灵，谷得一以盈，侯王得一以为天下正[②]。其致之谓[③]："天无以清将恐裂，地无以宁将恐发，神无以灵将恐歇，谷无以盈将恐竭，侯王无以正将恐蹶[④]。故贵以贱为本，高以下为基。

是以侯王自谓孤、寡、不谷。⑤"

此非以贱为本邪？非乎⑥！

故致"数舆无舆"⑦，不欲琭琭如玉、珞珞如石⑧。

【译文】

以往有所谓"得一"而自成的情况：天"得一"，从而自成其清明；地"得一"，从而自成其安宁；神"得一"，从而自成其灵异；谷"得一"，从而自成其满盈；侯王"得一"，从而自成其中正而为天下的楷模。于是，便产生了这样的说法："天若不能保持清明，恐怕就要崩裂；地若不能保持安宁，恐怕就要塌陷；神若不能保持灵异，恐怕就要衰歇；谷若不能保持满盈，恐怕就要枯竭；侯王若不能保持中正，恐怕就要败亡。所以说，贵以贱为本根，高以下为基础。正因为如此，侯王才自称孤、寡、不谷。"

这不是"以贱为本"吗？绝不是！

正因为如此，古语才有"数舆无舆"的说法，意思是"数车的部件得不到车"。所以，不要向玉但求其琭琭之美，不要向石但求其珞珞之实。

【注释】

①昔：以往。句谓以往所谓"得一"的情况。得一：获得某一种定性或特性，即"物之成"。一，指事物的一种特性及其表现（这里所说的"表现"即"象"，但不是"大象"。"大象"是"道"的象，是无象之象，而此"一"之"象"是一个"定象"），有释家所谓"自性"的意思，是"道"于其周流变化过程中产生的具体的某个情境性事实。王弼注："'昔'，始也；'一'，数之

始而物之极也。各是一物之生，所以为主也。物皆各得此一以成，既成而舍以居成，居成则失其母。"案本句的"昔"字十分重要，是指曾有过的情况或说法，是既往的事实，并已固化为一种辞说。把握这一点对理解本章要旨十分重要，因为它意味着如何理解"道"与"一"各自的内涵及其关系，并知其是否确为老子本人之观点。历来注家除王弼外，皆以此"一"等同于"道"，谬之极矣，而其影响又甚是深广。仔细揣摩王弼注，是理解此章大旨的有效门径。

②清：清朗，明澈。宁：安宁，稳定。灵：灵验，灵通，神奇，灵异，玄妙。盈：充满，盈满。正：中正，平正。王弼注："各以其一，致此清、宁、灵、盈、生、贞。""正"王弼今本原作"贞"，义同。帛书本、汉简本、河上本、傅奕本、严遵本、景龙碑本并作"正"，他本亦多有从者。范应元《集注》："'贞'，正也。王弼、郭云同古本。"说明范氏所见王弼古本亦作"正"，据改。王弼本于"侯王"一句之上有"万物得一以生"，并于下"侯王"句前对应有"万物无以生将恐灭"，帛书本、汉简本、严遵本并无此两句，疑为注解文字窜入，且河上公注中有"谓下五事"一语，言"五"而非"六"，当指"天""地""神""谷""侯王"五者而不包括"万物"。据删。

③其致之谓：于是便产生了这样的说法。致，导致，推论；谓，说法，观点。高亨《老子正诂》："'致'犹推也，推而言之如下文也。"王弼本此句原作"其致之"，汉简本作"其致之也"。帛书甲本作"其至之也谓"，乙本作"其至也谓"，注家以"谓"属下读，非是。据帛书本补"谓"并属上读。

④天无以清将恐裂：天若不能保持清明，恐怕就要崩裂。裂，

崩塌，开裂。发：为"废"之借字，兴作，发作，这里指崩陷、地震之类，与上文之"宁"相对。歇：停歇，止歇。竭：干涸，枯竭。蹶（jué）：跌倒，败亡。王弼注："用一以致清耳，非用清以清也。守一则清不失，用清则恐裂也。故为功之母不可舍也。是以皆无用其功，恐丧其本也。"王弼本"发"，帛书本、汉简本及世传本皆同。刘师培《老子斠补》："'发'，读为'废'。……'恐发'者，犹言将崩圮也，即地倾之义。'发'为'废'字之省形。""正"王弼本原作"贵高"，范应元本作"贞"，并谓"古本如此"；易顺鼎《读老札记》："当作'侯王无以正将恐蹶'。"从范本易说，据改。

⑤孤、寡、不谷：皆为古代君王自称的谦辞。奚侗《集解》："《吕览·君守》篇：'君名孤、寡，而不可丈雍。'高注：'孤、寡，人君之谦辞也。'《左僖·四年传》：'岂不谷是为。'杜注：'孤、寡、不谷，诸侯谦称。''孤'云孤独，"寡"云少德，'不谷'，不善也。"

⑥此非以贱为本邪：这不算"以贱为本"吗？本句不管是作为前文陈述句主体的最后反问，还是作为听者的反问，都属于对"以贱为本"的质疑，结论则取决于回答者的态度。非乎：不算是。此即回答者或作者的否定态度。帛书本作"非也"。注家或有以"非乎"为疑问词者，则与前句语义完全重复了。且此处的对话内容及实质，也显示"非也"一句断无疑问之意：如果君王自称孤寡就意味着"以贱为本"，那么，历史上就几乎全是有道之君了。王弼今本"此非"，帛书本、汉简本作"此其"，傅奕本、范应元本作"是其"，范氏并谓"王弼同古本"。三种表述于义无别，故仍存今本之旧。

⑦故致数舆无舆：所以说把车拆开来计数它的部件，车则不复存在。致，致于，推论，谓有某种说法；数舆，析车而数之；数，分析，计数；无舆，没有真正的车。河上公注："'致'，就也。言人就车数之，为辐、为轮、为毂、为衡、为舉，无有名为车者。故'成'为车。"顾欢《道德真经注疏》疏云："箱輹毂辋，假合而成，徒有车名，数即无实。五物四大，为幻亦然。"案"数舆无舆"当为上古成语，老子引用之，以表"车不是其部件之简单加总"之意，其精神正乃现当代西方现象学之所主，其宗旨归于哲学上的"整体论"思想。释、道及儒家之"易"的思想，于此互可沟通。《淮南子·道应训》以"数舆无舆"与"大制无割"连用，即见其义："故老子曰：'大制无割，故致数舆无舆也。'"王弼今本"数舆无舆"，帛书甲乙本、汉简本、敦煌戊本同，然世传本多与之相异，其主要者如：河上本、景龙碑本、顾欢本等作"数车无车"，严遵本作"造舆于无舆"，傅奕本、遂州龙兴碑本、范应元本等作"数誉无誉"，吴澄本作"至誉无誉"。范应元《老子道德经古本集注》据古本"舆"作"誉"，并谓："王弼同古本，河上公作'数车无车'。"《释文》"舆"亦作"誉"。近世注家多从傅本、范本或吴本，以为"舆"当作"誉"，其中高延第、易顺鼎之说尤辩，影响亦大。蒋锡昌《校诂》引高延第曰："'至誉无誉'，河上本作'数车无车'，王弼本《淮南子·道应》篇作'致数舆无舆'，各为曲说，与本文谊不相符。陆氏《释文》出'誉'字，注'毁誉也'，是原本作'誉'。由'誉'讹为'舆'，由'舆'讹为'车'。后人反谓《释文》为误，非也。《庄子·至乐》篇：'至誉无誉。'下又云：'天无以为之清，地无以为之宁'云云，正引此章语，尤可证。"易顺鼎《读老札记》："据《释文》

王本作‘誉’。按‘誉’乃美称，‘致数誉无誉’，即‘王侯自称孤寡不谷’之义。称孤寡不谷，是致数毁也，然致数毁而终无毁。若有心致数誉，将反无誉矣。作‘舆’，义不可通，当以作‘誉’为是。”后马叙伦、高明等皆从高、易之说，以范应元本为本文。细审诸说，通读傅本范本，有几个根本问题始终没有解决：以“数誉无誉”为文，则其义于全章之旨何干？与上文语句义何所洽？下文“不欲琭琭如玉、珞珞如石”又当作何解？与《老子》各章相比，本章费辞可观，而老子所言，究为何意？这些问题，在以往注解中都不见答案。究其原因，似乃自古以来，便几乎未曾有过真正理解老子“数舆无舆”四字者，其例外者，或许就是河上公和严遵了，亦仅近之而已，以其训解亦皆有不完足之处。比如河上训“致”为“就”，则俗矣；而统观河上本章所有注解，又似其并未会通“数车无车”之旨；而严遵以“造车”为喻，则又略远矣：“夫工之造舆也，为圆为方，为短为长，为曲为直，为纵为横，终身揳揳，卒不为舆，故能成舆，而令可行也。”故此特存王弼今本“数舆无舆”之旧并以之为正文，并作全新之解。

⑧“不欲”句：不向玉求其琭琭之美，不向石求其落落之实。不欲，不求，不要；琭琭（lù），犹“碌碌”，形容玉石美好的样子；如，于；珞珞（luò），犹“落落”，形容石头坚硬、沉实的样子。王弼注：“玉、石琭琭、珞珞，体尽于形，故不欲也。”《后汉书·冯衍传》：“冯子以为夫人之德，不碌碌如玉，落落如石。风兴云蒸，一龙一蛇，与道翱翔，与时变化，夫岂守一节哉？用之则行，舍之则臧，进退无主，屈申无常。”案玉石虽有琭琭之美，然其德何止于此？普通石头虽有落落之实，然其德亦非止于此，故大君子不但求琭琭于玉，亦不但求珞珞于石，惟冀成其完

备而已。且以玉德例之。《孔子家语·卷八》："子贡问于孔子曰：'敢问君子贵玉而贱珉，何也？为玉之寡而珉多欤？'孔子曰：'非为玉之寡故贵之，珉之多故贱之。夫昔者君子比德于玉：温润而泽，仁也；缜密以栗，智也；廉而不刿，义也；垂之如坠，礼也；叩之，其声清越而长，其终则诎然，乐矣；瑕不掩瑜，瑜不掩瑕，忠也；孚尹旁达，信也；气如白虹，天也；精神见于山川，地也；圭璋特达，德也；天下莫不贵者，道也。《诗》云："言念君子，温如其玉。"故君子贵之也。'"所以，老子引古语"数舆无舆"发出警语，以"不欲琭琭如玉、珞珞如石"，极言对事物析而察之则不得其全的弊端。这是老子"道论"必须针对的认识事物的根本路线的问题。老子哲学作为整体认识论的代表，与当代实证科学作为分析哲学的代表，其对立点即在这里。这也是现象学哲学与科学哲学的对立。西方自 20 世纪以来所构筑的体系庞大的现象学思想，在两千五百年前的老子那里，已经鲜明地加以阐发了。可惜的是，本章之解，历来歧见丛生，误解弥漫，各家注解，曲为之辩而都不得要领。这恐怕又是中国哲学研究的一大憾事！

四十章

【题解】

本章主旨在于阐明"道"的运动特征和作用方式，并重申"有""无"的关系，也暗示了二者与"道"的关系。尽管本章只有寥寥二十一字，但它可谓道家理论的纲领性表述，值得重视。

按本章所论，"道"的运动特征具有回还、往复的特点，而其运动的主导方向总是返本、归真，这个本、真便是建立在"无"的基础上的"空虚"和"寂静"，这是为道家的至上之知所肯定的"以为未始有物"的境界，也就是后来被宋明心学高度通俗化的"心外无物"的境界。西方现象学思想中的"生活世界"概念之所以能被人接受，其实它的知识论基础也在这里。

这样说，或许还没有把问题阐释清楚。需要再略作申论。

老子之"有"，是就万事万物而言的。在笔者这个"万事万物"的表述中，特别地在老子惯用的"万物"之前加上了"万事"，这是专为现代人安排的语言设计，唯恐现代人习惯于以现代思维误解老子之"万物"仅为物质层面之"物"，而不包含事物层面之"事"。老子之"万物"亦含有"万事"，就如孟子所谓"必有事焉"，一切言议都在"事"上说，如此，《老子》一书就很正常地会被拉回到认识论的语境或范畴，而不过于去纠结于它是否在科学意义上发现了哪种高明、前瞻的"物理"。这样，也很容易理解"有""无"两个概念在老子的"道"的范畴体系中所处的极其重要的地位以及它们所扮演的关键角色。

老子言"天下万物生于有",这里的"有",不仅是有物(此"物"用其狭义,指有形的物质形体或元素,与前述"万物"之"物"包含"事"不同。"万物"之"物"是广义之"物"),还包括有事。有物,则可以在先秦思想界的"气论"等学说中寻得渊源;有事,则仅能在道、儒等家有关入世学说的思想中见其流脉(笔者以为诸子学说多为入世学说,其中包括老庄之学)。这样,老子本章之"无",即"未始有物"(当然包括"未始有事",下同)之"无";及其"有",便是"有物"。然而,只要这个"有"能保持在"其次以为有物矣,而未始有封也。其次以为有封焉,而未始有是非也"(见《庄子·齐物论》)这两个层次,仍还属于道家所主张的知识论境界。由此显而易见,老子之"无"之所以对应于"道"或可谓"道"的存在形态,并且是"有"之"始",就因为"道"乃是使万物"是其所是""成其所成"的本源性的力量(这里也可以借用高亨的"母力"的概念,但并不欲夹带高说中别的含义)。从这个意义上说,老子的"道"仅仅是一个认识论或知识论的概念,是一个概念性的概念,并不总是一个与客观物质世界有实在对应关系的概念,即使《老子》全书的立论总离不开"自然""天""地"等实在的概念。自然体系中的实在的概念、实在的规律,只是老子建立其"道"论的逻辑参照体系。基于这个认识,笔者主张《老子》和《庄子》都是中国哲学的认识论巅峰之作。

要想深入理解本章宗旨,还需要与其他章节尤其是首章联合起来读。

反者道之动，弱者道之用^①。天下万物生于有，有生于无^②。

【译文】

归返，是道的运动方向；柔弱，是道的作用方式。天下万物都生于"有"，而"有"又生于"无"。

【注释】

①反：归返，回返。动：运动，这里寓有运动方向的意思，因为返本是道最典型的运动特征。由于道所具有的这个特征，因此"反"也有"相反"的含义，因为回返必然以相反为前提。弱：柔弱。用：功用，作用，这里寓有作用方式的意思，因为"守柔"是老子道论的重要观点，也是圣人修为的路径。严遵《老子指归》："道之至数，一之大方；变化由反，和纤为常；起然于否，为存于亡。"林希逸《口义》："反者，复也，静也。静者动之所由生，即《易》所谓艮所以成终成始也。能弱而后能强，专于强则折矣。动以静为用，强以弱为用，故曰'反者道之动，弱者强之用'。如此造语，文法也。"薛蕙《集解》："道之动，以复为本，盖不复则不可以动，必凝聚收敛而后能发挥之盛。故反者道之所以为动也。道之用，以弱为常，盖不弱则不可以久，必冲和濡弱而后无亢盛之患。故弱者道之所以为用也。'"蒋锡昌《校诂》："以上所引，约而言之：自有为、多言，返至无为、不言；自有知、有欲，返至无知、无欲；自圣智、仁义、巧利，返至固有之天德；自昭昭、察察，返至昏昏、闷闷；自成人返至婴儿；自欲作返至不欲；自不知足、不知止，返至知足、知止；自为学日益，

返至为道日损；自明民，返至愚民；自文明器物，返至结绳而用之；此皆老子之所谓'反'也。此句有关老子思想甚大，故特加详述，俾学者有所会其通焉。"

②有：指一切事物赖以成其所成或是其所是的母体，即首章之"万物之母"。无：指一切事物赖以成其所成或是其所是的本根，即首章之"万物之始"。王弼注："天下之物皆以有为生，有之所始，以无为本。将欲全有，必反于无也。"焦竑《老子翼》："'天下之物生于有'，所谓'有'，名万物之母是已。'有生于无'，所谓'无'，名天地之始是已。'万物'，它本或作'之物'，义亦通。"薛蕙《集解》："横渠张子曰：'大《易》不言有无。言有无，诸子之陋也。'学者以先入之言为主，安知其有未然乎？凡古人名理之辞，多同实而异名。而后世师心之论，恒随名而生解，所谓知二五而不知十也。夫大《易》之'寂''感'，与《老子》之'有''无'，其实未始不同也。安在其为不言乎？周子曰：'静无而动有。'亦将谓濂溪为陋乎？抑有、无云者，其辞约，其道大，非知者莫能与知也。庄子曰：'古之人，其知有所至矣。恶乎至？有以为未始有物者，至矣，尽矣，不可以有加矣。'又曰：'睹有者，今之君子；睹无者，天地之友。'学者有见于庄子之言，始可与言有、无之说矣。"

四十一章

【题解】

本章主旨是阐述得道之人在世俗人间的行为取向。释德清说："此言道出常情，而非下愚小智之所能知，必欲上根利智，可能入也。"

孔子曾盛赞老子"犹龙也"。本章所状，尽显"犹龙"之概。

其实，孔子之德行，何尝不如此？仅从《论语·乡党》中的一节文字，即可见出孔子之德行，亦"犹龙也"："孔子于乡党，恂恂如也，似不能言者。其在宗庙朝廷，便便言，唯谨尔。朝，与下大夫言，侃侃如也；与上大夫言，訚訚如也。君在，踧踖如也，与与如也。君召使摈，色勃如也，足躩如也。揖所与立，左右手，衣前后，襜如也。趋进，翼如也。宾退，必复命曰：'宾不顾矣。'入公门，鞠躬如也，如不容。立不中门，行不履阈。过位，色勃如也，足躩如也，其言似不足者。摄齐升堂，鞠躬如也，屏气似不息者。出，降一等，逞颜色，怡怡如也。没阶，趋进，翼如也。复其位，踧踖如也。执圭，鞠躬如也，如不胜。上如揖，下如授。勃如战色，足蹜蹜如有循。享礼，有容色。私觌，愉愉如也。"

可见，但凡得道之人，器无定制，行无定轨，因以为弟靡，因以为波流，随顺自然，变化万端，不可方物。道如此玄妙，所以常人很难理解。李霖在其著作《道德真经取善集》中作了这样的总结："此章言道深微妙，隐奥难见，自'明道'至于'大象'皆道也。道之妙，不可以智索，不可以形求，可谓隐矣。道之体隐乎无名，而用乃'善贷且成'，上士悟之特然勤行，下士闻之所以大笑，诚如篇中所云，岂流俗所能识乎！"

本章还有一个十分重要的观点，体现在上士、中士、下士之分，这与孔子的"中人以上""中人以下"之分有异曲同工之妙，也是启发庄子在建构其《庄子》一书当中庞杂的人物关系网络时的根本依据。以这样的界分去理解《庄子》中各种人物的思想、知识境界，并以其阶位判断其观点之可取与否，能解决阅读《庄子》时很多疑难问题，更能理解《庄子》中特辟《盗跖》一章，以不肖之盗跖的嘲笑、谩骂孔子，来反衬孔子之光华照人。庄子其用心良苦，天地可鉴矣！而其所作，亦承老子之宗绪耳。

上士闻道，勤而行之①；中士闻道，若存若亡②；下士闻道，大笑之，不笑不足以为道③。

故建言有之："明道若昧，进道若退，夷道若纇④。"

上德若谷⑤，大白若辱⑥，广德若不足⑦；建德若偷⑧，质真若渝⑨；大方无隅⑩，大器免成⑪，大音希声⑫，大象无形⑬。

道隐无名。夫唯道，善贷且善成⑭。

【译文】

上士闻道，能勤勉践行；中士闻道，有的能存而践行，有的则亡失殆尽；下士闻道，会大加嘲笑，若其不加嘲笑，反倒不能

老子引归

证明所言正关乎道。

所以，有下面这样的建言："悟道已明，却又如愚若昧；循道而进，却又不先而退；修道已成，却又如丝有结。"

至上之德，空虚卑下如深谷；至白之色，容污带垢如脏布；至广之德，有缺有残如不足。本来在立德，反倒做得像是行为苟且；本来质朴纯真，反倒表现得圆滑善变。至大的方位，不存在所谓角落；至大的形器，没有什么确定的形制；至大的声音，反倒没有什么音量；至大的现象，反倒没有形象可见。

道，幽隐玄妙，不能用名谓加以称呼。只有道，才能善与而又善成，善始而又善终。

【注释】

①上士闻道：上士闻听有关道的说教。勤而行之：勤勉地予以践行。河上公注："上士闻道，自勤苦竭力而行之。"薛蕙《集解》："夫道，深矣远矣，与物反矣，惟上士闻之，则能勤而行之，以其知之明而信之笃也。"奚侗《集解》："上智之士，信道甚笃，则勉强而行之。"案古代所谓"士"在先秦时期曾是诸侯所设的一种官阶，地位次于大夫。《礼记·王制》："王者之制禄爵，公侯伯子男，凡五等。诸侯之上大夫卿，下大夫，上士中士下士，凡五等。"后来人们也以德行品评士，分上、中、下三等，老子此处即其例。后来"士"的用法，其义近于"君子"而稍有别，"上士"则同于"大君子"。而孔子所言"中人以上"，大致包括上士和中士。《论语·雍也》："子曰：'中人以上，可以语上也；中人以下，不可以语上也。'"《晏子春秋·内篇问上》："夫上士，难进而易退也；其次，易进而易退也；其下，易进而难退也。以此数物者

取人，其可乎！"扬雄《法言·修身》："上士之耳训乎德，下士之耳顺乎己。"刘向《说苑·善说》："吾闻上士可以托色，中士可以托辞，下士可以托财。"颜之推《颜氏家训》："上士忘名，中士立名，下士窃名。"

②若存若亡：有保存也有亡失。句谓中士于闻道，其保存者能行，其亡失者成缺，故中士之德，不能完足。李霖《取善集》："中士可上可下，则有疑心焉。疑心生则用志分，故闻道治身以长存，治国以太平，欣然而存之。退见财色荣誉，或于情欲而复忘之也，则不能动而行之。一出焉，一入焉耳，若子夏出见纷华盛丽而悦，入闻夫子之道而乐是也。"薛蕙《集解》："中士则疑之，盖未能真知而笃信也。"

③"下士"句：意谓下士闻道，以为所言荒诞不经而大为嘲笑，而其嘲笑恰可反证所言确实关乎道。为，谓。李霖《取善集》："下士受性下愚，恣情多欲，智不足与明，识不足与知，目欲视色，耳欲听声，口欲察味，志气欲盈，若不得则大忧以惧。夫道无声色滋味之可得，则其去耳目鼻口之所嗜也远矣。闻恬淡寂寞虚无无为之道，则大笑而非之。"并引志琮曰："下士闻于妙道，无相无名，不来不去，非生非灭，既不信从，翻生违背，所以拊掌大笑，谓为虚诞。"苏辙《老子解》："道非形，不可见，非声，不可闻。不先知万物之妄，廓然无蔽，卓然有见，未免于不信也。故下士闻道，以为荒唐谬悠而笑之。中士闻道，与之存亡出没而疑之。惟了然见之者，然后勤行服膺而不怠。孔子曰：'语之而不惰者，其回也与！'斯所谓上士也哉。"

④建言有之：有这样的立言。建言，立言，这里尤指建议之言。明道若昧：悟道已明，却又如愚若昧。李霖《取善集》引志

琮曰:"内有智慧为明,外无炫耀为昧。"进道若退:循道而进,却又不先而退。李霖《取善集》引李荣曰:"闻道勤行,是进;大成若缺,是退。"夷道:把道路整修得很平坦,这里譬喻修炼自我以得大道,即借由修道而成为怀道之人。夷,修整,使平整。纇(lèi):丝上打的结,这里喻坎坷不平、疙疙瘩瘩。本句意谓怀道之人,心地柔顺,能和光同尘,就如同容许在柔滑的丝线上残留结节,把有结节的丝线照样看作很柔滑。李霖《取善集》引唐明皇曰:"夫识心清静,尘欲不生,坦然平易,与物无际,而外若丝之有纇。""纇"他本或作"颣",古通。五十三章;"大道甚夷,而民好径。"河上公注:"明道之人,若暗昧无所见。进取道者,若退不及。夷,平也。大道之人,不自别殊,若多比类也。"王弼注:"'建',犹立也。光而不耀,后其身而身先,外其身而身存。'纇',坳也。大夷之道,因物之性,不执平以割物。其平不见,乃更反若纇坳也。"薛蕙《集解》:"'建言',古之立言也。'纇',丝结也。知道至于明澈,则黜其聪明,反若愚昧;行道至于进益,则损之又损,反若退却;造道至于平易,则清而容物,不欲小宗,反若有滞碍而不均。"蒋锡昌《校诂》:"'明道若昧'者,以昧为明也;'进道若退'者,以退为进也;'夷道若纇'者,以不平为平也。"案"建言有之"所及,仅为以上三句,不包括以下数句。王西平《老子辨正》:"'建言'似应限于前三句。……上德、白、辱、谷为老子常用字。"王说是。

⑤上德若谷:至上的德行就如同沟谷一般虚空卑下。三十八章:"上德不德。"王弼注:"不德其德,无所怀也。"宋徽宗御注:"谷虚而受,受而不积;谷虚而应,应而不竭。"薛蕙《集解》:"德之至高者,必知雄守雌,反若卑下。"

⑥大白若辱：至上的白反倒像是有污渍一样。辱，污渍，玷污，脏迹。河上公注："大洁白之人，若污辱，不自彰显。"李霖《取善集》："大洁白之人，内怀清静，明白入素，涤除玄览而无疵，大白也。韬光晦迹，混俗同尘，处众人之所恶，若辱也。"（案李说之"无疵"，当如十章"能无疵乎"句之注释，解为"不刻意挑剔"，方合老子本意。参阅十章该句注释）薛蕙《集解》："德之至洁者，必和光同尘，反若污辱。"

⑦广德若不足：至为广大的德行反倒像是有所匮缺一样。广德与上德、玄德义同。李霖《取善集》引孙登曰："其德深广则通疏见远，遗略小节，如智识不足。故良贾深藏若虚。君子盛德，容貌若愚。"薛蕙《集解》："德之至广大者，必不矜不伐，反若狭小而不足。"

⑧建德若媮（yú）：立德反倒做得像是行为苟且。媮，苟且，怠惰。"媮"王弼本作"偷"，义同。傅奕本作"媮"，汉简本作"榆"。陈柱《老子》："偷，同'媮'，靡也。媮与建反。"据傅本、陈说改。苏辙《老子解》："因物之自然而无所立者，外若偷惰而实建也。"彭耜《集注》引叶梦得曰："建德者若偷，不见其用力，则疑于惰也。"薛蕙《集解》："'偷'，苟且也。建德者无为，故若偷惰而不竞。"奚侗《集解》："建，立也；偷，苟且也。此谓为若无为。"

⑨质真若渝：本来质朴纯真，但却好像圆滑善变。渝，改变，泛漫，也形容没有定形的样子。王弼注："质真者，不矜其真，故渝。"苏辙《老子解》："体圣抱神，随物变化，而不失其贞者，外若渝也。"

⑩大方无隅：至大的方位是一个整体，因此不存在角落。方，

方位，东、西、南、北为四方；隅，角落，东南、东北、西南、西北为四隅。王弼注："方而不割，故无隅也。"或如苏辙、薛蕙释"方"为"方形"，亦勉强可通。苏辙《老子解》："全其大方，不小立圭角也。"薛蕙《集解》："大方者不割，故无廉隅之可辩。"

⑪大器免成：意犹"大器不器"，至大之器，不以成器为鹄的。器，有固定形制的物件；免成，指不成器。宋徽宗御注："大器者，不器之器也。不益生，不助长，故晚成。"案老子此处所言之"大器免成"，与孔子所言"君子不器"意同。《周易·系辞上》："见乃谓之象，形乃谓之器。……是故形而上者谓之道，形而下者谓之器。"《礼记·学记》："君子曰：'大德不官，大道不器，大信不约，大时不齐。察此四者，可以有志于学矣。'"《论语·为政》："子曰：'君子不器。'"《公冶长》："子贡问曰：'赐也何如？'子曰：'女，器也。'""免"王弼本原作"晚"，义有不周。帛书乙本作"免"，汉简本作"勉"。陈柱《老子》："'晚'者，免之借。'免成'，犹无成。"另楼宇烈《老子道德经注校释》、高明《帛书老子注》等皆主张"免"为本字，据改。

⑫大音希声：至大的声音，反倒没有什么音量。王弼注："听之不闻名曰希，不可得闻之音也。有声则有分，有分则不宫而商矣。分则不能统众，故有声者非大音也。"

⑬大象无形：至大的现象没有可见的形象。王弼注："有形则有分，有分者，不温则炎，不炎则寒，故象而形者，非大象。"

⑭善贷且善成：意犹善始而且善终。贷，施与，给予；成，同"终"。本句"贷""成"二字，自有其关联性的延伸语义，谓与之以启其始，济之以成其终。故"贷"与"始"、"成"与"终"，义相通连。王弼注："凡此诸善，皆是道之所成也。在象则

为大象，而大象无形；在音则为大音，而大音希声。物以之成，而不见其成形，故隐而无名也。贷之非唯供其乏而已，一贷之则足以永终其德，故曰'善贷'也。成之不如机匠之裁，无物而不济其形，故曰'善成'。"苏辙《老子解》："道之所寓，无所不见。凡此十二者，皆道之见于事者也。而道之大全，则隐于无名。惟其所寓，推其有余，以贷不足，物之赖之以成者如此。"薛蕙《集解》："'贷'者，谓假予万物也；'且成'者，又能成就之也。自'明道若昧'至此，皆建言也。可见道之深远，实与常情相反。此上士闻之所以勤行，中士所以致疑，下士所以大笑也。"王弼本及世传本此句多作"善贷且成"，独敦煌戊本作"善始且成"，范应元本作"善贷且善成"，帛书乙本作"善始且善成"。此据帛书本、范本并参考于省吾、高明等说补一"善"字。于省吾主张敦煌戊本"善始且成"即"善始且终"之意。高明从其说："帛书乙本作'善始且善成'，即善始且善终也，而为于说得一确证。王本经文'善贷且成'夺一'善'字，但注文不夺。"

四十二章

【题解】

本章阐述道与万物的关系，其核心观点是：道生万物，万物皆由道所生。不仅一物之所以成为该物要取决于道，而且，该物之所以能成为另一物，也取决于道。正由于道可以主导一物成为另一物，所以，圣人也应该因顺于道而促成一物为另一物，这反映了老子道论"变中有定有常"的观点："在老子哲学系统里，变与常是对立统一的概念。常者是理，变者是事。虽云常也，变实在焉；虽云变也，亦有其常。"（詹剑峰《老子其人其书及其道论》）老子之道为"能变"，其"一、二、三、万物"为"所变"。所变得常之相（释家谓之色相），物之自性、定理即由此"常"而出。

所以，万物之生、之成，虽然道仍在其中，但所生、所成之万物已非道本身，乃道之流变。万物得生，万事得成，一方面是由于万事万物自有其性，而另一方面，还由于这种"自性"无不因人、因地、因时而有所转变，由此才出现禅家所谓"见山是山，见山不是山，见山只是山"的三重境界。从这一立场上看，"道生万物"这一命题就属于认识论范畴，而与宇宙论并无实质性的关系。从认识论的角度出发理解本章老子"道生万物"的思想并将老子的道论归于知识论范畴，这从《庄子·齐物论》中所作的诠释也可以得到证明。四十章老子明确说"天下万物生于有，有生于无"，就是庄子立论的直接理论依据。如前已数次引用过的，在庄子那里，"古之人，其知有所至矣"，其知识境界分属于四个层次。在其中的前三个层次当中，道都是圆融无亏的。这三个层次分别是从"以为未始有物"，到"以为有物而未始有封"，再到"以为有封而未始有是非"。及至到了第四个"是非之彰"的层次，"道之所以亏"的局面就出现了，因此，这个层次已不再是老、庄两位道家宗师所认可并主张的知识境界。这一基本的知识观，在本章的三节当中得到了不同角度的体现。

从表面上看，本章并无艰深的文字、玄奥的道理，直观的文字似乎很好理解，其实这都是假象。历来注家对此章的理解多有歧见，甚至有大相径庭之概。

在第一节，历来注家的争议在"道"与"一、二、三、万物"之间的关系，其中包括"一、二、三"本身的含义，以及"万物负阴而抱阳，冲气以为和"所蕴含的哲理。

在以往的注解语境中，老子的"道"与"一"不是带有神秘的玄学意味，就是被硬给罩上科学的光环。前者如林希逸言"一，太极也"，已是玄之一说。至黄元吉之流，由其"道家始终修炼，惟以虚无为宗"的思想所主导，以至于对"道"与"一"关系的解释，竟然是"其在人身，即微茫之中，一觉而动，乾坤阖辟，气机往来，静而凝聚者，为阴为精，动而流行者，为阳为气"，其玄幻之解致令我辈以夏虫之秉而成其不可与语冰者。其他注解，则或者谓此"一"即是"道"，或训之为冲气、元气，总不离其玄幻色彩，今人或常人均已难以洞察其真意。又由于有人以为有《易经》等原典的加持，此类注解就更容易在传统的五行学说等理论体系中找到并行的叙事架构，因此也自然很容易逃脱波普尔科学哲学意义上的"可证伪性"的检验和诟病。

至于立足于当今"科学"立场的解释，则力挺老子的"天才"预见性：老子的"道生一，一生二，二生三，三生万物"模型，竟与现代物理学的"宇宙大爆炸"理论模型完全契合！受这一惊人发现的鼓舞，人们又在量子物理世界看到了老子的身影，以为老子的道论像阴阳学说一样，正可以解释"波粒二象性"的神秘性。这样一种理解《老子》的视角，似乎为《老子》的当世存在找到了无可辩驳的合法性；《老子》与科学的连通也使它获得了科学主义的翅膀。这一立场不仅发心良苦，而且效果也颇不可小觑。

笔者于此处本不想对上述两种解释路线进行评价。但是，《老子》全书所确立的"道"与"常道"相互对立的知识观，已经明确地反映出，老子思想的根本是主张"道"而贬抑"常道"的——除非你能彻知"常道"之局限性（"知常曰明"），因此，老子思想也是从反对科学这一"反动"（此二字取其中性义）立场切入的，这个切入点与胡塞尔现象学的切入点别无二致，与后现代主义思想一拍即合。用老子这种思想去看杜威的实用主义思想，不难发现，杜威思想也只不过是老子思想在西方世界的变现而已；用它去理解尼采，就会很自然地为这位最终不能找到出路的同道人发一声喟叹。因此，仅从科学立场理解老子，不仅太小，而且可能有误。老子哲学的高度在认识论，老子思想的博大，在于它涵盖了整个知识疆域，科学仅仅是这个宏大疆域中之一隅而已。《老子》一书主论"道"而鲜论"常道"，其内在逻辑在此。

所以，老子所言之"道生一，一生二，二生三，三生万物"，当在知识论范畴去理解，将其归结为人类认知世界的一种知识现象。这样，就可以借助于罗素在其《哲学问题》中反复用到的"桌子"来解释老子的一、二、三，其核心问题是"什么是'桌子'"或"'桌子'是什么"，此类问题，在真理意义上属于探索"桌子"的本质，而回答的路径，在老子那里，却分别有"道"与"常道"两种。"道"的路线以"以为无物""以为有物而无封""以为有封而无是非"为特征，既可以"朝三暮四"，也可以"朝四暮三"。与之相反，"常道"的路线则是"是即是是""非即是非"，"白即为白""黑即为黑"。用老子本节的叙述方式，"道"的路线可以"一生二，二生三，三生万物"，"一"可以为"二"，"二"可以为"三"，"三"可以为此物、彼物、他物以至于万物。相应地，以"常道"的路线，则"一就是一"、"二就是二"，"一"不能为"二"，"二"既不能为"一"，也不能为"三"。在这当中，一、二、三均非数量值而是序数值，且每个序数前都可以加一个英文大写的"THE"字来限定其特性，用陆九渊的话就是加个限定词"是"或"这个"，用以指代某个具体的、因此也是"真实"的"此物"："吾友是泛然问，老夫却不是泛然答。老夫凡今所与吾友说，皆'是'理也。穷理是穷'这个'理，尽性是尽'这个'性，至命是至'这个'命。"回到老子此节语境，再以罗素的"桌子"为例，老子的"道生万物"思想的真正意涵就是：尽管"桌子"（可视其为老子的"一"）有其桌子的"自性"，但随着行动者的目的性或意向性的转化以及环境条件的变化（此即老子所谓"万物负阴而抱阳，冲气以为和"一句的真义），此"桌子"可变化为（即老子之"生"）"凳子"（即老子之"二"）或"床板"（即老子之"三"），甚至可以无限变化为"刀子""锤子""镜子""情书""咒符""垃圾""贡品"……以其无限，故可以称之为"万物"。这便是从"道"的认识论的角度而不是宇宙论或科学观的角度理解"桌子"，从中所见到的主要是"桌子"的不确定性。相反，如果要从科学观或"常道"的认识论的角度理解"桌子"，那么，只要到科学的百科全书或常规辞典中去检索"桌子"词条就可以看到，科学的"桌子"已经被牢牢地钉在那里。但是，那不是老子的"桌子"，甚至也不是让罗素深感困惑的"桌子"！

理解了第一节的真正含义，第二节的文意则自然明朗起来。老子只不过举了一个例子，以"孤""寡""不谷"三"物"（一定要在认识论范畴中理解老子的"万物"之"物"实乃"物名"之"物"，方能理解此句的含义）为例，说明世人（俗人）、君王、圣王在对待它们时的态度：普通世人以其为可恶之"物"，普通君王以其为邀名之"物"，明君圣王以其为合道之"物"。一"物"之名而有三"物"之实，岂非"一生二，二生三"乎？而其不可止于此者，以天下人无尽矣，是为"一千个读者眼中有一千个哈姆雷特"之谓也！所以如此，"道"在其中矣，故老子说"道生万物"。以此思想读《老子》全书，读《庄子》及先秦诸子，其势正如一刃破竹，万节顿开！

至于第三节，老子又在第一节的立意基础上，再引一例，以自己与他人在对待"强梁者不得其死"这句古代格言的不同态度，宣告自己基于"道"的思想而赋予该格言以"教父"而非"教条"的道家思想灵魂，其寓意在于，"教父"可以生万变，"教条"仅在求一解，这便是"道"与"常道"的差异。其立意之高绝，古今中外有过之者乎？以我井蛙之识，未之有见也！

道生一，一生二，二生三，三生万物①。万物负阴而抱阳，冲气以为和②。

人之所恶，唯孤寡不谷，而王公以为称③。故物或损之而益，或益之而损④。

人之所教，我亦教之⑤；"强梁者不得其死"，吾将以为教父⑥。

【译文】

道能成一物，也能使一物成为另一物，再使另一物成为第三物，万事万物皆由道所生成。万物都自有其阴阳的禀赋，道激荡阴阳之气以和合生变，万事万物即由此而成。

孤、寡、不谷是为常人所厌恶的，但王公却用它们以自称。所以人们对物的看法，有的以损为益，有的以益为损。

别人用来教人的，我也可以拿来教人。而人们常说的"强梁者不得其死"这句教人的话，我却会把它当作构建教人之学的根本。

【注释】

①"道生"句：案此句意谓道使一物成其为该物，又使该物成为另一物，以此类推，万物得生，万事得成。"一"，由道之阴阳二气相互激荡并和合各种物之构成元素而成的一个新事物；"二"，由道之阴阳二气相互激荡并和合既有之"一"与其他各种物的构成元素而成的另一个新事物；"三"及"万物"可以此类推。与"二""三"等相比，"一"还有另外一个内涵：它标志着事物的整体状态，是物之自性得以体现的凭借，因此，"二""三"

及万物亦各有一个"一"，从而构成了它们回返于其本质的运动终点。"一"与"二""三""万物"，它们共同构成了"有"或称为万有、众有，而此"有"无不生于"无"，即万有皆由道之流变所致。历来注家训"一""二""三"多有臆测成分，如训"一"为道，或训为元气、冲气、太极，训"二"为天地、阴阳，如此之类比法最后使得"三"字之义无处安置，便牵强地释为天、地、人或阴阳相合所形成的"和气"。相对可靠一些的解释来自王弼、苏辙和蒋锡昌等人的注解，不过他们的训解也略有瑕疵，不可不察。王弼注："万物万形，其归一也。何由致一？由于无也。由无乃一，一可谓无？已谓之一，岂得无言乎？有言有一，非二如何？有一有二，遂生乎三。从无之有，数尽乎斯；过此以往，非道之流？故万物之生，吾知其主，虽有万形，冲气一焉。百姓有心，异国殊风，而得一者，王侯主焉。以一为主，一何可舍？愈多愈远，损则近之，损之至尽，乃得其极。既谓之一，犹乃至于三，况本不一，而道可近乎？损之而益，岂虚言也！"苏辙《老子解》："夫道非一非二，及其与物为偶，道一而物不一，故以一名道。然而道则非一也。一与一为二，二与一为三，自是以往，而万物生。"苏氏注言"以一名道"，乃其失察之微瑕。蒋锡昌《校诂》注此句虽亦有"一即道也"一语之误，但其他评论则颇有见："老子一、二、三，只是以三数字表示道生万物，愈生愈多之义。如必以一、二、三为天、地、人，或以一为太极，二为天地，三为天地相合之和气，则凿矣。"

②负阴而抱阳：背负着阴而怀抱着阳。这里指万事万物都自有阴阳的禀赋，包含着阴阳对立两个方面的基本属性。冲气以为和：意谓道激荡阴阳之气以和合各种构成物的元素，生成万物。

冲，摇荡，激荡；和，和合，谐和。蒋锡昌《校诂》："四章'道冲而用之或不盈'之'冲'当作'盅'，此'冲'当从本字。《说文》：'盅，器虚也；''冲，涌摇也。'二谊不同。"《周易·系辞上》："一阴一阳之谓道，继之者善也，成之者性也。"系辞所谓"继之者""成之者"，即老子所言之"一、二、三、万物"，所谓"善""性"，即物之功、物之"自性"。物既自成其德性，则自有其得，故善。司马光《道德真经论》："'负'犹背也，'抱'犹向也。万物莫不以阴阳为体，以冲气为用。"彭耜《集注》引陈象古曰："阴阳，道之妙用也，负则在外，抱则在内，冲而用之，不失其和也。"

③"人之"句：此句为老子紧承上一小节之意，举例说明事物所具有的"彼此"特性。案此孤、寡、不谷，是三个"物"，老子举其例以言物之"既可为一，亦可为二"的特性。"一"乃为人所恶，"二"乃为王公所喜而自称。其实，此外还有"三"以至于"万"，以至于不可计数，所谓"有一千个读者，就有一千个哈姆雷特"，即指此。总之是因人而异。注家或以为此句以下皆为错简误入，或凭己意训解文意而难免不失。例如林希逸《口义》袭河上公注以为"此亦譬喻有道者自卑自贱之意"，遽以为王公皆为有道者，此谅非老子本意。以彭耜之《集注》、李霖之《取善集》所引各家对此句的注解，虽众说纷纭，然多为不能自圆其说者。

④物：事物，这里指人。或：有的。损之而益：犹"以损为益"。

⑤"人之"句：意谓他人用以教人的（即下文"强梁者不得其死"这句格言）东西，我同样可用，这是在肯定"我"与"人"

作为不同的主体在面对相同的客体的"物"时所具有的同一性。案此句是下句话的前提或铺垫。老子的言语重心在下一句,强调对同一物的不同态度,即"彼此乃立"的应事态度,这种态度已远离庄子所谓"有以为未始有物者,至矣,尽矣,不可以加矣。其次以为有物矣,而未始有封也"的境界,而跌落至"其次以为有封焉,而未始有是非也"的层次。这便是王弼注所问"过此以往,非道之流"所表达的含义,向来为注家所不识。不过,后文"教父"一语,则反映了老子回流归本,将他人教人之所凭依者,归结为他自己的立言之本,可见老子在应用"道论"于其思想体系构建方面的严密性,足以令人叹为观止。本句世传本多同王弼本。汉简本作"人之所教,亦我而教人",帛书甲本高明校作"古人之所教,亦我而教人"("而"均作"以"解),于文意皆不错。傅奕本、范应元本略增数字,于文意更为明确。

⑥"强梁"句:句谓老子把别人的平常话当作立言的根本出发点,这也体现了对同一个"物"的不同态度,因此是前文的自然逻辑延伸。强梁,豪横,凶暴,强横;教父,立言施教的根本。焦竑《老子翼》:"《金人铭》曰:'强梁者不得其死,好胜者必遇其敌。'盖古人常以此为教,而我亦教之,但老子独尊之。'教父'者,如言'万物之母'之谓。母主养,父主教,故言生则曰'母',言教则曰'父'。"老子之"守柔"等等主张,或许都是受到"强梁者不得其死"一语的启发而来,所以他称之为"教父"。

四十三章

【题解】

本章紧承上章"教父"一语及八章"上善若水"、三十六章"柔弱胜刚强"之旨，进一步发扬"不言之教"，伸张"无为之益"，虽言说角度有所变换，但千变万化，却终不离"无为而无不为"这一基本纲领。

老子于此章所持有的"无不为"或"有为"态度，是借助于"驰骋"和"入"两个动词展现出来的。既然要"驰骋"、要"入"，就不能说完全"无为"。然而，至善的"驰骋"或"入"是有条件的，这条件便是要依循于道，而依循于道的基本行为伦理却又是"无为"。何以知之？以"至柔"能驰骋于"至坚""无有"能入于"无间"，故知之。回顾老子于八章所言之"上善若水"，可想而知，水以其至柔而几近于道，所以，道也以其至柔、无有而能攻于至坚、入于无间。这样，无为之为对于事功而言，其益正当其宜；无言之教于化育而言，其益也正当其宜。在这里，老子将属于"有为"的"无为之为"与"无为"统一起来，将属于"有教"的"不言之教"与"不教"统一起来，这样的"有为"或"无不为"，皆能排除出现各种无谓或过度增益（如揠苗助长）的可能性，从而进入六十三章所谓"为无为，事无事，味无味"和七十一章所谓"知不知"的玄德境界。当然，这样的境界至高至大，非一般人所能及，所以，老子言"天下希及之"。

世人皆知《老子》全书充满辩证法。不过，老子道德哲学辩证法的根本点体现在"无为而无不为"这一总纲领上。本章就是对这一辩证的行为伦理的一种疏解，因此，老子不仅仅在说"无"，他也在说"有"；不仅仅在说"无为"，也在说"有为"；不仅仅在说"不教"，而且在说"有教"。老子的"有"与"无"是相互依傍的，属于孔子所谓可以"叩其两端而竭焉"的两端，并非谁以谁为工具、条件、手段或前提。不能自如地游于两端之间而取其最适当之一点，即便是在言说"无"或"无为"，也终于摆脱不了"刻意"之弊；而一旦刻意于"无为"，则此"无为"就成了一种不当有的"有为"或"有以为"了。这就是老子学的玄奥的辩证法，值得特殊留意。

天下之至柔，驰骋天下之至坚①；无有入无间②。吾是以知无为之有益③。

不言之教，无为之益，天下希及之④。

【译文】

天下最柔弱的东西，能驾驭天下最坚硬的东西；只有"无有"之道才能进入"无间"之物。我因此知道"无为"的好处。

借助不言施行教化，通过无为获得增益，这些天下很少有人能够做到。

【注释】

①至柔：最柔弱的东西。驰骋：驾驭，指自由地加以运用、

改变。至坚：最坚硬的东西。柔与坚，乃物之相对，及其极者，则无不蕴藏着事物对立转化的可能性。河上公注："至柔者水，至坚者金石，水能贯坚入刚，无所不通。"

②无有入无间：无形无象的东西才能进入到无空隙的东西当中。无，这里指道之本体；有，为道之流变；无有，表示处在庄子所谓"以为未始有物"的状态，故为合于道的知识境界。河上公注："无有，谓道也。道无形质，故能出入无间，通神群生也。"林希逸《口义》："坚者易折，柔者常存。以至柔而行于至坚之间，如水之穿石是也。无间，无缝罅也；无有，即无形也。"范应元《集注》："凡以物入物，必有间隙然后可入。惟道则出于无有，洞贯金石，可入于无间隙者矣。"张松如《老子说解》："'无有'者无形之道也，'无间'者有形之物也。"案如果从物质属性上说，无间是任何细微的物质都不可能进入的，因此任何无间之物的构成、形态和属性，都是不可能被改变的，于是，该物必"是其已是"之物，而"已是"必成"常是"，则该物必处在恒久不变的"死寂"状态。但是，天道流行，事实上凡物皆非死寂不变，即使确有无间之物，也必有其变（即上章之"一、二、三、万物"），则此变必有其"能入"者方能致此。推而论之，则此"能入"者，必为"无有"之"物"。此"物"何物？此"物"非物，此"物"就是道。所以，"无有"即道。庄子在《养生主》篇以"进乎技矣"的解牛技术譬喻此"道"，可作为本句的疏解："彼节者有间，而刀刃者无厚：以无厚入有间，恢恢乎其于游刃必有余地矣。"

③益：好处，益处。与下文之"益"义有不同。

④无为之益：所做的增益以无为为前提。意谓不刻意去做格外的增益，强调所做的增益之事都是循无为之道而行，非属擢

苗助长之事为。益，增加，助长，帮助。此义在道家话语体系中含有一定的贬义。《易经·下经·益卦》："凡益之道，与时偕行。""教"与"益"为偶，属动名词，旧注多循上句仍释此"益"为好处，义稍有偏。希及之：很少能做得到。顾欢《道德真经注疏》："则天玄默，而风俗自移，故曰'不言之教'；法道无谓，人物自化，故言'无为之益'。"林希逸《口义》："不言而教自行，无为而功自成，此皆至道之妙用。"

四十四章

【题解】

本章集中展现了老子的"保身""贵身"哲学，是十三章"宠辱若惊，贵大患若身"政治伦理观的思想来源。老子认为，名利足以损生，只有知足才能于名不辱，知止才能于身无害。知足、知止，才可以长生久视。

老子先以对比的形式将世人的行为取向予以揭发，将名、货两个身外之物与身家性命这一"人之本钱"置于一处进行比较，追问"孰亲""孰贵"，答案当然不言自明，这样，如何能够长生久视的结论也自然得出了。

通常，由于可能蒙受过"贪多"之害，世人还比较容易领会并接受"知足"的劝诫，但往往不能识得"知止"的重要性，即便曾闻其说，也并不能将其落实到具体的言行当中。对此，孔子曾深深感叹人的不能知止之病。《礼记·大学》有言："《诗》云：'邦畿千里，维民所止。'《诗》云：'缗蛮黄鸟，止于丘隅。'子曰：'于止，知其所止，可以人而不如鸟乎？'"今人做事，往往务求其多，务为其大，于"知足""知止"的精神境界已经相去益远。当为政者罹此大病，不仅可能会使自己丧身亡命，还可能导致社会动荡。所以，"知足""知止"是先秦儒、道等家的共同主张，是意图影响君王行政的重要思想。朱熹说"物亦各寻个善处止"(《朱子语类》),也是这个意思。当然,其中的"善处"是最难把握之处,因为其本身并无绝对的标准。对于自然生命如动植物而言,凭借本能即可达至;而对于人类而言,由于社会欲望的蛊惑,人们往往情爱泛滥,物质上以为多多益善,这样便很容易迷失于不知何处为"善处"。对此,老子哲学所提供的药方便是"损之又损"的"简易"之道。知足、知止就是这种"简易"之道的落实方案。对于老子所提出的这个解决方案,释德清曾感喟道:"噫!老氏此言,可谓破千古之重昏,启膏肓之妙药,昭然若揭日月于中天也。而人不察乎此,惜哉!"不识老子之言,不行老子之道,终日蝇营狗苟于名利之途,"与物相刃相靡,其行尽如驰,而莫之能止"(《庄子·齐物论》),于是必归于"小人殉财,君子殉名"(《庄子·盗跖》)之命,不亦悲乎!

名与身,孰亲?身与货,孰多?得与亡,孰病①?是故甚爱必大费,多藏必厚亡②。

知足不辱,知止不殆,可以长久。

【译文】

名誉与生命,应该更亲近哪一个?生命与财货,应该更珍重哪一个?得到名利与失去生命,哪一个更有害?所以,极度爱惜必有巨大付出,大肆聚敛必有惨重损失。

知道满足就不会受辱,知道停止就不会受害,这样可以长生久视。

【注释】

①身：生命。亲：亲切，亲近，亲善。多：珍重，贵重。得：得到，尤指得到外物，如名利。亡：丧失，尤指丧失性命。病：有害，损害。王弼注："尚名好高，其身必疏。贪货无厌，其身必少。得多利而亡其身，何者为病也？"苏辙《老子解》："先身而后名，贵身而贱货，犹未为忘我也。忘我者身不有，而况于名于货乎？然贵以身为天下，非忘我不能。故使天下知名之不足亲，货之不足多，而后忘贵身；知贵身，而后知忘我，此老子之意也。不得者以亡为病，及其既得而患失，则病又有甚于亡者。惟齐有无，均得丧，而后无病也。"陈景元《纂微》："夫虚名浮利，得之乎轻羽；性命形神，亡之若太山。达人较量，孰者为病？"薛蕙《集解》："'多'犹重也。世之人不知贵己贱物之道，而危生去身以徇物。老子闵而教之曰：名之与身，何者其亲乎？何为外身而内名也？身之与货，何者其重乎？何为贱身而贵货也？或得名、货而亡身，或得身而亡名、货，何者其病乎？何为得名、货而亡身也？"

②爱：吝惜，爱惜。费：付出，损耗。藏：收藏，聚敛。王弼注："甚爱，不与物通；多藏，不与物散。求之者多，攻之者众，为物所病，故大费、厚亡也。"苏辙《老子解》："爱之甚，则凡可以求之者无所不为，能无费乎？藏之多，则攻之者必众，能无亡乎？"

四十五章

【题解】

本章言圣人修为的至上境界。居静、守柔、内敛仍然是本章的主调。

人生在世，于保身之余，如何能在功名二字上面，成其全，去其累，这也算得上是人类的一个终极问题。凡能得其真者，庄子谓之真人，至人、神人、圣人在其列：至人无己，神人无功，圣人无名。所以，老子开篇所言，便是功名成就的问题，而他对此的态度十分鲜明：真正成功、成名的人，不居功、不邀名，在世人眼中，仿佛是有缺憾的人，所以其功名自然圆满，万世不竭。接着，老子谈及知识观的问题，明确提出"大盈若冲，其用不穷"，再度申明了主张有知而不自满的态度。此外，老子还从人的行为层面概括了直曲、巧拙和辩讷之间的辩证关系，对人的心态、举止、言谈给出了明确的建议。这些阐述都是在对比的框架中完成的，展现了矛盾双方的对立统一关系，再次反映了老子的辩证法思想。此外，五个"大"字的使用，将相关德行锁定在合于"道"的层次，从而使所论与老子的终极思想相贯通。

最后，老子以医学上的病理现象为喻，指出"躁胜则寒，静胜则热"的物极必反之理，并归宗于颇具中庸、中道意味的"清静"之论，明确提出"清静为天下正"的观点，为道家的"清静无为"观再度作了阐发。

　　大成若缺，其用不弊①；大盈若冲，其用不穷②。大直若屈，大巧若拙，大辩若讷③。躁胜，寒；静胜，热；清静为天下正④。

【译文】

　　至大的成全反倒好像有缺欠，但其功用却不会衰减；顶级的丰盈反倒像是很空虚，而其功用却源源不断。真正的刚直仿佛能弯曲，至上的机巧好像很笨拙，雄辩至极倒像是很迟钝。躁阳过度则生寒症，静阴过度则生热症，只有中和的清静才是天下的正态。

【注释】

　　①大成：犹"周成"，完满无缺。大，至上，最高；成，成就，成全。若缺：指在世俗人眼中所见到的样子是有缺欠的，而从道的观点看并不"缺"，故"若"有"似非而是"的意思，下同。弊：衰败，病坏，疲敝。王弼注："随物而成，不为一象，故若缺也。"陈景元《纂微》："'缺'，破也；'弊'，困败也。大成谓全德之君子也。夫德充于内者，故能包荒含秽，支离其形，若器之缺玷，罕见其用，故得保其完全，而无困败之弊也。"李霖《取善集》："功成者亏，功成不居，是以不去。名成者隳，无为名尸，其名不去。至人睹成败之相，因去功与名，还与众人，其道大成而常若缺也。唐尧有成功而自视缺然，为五帝之盛。孔子集大成而不居其盛，为万世之师。其用愈久愈新，岂有弊耶？"

②盈：盈满，丰盈。冲，虚空。本或作"盅"，义同。王弼注："大盈充足，随物而与，无所爱矜，故若冲也。"林希逸《口义》："大盈者常若虚，则其用不穷矣。前章曰'洼则盈，敝则新'即此意。"李霖《取善集》引罗什曰："智无不积为满，空而能正曰冲。言大满之人，能忘其满，虽满若虚，虚则不竭。用能如此，则无穷极。"

③大直：真正的刚直。直，刚直，正直。巧：机巧，灵巧。屈：弯曲，委曲。讷：木讷，出言迟钝。王弼注："随物而直，直不在一，故若屈也。大巧因自然以成器，不造为异端，故若拙也。大辩因物而言，己无所造，故若讷也。"苏辙《老子解》："直而不屈，其直必折，循理而行，虽曲而直；巧而不拙，其巧必劳，付物自然，虽拙而巧；辩而不讷，其辩必穷，因理而言，虽讷而辩。"

④躁：动，不安貌。胜：通"盛"，这里指盛极的程度，有过度的意思。陈景元《纂微》："此言躁为死本，静为生根者，以况君王。躁强则拒敌饰非，犯物之性，以致家国凋敝，是谓躁强则寂然而寒薄，寒薄则衰灭矣。静理则垂拱无为，全物之真，以致社稷永安，是谓静理则煦然而人和，人和则隆盛矣。"林希逸《口义》："躁之胜者，其极必寒；静之胜者，其极必热。躁静只是阴阳字，言阴阳之气滞于一偏，皆能为病。谓道之情境，不有不无，不动不静，所以为天下之正，犹曰'为天下之式'也。"案此句中的"躁""静""寒""热"，也是中医学的术语，在道家典籍中与"阴""阳"一样，同为重要的专业术语。躁属热征，对应阳病；静属寒征，对应阴病。《素问·阴阳应象大论》："阴胜则阳病，阳胜则阴病。阳胜则热，阴胜则寒。重寒则热，重热则

寒。"老子所言之"躁胜寒，静胜热"，当即《素问》所言之"重寒则热，重热则寒"，皆属物极必反之列。《黄帝四经·经法·四度》有言："当者有数：极而反，盛而衰，天地之道也，人之理也。"另老子于四十二章引黄帝《金人铭》之"强梁者不得其死"，谅此处所引《黄帝内经》之语，用《黄帝四经》思想，同属一种叙述方式，乃利用既有知识阐述新的观点。《云笈七签·云洞经教部·诵黄庭经诀》："主适寒热荣卫和。"梁丘子注云："寒热，阴阳静躁之义也。人当和适以荣卫其身。老子《经》云：'躁胜寒，静胜热。清静以为天下正'。"《诸家气法部·服药论》："阴胜则阳病，阳胜则阴病，和气以通之，味以实之，通之则不惫，实之则不羸矣。"

四十六章

【题解】

本章主旨是谴责无道之君因贪得无厌而引发战事。

偃兵息民的思想一直贯穿于《老子》五千言中，而本章的焦点则直指君王兴兵动武的根源在于无休无止的"贪欲"，并将其界定为大罪、大祸、大咎。虽然罪、祸、咎三字义本接近，而老子叠加使用，意在于作极度的强调。盖老子所处的时代，兵凶战火接连不断，黎民百姓"死者以国量"，所以，老子是以极沉重的心情来揭露无道之君的罪过的。借用桓宽在《盐铁论·卷三》中的描述，或可能更清楚地看到这一点："闻往者未伐胡、越之时，繇赋省而民富足，温衣饱食，藏新食陈，布帛充用，牛马成群。农夫以马耕载，而民莫不骑乘；当此之时，却走马以粪。其后，师旅数发，戎马不足，牸牝入阵，故驹犊生于战地。六畜不育于家，五谷不殖于野，民不足于糟糠，何橘柚之所厌？《传》曰：'大军之后，累世不复。'方今郡国，田野有陇而不垦，城郭有宇而不实，边郡何饶之有乎？"这便是战争给国家、人民带来的无穷灾难。

本章的文字组织十分鲜明：先就现象观察而形成有道、无道的判断，进而列明无道的根源，最后阐明知止、知足对国家以及君主个人的重要意义。

天下有道，却走马以粪①；天下无道，戎马生于郊②。罪莫大于可欲，祸莫大于不知足，咎莫大于欲得③。故知足之足，常足矣④。

【译文】

天下有道，就会把战马退回用来耕作；天下无道，战马就不得不取食于郊野。给予的最大罪过是刺激人的欲望，索取的最大祸患是不知道满足，获得的最大错误是贪得无厌。所以，只有那种知道满足的满足，才是长久的满足。

【注释】

①却：屏退。走马：犹"乘骑"，驰走之马，这里指军马、戎马。以粪：用以耕田。粪，治理，这里指治田，如施肥于田。《太平御览·卷六百十二》："孟子曰：'人皆知粪其田，而莫知粪其心。何谓粪心？博学多闻也。'"河上公注："'粪'者，粪田也。兵甲不用，却走马，治农田。"顾欢《道德真经注疏》疏云："言有道之君，莅于天下，干戈静息，偃武修文，宇内清夷，无为而治，故能却驰走之马以粪农田。"王弼注："天下有道，知足知止，无求于外，各修其内而已，故却走马以治田粪也。"高明《帛书老子校注》："此言人主有道，则兵戈不兴，故却还走马以农夫，使服耕载之役。"

②戎马：战马。生：取食，生活。郊：郊野，荒野。河上公注："战伐不止，戎马生于郊境之上，久不回也。"王弼注："贪欲无厌，不修其内，各求于外，故戎马生于郊也。"或有释此句为"驹犊生于战地之郊"者，虽于意勉强可通，但于文却极奇怪。老

子未直言"驹犊"而言"戎马",是以戎马为军马,既非日常之走马,亦未必是上阵之牝马。牝马产驹这种偶然现象,往往不择其地,于郊亦无不可。河上公与王弼注中,亦毫无"生驹于郊"之意。故是解乃后人误读《老子》,其始作俑者或为《盐铁论》作者桓宽,而其初衷或仅为以另一例子诠释老子之文而已,并非直接的训解。本章题解引用了相关文字,可参阅。

③可欲:指令人产生欲望的东西。圣人当以"不见可欲"为原则。咎:过错,罪咎。欲得:贪得而无厌。此句阐明了人在取与问题上应有的态度,明确指出与之罪、取之祸、得之咎。陆希声《传》:"无道之君毒痛天下,原其所以,其恶有三:心见可欲,非理而求,故罪莫大焉;求而不已,必害于人,故祸莫大焉;欲而必得,其心愈炽,故咎莫重也。"苏辙《老子解》:"以其可欲者示人,固有罪矣,而不足其足者,其祸又甚。所欲必得者,其咎最大。匹夫有于一身,患必及之。侯王而为是,则戎马之所自起也。"此句王弼本原脱"罪莫大于可欲"一句,帛书甲本、汉简本、河上本、傅奕本、景龙碑本、范应元本等皆有此句,据补。郭店本有此句而文字稍异,《韩非子·喻老》引此句,帛书乙本此句脱"于"字。

④知足:犹"知止"。高明《帛书老子校注》:"'足''止'二字同源,谓'知足'为'知止',甚是。"常足,经常感到满足。"常"字郭店本、帛书甲本、汉简本并作"恒",义同,表示经常、总是、长久。

四十七章

【题解】

本章言圣人之所以能无为而成事功，在于能知天道、识人情、辨物性，而天道、人情、物性在迩而不在远，若舍近而远求，就会走得越远，迷失越深。

在这里，老子再次触及到了当今所谓知识与智慧的关系问题，在老子则是"常道"与"道"或"学"与"道"的关系，在笔者则为"常识"与"缘识"（参见拙著《灵水识谭》）的关系。在下一章的开篇，老子用"为学日益，为道日损"一句话，点破了二者之间的这层窗户纸。

今人或多不能理解此章"不出于户，以知天下"一语的根柢所在，以为这是在培养书呆子："秀才不出门，便知天下事。"然而，凡形而下的具象之事物，不见怎可遍知？但凡自言其不见而能知具体事物者，必妄；凡以所知而侃侃其谈者，无非依其"前识"而作空言。"子入太庙，每事问。"（《论语·八佾》）孔子于形而下之物尚且多有不知，何况秀才！

所以，老子所言之"不出于户，以知天下"，其"知"是知天道，而不是知具体事物。这里不妨以林希逸的注解来回答这个问题："天下虽大，人情物理一而已矣，虽不出户亦可知。天道虽隐，阴阳变化，千古常然，虽不窥牖亦可见。若必出而求之，则足迹所及，所知能几？目力所及，所见能几？用力愈劳，其心愈昏。"所以，圣人不出户、不窥牖而有知见，不是丰富"知识"，而是悟得道妙。

能得道妙者，自然无事不成。

本章宜与下一章对读。

不出于户，以知天下①；不窥于牖，以见天道②。其出弥远，其知弥少③。是以圣人不行而知，不见而名，不为而成④。

【译文】

不用走出户外，可以知晓人情；不用望向窗外，可以洞见天道。走出越远，所知越少。所以，圣人无须出行而知天道人情，无须见物而明物性，无须刻意作为而成事功。

【注释】

①户：单扇的门，泛指门。天下：这里指人事之理。河上公注："圣人不出户以知天下者，以己身知人身，以己家知人家，所以见天下也。"王弼本、河上本等无"于""以"二字，帛书甲乙本、汉简本有，傅奕本'以'作"可以"，范应元本同傅本，并谓"傅奕、韩非同古本"，据帛书本并参考傅奕本补"于""以"，下句同。河上公注言"不出户以知天下"，其本当亦有"以"字。

②牖：窗户。河上公注："天道与人道同，天人相通，精气相贯。"王弼注："事有宗而物有主，途虽殊而同归也，虑虽百而其致一也。道有大常，理有大致。执古之道，可以御今。虽处于今，

可以知古始。故不出户、窥牖而可知也。"

③弥：越，益。知：指对事理人情的洞察，非指对名物节目
的认知。此亦正是下章"为学日益，为道日损"之意。河上公注：
"谓去其家观人家，去其身观人身，所观益远，所见益少也。"王
弼注："无在于一，而求之于众也。道视之不可见，听之不可闻，
搏之不可得。如其知之，不须出户；若其不知，出愈远愈迷也。"
另，王弼为二十二章"少则得，多则惑"句所作注解，亦可佐注
此句："自然之道，亦犹树也。转多转远其根，转少转得其本。多
则远其真，故曰'惑'也；少则得其本，故曰'得'也。"苏辙
《老子解》："性之为体，充遍宇宙，无远近古今之异。古之圣人，
其所以不出户牖而无所不知者，特其性全故耳。世之人为物所蔽，
性分于耳目，内为身心之所纷乱，外为山河之所障塞。见不出
视，闻不出听，户牖之微，能蔽而绝之。不知圣人复性而足，乃
欲出而求之，是以弥远而弥少也。"案老子在此所表达的观点亦同
为孔子等儒家经典人物所主。《礼记·中庸》："子曰：'道不远人，
人之为道而远人，不可以为道。《诗》云："伐柯，伐柯，其则不
远。"执柯以伐柯，睨而视之，犹以为远。故君子以人治人，改而
止。'"《孟子·离娄上》："孟子曰：'道在迩而求诸远，事在易而
求诸难。人人亲其亲，长其长，而天下平。'"孟子亦以"道在迩
而求诸远"者为妄。（详见《孟子注疏》）

④名：同"明"。《释名·释言语》："名，明也。"河上公注：
"圣人不上天，不入渊，能知天地，以心知之。"王弼注："得物之
致，故虽不行，而虑可知也。识物之宗，故虽不见，而是非之理
可得而名也。明物之性，因之而已。故虽不为，而使之成矣。"苏
辙《老子解》："性之所及，非特能知能明而已，盖可以因物之自

然，不劳而成矣。"薛蕙《集解》："通于一而万事毕。吴幼清曰：不待行出而已如遍至其处，故能悉知天下之事；不待窥见此物而能名其理，故不窥牖而见天道也。惟其不行而至，不见而名，故不待有所作为而事无不成也。"

四十八章

【题解】

本章给出了达到"无为"境界的技术路线，即借助于修道而实现对知识的不断减损，从而使人从多知博学的层次转而进入无知无学的境界，这样才能以天下为无事，进而持守无为之道，最终达到无为而无不为的修身目标。老子由此再次揭示了知识和有为之间的关系，他在六十五章所提出的"以智治国，国之贼"和六十章"治大国若烹小鲜"的观点，都与此相照应，展现了老子对烦政扰民的知识论根源的清醒认识。

从本章的表述来看，老子对待知识的态度，存在一个"由'益'而'损'"的过程，在这个过程中，隐含着一个从"为学"到"为道"以至于"得道"的某种内在的知识升华机制，这一点值得特殊注意，因为，能注意到老子对这种机制的承认，可以消除人们对老子"绝学无忧"之类貌似过于绝对而其实不然的一些命题的偏颇理解。换言之，老子并不绝对反对知识的积累，只是强调这种积累需要继之以一个整合、消化进而不断放空的过程，类似于佛家所言的"转识成智"。只有经过这样的知识转换过程，才能进入不刻意用知、不刻意作为的"无为"境界；而只有达到这一境界，才能收到"无不为"的功效。

因此，老子本章所言之"无为而无不为"（郭店本作"亡为而亡不为",意同),在老子"无为"思想体系中是一个至为关键的表述,能全面地反映老子对"无为"和"有为"二者之间关系的总体界定。按照庄子对老子"无为"思想的疏解,所谓"无为",即"不刻意其为"。这种"不刻意其为"的言外之意,则是留有"有为"的余地;而庄子所解释的"有为",乃是"不得已之为"。这样,圣人乘天地之正,御六气之辩,逍遥游于"无为"与"有为"之间,从而达到"无不为"的功效。可以说,这便是老子"无为"思想的总精神、总纲领。

此外,本章所用的"损之又损"的表述方式,如同首章言"玄之又玄"一样,含有对道之运行所具有的川流不息的特点的持续强调,这种强调也被老子用来消解人们对自己所主张的观点的执着:相比于"为学",好像"为道"的境界已经是至高的境界。但在老子看来,"为道"和"为无为"一样,只要它们发生在刻意或"不忘"的意识框架当中,便都属于当"损"之列,在《庄子》中即为被老子反复批评的"胥易技系"的刻意用知行为。这一点在成玄英、苏辙等注家的注解中已有揭示,值得仔细玩味。

值得注意的是,老子哲学主体上作为向君王建言的哲学,其理论观点集中于君王行政的知识基础,并且与当时的社会、政治和历史背景高度相关,因此,他针对"为学"所提出的"为道日损"的主张,其实是以多知博学为前提的。因此,作为社会的普通个体,没有理由完全拒绝知识的学习和储备。老子之学的要义,只是在于教给人们如何在无事之际放空心境,使己心处在无知无识的状态("常以无事"),在应事之际悬置常识或教条,这样才能功成事遂。

为学日益，为道日损^①；损之又损，以至于无为。无为而无不为^②。取天下常以无事，及其有事，不足以取天下^③。

【译文】

治学是一天比一天增加知识，修道是一天比一天减少知识。减少而又减少以至于无知，才能进入到不刻意施为的境界。不刻意依知施为，就能做到无所不为。要赢得天下，就应以天下无事为怀；总以为天下有事，是不可能赢取天下的。

【注释】

①为学：求学，治学。益：增加，增进，增持。为道：求道，修道。损：消损，损失，减持。河上公注："学谓政教礼乐之学也。日益者，情欲文饰，日以益多。道谓自然之道也。日损者，情欲文饰，日以消损。"（案河上公此"情欲"二字，意为"心有所欲为"，即刻意其为之意，非指今人所谓"对异性的欲望"。后世多有误解此二字者）王弼注"为学日益"："务欲进其所能，益其所习。"注"为道日损"："务欲反虚无也。"苏辙《老子解》注"为学日益"："不知道而务学，闻见日多，而无以一之，未免为累也。孔子曰：'多闻，择其善者而从之；多见而识之，知之次也。'"注"为道日损"："苟一日知道，顾视万物，无一非妄。去妄以求复性，是谓之损。孔子谓子贡曰：'女以予为多学而识之者与？'曰：'然，非与？'曰：'非也。予一以贯之。'"

②"损之"句：意谓当所持的知识不断地减少，以至于达到无知的地步，这时，就可以进入到不刻意依知识而作为的"无为"境界。之，指知识和有为之心。河上公注："损情欲，又损之，所

以渐去。当恬淡如婴儿，无所造为。情欲断绝，德与道合，则无所不施，无所不为也。"王弼注："有为则有所失，故无为乃无所不为也。"李霖《取善集》引成玄英曰："为学之人，执于有欲；为道之士，滞于无为。虽复浅深不同，而二俱有患。今欲祛此两执，故有再损之文，既而前损损有，欲后损损无，为学、道二偏双遣，非有非无，一中斯契。"苏辙《老子解》："去妄以求复性，可谓损矣，而去妄之心犹存。及其兼忘此心，纯性而无余，然后无所不为，而不失于无为矣。"

③无事：以为世界没有需要施为的事情。由于不以世界为有事，所以，自然以"无为"为尚，故"无事"与"无为"相应。王弼注以"动常因也"释"取天下常以无事"，谓所有的作为都是因顺自然而不是无事找事；以"自己造也"释"及其有事"，谓所有的作为乃是无事找事、自造事端；以"失统本也"释"不足以取天下"的根源乃是"有事"，"有事""有为"都背离"无为"的大道，所以不足以取天下。此句亦可参酌《庄子·齐物论》所列"古之人，其知有所至矣"的几种知识境界。苏辙《老子解》："人皆有欲取天下之心，故造事而求之。心见于外，而物恶之，故终不可得。圣人无为故无事，其心见于外而物安之，虽不取天下，而天下归之矣。"李霖《取善集》引刘仲平曰："孔子称尧曰：'荡荡乎民无能名焉。'称舜曰：'无为而治。'治至于此，百姓皆谓我自然矣。自非无事以取天下，何足以及此！"蒋锡昌《校诂》："此言及其有事，则政繁民扰，故不足以治天下也。"

四十九章

【题解】

本章老子建立了一个综合"善"与"不善"、"信"与"不信"的概念分析框架，将当时社会广为关注的善恶、诚信问题纳入到道的考察范畴，通过探讨道在此两个维度上的作用，指出何为合乎道的德行，从而提出了"德善"和"德信"等概念，借以进一步巩固其"无为"的思想。

在本章中，老子首先提出了"圣人常无心"的观点。这个"无心"，并不像有的注家所说的那样，是"无私心杂念"或"无意志"。老子的"无心"，既无私心，也无公心。公私之分乃是"有封""有是非"，而老子所谓"无心"，恰与是非、对错无涉。圣人于无事之际（如"在天下"），自当无心，"苔焉似丧其耦"而如槁木死灰；及其于有事之际（如"为天下"），同样要混同是非，朝三无妨，暮四也可，均得其宜。要做到这一点，须放空耳目之知，进入到婴儿般的无知境界，而这，便是圣人气象。

老子在本章所阐述的思想，后来被庄子进一步发扬光大，在王弼的解说系统中也得到了准确的阐发。比如，老子此处所使用的"无心"概念，其实是针对实践中人们普遍存在的过度"用知""用明"现象而做的"反动"。本来，"知"与"明"不仅是人们所追求的知识境界，而且也是老庄学说中的重要内容，其中也有为老庄所主张者，比如《庄子》中反复出现"以明"一词。但是，一旦从"有知"陷入"用知"，从"以明"沦为"用明"，则"知"与"明"就成为刻意其为的执念，催生着各种揠苗助长式的"有为"。所以，为了切断"有为"的知识源头和理念牵绊，老子提出了"无心"这一主张。只有"无心"，才能实现真正的"无为"，而"无心"的前提便是"无知"。《庄子·天下》篇有谓："夫无知之物，无建己之患，无用知之累，动静不离于理，是以终身无誉。"《庄子·缮性》又说："古之人，在混芒之中，与一世而得澹漠焉。当是时也，阴阳和静，鬼神不扰，四时得节，万物不伤，群生不夭，人虽有知，无所用之，此之谓至一。当是时也，莫之为而常自然。"这些不仅是"用知""用明""有心""有为"所不能达到的境界，就连刻意于"无心""无为"，也难以进入到这样的境界。

其实，人类的一切行为无不以"知"为基础，所以，培根有"知识就是力量"一说。然而，在老子看来，就知识的功效而言，可谓"成也知识，败也知识"。老子的"道论"即立基于这一认知。如果说培根的知识论主张是汽车上的发动机装置，那么，老子的知识论主张就是其刹车装置。二者缺一不可。至于何者为最紧要，则取决于汽车所行驶的具体情境、所面临的具体状况。明了了这一点，也许可以认识到老子学说在今天的伟大意义。

圣人常无心，以百姓心为心①。善者，吾善之；不善者，吾亦善之，德善②。信者，吾信之；不信者，吾亦信之，德信③。圣人之在天下，歙歙焉；为天下，浑其心④。百姓皆注其耳目，圣人皆孩之⑤。

【译文】

　　圣人常处于自心不起的"无心"状态，总是以百姓的心作为自己的心。比如，善良的人，我善于从其善良；不善良的人，我善于化其不善良；从、化皆能循道，便可以得到合于道的善良，这叫做"德善"。有诚信的人，我善于从其诚信；无诚信的人，我善于化其不诚信；从、化皆能循道，便可以得到合于道的诚信，这叫作"德信"。圣人平素居君位则深藏不露，治理国家则能合同是非、对错之心而因顺自然。百姓的所作所为往往取决于耳闻目睹的片面之知，而圣人的所作所为却能像婴儿一样仿佛茫然无知。

【注释】

　　①无心：没有刻意作为之心。凡刻意"用知""用明""有为"，皆属有心而刻意用之，是为老子所不取者。河上公注："圣人重改更，贵因循，若自无心。"王弼注："动常因也。"严遵《老子指归》："道德无形而王万天者，无心之心存也；天地无为而万物顺之者，无虑之虑运也。由此观之，无心之心，心之主也；不用之用，用之母也。"苏辙《老子解》："虚空无形，因万物之形以为形。在方为方，在圆为圆，如使空自有形，则何以形万物哉？是以圣人无心，因百姓之心以为心。""常无心"河上公本、王弼本作"无常心"，世传本多同，其义可通；帛书乙本、汉简本、景龙碑本等作"恒无心"；河上公注、苏辙注皆以"无心"为释，其本原亦当作"无心"。据改。高明《帛书老子校注》："王弼以下今本作'圣人无常心'者皆误。……河上公注所谓'重改更，贵因循'，是指人主不师心自用，亦无主观模式或人为规范。客

观体察百姓之需求和心意，因势利导，即所谓'以百姓之心为心'也。正如太史公所讲，道家'其为术也，因阴阳之大顺，采儒墨之善，撮名法之要，与时迁移，应物变化，立俗施事，无所不宜，指约而易操，事少而功多'。"

②德善：意谓圣人之德因能合于道乃为善。德，得到，这里指能合于道。世传本或作"得"，义同。河上公注："百姓为善，圣人因而从之；百姓虽有不善者，圣人化之使善也。"王弼注："各因其用，则善不失也。"苏辙《老子解》："无善不善皆善之，无信不信皆信之。善不善在彼，而吾之所以善之者，未尝渝也，可谓德善矣。"宋徽宗御注："善否相非，诞信相讥，世俗之情，自为同异，岂德也哉？德善，则见百行无非善者，故不善者亦善之。德信，则见万情无非信者，故不信者亦信之。真伪两忘，是非一致，是谓全德之人。"案圣人视万物如刍狗，无善无恶，因而化之；无信无不信，因而取之，故圣人之德乃由于道，故善且信。

③德信：意谓圣人之德因能合于道乃为信。河上公注："百姓为信，圣人因而信之；百姓为不信，圣人化之使信也。百姓德化，圣人为信。"苏辙《老子解》："信不信在彼，而吾之所以信之者，未尝变也，可谓德信矣。不然，善善而弃不善，信信而弃不信，岂所谓常善救人故无弃人哉。"蒋锡昌《校诂》："此言民之信与不信，圣人一律待之以信而任其自化，则其结果皆得信也。此文与上文词异谊同。"

④在天下：这里指身处君位。在，居，处，寓有无事、自在的含义。歙（xī）歙焉：无知、无为的样子。歙，闭合，内敛，缄默，这里尤指无所作为。有本"歙歙"作"惵惵"或"怵怵"，谓战战兢兢的样子，意亦通。王弼今本原无"之""焉"二字，据

帛书甲乙本、傅奕本及范应元本、注等补。句谓圣人虽身居君位
但却能与民共处而互不相扰。为天下：指治理国家。为，作为，
有为，治理。浑其心：混同其是非之心。浑，浑合，混同；其，
指圣人；心，指是非、对错之心。宋徽宗御注："方其在天下，则
吉凶与民同患，虽无常心，而不可以不戒也。故所以为己则慄慄
然，不自暇逸；所以为天下则齐善否，同诞信，两忘而闭其所誉，
浑然而已。"

⑤注其耳目：将关注点集中在各自的耳听目睹之上。蒋锡昌
《校诂》："言百姓皆注意其耳目，以察是非得失，王弼所谓'各用
聪明'也。"孩之：意谓能像婴儿一样泯然无知。孩，使像婴儿一
样；之，指借助耳目等单一感官所形成的支离的或碎片化的知识。
《庄子·人间世》："回曰：'敢问心斋。'仲尼曰：'若一志，无听之
以耳而听之以心，无听之以心而听之以气！听止于耳，心止于符。
气也者，虚而待物者也。唯道集虚。虚者，心斋也。'"或有注家
以为"孩之"意谓"像对待婴儿般对待百姓"，其解不仅与上文
扞格，而且于理不通。百姓各有其性，贤与不肖别如天壤，如何
一般待如婴儿？只可因顺其性，各成其成而已。王弼注："皆使和
而无欲，如婴儿也。夫'天地设位，圣人成能，人谋鬼谋，百姓
与能'者，能者与之，资者取之，能大则大，资贵则贵。物有其
宗，事有其主，如此则可冕旒充目而不惧于欺，黈纩塞耳而无戚
于慢，又何为劳一身之聪明，以察百姓之情哉！夫以明察物，物
亦竞以其明应之；以不信察物，物亦竞以其不信应之。夫天下之
心不必同，其所应不敢异，则莫肯用其情矣。甚矣！害之大也，
莫大于用其明矣。夫在智则人与之讼，在力则人与之争。智不出
于人而立乎讼地，则穷矣；力不出于人而立乎争地，则危矣。未

有能使人无用其智力乎己者也，如此则己以一敌人，而人以千万敌己也。若乃多其法纲，烦其刑罚，塞其径路，攻其幽宅，则万物失其自然，百姓丧其手足，鸟乱于上，鱼乱于下。是以圣人之于天下，歙歙焉心无所主也，为天下浑心焉，意无所适莫也。无所察焉，百姓何避？无所求焉，百姓何应？无避无应，则莫不用其情矣。人无为，舍其所能而为其所不能，舍其所长而为其所短，如此则言者言其所知，行者行其所能，百姓各皆注其耳目焉，吾皆孩之而已。"王弼本原无"百姓皆注其耳目"一句，但王弼注于今本"为天下浑其心"下有"各用聪明"，于此又言"百姓各皆注其耳目焉"，显然王弼今本脱"百姓皆注其耳目"，帛书甲乙本、汉简本、河上公本、严遵本、傅奕本并有此句，据补。

五十章

【题解】

本章主旨在于阐明，能超越于生死的人，才是真正的"善摄生者"。

老子此章先是"劈头盖脸"来了一句"出生入死"，仿佛俗得不能再俗，实际上却掷地有声。不过，这样一种表述给读者带来了不小的困惑，以致后世注家对此四字所表达的含义歧义误解不断，有的训解甚至几近不可理喻。其中流传最广的，是一些近于庸俗的废话，如"人出于世为生，入于地为死""人出世为生，入地为死""人由出生到死亡""人始于生而终于死""人有生会有死"，有诸如"有死地，无生地。无地为生，有地为死""出于生则入于死，脱离了生就进入了死，意谓生命脆弱，人生于世，常处于生死之间"这样不知所云的话，甚至还有"人出生，就会陷入死地"这样的浑话以及"人之生死"这样极端无谓的话。如此之类，比比皆是。解者无不自以为是，而读者却不免一头雾水，甚至会怀疑老子究竟是大智大慧之圣，还是俗不可耐之徒。然而，究竟是老子庸俗还是后人浅薄，只有弄明白了此四字的真正含义，才可以下断语。

这里的关键，是准确还原老子此语中的"出""入"二字在先秦时期的原始意涵。

在《老子》最早的注解著作《韩非子·解老》一文中，韩子以"人始于生而卒于死。始之谓出，卒之谓入"一语注解"出生入死"。这句话的意思十分清楚明白：在先秦时期，人们会把"始"叫做"出"，把"卒"叫做"入"。始即生，这在《老子》中已经多见其义；卒即死，这更用不着怀疑。所以，那个时候，出、入之本义对应于生、死，其引申义对应于超出与陷入，其所喻之境地对应于"生地"和"死地"，这是当时非常流行的一种用法。言其流行，若其不信，可以在《庄子》中找到十几处类似的用法。历来注解《庄子》的注家也多有不识此者，以致对《庄子》相关文句多有误解。拙著《庄子内篇引归》释《大宗师》篇"乃入于寥天一"句中之"入"，即取"死"义；释《应帝王》篇"出于非人""入于非人"之"出""入"，即取"超越""陷入"义。其注甚详，可参阅。

本来，相对而言，韩子去老子未远，其注可为后世所宗，但后世注家在认知韩子这句话时，重心偏向于"人始于生而卒于死"一语，以致后来注家多有蹈此而为训者，误解乃生。加上人们对王弼那句简约得可以与老子原话媲美的六字注解"出生地入死地"的读法、训诂完全失正，老子文意之本旨，便与时迁流，愈失愈远。至于河上公注在其中的误导，道家者流对老子本章之旨的故意别作他解以为其用，更使得本章最终成为汤漳平所谓"在《老子》八十一章中，本章被认为是最难理解的篇章之一"。

其实，借用汤漳平的话来说，"本章文意基本上还是清楚的"。只是，我所谓的"清楚"不同于汤之所谓"清楚"，而且，我还认为，本章文意不是"基本"清楚，而是十分清楚，且是老子"道论"在思想组织上一步步走向高度、广度的体现，在《老子》

文本中构成极为重要的一环。而且，老子的"出生入死"思想对后世尤其是庄子思想的影响，既显著又深远，而且意义重大。因此，凡是将本章主旨予以庸俗化（其中包括引向养生论）的注解，都到了应该退出历史舞台的时候了。

当然，本章还存在其他一些理解上的难点。但是，只要摆脱"养生论"而回归老子的"道论"，只要明白老子本章仍然在阐述其"道"的思想并试图向人们展现当然的人生道路，那么，其他看似难以理解的文句，也会迎刃而解。

值得作特殊提示的是，老子最后所言之"善摄生者"，在《庄子》中即为其"真人"序列（即至人、神人和圣人）中之"至人"。换作当今语境，此类人便包括那些敢于一往无前的革命志士。对于这些人来说，他们的面前，没有"死地"；他们的赴死，其实是再生。这类人，是真正的善于把控生命的人。"善摄生"，不是善于把自己养得白白胖胖，长生久视。老子说"死而不亡者寿"，所以，真正的"生之徒"，是能"出"者。"出"，即物我两忘，"入"，即物我双执；两忘则虽死犹生，双执则虽生犹死。这才是老子本章的"大义"所在。

出生入死①。

生之徒十有三，死之徒十有三②。人之生，动之于死地亦十有三③。夫何故？以其生生之厚④。

盖闻善摄生者，陆行不避兕虎，入军不被甲兵⑤。兕无所投其角，虎无所措其爪，兵无所容其刃。夫何故？以其无死地。⑥

【译文】

物我两忘则生，物我双执则死。

自然久生的人，十中有其三；意外夭亡的人，十中有其三；还有那种为求生而妄作以至于走向死地的人，十中也有其三。为什么会这样？因为此类人过分刻意于求生。

听说善于掌控生命的人，在高地上行走不用躲避犀牛、老虎，与敌人对阵无须披挂、武装。犀牛没办法用角顶撞，老虎没办法用爪捕捉，兵器没办法用刃刺割。为什么会这样？因为对他而言根本不存在死地。

【注释】

①出生入死：意谓超然于物、我则进入生地，汩没于物、我则陷入死地。出，犹"生"，这里引申为超越、超然、超脱；入，犹"死"，这里引申为泥陷、墨守、执着。《韩非子·解老》："人始于生而卒于死。始之谓出，卒之谓入。故曰：'出生入死。'"王弼注："'出'，生地；'入'，死地。"林希逸《口义》："'出生入死'，此四字一章之纲领也。生死之机有窍妙处，出则为生，入则为死。'出'者，超然而脱离者也；'入'者，迷而自汩没也。能入而出，惟有道者则然。"吴澄《注》："出则生，入则死。'出'，谓自无而见于有；'入'，谓自有而归于无。庄子曰：'万物皆出于机，皆入于机。'又曰：'其出不䜣，其入不拒。'又曰：'有乎出，有乎入。'皆以出为生，以入为死。"

②生之徒：久生的人。生，指寿命较长，这里尤指能享尽天年；徒，指一类人；十有三，十分中有三分。死：亡，夭亡，这里指由于意外原因导致的不能寿终正寝，其死非由死者本人主观行

为而引起。王弼注："'十有三'，犹云十分有三分。取其生道，全生之极，十分有三耳；取其死道，全死之极，亦十分有三耳。"

③人之生：人为了求生。之，去，往，引申为求取。动：行动，举动，活动。这里指受主观意志支配的主动行为，用道家眼光看即为"妄动"。之于死地：走向死亡的境地。句谓有的人刻意求生，主动作死，也有十分之三。苏辙《老子解》："用物取精以自滋养者，生之徒也；声色臭味以自戕贼者，死之徒也。二者既分，生死之道矣。吾又知作而不知休，知言而不知默，知思而不知忘，以趣于尽，则所谓动而之死地者也。"苏子释死之徒与鄙意异，不取。吴澄《注》："'之'，适也，趋也；'动'，作为也；'生生'，求以生其生也；'厚'，谓用心太重。或仙术以延生而失宜，医药以卫生而过剂，居处奉养谨节太过而骄脆，十类之中亦有三类。如此其意，正欲趋生，而其作为反以趋于死地者，为其求生之心太重，而不顺乎自然也。"案以上老子将人之生死分为三类，一类乃自然生而自然死，一类乃自然生而意外死，另一类是自然生而人为作死。第一类可以因顺，第二类无法规避，能够和应该予以把控（即"摄生"）的，唯有第三类。只要找出导致第三类过早死亡的原因，此类人也可以成为"生之徒"，而其所行，也即"生之途"。所以，或有注家训"徒"为"途"，义亦通。

④生生之厚：为求生而厚其生养之资。生生，助长生命；厚，用度过多，这里乃就功名财货而言。意谓人生为有而累，为物所役，不能自由。《庄子·大宗师》："杀生者不死，生生者不生。"王弼注："而民生生之厚，更之无生之地焉。"林希逸《口义》："生者，我所以生也。生生者，我所以养其生也。养其生而过于厚，所以动即趋于死地。此亦轻其身而后身存，无而后能有，虚

而后能盈之意。"

⑤善摄生者：善于把控生命的人。摄，管控，掌管，统辖。兕（sì）虎：犀牛和老虎。入军：犹"上阵"，指与敌人对阵。被：加上，披挂，携带。甲兵：盔甲与兵器。《王安石辑本》："惟善摄生者则能无我，无我则能不害于物，而物亦不能害之矣。"苏辙《老子解》："生死之道以十言之，三者各居其三矣，岂非生死之道九而不生不死之道一而已矣？不生不死，则《易》所谓'寂然不动'者也。老子言其九，不言其一，使人自得之，以寄无思无为之妙也。"吴澄《注》："十类之中，生之徒有其三，死之徒有其三，［人］之生动之死地者亦有其三，则共为九矣。九之外有其一，太上真人也。'摄'，犹摄政、摄官之摄。"案本句含有"上兵不兵"之意。庄子曰："人能虚己以游世，其孰能害之？"苏辙于其注文中言老子"不言其一"，老子实非不言，乃不直言也。老子以"盖闻"之典致其意，意谓此类"善摄生者"，实即得道之人，而其数必不过十之一而已，是亦老子所望之大数，实则恐万不能得其一耳。苏子有见于此，亦是其心曲与老子通。本句"避"王弼本原作"遇"，世传本多同王本。帛书甲乙本、汉简本、严遵本、吴澄本等作"避"，与后文三句含义更为洽和，据改。

⑥投其角：用角顶撞。措其爪：用爪捕捉。容其刃：用刀刃刺割。王弼注："器之害者，莫甚乎兵戈，兽之害者，莫甚乎兕虎，而令兵戈无所容其锋刃，虎兕无所措其爪角，斯诚不以欲累其身者也，何死地之有乎？夫蚖蟮以渊为浅，而凿穴其中，鹰鹯以山为卑，而增巢其上，矰缴不能及，网罟不能到，可谓处于无死地矣。然而卒以甘饵，乃入于无生之地，岂非生生之厚乎？故物苟不以求离其本，不以欲渝其真，虽入军而不害，陆行而不可

犯也。赤子之可则而贵，信矣！"苏辙《老子解》："圣人常在不生不死中，生地且无，焉有死地哉？"吴澄《注》："谓不认生为己有，若暂焉管摄之。以虚静为里，以柔弱为表，块然如木之无知觉，侗然如婴儿之无欲。虽遇猛兽恶人，此不违避而彼自驯狎不加害也。盖其查滓消融，神气澹漠，如风如影，莫可执捉，无可死之质，纵有伤害之者，何从而伤害之哉！"

五十一章

【题解】

本章通过对万物（即原文中的"之"所指代的东西，实指万事万物，自然也包括人及一切人事。《老子》全书中之"万物"，多为此义）生长、发育、成熟过程中的道德动因进行分析，明确了万物由道所生、由德所成的道德关系论。在老子看来，道德为万物之本，因此，明王圣君应该体道虚怀，最终达到"至德"（"上德不德"）、"玄德"的境界。

"道"与"德"的关系，是《老子》书中最重要的一对关系。结合其他章节，可以进一步体会出老子所主张的"道""德"关系中含有体与用、本体与功能、本然与应然的意味。"道"是万物的根本规定性，而这种规定性的最终实现，又需要借助"德"来完成，因此，"德"比"道"距离实践要更近一步。不管是"天德""地德""圣德"还是"人德"，这些概念都就"行"立言，"圣德""人德"都要由人的行为体现出来。因此，在"圣德"和"人德"这两个层次上，更具有"人为"的色彩，其中尤以"人德"为最。这种色彩是滋生人的德行之"伪"的底色，因此，老子"道德经"之大旨，便是以天地自然之德启发圣人之德，再以圣人之德化育普通人的德行。天地自然之德由于合于天道，本身具有无目的性，因此也就没有一丝偏私，这样的"德"也自然属于"上德";又由于"上德不德",所以,"圣德"当亦以"不德"为尚。不德之德,是为"玄德"。这样的德行既不以"有德"为念,也不以善恶、美丑、好坏、对错为怀,唯以因循于自然之道为尊、为贵。似此"没有原则"的德行,又怎能不"玄之又玄"呢?所以,老子才有"玄德"之谓。

按说,老子本章的叙述方式是比较直白的,尤其是在阐述道德生育万物时,使用了十分形象的语言,重申了十章"生之,畜之"的话题和"生而不有,为而不恃,长而不宰"的"玄德"之旨。武内义雄于《老子原始》中说:"此章当与《诗经》中《蓼莪》之诗合并分析:'父兮生我,母兮鞠我。拊我畜我,长我育我,顾我复我,出入腹我。欲报之德,昊天罔极!'此诗中,'生、鞠、长、育'与《老子》此章'生、畜、长、育'意义相同。'鞠'或'畜'意为'养'。'长'为'长遂'之意,'育'为'覆育'之意。如培植草木,培其根使其成长,覆盖其枝叶使其发育。……'亭之、毒之'一句,当解释为'使之安定,将其保护起来',与《诗经》中'拊我畜我'之意相似。'盖之,覆之',与王弼注中'各得其庇荫,不伤其体'之意相当。"武内义雄提出了很好的理解本章文意的建议。不过,老子的本意还不止于此。除了强调道、德"常自然"的特质,除了重述二章"生而不有,为而不恃"之旨,除了用"玄德"重申首章"玄之又玄,众妙之门"的命题,老子在本章还勾勒了促成道、德协同作用而使万物是其所是、成其所成的另外两个关键因素,就是那句"物形之,势成之"中所提到的"物"与"势"。值得注意的是,此处的"物"与《老子》书中其他地方及其他古代文献中常用的"物"之意涵有所不同,后者往往泛指"万物",而前者在此特指构成

"万物"的种种物质的和非物质的元素。如果将庄子那句"乘天地之正，而御六气之辩，以游无穷"拿来用以疏解老子本章所用的"道""德""物""势"诸概念，那么，或许可以将老子的"常道"或"道之信"比之于庄子此语中的"天地之正"，而老子的道之流变即"德"的功能发挥，则体现在庄子的"御六气之辩"当中，而"六气"便是老子此处所谓"物"，至于老子的"势"则隐含或运行于"六气之辩"的动态过程之中。这样，老子所说的事物得成之际，便是庄子所说的游于无穷之时。所以，老子本章的深意还在于有一个潜台词：所谓的道生万物，这个"生"不是物理或生理意义上的生，而是人类认知世界时在知识论或认识论意义上的"生"。这个"生"的本质，就是在一个名实关系框架中使万事万物是其所是、成其所成。因此，从这个意义上说，鄙意以为《老子》一书全然是认识论意义上的哲学著作，而不是宇宙论意义上的科学著作。这个思想也贯穿于《老子引归》这本著作的始终。

道生之，德畜之；物形之，势成之①。是以万物莫不尊道而贵德②。道之尊，德之贵，夫莫之命而常自然③。故道生之，德畜之，长之育之，亭之毒之，养之覆之④。生而不有，为而不恃，长而不宰，是谓玄德⑤。

【译文】

万物由道所生，为德所养，随物赋形，因势而成。所以万物莫不以道为尊，以德为贵。道之所以受到尊崇，德之所以受到珍惜，并非有谁授命如此，而是自然如此。道生万物，德蓄其中，这样，万物因道德而得成长、发育，由道德而能静定、平安，借道德而得养护、庇佑。不过，大道之德，生育蓄养而不归己有，有所作为而不恃有功，身居长位而不作主宰，如此幽微奥妙的德行叫做"玄德"。

【注释】

①"道生"句：意谓万物皆由道所生，由德所养；各种因素和合而构成物之形（性）体，各种势力联动而使其成为该物。之，指某一为道、德所成之物，也泛指万事万物；畜，通"蓄"，养育，育成，化成；物，这里指构成事物的各种物质和非物质元素；形，形体，性体，是物性的体现形式；势，这里指促成事物的时机、运势。释德清《老子道德经解》："势者，凌逼之意。"王弼注："物生而后畜，畜而后形，形而后成。何由而生？道也。何得而畜？德也。何由而形？物也。何使而成？势也。唯因也，故能无物而不形；唯势也，故能无物而不成。凡物之所以生，功之所以成，皆有所由。有所由焉，则莫不由乎道也。故推而极之，亦至道也。随其所因，故各有称焉。"苏辙《老子解》："道者万物之母，故生万物者道也。及其运而为德，牧养群众而不辞，故畜万物者德也。然而道德则不能自形，因物而后形见。物则不能自成，远近相取，刚柔相交，积而为势，而后兴亡治乱之变成矣。"林希逸《口义》："道，自然也，无也。凡物皆自无而生，故曰'道生之'。德则有迹矣，故曰'畜之'。畜者，有也。物则有形矣，故曰'物形之'。势则有对矣，故曰'势成之'。阴阳之相偶，四时之相因，皆势也。"奚侗《集解》："《管子·心术上》：'无为之谓道，舍之之谓德，故道之与德无间，故言之者不别也。'此言道生

309

德畜，但谓万物皆生畜于道德而已。"

②"是以"句：因此万物皆以道为尊，以德为贵。王弼注："道者，物之所由也；德者，物之所得也。由之乃得，故曰不得不失；尊之则害，不得不贵也。"苏辙《老子解》："形虽由物，成虽由势，而非道不生，非德不畜，是以尊道而贵德。尊如父兄，贵如侯王，道无位而德有名故也。"范应元《集注》："皆尊其生之所从，而贵其养之所自也。"薛蕙《集解》："万物自生至成，莫不本于道德，是以同尊之贵之，盖其本在此故也。"

③莫之命：没有谁来授命。"命"有本或作"爵"，义为使享尊位，亦通。王弼注："'命'并作'爵'。"常自然：通常都是自然如此。"常"，帛书本、汉简本作"恒"，义同。河上公注："道一，不命召万物而常自然应之如影、响。"苏辙《老子解》："恃爵而后尊贵者，非实尊贵也。"蒋锡昌《校诂》："此言道之所以尊，德之所以贵，即在于不命令或干涉万物而任其自化自成也。"

④长：使成长。育：使发育。亭：使静定。毒：使平安。养：养护。覆：庇佑。傅奕本、范应元本"养"作"盖"，易顺鼎以为是，或有从者，亦通。"亭""毒"或踵河上公注训为"成""熟"，与"成之育之"义有重叠，不可取。河上公注："道之于万物，非但生之而已，乃复长养成熟覆育，全于性命。人君治国治身，亦当如是也。"王弼注："谓成其实，各得其庇荫，不伤其体矣。"奚侗《集解》："'亭之毒之'，谓定之安之也。《说文》：'亭，民所安定也。'引申有'安定'谊。《文选》谢灵运《初去郡诗》注引《仓颉》篇'亭，定也'。《广雅·释诂》：'毒，安也。'它本'亭''毒'或作'成''熟'。"蒋锡昌《校诂》："'亭之毒之'犹云定之安之也。'长之育之，亭之毒之，养之覆之'三句词异谊

同，皆所以申述道生德畜之义也。"武内义雄《老子原始》："'亭之、毒之'一句，当解释为'使之安定，将其保护起来。'"

　　⑤玄德：幽微玄奥之德。王弼注："为而不有，有德而不知其主也。出乎幽冥，是以谓之'玄德'也。"范应元《集注》："有德如此而人莫能知、莫能见，故曰'玄'。"

五十二章

【题解】

本章的核心内涵集中在"袭常"二字上。老子围绕"袭用常道"这一主题向人们展现了三种可以保身成事的操作路径。对于认为"道之为物，惟恍惟惚"从而"道几乎不可道而只能勉强道之"的老子来说，能够如此具体地讨论此类修身应事策略，初看上去是有些费解的，甚至会让人怀疑老子的道论是否建立在始终一贯的基本思想上。然而，如果回到老子首章所言"道可道，非常道"一语，并始终将"无为而无不为"作为老子思想的主旨，便可知晓，老子本章所言并非"道"，而是"常道"，这一点极其重要。不过，如果仔细考察老子所提出的三条技术路线，尤其站在知识论的制高点去审视的话，它们的内容并不同于君王所关心的"经术政教之道"（首章河上公注"道可道"之语），而是一些关乎君王修身成事之根本的、特殊的、高位阶的"常道"，它们与六十七章老子自我标榜的三宝在内涵上颇有照应："我有三宝，持而宝之：一曰慈，二曰俭，三曰不敢为天下先。"因此，只要不将此章的论题强拉至"道"的层面，认清老子是在"德"的层面讨论"常道"，那么，对于本章主旨的理解就不至于出现如此歧义纷呈的局面。

老子在论述这三条技术路线时，其逻辑线索十分清晰。首先，老子揭示了"常"或"常道"存在的逻辑基础，那就是在"道"与"万物"之间存在的"能生"之母和"所生"之子的关系，并强调，只要在知识层面洞察这种关系（在这种关系中存在着某种稳定的规律，即"常"），既能知其常，又能守其母，那么，对于圣人、君子而言，便可以"终身不殆"。其次，老子从应事的角度出发，强调以塞闭感官作为无事之际的修为功法，以开启感官、济成事功作为当事之时的应对态度，如此便可以"终身不勤"而又"终身不救"。最后，老子在先做了"见小曰明"这样一个界定的前提下，强调在"开其兑"时，要善于捕捉和利用事物所表现出来的微妙的讯息，并在周成其事之后，还能复归于"知常"的明达境界，如此，就可以"无遗身殃"。

就这样，老子基于其"无为而无不为"的思想主旨，借助一个内隐的"塞兑"而"闭门"、"开兑"而"见光"、"用光"而"济事"、"事成"而"守母"、"守母"而"复明"的逻辑主线，完成了他所谓"袭常"——袭用常道——的说教。

历来注家对本章文本的理解存有歧见，其中亦颇有不伦之论，而对"终身不救"一语的误解则是其中的症结之一。这句本意原为"终身都不必加以施救"的话，往往被今世注家误解成"终身不能得救"。后者这样完全对立的理解，本来就违背老子的"无为"之道，但奇怪的是，人们却一直意识不到这一点，因此也便任由这种误解导致本章文意不得贯通，甚至完全背离老子思想而不能自觉。

天下有始，以为天下母[①]。既得其母，以知其子；既知其子，复守其母，没身不殆[②]。塞其兑，闭其门，终身不勤③；开其兑，济其事，终身不救④。见小曰明，守柔曰强⑤；用其光，复归其明，无遗身殃⑥。

是为袭常⑦。

【译文】

天下万物一旦得其本始，就可将其视为生育、蓄养万物的母体。既然找到了事物的母体，就可据以知晓由其所生的事物的本质；既然能够知晓事物的本质，反过来就能够持守事物的母体，这样，可以终身没有患害。平时无事之际，要塞住感知外物的器官，关闭与外物沟通的门径，这样，可以终身没有烦劳。每当有事之时，就敞开全部感知器官，使事物得以成全、圆满，这样，可以终身不需施救。洞见微几叫作明，守柔示弱叫作强；若能善用所见事物显露的微几之光，就能重归明达事物本质或规律的境界，这样，可以终身没有祸殃。

以上这些，都是可以袭用的常道，这就是所谓"袭常"。

【注释】

①有始：万物有其本始。始，犹一章之"无"，指万物的本始，即"道"之本体上的虚无的一面；有始，指"道"开始发挥作用，与下文"母"等同。母：犹一章之"母"，六章之"玄牝"，指事物产生的本源，也即"道"之流行上的实有的一面，或谓之"德"（吴澄《注》："'母'，德也。"）。一章："无，名天地之始，有，名万物之母。"二十五章："有物混成，先天地生，寂兮寥兮，独立而不改，周行而不殆，可以为天地母。吾不知其名，强字之曰道。"六章："谷神不死，是谓玄牝。玄牝之门，是谓天地

根。绵绵若存，用之不勤。"《文子·九守》："为天下牝，故能神不死。"句谓天下万物一旦得其本始，就可以视为其生育畜养的母体。案"天下有始"一句，措辞别有深意，须联系《老子》首章作细微甄别。其中的"有"字不可等闲视之，为一章之"有，名万物之母"的"有"，故"有始"乃与"母"等同，而不是"始"与"母"等同，这里涉及"道"之体、用关系问题。道体虚无，道用有功，有功而成事、成物，也包括成"始"，所以"有始"乃可谓万物之"母"。历来注家多未能详审于此。

②没身不殆：终身不受危害。王弼注："母，本也；子，末也。得本以知末，不舍本以逐末也。"苏辙《老子解》："圣人体道以周物，譬如以母知其子，了然无不察也。虽其智能周之，然而未尝以物忘道，故能守其母也。"案此句以母子关系来作譬喻，主旨在于勾勒事物生成的内在因果关联，寓有"其中有常""有规律可循"的深意，其中一个"知"字标志着此句是在知识层面立论，而一个"复"字，尤其是紧跟着的"守其母"一词，又将知识的运用提高至"道"之用的层次，确保了老子道论在处理知识问题时始终一贯的立场和原则。

③塞其兑：塞住感知外物的器官。其，指善于守母之人，即圣人。兑，孔穴，这里指人的感知器官，如耳、目、口、鼻等，它们往往是欲望得以产生的通道。闭其门：关闭与外物沟通的门径。不勤：没有烦劳。勤，劳累，忧烦。王弼注："兑，事欲之所由生；门，事欲之所从也。无事永逸，故终身不勤也。"案此句专言圣人于无事、无为之际的修养功夫，即庄子所谓"不将不迎"。

④济其事：成全其事。济，成全，周成。不救：不必加以挽

救，无须拯救。救，挽救，拯救。事值其败，方须救助；无败，则无须施救。王弼注："不闭其原而济其事，故虽终身不救。"本句谓圣人一旦临人、应事，则即物来照应，须敞开全部感官，捕捉一切信息，从而周成事物；事物得成，必无败坏，则圣人功成事遂，自然无须于事后加以挽救、拯治。此句句意，历来注家皆有误解，唯王弼注看不出破绽，盖王注于"不救"二字并未作解释。自河上公注释"开其兑"为"开目视情欲"、释"济"为"益"、释"不救"为"祸乱成"而铸成误导之后，注家几乎一边倒地将"不救"释为"庶人没命、国家以丧"（严遵）、"陷溺不能救"（苏辙）、"不可救"（林希逸、范应元、吴澄、释德清），如此，则使圣人成为终身"躺平"之人，何圣之有？此必非老子本意，也不能与《老子》各章之旨相洽合，故绝不可取。本章老子以塞、闭言无为，以开、济言无不为，是其大旨，不可不察！郭店本、帛书甲、乙本、汉简本"开"作"启"，义同。"启"当为本字，"开"为汉人避汉景帝刘启讳改（廖名春《郭店楚简老子校释》）。

⑤见小：洞见事物之微几。柔：持守柔弱。《周易·系辞下》"子曰：'知几其神乎！君子上交不谄，下交不渎，其知几乎？几者，动之微，吉之先见者也。君子见几而作，不俟终日。《易》曰："介于石，不终日，贞吉。"介如石焉，宁用终日？断可识矣。君子知微知彰，知柔知刚，万夫之望。'"《初学记·人部上·事对》："颜延之《论检》曰：'圣人者，灵照烛微，理绝功外。'"河上公注："萌芽未动、祸乱未见为小，昭然独见为明。"案全句为插入语，意在引入"见小曰明"，以启下文"用其光"，故"守柔曰强"乃是附赘之言。又，《老子》中曾数度明确界定"明"和

"强"，如十六章、五十五章"知常曰明"和五十五章"心使气曰强"，这足见"明""强"在《老子》书中有不同含义，也完全符合语言系统中的术语、概念在不同场合、语境可能有不同用法这一事实。这本不足怪，这种现象正是道家、名家非常重视的名实关系问题。老子三处"曰明"可以相互照应：见小而知常，可以统谓之"明"。故此句宜与十六章、五十五章相关语句参看。

⑥用其光：利用所见事物显露的微几之光。光，明亮，光辉，光耀，这里指现象所表露的能标志其属性、本质的微弱讯号，义承上文"见小曰明"之"小"，即"见小而得其光"之谓；其，指所面对的事物。复归其明：能重归于明达事物本质或规律的境界。其，指圣人；明，兼指见小与知常。参看上句"见小曰明"和十六章"知常曰明"注解。无遗身殃：不会给自身留下祸殃。遗，给，留下；殃，灾祸。此句"用其光"亦有"前事不忘，后事之师"（句中"不忘"乃为道家所不取。这里仅引用该句以启发理解）之意，指对事物的一次成功慧悟、处理所积累的经验，可以让人增进自身的道德修养，达到"明"的境界。"复归其明"当亦有此意。

⑦是为袭常：以上这些都属于可以沿用的常道。袭，沿袭，顺承；常，通常，常规，亦即首章之"常道"。王弼注："道之常也。"王弼本、河上本等"袭"作"习"，"袭""习"古通，帛书甲本、汉简本、严遵本、傅奕本、范应元本等多作"袭"，据改；世传本及帛书甲乙本、汉简本"常"皆不作"恒"，是《老子》世传本各处改"恒"为"常"中明确不可训作"恒"的地方。案本句是一章总结，明言四种"袭常"或守常之道，因其固有不殆、不勤、不救、无殃之宜。历来注家多读此句属上句，失之。

五十三章

【题解】

本章之旨在于申明,君王若欲导人以道,则必须言行一致。假如君王自诩要"行于大道",而其实却以知为能、悖道而行,那么,君王之言即属"盗夸",君王之行即属"非道"。盗夸乃欺世盗名,非道则导而不道。这样的君王,他的施为越多就越是可怕。王弼注云"故举非道以明非道,则皆盗夸也",一语道破老子本章所设之论,在于揭露君王言行不一的本质。

君王行为的重要性,老子在三章已纲领性地予以阐明过,特别强调君王之行的示范作用:"不尚贤,使民不争;不贵难得之货,使民不为盗;不见可欲,使民心不乱。"本章承其旨而再申述之,用具体事实构建了上行下效的因果关系链。《韩非子·解老》以五声之长的"竽"为喻,将这种因果关系作了如下的概括,是亦有见于本章之旨:"国有若是者,则愚民不得无术而效之,效之则小盗生。由是观之,大奸作则小盗随,大奸唱则小盗和。竽也者,五声之长者也,故竽先则钟瑟皆随,竽唱则诸乐皆和。今大奸作则俗之民唱,俗之民唱则小盗必和。"君王一旦行其"朝甚除"之举,则天下荒淫随之,此岂非劝诫君王之绝唱乎!

在《管子·五辅》中,可以看到管子从正面论述了君王与臣民之间的这种上行下效关系,可作为本章的疏解:"故善为政者,田畴垦而国邑实，朝廷闲而官府治，公法行而私曲止，仓廪实而圄圂空，贤人进而奸民退。其君子，上中正而下诏谀；其士民，贵勇武而贱得利；其庶人，好耕农而恶饮食，于是财用足而饮食薪菜饶。是故上必宽裕而有解舍，下必听从而不疾怨，上下和同而有礼义，故处安而动威，战胜而守固，是以一战而正诸侯。不能为政者，田畴荒而国邑虚，朝廷凶而官府乱，公法废而私曲行，仓廪虚而圄圂实，贤人退而奸民进。其君子，上诏谀而下中正；其士民，贵得利而贱武勇；其庶人，好饮食而恶耕农，于是财用匮而饮食薪菜乏。上弥残苛而无解舍，下愈覆鸷而不听从，上下交引而不和同，故处不安而动不威，战不胜而守不固。是以小者兵挫而地削，大者身死而国亡。故以此观之，则政不可不慎也。"

此外，本章的写作手法十分奇特，显示出老子行文，诡谲变化，无有定规，林希逸赞之曰："老子之文，如此等处可谓工绝。"老子先假托自己为言语主体，一个"使"字构成理解本章文意的密钥。然后，老子将正反不同观点以及关联于不同主体的事实交替予以呈现，而其真实立场完全建立在天道、人情、物理以及自己的系统理论观点之上，读者须据此判断何者为老子所趣取，何者为老子所排斥。若单纯从老子行文用语（比如"行于大道"）出发揣摩老子本意，对假设语气又不作特殊考量，以为凡是老子诉诸文字者皆为老子的观点，则必不能理解老子本章之旨。

使我介然有知，行于大道，惟施是畏①。大道甚夷，而民好径②。朝甚除，田甚芜，仓甚虚；服文彩，带利剑，厌饮食，财货有余③。是为盗夸，非道也哉④。

【译文】

假使"我"笃信自己所掌握的知识，而又要标榜循"大道"而行，那么，"我"越是有所施为就会越令人害怕。大道本来很平坦易行，但普通人往往喜好走捷径。如果君王的宫室整饬得十分奢华，农田就会十分荒芜，仓廪也会十分空虚。人们仿效君王，服饰华丽，佩带利剑，餍足于美食，贪多于财物。这种所谓的循"大道"而行，简直就是欺世盗名，是在用背离大道的施为来误导人啊！

【注释】

①使：假使，假如。我：为老子假托之辞，本指他人，这里尤指君王。范应元《集注》："'使我'者，老子托言也。"王真《道德经论兵要义述》："'我'者，谓侯王也。"吴澄《注》："'我'者，泛言众人，非老子自谓。"介然有知：笃信自己掌握的知识，这里尤指将知识执为教条。介，坚固，确凿，此处有坚信的意思。《荀子·修身》："善在身，介然必以自好也。"杨倞注："介然，坚固貌。"有，刻意以为拥有。《老子》《庄子》中之"有"，凡与"为""知"连用者，多含"刻意""勉强"之意。行于大道：循大道而行。此句意属上句，谓"使我介然有知而欲行于大道"，有"实为以知为导引却标榜为循大道而行"的意思。此"大道"非真正的大道，与下文之大道有虚实之别。另，其中的"道"亦有"导"义。后文"非道也"之"道"，即承此义。惟施是畏：唯独害怕有所施为。施，作为，有为。此句所言反映了老子的心态，表示他对以知为能的君王之言教、身教感到害怕，因为这样的君王往往就是那些"以智治国"者。王弼注："言

若使我可介然有知，行大道于天下，唯施为是畏也。"苏辙《老子解》："体道者无知无行，无所设施，而物自化。今介然有知，而行于大道，则有设施建立，非其自然，有足畏者矣。"林希逸《口义》："介然，固而不化之意。至道无知无行，若固执而不化，有知而有行，则凡所施为皆有道者之所畏也。故曰'惟施是畏'。"案此句乃一假设句，老子托"我"设论，实非指其自己，乃就众人尤其君王而言，其意在于警示君王"以智治国""以知导人"之弊（六十五章："民之难治，以其智多。故以智治国，国之贼；不以智治国，国之福。"）。盖老子不以"知"为尚，至于"介然有知"，则更其扞格于自家之"道论"，故此句乃至此章之真实文意，须在老子所托之言背后寻绎，不可直观而径作肤浅之解。或释"介然有知"为"稍微有些知识"，其去老子本意则更远矣。

②夷：平坦。民好径：普通人好走捷径。民，这里指普通人，与君王相对；径，小路，捷径，邪僻的小道。河上公注："'夷'，平易也。'径'，邪不平正也。大道甚平易，而民好从邪径也。"王弼注："言大道荡然正平，而民犹尚舍之而不由，好从邪径，况复施为以塞大道之中乎？故曰'大道甚夷，而民好径'。"苏辙《老子解》："大道夷易，无有险阻，世之不知者以为迂远，而好径以求捷。故凡舍其自然而有所设施者，皆欲速者也。"案此句言道之难行，在于人皆好走捷径以满足贪欲，暗寓劝诫君王闭目塞听、谨言慎行之意，以为万民之表率。下文"朝甚除"一语词风陡转，揭露君王"见可欲"于民，以至于"田甚芜，仓甚虚"。君王的这种示范作用，在《论语·颜渊》中也有论及："孔子对曰：'子为政，焉用杀？子欲善而民善矣。君子之德风，小人之德草，草上之风，必偃。'"景龙碑本、遂州龙兴碑本"民"作"人"，他本

皆作"民"。作"民"义长，与三章文意呼应。

　　③朝甚除：朝廷宫阙整饬得十分壮观。朝，朝阙，宫阙，指君王的居所；除，修整，整饬。这里有过度奢华之意。服文彩：穿戴华丽的服饰。厌：饱足。河上公注："高台榭，宫室修。农事废，不耕治。五谷伤害，国无储也。好饰伪，贵外华。尚刚强，武且奢。多嗜欲，无足时。"王弼注："'朝'，宫室也。'除'，洁好也。朝甚除，则田甚芜，仓甚虚，设一而众害生也。"陆希声《传》："入其国，其政可知矣。观朝阙甚条除，墙宇甚雕峻，则知其君好土木之功，多嬉游之娱矣。观田野甚荒芜，则知其君好力役，夺民时矣。观仓廪甚空虚，则知其君好末作，废本业矣。"李霖《取善集》："纣惟宫室台榭，楚之章华，秦之阿房，皆是也。田莱多荒，《诗》所以刺幽王也。"案本句文意承三章之旨："不见可欲，使民心不乱。……恒使民无知无欲，使夫知者不敢为、弗为。""朝甚除"即君王之"施"，君王有为，致有"上行下效，捷如影响。故上有好之，而下必有甚焉者"（释德清语），则举世皆以"服文彩，带利剑，厌饮食，财货有余"为尚，而君王所自谓"行于大道"者，岂非欺世盗名之自夸欤！故七十二章老子谓："是以圣人自知不自见，自爱不自贵。"

　　④盗夸：欺世盗名的自夸之辞。李霖《取善集》引罗什曰："取非其有为盗，贵己之能曰夸。"非道也哉：实在是与道相背离的。本句回应首句君王自诩的"行于大道"之说，盖君王以其"介然有知"而刚愎自用于天下，所为自属"非道"，所言亦必是"盗夸"之辞。河上公注："人君所行如是，此非道也。复言'也哉'者，伤痛之辞。"王弼注："凡物不以其道得之，则皆邪也，邪则盗也。夸而不以其道得之，窃位也。故举非道以明非道，则

皆盗夸也。"顾欢《道德真经注疏》引御注云："矜其有知，动以成弊，行同盗窃，仍自矜夸。夸道非道，适令兴叹也。"林希逸《口义》："此譬喻语也，言人不知大道，而自矜聪明，自夸闻见，此好径之徒也，岂知至道，故曰'非道'哉。"

五十四章

【题解】

本章以阐明修道、积德与观物之间的关系为主线，在主旨上展现了"以物观物"的认识论主张。这一主张是老子"无为而无不为"实践哲学的知识论反映。

人类所有行为的适当性都取决于其知识积累的丰厚程度以及对知识的化用能力。积累知识的能力属"学"，越积越多；化用知识的能力属"道"，唯有损之又损方能养成。先秦诸子尤其是道、儒、名、墨等家，都曾从认识论的角度对知识问题有所探讨，道、名两家在名实关系上的学理性探求，更是达到了知识论的顶峰。老子在本章所触及的便是"如何认识事物"这个知识论的核心命题。

毫无疑问，在老子看来，要想能够正确认识事物，就要修道。由于道"无所不在"，所以，所谓修道，不过是发现道并努力与之偕行而已。在本章，老子井然有序地列举了修道的不同层次或类型，也阐明了与之相对应的德行的属性，进而得出相应的观物方法。与老子道论的玄奥性有些不相匹配的是，老子本章的阐述似乎呈现了非常清晰的实操路线，身、家、乡、邦国、天下，盈科而进，次第分明。不过，如果再去观察老子所探讨的问题的属性，以及审度老子给出相关方法时的真实主张，那么，老子的阐述便又回归到其玄奥品质：以身观身，以家观家，以乡观乡，以国观国，以天下观天下，这一连串貌似浅白的表述，实际上面对的是人类认识世界一直存在的知识错位问题，因此在思想上是极为深刻的。在现实世界，以身观家、以家观天下，或者以邦国观乡、以乡观家之类的错位观物现象，几乎比比皆是。此类认识论错误，除非得道者，否则几乎无人能免。

因此，从实践论的角度评价老子此章之旨，其意义十分重大。老子所提出的观物方法，汤漳平等人将其表述为"以物观物"，这是一个十分恰切的归纳。其实，这种方法就是现当代西方现象学所提出的要在"生活世界"中"直观事物本质"的方法，也即中国传统上的"实事求是"方法。以这样的方法观察世界，则观身知身、观家知家、观乡知乡、观邦国知邦国、观天下知天下。既能知天下，则可为天下；能善为天下，则能取天下。及其以下者，皆可类推。在名家看来，这种观物方法，最终能得物"名"（即有关"物"的知识）之"实""位""正"（参见拙著《名家四子引归·公孙龙子引归·名实论》）。以这样的知识基础行事，则事无不成。此理之大，在《老子》"德论"范畴当中，不啻为最紧要者。庄子也因此而在其《大宗师》篇中以"藏天下于天下"作出响应。

无独有偶，老子于本章所述的修道、积德阶次及其隐含的"有为"或"无不为"思想，其道理与儒家典籍《大学》中的表述很是接近。这说明，春秋之际的诸子思想，彼此是极其融合的，与秦汉之后门派分化、知识源流泾渭分明的状况不可同日而语。此外，在《管子·牧民》篇中，也有类似的思想，可以作为老子本章的注解："以家为乡，乡不可为也；以乡为国，国不可为也；以国为天下，天下不可为也。以家为家，以乡为乡，以国为国，以天下为天下。毋曰不同生，远者不听；毋曰不同乡，远者不行；毋曰不同国，远者不从。如地如天，何私何亲？如月如日，唯君之节。"明代的刘绩在注解《管子》此节文字时说："乡大于家，言以为家者为乡，则乡必不治，等而上之皆然。故才有大小，而治亦随大小也。故治天下者不拘于同家、同乡、同国，而量如天地日月无私，然后能治天下也。"

一个值得一提的文章学问题是：老子本章在叙述方法上，先是引用他人的观点作为立言的批评对象，然后才从正面申言其主张。这一点以往为注家所不识，以致不能处理文章中的观点冲突。此种本为引用他人之言而被注家视为作者之言的情况，在先秦诸子的注解著作中并非个别现象。

"善建者不拔，善抱者不脱，子孙以祭祀不辍^①。"

修之于身，其德乃真；修之于家，其德乃余；修之于乡，其德乃长；修之于国，其德乃丰；修之于天下，其德乃普^②。故以身观身，以家观家，以乡观乡，以国观国，以天下观天下^③。

吾何以知天下然哉？以此^④。

【译文】

"最善于建立的，就不可能被拔除；最善于抱持的，就不可能被挣脱。所以子孙祭祀先祖的香火才能赓续不断。"

其实，修道道己身，其德行才真纯；修道于自家，其德行才有余；修道于本乡，其德行才悠长；修道于全国，其德行才丰盈；

修道于天下，其德行才周普。所以，要以身德观己身，要以家德观自家，要以乡德观本乡，要以邦德观全国，要以天德观天下。

我是如何知道天下的情况的呢？凭借我修道于天下。

【注释】

①善建者不拔：最善于树立的无法被拔除。善，指至善，犹"上善若水"之善。王弼注："固其根而后营其末，故不拔也。"抱：抱持。脱：脱落，挣脱。王弼注："不贪其多，齐其所能，故不脱也。"子孙以祭祀不辍：所以子孙祭祀先祖的香火才能赓续不断。苏辙《老子解》："世岂有建而不拔、抱而不脱者乎？唯圣人知性之真，审物之妄，捐物而修身，其德充积。实无所立，而其建有不可拔者；实无所执，而其抱有不可脱者。故至其子孙，犹以祭祀不辍也。"案此三句当为老子引用当时的世俗观点，其中前两句为合于大道之论，后一句为不见道之人的浅薄推论，强行将善建不拔、善抱不脱与子孙祭祀不辍联系起来，其实正与道的根本特性相背离。所谓"善建者不拔、善抱者不脱"，其理与"善闭，无关楗不可开；善结，无绳约不可解"相同，符合道家的观点。但以为"子孙祭祀不辍"就证明善建、善抱，这已经完全背离道家思想，也与前后文意相扞格。盖子孙祭祀之举，恰非修之于身，乃是一种"欲以身观天下"的错位观点。此类想以祭祀延续祖宗之德的做法，在道家眼中，实属大谜！故此句必是老子引用时论而作为立言的由头。历来注家不知，故千古无有解此谜者，以致牵强为训，释解失伦（包括苏辙注之最后一句）。又，《老子》中凡以"善"修饰德行者，皆取八章"上善若水"之意，指"上善"，非指普通的"善"。例如，八章之"居善地，心善渊，与

善仁，言善信，正善治，事善能，动善时"，十五章之"古之善
为士者，微妙玄通，深不可识"，二十七章之"善行者，无辙迹；
善言者，无瑕谪；善数者，不用筹策；善闭者，无关楗而不可开；
善结者，无绳约而不可解"，五十章之"善摄生者，陆行不避兕
虎，入军不被甲兵"，六十五章之"古之善为道者，非以明民，
将以愚之"，六十六章之"江海所以能为百谷王者，以其善下之，
故能为百谷王"，六十八章之"善为士者，不武；善战者，不怒；
善胜敌者，不与；善用人者，为之下"。河上本、严遵本、傅奕
本等世传本并无"以"字，帛书甲、乙本有"以"，郭店本、汉
简本作"以其"，意皆可通。

　　②修之于身，其德乃真：修道于己身，这样的德行才真正合
于道。真，真纯，真正。余：余裕，富余。长：悠长，长远。丰：
丰盈，丰满。普：周普，普遍。薛蕙《集解》："'修之身'，以
养善建善抱之道也。'修之家'以下并同。'真'，真实也；'余'，
优余也；'长'，加远也；'丰'，盛大也；'普'，周遍也。"王弼
注："以身及人也。修之身则真，修之家则有余。修之不废，所施
转大。彼皆然也。"苏辙《老子解》："身既修，推其余以及外，虽
至于治天下可也。"案老子只言"取天下"，不言"治天下"；老
子虽强调以修身为基础、前提，但也指出只有修身而有"余"，
方可言"修之于家"，其余可以类推。这样，苏子此解之瑕有二：
以"治"替代"取"，词义不当；以为身修即可兼济天下，非老
子本意，于此王弼言"以身及人"，也容易造成误解。联系下文，
老子所强调的是，欲"取天下"，则必修"天下之道"。另外，老
子这里所言之修道次第，儒家亦有类似主张："古之欲明明德于天
下者，先治其国；欲治其国者，先齐其家；欲齐其家者，先修其

身；欲修其身者，先正其心；欲正其心者，先诚其意；欲诚其意者，先致其知；致知在格物。"道、儒之通，在先秦可谓处处得见。郭店本、《韩非子·解老》、帛书甲本、傅奕本等"国"作"邦"，帛书乙本、汉简本作"国"，义同。"国"为汉人讳刘邦字所改，下文"以国观国"与此同。又帛书甲本中能辨认的二十二个"邦"字，在乙本中均因避讳而改为"国"，可知帛书甲本抄写年代早于乙本。

③以身观身：以身德观己身。全句意谓，如果所修之道属于治身之道，那么，其德行即属修身之德，以此德审视、规范自身的行为、事业，便足以达到周遍，如此则身修事成。如果所修之道属于齐家之道，那么，其德行即属齐家之德，以此德审视、规范自家的行为、事业，便足以达到周遍，如此则家齐事成。以此类推，于乡里、邦国、天下，无不如此。不修"取天下"之道而欲有审视、规范天下的能力、事功，属于错位以求，是不可能达到目的的。仅有齐家之德反而吹嘘能"平天下"者，实属"盗夸"。案此句历来注家虽能大致知晓文意，却多于细微处失察，终而至于在整体上误解老子本旨。河上公注"以修道观不修道"之妄自不论，王弼注"彼皆然也"亦语焉不详，而对"以天下观天下"的注解亦不无失当之处。后世注家如林希逸等，多袭用河上公注，遂成普遍之误解。唯苏辙《老子解》于老子本意接近，然或有错失之处："天地外者，世俗所不见矣，然其理可推而知也。修身之至，以身观身，以家观家，以乡观乡，以邦观邦，皆吾之所及知也。然安知圣人以天下观天下，亦若吾之以身观身乎？岂身可以身观，而天下独不可以天下观乎？"苏子之意，近于老子所言之旨，但其中"其理可推而知"以及两句疑问

表述方式，虽于理不乖，但容易产生误解，当明确指出老子之文寓有"修其道、有其德、居其位、观其象、济其事、成其功"（其中的"其"字，很可用英语之"THE"的限定、专指等意涵去理解）的内在逻辑，在这个逻辑链条中的任何环节有错位，都不能成其圣人境界。世间常有小人当大位，其所以败事，便是德不配位所致。此句老子所展现的以物观物、实事求是思想，当代西方现象学即与之殊途同归，强调"回到实事本身"对事物作"本质直观"。在先秦时期，也启发了名家公孙龙的"正名"思想（《公孙龙子·名实论》："物以物其所物而不过焉，实也。实以实其所实，不旷焉，位也。出其所位，非位；位其所位焉，正也。"），而《庄子·大宗师》更是本句的直接疏解："夫藏舟于壑，藏山于泽，谓之固矣。然而夜半有力者负之而走，昧者不知也。藏小大有宜，犹有所遁。若夫藏天下于天下而不得所遁，是恒物之大情也。"（参见拙著《庄子内篇引归》《名家四子引归》）从以上引述可看出老子思想之博大精深及其意义之宏阔深远。

④"吾何以"句：我是如何知道天下的情况的呢？凭借我修道于天下。然，指如其所是的事实、情况；以此，指"我"之"修之于天下"。《王安石辑本》："身有身之道，故以身观身；家有家之道，故以家观家；以至于乡、国、天下。'吾何以知天下然哉，以此'者，盖以此道观之也。言'以此'者，'此'则同于道，'彼'则异于道，同则取之，异则去之。"汤漳平、王朝华《老子》："老子的意思并不是要以我观他、以此观彼（否则'以天下观天下'一句便不可解，'天下'只有一个，不可能以'我的天下'观'他的天下'，或以'此天下'观'彼天下'），而是要以物观物，要以不超越事物本身的眼光观照事物。具体说来，是要

从身来看身，从家来看家，从乡来看乡，从邦国来看邦国，从天下来看天下。在老子看来，这样就可以'知天下之然'。这种观是一种'自反'之观，是不超出对象的观，这样的观避免了以大观小或以小观大（如以国观家或以家观国）的毛病，是最贴近事物本身的观。实际上这样的观就是以物观物，在本质上这样的观是一种高深莫测的观，既要贴近事物，又要有一种超越的眼光，即必须以道观物，否则以物观物便陷于绝境。在老子看来，要实现这样的观，则必须有深广的道与德的修养，必须在身、家、乡、邦、天下各个不同的层面上完善自身的道德境界。"案《老子》中多次用到"此"，且往往与"彼"相对，如十二章"去彼取此"，二十一章"以此"，三十八章"去彼取此"，五十七章"以此"，七十二章"去彼取此"，其中之"此"，皆为当其位、处其事之"我"，这个"我"是与"道"相连通的，而往往不是在总结上文之文意。所以，这个"此"字极富深意，必须与"实事求是"的大理相贯通，方得正解；若能与现象学的"本质直观"相联系，则可以合璧东西方古今之学。此旨在本书相关章节的注释中多有贯通性的体现。

五十五章

本章的真意扑朔迷离。如果不能站在老子学说的整体上做统一的把握,很容易被文字的表面含义所误导,从而歧离老子立言的初衷。老子学说后来被道教所利用,恐怕就与本章闪烁其词的表述方式有关。

传统上,人们以为本章的核心在"含德之厚"四字,辅以"精""和"之论,且以为"精"是精气,"和"是"同"或"常"。但这样的理解无法协调全章所有文句的意涵,也使得老子行文的跳跃性显得超出了正常的逻辑边界:"赤子"之喻为什么继之以"曰常""曰明""曰祥""曰强"?四"曰"之后又为什么突然冒出一个内容颇为突兀的"谓之"?这些问题都不容易回答,历来注家曲为解说,然而终不能完全服人。尤为重要的是,面对老子此类貌似"言之凿凿"的表述,各路注家基本上都忘记了《老子》首章"道可道,非常道"六字之大旨,以为老子行文,也会断断续续背离自己的主见而流于言教。此为阅读《老子》一书之大迷者矣!

其实,老子本章之旨,仍在"知常曰明"四字。此四字,不仅是本章的灵魂,也是《老子》全书所作"道论"的一个终极知识观。因此,本章的立言宗旨,实际上是站在警示的立场,提醒人们要谨慎对待各种即成的"常识",包括"益生曰祥""心使气曰强""物壮则老,谓之不道,不道早已"等几成格言的表述,这些表述或其变体也不难在老子同时代以及之前的典籍中找到,这说明了相关观点的常识特征。本质上,所有这些所"曰"、所"谓",一旦成其"曰""谓",则必成老子所谓"子所言者,其人与骨皆已朽矣,独其言在耳"(《史记·老子申韩列传》)。如果联系下一章开篇那句"知者不言,言者不知",老子本章之言的警示之意就更一目了然了。这样,以此"知常曰明"为轴心,关联文中前、后、左、右的意涵,便可一以贯之,豁然有解:所谓"赤子"之喻,其真者,譬为道体;其失真者,解为道用。四"曰"一"谓",亦皆言也,信之可为"常道",变之则有赖于"道"。常、变之间,游于无极,神妙万化,可谓玄之又玄。这便是老子道论的玄妙所在。

所以,老子本章前边言"精之至""和之至",都在传递常识、"常道"。不仅"知和"可以"曰常"(即王弼注"得常",获得常识、常理),"知精"同样也可以"曰常"。以此类推,"知X"皆可"曰常",它们通通属于认知层面的"常识"。所积此类之知越多甚至近于"知也无涯"的程度,就越需要以"道"来"损之又损",这样,常识之知才可以成为实事求是的有用之知。能以"道"损之又损,才可以称之为"明"。这样,本章后文的四"曰"一"谓",便都是需要彻知的"常";能彻知此"常"(即知晓常理、规律、定理能够成立的假定前提),方可"曰明"。《老子》"常""明"之间的关系,大略如此。

此外,本章的"精"与"和",也的确是关键所在。但后世注家将"精"训为"精气",将"和"训为"同"或"常",则大乖于本义。训"精"为"精气"，便将本章主题导向养生论，道教千奇百怪的方术或即由此而生，而老子的认识论初衷遂被淹没。训"和"为"同"，是不知"和"乃"和而成物"的意思；只要所成之物至正，则此"和"即成"至和"。至于训"和"为"常"，当属误读，可不论。

在先秦典籍中，"精"与"和"都曾被作为极为重要、关键的概念来对待，其内涵往往为各家学说所共同推崇。

比如，在儒家经典中，关于"精"的相关表述均处于相当重要的地位。《尚书·虞书·大禹谟》："人心惟危，道心惟微，惟精惟一，允执厥中。"仅这一句，对后世之影响就极为远大。《易经·上经·乾卦》："刚健中正，纯粹精也。"《礼记·中庸》："致广大而尽精微，极高明而道中庸。"《礼记·经解》："洁静精微而不贼，则深于《易》者也。"

"和"在儒家经典中的重要性更为突出，《尚书》《易经》等书多有所及。这里且举《左传·昭公二十年》的记载以说明"和"与"同"毕竟有别："齐侯至自田，晏子侍于遄台，子犹驰而造焉。公曰：'唯据与我和夫！'晏子对曰：'据亦同也，焉得为和？'公曰：'和与同异乎？'对曰：'异。和如羹焉，水火醯醢盐梅以烹鱼肉，燀之以薪。宰夫和之，齐之以味，济其不及，以泄其过。君子食之，以平其心。君臣亦然。君所谓可而有否焉，臣献其否以成其可。君所谓否而有可焉，臣献其可以去其否。是以政平而不干，民无争心。故《诗》曰："亦有和羹，既戒既平。鬷嘏无言，时靡有争。"先王之济五味，和五声也，以平其心，成其政也。声亦如味，一气，二体，三类，四物，五声，六律，七音，八风，九歌，以相成也。清浊，小大，短长，疾徐，哀乐，刚柔，迟速，高下，出入，周疏，以相济也。君子听之，以平其心。心平，德和。故《诗》曰："德音不瑕。"今据不然。君所谓可，据亦曰可；君所谓否，据亦曰否。若以水济水，谁能食之？若琴瑟之专一，谁能听之？同之不可也如是。'"晏子之言，便是以水火相反而成和羹，比喻可与否二者相反相成以为和。

至于道家，"和"更是一个极为重要的概念。《庄子》三十三篇，其中有一半以上的篇幅在哲学层面言及"和"，足可见"和"字在道家理论中的重要地位。《庄子·齐物论》："是以圣人和之以是非而休乎天钧，是之谓两行。""何谓和之以天倪？曰：是不是，然不然。是若果是也，则是之异乎不是也亦无辩；然若果然也，则然之异乎不然也亦无辩。化声之相待，若其不相待。和之以天倪，因之以曼衍，所以穷年也。忘年忘义，振于无竟，故寓诸无竟。"《人间世》："形莫若就，心莫若和。"《德充符》："仲尼曰：'自其异者视之，肝胆楚越也；自其同者视之，万物皆一也。夫若然者，且不知耳目之所宜，而游心乎德之和；物视其所一而不见其所丧，视丧其足犹遗土也。'"

由此可见，当时学界对"精""和"的认识已经具有普遍性，已经产生了"常识"。如何在"道"的意义上真正理解这些"常识"或"常道"，便是老子本章立言的动力所在。

另外，老子在开篇便以"赤子"作喻，貌似在彰显得道之人的非凡能力，实则是以非常夸张的表述方式唤起人们对道体无形的体悟。苏辙明鉴于此，于是有道体、道用之分。知此，则不至于陷入某种旁门左道，自以为真有不生不灭之身，跃然而自投于虎鹰蛇之口，遂成一时笑话。

含德之厚，比于赤子^①。蜂虿虺蛇不螫，猛兽不据，攫鸟不搏^②。骨弱筋柔而握固，未知牝牡之合而朘作，精之至也^③。终日号而不嗄，和之至也^④。知和曰常，知常曰明^⑤："益生曰祥"，"心使气曰强^⑥"，"物壮则老，谓之不道，不道早已^⑦"。

【译文】

道德涵养淳厚的人，就好像初生的婴儿，毒蛇不咬，蜂蝎不蜇，鹰隼不抓，猛兽不扑。虽然筋骨柔弱，但拳头却能握得紧紧。虽然不懂男女交合之事，但小阴茎却能勃然翘起，这是由于至精至纯达到极点的缘故。即便整天号哭，声音也不会嘶哑，这是由于元气顺和达到极点。知道类似这种有关"和"的道理，便得到了相关的"常理"；但只有彻知这些"常理"，才可以进入彻悟妙道的境界。其他诸如所谓"益生曰祥"，所谓"心使气曰强"，所谓"物壮则老，谓之不道，不道早已"等等，皆是如此。

【注释】

①赤子：初生的婴儿。陈景元《纂微》："'含'，怀也。夫至人纯粹，怀德深厚，情复于性，憺泊无欲，状貌兀然，比于赤子也。'赤子'者，取其始生，其色赤，纯色之至也。"苏辙《老子解》："老子之言道德，每以婴儿况之者，皆言其体而已，未及其用也。夫婴儿泊然无欲，其体则至矣，然而物来而不知应，故未可以言用也。"

②蜂虿（chài）虺（huǐ）蛇不螫（shì）：蜂蝎不刺，毒蛇不咬。虿，蝎类毒虫；虺，毒蛇；螫，毒虫或毒蛇的蜇刺或吞咬。

攫（jué）鸟猛兽不搏：鹰隼不抓，猛兽不扑。攫鸟，鹰隼一类的凶鸟；搏，扑。王弼注："赤子无求无欲，不犯众物，故毒虫之物无犯于人也。含德之厚者，不犯于物，故无物以损其全也。"宋徽宗御注："含德之厚者，忧患不能入，邪气不能袭，故物莫能伤焉。庄子曰：'人能虚己以游世，其孰能害之？'"苏辙《老子解》："道无形体，物莫得而见也，况可得而伤之乎？人之所以至于有形者，由其有心也。故有心而后有形，有形而后有敌，敌立而伤之者至矣。无心之人，物无与敌者，而曷由伤之？夫赤子之所以至此者，唯无心也。""攫鸟猛兽不搏"王弼本原作"猛兽不据，攫鸟不搏"，参考郭店本、帛书本、汉简本改。

③握固：手握得很牢固。牝牡之合：男女交合。牝，雌性；牡，雄性；合，交合，交媾。朘（zuī）作：小阴茎勃起。朘，小男孩的生殖器；作，挺举，翘起。精：精诚，纯一，专一。《易经·上经·乾卦》："刚健中正，纯粹精也。"《管子·心术上》："静则精，精则独立矣。"《吕氏春秋·博志》："用志如此其精也，何事而不达？"河上公注："赤子筋骨柔弱，而持物坚固，以其意专心不移也。赤子未知男女之合会，而阴作怒者，由精气多之所致也。"宋徽宗御注："德全者形全，故筋骨柔弱而握固。形全者神全，故未知牝牡之合而朘作。精之至者，可以入神。庄子曰：'圣人贵精。'"苏辙《老子解》："无执而自握，无欲而自作，是以知其精有余而非心也。""朘"王弼本误作"全"，据郭店本、帛书乙本、汉简本等改。河上本等又多作"峻"，与"朘"通。

④号而不嗄（shà）：大声哭号嗓子却不嘶哑。嗄，嘶哑。和：中和，谐和，冲和，指元气顺也。此"和"字义大，有相反相成之意，即在矛盾对立诸因素的作用下实现真正的和谐统一。

四十二章:"万物负阴而抱阳,冲气以为和。"河上公注:"赤子从朝至暮啼号,声不变易者,和气多之所致。"苏辙《老子解》:"心动则气伤,气伤则号而哑。终日号而不哑,是以知其心不动而气和也。"范应元《集注》:"以譬含德之厚者,纯粹而不杂,静一而不变也。"

⑤知和曰常:人能知晓"和"所包含的道理,这个知识其实是个"常道"或常理。知常曰明:人能对所有的常理有超常的认识才叫作"明",即明达于"道"。河上公注:"人能知和气之柔弱有益于人者,则为知道之常也。人能知道之常行,则日以明达于玄妙也。"王弼注:"物以和为常,故知和则得常也。不皦不昧,不温不凉,此常也。无形不可得而见,曰明也。"奚侗《集解》:"《荀子·天论》篇:'万物各得其和以生。'知和则得养生之常理矣。"案本句所言之理以及立论逻辑,与十六章"归根曰静,静曰复命,复命曰常,知常曰明"相同,都在强调知识属性上的二元性:常道与道。常道易知,故本句第一个"知"字为肤浅之"知";道难知,故第二个"知"是彻知,近于玄奥。河上公注、王弼注中的意涵,均当作如此理解。盖人对万事万物都可以积累知识,所积者乃为"常道"之知即常识;"常道"之知必须能够"转识成智"(释家语),人方能进入明达于"道妙"的境界。此为《老子》一书的总线索,值得细加体悟。本句河上本、严遵本、傅奕本、顾欢本、景龙碑本、范应元本并同,世传本多从此本,但郭店本、帛书甲本、汉简本"知和曰常"作"和曰常",以"和"等价于"常",义不可通,譬如桀纣当政,是为不和,亦属非"常"。高明《帛书老子校注》以为帛书甲本夺"知"字,其说可从。

⑥益生曰祥：刻意增益于养生，叫作妖祥。益，增加，加多；祥，吉凶的征兆，这里取凶兆，义为妖祥。范应元《集注》："'祥'，妖怪也，又福也，善也。此指妖怪之义。"使气：任气，放纵心气的发泄。强：强硬，强暴。《庄子·德充符》："吾所谓无情者，言人之不以好恶内伤其身，常因自然而不益生也。"王弼注："生不可益，益之则夭也。心宜无有，使气则强。"《王安石辑本》："夫生不可益，而人常求益于生，则有凶祥。气者当专气致柔，今反为心之所使，不能专守于内，则为暴矣。故曰'心使气曰强'。《书》曰'作善，降之百祥'，上章曰'守柔曰强'。此'祥'者，非作善之祥，乃灾异之祥。此'强'者，非守柔之强，乃强梁之强。"苏辙《老子解》："生不可益，而欲益之，则非其正矣，祥妖也。气恶妄作，而又以心使之，则强梁甚矣。"

⑦物壮则老：事物正值强壮便走向衰亡。壮，强盛，雄壮。不道：不合乎道。早已：提早消亡。此句三十章重出，参阅该章注解。

五十六章

【题解】

本章的主旨在于进一步申明圣人之接人待物，无不循道而为。

具体地，本章涉及言、行及其效应等主题。就言而言，老子以"知者不言，言者不知"一句，对"言"与"道"的关系作了高度的概括：知"道"者贵言、希言、不言，而多言者必不知"道"。这与庄子所说的"大辩不言"是同样的道理。

就行而论，老子区分了有事和无事两种生命状态。圣人于无事之际，则"塞其兑，闭其门"，修身养性，宁静以致远。这与《周易·系辞上》所言之"君子居则观其象而玩其辞"是相同的境界，是在一种静止的世界中建构自我的存在。圣人于有事之际，则须"挫其锐，解其纷；和其光，同其尘"，这又与《周易·系辞上》所言之君子"动则观其变而玩其占"的境界一致，强调万物处在不确定性之中，不可教条地按照常识或"常道"强作区别。总而言之，老子所论的圣人境界，就是要达至庄子在《齐物论》中讨论"古之人，其知有所至矣"时所列四重境界中的第一、二层次："有以为未始有物者，至矣，尽矣，不可以加矣。其次以为有物矣，而未始有封也。"这两个境界的特征就是视世界为"无物"，或即便"有物"，物与物之间也没有区别。无物，则可行"无为"之德；有物而无封，则可行"无不为"之德。如此而得行于"无为而无不为",即如庄子之所谓"逍遥游"于"有无""有为与无为""有辩与无辩""可与不可""材与不材""有用与无用""方内与方外""有知与无知"(参阅拙著《庄子内篇引归》)。所以,作为一种具体的行动策略,老子在此明确了圣人达至其和同万物的最高境界。这个境界如此之神妙,以至于老子称之为"玄同"。若非得道之人,则难以达到此境界。

这样一种境界,意味着圣人对待事物的总态度是以万物为刍狗的"无别"态度。这样,万物对于圣人来说,就无所谓亲疏、利害、贵贱。达到这种至高的境界,自然会得到天下人的普遍推崇。圣人之取天下,如此而已。

知者不言,言者不知①。

塞其兑,闭其门;挫其锐,解其纷;和其光,同其尘;是谓玄同②。故不可得而亲,亦不可得而疏;不可得而利,亦不可得而害;不可得而贵,亦不可得而贱③。故为天下贵④。

【译文】

知"道"者不多言,多言者则不知"道"。

圣人之行,于无事之际往往塞住其感知外物的器官,关闭其与外物沟通的门径;及其有事,则消磨其察物之敏锐,化解其待物之纷扰;调和其成物之光耀,混同于俗世之好恶。这种幽深玄妙地和同众物的境界,就叫做"玄同"。这样,圣人于物,既不会特别亲近,也不会特别疏远;既不会从中取利,也不会由此受害;既不会因之而显贵,也不会由此而卑贱。这样,圣人自然会赢得天下人的尊崇。

【注释】

①知：指知"道"。郭店本"知者"作"智之者"，其"之"即指"道"。不言：犹"希言"。盖"常道"乃可言者，唯"道"只能勉强其言，所以才不言、希言。四十三章："不言之教，无为之益，天下希及之。"七十三章："天之道，不争而善胜，不言而善应。"《庄子·齐物论》："夫大道不称，大辩不言。"陆希声《传》："知道者以心而不以辩，谭道者以辩而不以心。"吕惠卿《传》："知至于知常，则知之至也。知之至，则默而成之，而无不理也，何所容心哉？苟为不能无言，则不能无我，虽知之，非真知者也，故曰'知者不言，言者不知'。"

②其：这里指知"道"者，即圣人。兑：孔穴，这里指人的感知器官，如耳、目、口、鼻等。挫：消磨，磨蚀。锐：敏锐，锐利。这里指善于对事物进行区分，犹庄子之"小知"，能察察于辨物，属于《齐物论》所指的第三、四等知识境界："其次以为有封焉，而未始有是非也。是非之彰也，道之所以亏也。道之所以亏，爱之所以成。"（参见拙著《庄子内篇引归》相关注解）纷：纷扰，纷乱。光：光芒，光耀。这里指功成事遂所带来的荣耀。尘：俗尘，尘垢。这里指由于自恃清高而卑视俗物。玄同：指人所达至的幽深玄妙的大同境界。王弼注："含守质也，除争原也。无所特显，则物无所偏争也。无所特贱，则物无所偏耻也。"苏辙《老子解》："道非言说，亦不离言说，然能知者未必言，能言者未必知。唯塞兑、闭门以杜其外，挫锐、解纷、和光、同尘以治其内者，默然不同而与道同也。"案此句先谓圣人于无事之际，通常

会闭目塞听，不将不迎；次谓圣人于观物、待物之际，须去其察察、昭昭，返其昏昏、闷闷；再谓圣人功成事遂，则敛含光耀，低调行于世，以与世俗和同。其中"挫其锐，解其纷；和其光，同其尘"已出于四章。"其"于彼处指"道之用"，为"道"对于万物的涵化功能的体现。而"塞其兑，闭其门"已出于五十二章，"其"于彼处亦指圣人。老子活用两句话，虽文意参差，但却各得其宜。"纷"王弼本原作"分"，据郭店本、帛书本、汉简本、河上本、傅奕本等改。

③亦不可得而疏：意谓圣人于物（"物"泛指人和各种事物）不会特别疏远。王弼注："可得而亲，则可得而疏也；可得而利，则可得而害也；可得而贵，则可得而贱也。"苏辙《老子解》："体道者均覆万物，而孰为亲疏？等观逆顺，而孰为利害？不知荣辱，而孰为贵贱？"王弼本原无"亦"字，严遵本与之同，但郭店本、帛书本、汉简本、河上本、傅奕本等并有"亦"，据补，以下两句同。

④故为天下贵：全句总结上文，指圣人的境界至高无上，故为天下万民所尊崇。王弼注："无物可以加之也。"陆希声《传》："道德自尊，非人使然，此所以为天下之至贵。"苏辙《老子解》："情计之所不及，此所以为天下贵也。"

五十七章

【题解】

本章主旨在于申明无事、无为对于获取民心的重要性。李霖《取善集》云:"此章主无事以取天下也。自'天下多忌讳'至'盗贼多有',此有事以取天下之过也;自'我无为而民自化'至'我无欲而民自朴',此无事以取天下之证也。"

需要注意的是,老子从不说"治天下",只言"为天下""取天下"。《庄子》中"治天下"虽然多次出现,但庄子皆以贬义述之,且明确有言:"闻在宥天下,不闻治天下也。"(《在宥》)所以,在经典道家领袖人物心中,邦国可以"治",但天下不可以"治"。这个细微的区别十分重要,它是扫除理解本章文意、贯通老子本章与全书思想的又一把钥匙。从这个角度说,老子本章开篇即将"以正治国""以奇用兵"与"以无事取天下"相提并论,并没有彻底否定"以正治国""以奇用兵"的意思。正如老子将"无事"作为取天下之"常"一样,"正"也是治国之"常","奇"则是用兵之常。站在"道可道,非常道"的立场,老子所能传达或"可道"的,就是这种"常"。至于"常"外之"变"、"常"中之"权",则于国于兵都自在其中,这便是"治国之'道'"和"用兵之'道'"。如果能将"道"与"常"会通于"治国""用兵""取天下",则国自治、兵自胜、天下自得。在《老子》的语境中，"常"是规律，"道"是对规律的超越，或者可以说，"道"是超越规律的总规律，而这个总规律，不是规律。"道"之玄妙，即在此。

又，本章或本书之"正"字，若不能用庄子在其《逍遥游》篇中那句"乘天地之正，而御六气之辩，以游无穷者"中的"正"字来理解，或者说，若不能挣脱历来注家误训"正"为"道"（正如误训"一"为"道"一样）的枷锁，就不可能贯通本章乃至《老子》全书的中心思想。读《老子》书，此亦其中大碍之一，不可不察。

以正治国，以奇用兵，以无事取天下①。吾何以知其然哉？以此②。

天下多忌讳，而民弥贫③；人多利器，国家滋昏④；人多伎巧，奇物滋起⑤；法令滋彰，盗贼多有⑥。

故圣人云："我无为而民自化，我好静而民自正，我无事而民自富，我无欲而民自朴⑦。"

【译文】

以常道、正理治国，以奇计、诡谋用兵，以无事、无为取天下。我是如何知道这些的呢？凭借我对"道"的体悟。

人君所设施的禁忌越多，人民就更多贫叛；人君的取利工具越多，国家就越加昏乱；人君的智巧技术越多，民间就更多邪异之事；人君的法令越是苛察，民间就有更多的盗贼。

所以，圣人说："我无所作为，人民就自然顺化；我喜好清静，人民就自然中正；我无事于民，人民就自然富足；我无欲于己，人民就自然淳朴。"

【注释】

①以正治国：遵从事物的基本规律来治理国家。正，中正，正态，常规，规律。义同于《老子》书中的"常道""道纪"，指事物的基本规律，它是比较容易把握的"道"之"常"的一面，故亦有"有为""正确"义。十六章："万物并作，吾以观其复。夫物芸芸，各复归其根。归根曰静，是谓复命，复命曰常。""道"之难以把握的另一面，是其"变"，此"变"乃由六气冲和而成，幽深玄妙，千变万化。《庄子·逍遥游》："若夫乘天地之正，而御六气之辩，以游无穷者，彼且恶乎待哉！"有道之人，既能"乘正"，又能"御变"，"道"与"常道"得兼而游。或训"正"为"清静之道"，大失其义。以奇用兵：用随机应变的战术应对敌人。奇，奇诡，奇巧，与"正"相对，指临机应变的权谋之术。《孙子兵法·计》篇："兵者，诡道也。"《势》篇："三军之众，可使必受敌而无败者，奇正是也。凡战者，以正合，以奇胜。"以无事取天下：意谓以天下无事无物的心态来行无为之德，从而得天下万民之心。无事，即视世界为无物，对应于《庄子·齐物论》所言"古之人，其知有所至矣"四重境界中的最高层次："有以为未始有物者，至矣，尽矣，不可以加矣。"无事则可无为。王弼注："以道治国则国平，以正治国则奇正起也，以无事则能取天下也。上章云，其取天下者，常以无事，及其有事，又不足以取天下也。故以正治国，则不足以取天下，而以奇用兵也。夫以道治国，崇本而息末；以正治国，立辟以攻末。本不立而末浅，民无所及，故必至于〔以〕奇用兵也。"宋徽宗御注："正者道之常，

奇者道之变，无事者道之真。国以正治，兵以奇胜，道之真无容私焉。顺物自然而天下治矣。"奚侗《集解》引吴澄曰："以正治国者，法制禁令，正其不正，管、商是也；以奇用兵者，谲而不正，孙、吴是也。奇者仅能用兵，而不能治国；正者但知治国，而不可以取天下。惟以无为治天下，不期服人，而人自无不从之也。"案老子于此所言，也是正面设论，并无价值、是非判断，其要在于先区别了国、兵和天下，三者性质不同，其中之道必然运行有别，相应之德则自有差异。用兵以奇，虽胜而未必有国；治国以正，虽邦国能强、能霸，而未必有天下。有天下者，得天下之民心者也；民心可以无事、无为而取，却难能单凭有为之"正"获得，更不能靠诡诈之"奇"骗得。

②"吾何以"句：我是如何知道这些的呢？凭借我对"道"的体悟。范应元《集注》："老子自谓何以知天下如是哉？盖以此道而知之也。"此句"以此"二字，河上本、傅奕本、顾欢本、景龙碑本、范应元本等与王本同，郭店本、帛书本、汉简本、严遵本并无。以文意观之，当有"以此"二字，并为总结前三言之语，而非关联下文四句话。案《老子》中"以此"一词实属关键词，反复用之，义属"去彼取此"，强调"有道之'我'"的知识取向总是立足于"我""此时""此地"而能得其宜，因此，本句既非属下句，亦非衍文，更不当作普通之肤浅解。参见十二章、二十一章、三十八章、五十四章、七十二章相关注解。

③忌讳：禁忌，避讳，禁令。弥贫：更加贫困。河上公注："'天下'，谓人主也。'忌讳'者，防禁也。令烦则奸生，禁多则下诈，相殆故贫。"苏辙《老子解》："人王（案，当为"主"之讹）多忌讳，下情不上达，则民贫而无告。"薛蕙《集解》："禁网

疏阔，天下安有忌讳哉？忌讳多则民触法抵禁失职者众，故弥贫也。"郭店本、汉简本"天下"作"天"。廖名春《郭店楚简老子校释》："楚简作'天'是，'天'即君。"郭店本"贫"作"畔"（借作"叛"），于义为长。

④人：指国君。利器：取利的工具。滋昏：越加昏乱。滋，更加。王弼注："'利器'者，凡所以利己之器也。""人"王弼本等世传本多作"民"，郭店本、帛书本、汉简本与之同，景龙碑本、遂州龙兴碑本等作"人"，据改。蒋锡昌《校诂》："'民'当从诸本作'人'。盖'天下多忌讳''人多利器''人多伎巧''法令滋彰'四句皆指人主而言，以明有事之不足以治天下也。"蒋说是。下条王弼注文之"民"亦当作"人"。案治国之最大利器当只有一个，即以道治国。道本无形，所以不可以示人；人主取利而不以形器，则万民淳和，家旺国兴。若人主取利之器多，必"见可欲"于民，则国必昏乱。参考三十六章注。

⑤伎（jì）巧：智巧，巧诈。奇：邪异，奇特。河上公注："人谓人君，百里诸侯也。多知伎巧，谓刻画宫观，雕琢服章，奇物滋起，下则化上，饰金雕玉，文绣采色，日以滋甚。"王弼注："民多智慧则巧伪生，巧伪生则邪事起。"唐玄宗御注："人主以伎巧为多，不能见素，下则应之以奢泰，故令淫奇之物滋起也。"宋徽宗御注："伎巧胜则人趋末，而异服奇器出以乱俗。"王弼今本"伎巧"，郭店本、汉简本作"智"，帛书甲本（乙本缺）作"知"，傅奕本作"知慧"，范应元本作"智惠"，并谓"王弼同古本"。据王弼注，王弼古本可能如范说，或亦未必，盖王注"智慧"二字或为据"智慧出，有大伪"而发，引为"伎巧生"之由。奚侗《集解》："王弼原本作'民多智慧，邪事滋起'，与'民多利器'

二句谊复，非是。"奚说虽与其注"利器"之说自相矛盾，但或亦有见，此备之。

⑥彰：显明，清楚，这里指法律条文烦多、琐细、苛察。唐玄宗御注："无为既失，法令益明，窃法为奸，尽成盗贼，岂非多有乎？"苏辙《老子解》："患人之诈伪而多为法令以胜之，民无所措手足，则日入于盗矣。"宋徽宗御注："克核太至者，必有不肖之心应之。"薛蕙《集解》："平世则法令愈简，乱世则法令愈繁。上苛法以防下，下巧法以罔上，则奸轨浸长而盗贼多有也。"

⑦化：化育，顺化。王弼注："上之所欲，民从之速也。我之所欲，唯无欲，而民亦无欲而自朴也。此四者，崇本以息末也。"

五十八章

【题解】

本章承续上一章所启"正""奇"之论，进一步阐明二者之间的辩证关系。

老子道论的核心问题是如何在知识框架中应对世界的"变"与"不变"问题。从认识论的角度说，人所能获知其常理、常规、常识的，是关于世界的"不变"，但这个"不变"其实是假拟的，因为世界的本质是"变"，所谓"万物皆流"，说的就是这个事实。因此，在认识论上持有何等知识观，就成了老子道论的终极问题。只要世界总是处于周流变动之中，那么，其中的主导，对于想要认知世界的人类而言，就只能是不确定性。这种不确定性隐含着不可知论或怀疑论的种子，不过，幸运的是，在老子道论体系当中，这种不可知论或怀疑论并没有生根发芽、开花结果。在老子、庄子看来，永动的、变化的世界是可以认知的，因为万物之变，无不基于其"极"：这个"极"就是天地之始、万物之母，就是"天钧""天倪"，就是"道"。正是"道"，才使万物是其所是、成其所成。知此万物之"极"，便能应对世界的不确定性。不过，能知此"极"者，其人几希，所以老子慨然而设问："孰知其极？"

世界虽流，万物虽变，然而"其中有信"，此"信"即为"正"的表现。所以，老子一句貌似"车轱辘话"或带有循环逻辑嫌疑的表述，又将世界之"常"的可认识性，以一句反问加以肯定："其无正邪？"当然有"正"！只不过，在充满辩证法的道家哲学认识论当中，它始终试图警醒世人的是，在真实的世界当中，在现实的情境当中，由于"其中有情"的缘故，这个"正"总是呈现出千变万化的现实面貌来，这就是所谓的"正复为奇"！既然本体论上的"正"可以转而变化为"奇"，那么，价值论上的"善"也当然会转而变化为"妖"，这就是"善复为妖"一语的逻辑链条。就此而言，"极""正""奇"实是本章最为重要的关键词。

老子的这个辩证法思想，在本章被他再度用于观察人君治国和圣人行迹，便得出了"闷闷"而"淳淳"、"察察"而"缺缺"的为政之别，与"方而不方""廉而不廉""直而不直""光而不光"的圣人德行。细味其中至理，岂非全在"无为而无不为"总纲领之下所演绎出来的"过犹不及"这个"常理""常识"或"常道"？此又一"正"也！知此"常"此"正"而莫固守之，又能复归于"婴儿""无极""朴"，则或即为得道者矣！

在汉语世界，恐怕无人不知"祸兮，福之所倚；福兮，祸之所伏"这句至理名言。不过，在阅读本章时，应该从世俗的"祸福观"跃升至哲学认识论的"正奇观"，方为能得《老子》本章真谛者。如果将本章与二十八章及上章对读，或更能悟到这一点。

其政闷闷，其民淳淳①；其政察察，其民缺缺②。

祸兮，福之所倚；福兮，祸之所伏③。孰知其极？其无正邪④？正复为奇，善复为妖⑤。人之迷也，其日固久矣⑥！

是以圣人方而不割，廉而不刿，直而不肆，光而不耀⑦。

【译文】

国家的政治含混疏阔，人民就淳朴厚道；国家的政治苛察烦琐，人民就狡黠奸诈。

灾祸啊，有幸福依存其里；幸福啊，有灾祸隐伏其中。谁能知道其间变化的极致？其中就没有稳定的规律吗？稳定的规律转而成为一个个特例，曾经的良善转而成为妖孽。人类在知识上的迷惘，真是由来已久啊！

所以，圣人与人行，辨别方向却不割裂方位；与人接，怀有棱角却于人无伤；与人言，诚信正直却不放肆；功成事遂，敛光于人群而不炫耀。

【注释】

①闷闷：昏昧，含混，疏阔，这里有宽厚、不刻意用知的意思。淳淳：淳朴厚道。"淳淳"河上本、景龙碑本又作"醇醇"。河上公注："其政教宽大，闷闷昧昧，似若不明也。政教宽大，故民醇醇富厚，相亲睦也。"王弼注："言善治政者，无形无名，无事无政可举，闷闷然，卒至于大治，故曰'其政闷闷'也。其民无所争竞，宽大淳淳，故曰'其民淳淳'也。"司马光《道德真经论》："责大体而已。"

②察察：明辨，明察，这里有苛察、烦琐的意思。缺缺：狡黠、奸诈的样子，不满足。蒋锡昌《校诂》："'缺缺'，机诈满面貌。"河上公注："其政教急疾，言决于口，听决于耳也。政教急，民不聊生，故缺缺日以疏薄。"王弼注："立刑名，明赏罚，以检奸伪，故曰'察察'也。殊类分析，民怀争竞，故曰'其民缺缺'也。"司马光《道德真经论》："政苛则无完人。"林希逸《口义》：

"'闷闷'者，不作聪明也；'察察'者，烦碎也；'醇醇'，自乐也；'缺缺'，不足也。此亦有心则为害，无心则自治之意。"

③倚：依存，因由，倚靠。伏：隐伏，埋伏。河上公注："'倚'，因也。夫祸因福而生，人遭祸而能悔过责己，修善行道，则祸去而福来。祸伏匿于福中，人得福而为骄恣，则福去祸来。"

④极：顶点，极点，根本，这里指决定、主导事物变化的终极起点，与庄子的"天钧""天倪"义通，并关联"无极""太极"等概念。正：中正，正态，定准，这里指稳定的规律。范应元《集注》："无正，犹言不定也。邪，疑辞。"王弼注："言谁知善治之极乎？唯无可正举，无可形名，闷闷然而天下大化，是其极也。"陈景元《纂微》："祸福倚伏，岂无正邪？在乎有道之君无为无事，忘形忘物，而后正耳。若有心为正，其正必复为奇；有心为善，其善必复为妖矣。谓下文也。"案老子连续两个反问，其语气实为肯定，即事物之变，既有其极，亦有其正。其极乃变之根，其正乃变之复。盖老子于前章刚刚严格论证了"正"之存在，自然不会于此章突然变调而否定其存在。且下文即"正复为奇"，其"正"与前一"正"乃同一含义。《老子》全书都在"道"与"常道"之间转换，这一点多为后世所不识，而这正是老学"无为而无不为"之大要。"邪"字王弼本原无，帛书乙本（甲本缺）作"也"，傅奕本、范应元本、焦竑本等作"邪"，也、邪义同，皆为疑问助词。据补"邪"字。

⑤奇：畸变，特异，与"正"相对，这里指规律的打破。善：美好，良善。妖：妖邪，怪异。宋徽宗御注："'通天下一气尔。'今是而昨非，先迕而后合，神奇臭腐，相为终始，则奇正之相生，妖善之更化，乃一气之自尔。"

⑥固久：本来已很久远。王弼注："言人之迷惑失道，固久矣，不可便正善治以责。"吴澄《注》："常人迷昧不知此理，其日固已久矣，非自今日然也。"薛蕙《集解》："自圣王既没，后之为政者大抵以道化为迂阔，而甘心于刑名锲薄之术矣。人之迷，其日固久，岂不信哉？""也"字王弼本原无，帛书乙本（甲本缺）、傅奕本并有；"矣"字，王弼本原无，帛书乙本（甲本缺）、汉简本、傅奕本、严遵本并有，二字据补。

⑦方而不割：虽有方向但不拘于方位，此乃就圣人导人以方向而言。割，裁制，切割，这里指将世界划分为东、南、西、北、上、下、左、右等方位，并以为定式。王弼注："以方导物，舍（案，疑为"令"之讹）去其邪；不以方割物，所谓大方无隅。"河上公、吴澄等训"方"为方正、方形，于理不通，于文不洽，致使文意与下文交叠，误甚。廉而不刿（guì）：虽有棱角却不至于伤人，此乃就圣人与人日常交接而言。廉，棱角，锐利；刿，割伤。此句有两解，于理均通，此取第二种解释，理通义合。其一者，河上公、王弼皆释"廉"为清廉，与《庄子·齐物论》"大廉不嗛"义通。河上公注："圣人清廉，欲以化民，不以伤害人也。今则不然，正己以害人也。"王弼注："'廉'，清廉也。'刿'，伤也。以清廉清民，令去其邪，令去其污，不以清廉刿伤于物也。"宋徽宗御注："'廉'者，矜于自洁。大廉不嗛，清而容物，无刻制之行。"其二者，奚侗、蒋锡昌等训"廉"为锐利，与《庄子·山木》"成则毁，廉则挫"义通。奚侗《集解》："《礼记·聘义》：'廉而不刿。'郑注：'刿，伤也。'《正义》：'廉，棱也。'《荀子·不苟》篇：'廉而不刿。'杨注：'廉，棱也。'廉棱以资裁制，然锐利足以伤物，挫其锐则胜物而不伤，是廉而不

列也。"奚侗说是，蒋锡昌等从之，并有补证。直而不肆：虽然耿直但不放肆，此乃就圣人之言辩而言。河上公注："'肆'，申也。圣人虽直，曲己从人，不自申也。"王弼注："以直导物，令去其僻，而不以直激拂于物也，所谓大直若屈也。"光而不耀：虽有荣光但并不炫耀，此乃就圣人功成事遂而言。苏辙《老子解》："知小察之不能尽物，是以虽能方、能廉、能直、能光，而不用其能，恐其陷于一偏而不反也。此则世俗所谓闷闷也。"林希逸《口义》："惟圣人之为道，虽有方而无隅，虽有廉而无刿，虽直而不可伸，虽光而不见其耀。此皆藏有于无之意。"彭耜《集注》引黄茂材曰："夏商以来，士守一介，不见道之大全，方则必割，廉则必刿，直则必肆，光则必耀，如伯夷、叔齐、尾生、申徒狄之徒，而遂至于害性伤生，亦可悲矣。老子时为柱下史，非不方也廉也直也光也，而人莫知其为老子者，不割不刿不肆不耀焉尔，故能乐其全。"

五十九章

【题解】

本章强调，治国、修身的根本途径是"啬"，即悭吝、俭省，即希言、贵行，它们都是"无为"思想在治国、修身方面的具体体现。"啬"的本质在于固本，而固本方可营末；"啬"的策略通于"无为"，也就是不刻意其为；无为，则能无不为。

在文中，有五个关键词，其词义是相通的：极、母、根、柢、道。前面四个，都是"道"的变相，它们与"道"具有近似的属性，都是决定事物产生、变化、消亡的根本性因素。在先秦典籍中，还有一些具有类似意涵、表达近似思想的概念，比如"原""元""本""始""源"等。此外，具有同样重要性的概念还有"首""心""纲""领""体""宗"等。所有这些概念都各有一个与之相对立的事物（如"本"与"末"、"体"与"用"等），而中国人的思维框架和思想取向也由此受到了根深蒂固的影响。《论语·学而》中那句"君子务本，本立而道生"的话，典型地反映了中国学术传统一直重本轻末的倾向。对于这种倾向，如何扬其利、抑其弊，实际上构成了当代中国知识界有关知识论的一个重要课题。因为，一般而言，"本"依赖于"综合的"认知世界的方法，而"末"容许利用"分析的"认知世界的方法。就认识论和方法论的特点而言，科学方法总体上便以分析法为主。"五四"

前后西学东渐时科学思想受到本土思想的抵制或消化不良，本质上也与中国学术传统中的重本轻末思想有关。老子道论或道家思想总体上虽然也以综合法为主，但本质上是二者兼顾的，只是由于其立言的初衷在于批评当世弊政，所以论述的重点才从"反者道之动"的基本原理出发，更多地强调了"极、母、根、柢、道"，由此即可理解，《老子》书的内容主体在"道论"，而其余绪方在"常道"之论。把握好这一点，就能够更好地在当今世界发扬光大老子之学。

要想很好地理解本章的关键词"啬"，还可以与六十七章之"俭"（被老子视为"三宝"之一）、二十九章之"去甚、去奢、去泰"、五十六章之"知者不言，言者不知"、五十八章之"其政闷闷"等对读；要理解"莫知其极"一语，须体会六章之"玄牝"、十章之"玄德"、五十六章之"玄同"等概念，知晓"古之善为士者，微妙玄通，深不可识"（十五章）的行为特质。

治人、事天，莫若啬①。夫唯啬，是以早服②。早服谓之重积德，重积德，则无不克③；无不克，则莫知其极④；莫知其极，可以有国；有国之母，可以长久⑤。是谓深根固柢、长生久视之道⑥。

【译文】

治理国家、修身养性，没有比"啬"字所包容的理念更为重要的了。唯有"啬"，才能做到有备无患，即所谓"早服"。早服就是厚积德性；厚积德性，便能无往而不胜；无往而不胜，而别人却无法窥测其制胜的妙谛；能让人无法窥测其制胜的妙谛，这样的人便可以成为一国之主；有了这样的立国之本，国家便可以长治久安。所以，"啬"就是治国可以达到深根固柢、修身能够达到长生久视目标的根本途径。

【注释】

①治人事天：治理人民和颐养天年。治人，指国君行政；事天，指人尤其是国君立足于生命本然，修身以养天年。《孟子·尽心上》："尽其心者，知其性也。知其性，则知天矣。存其心，养其性，所以事天也。殀寿不贰，修身以俟之，所以立命也。"啬：悭（qiān）吝，吝惜，俭省，贵爱，这里主要指在无为思想统率下的慎言谨行，即如简政、宽法、希言、贵行之类的施政方略。《韩非子·解老》："书之所谓'治人'者，适动静之节，省思虑之费也。所谓'事天'者，不极聪明之力，不尽智识之任。苟极尽，则费神多；费神多，则盲聋悖狂之祸至，是以啬之。啬之者，爱其精神，啬其智识也。故曰：'治人事天莫如啬。'"《王安石辑本》："夫人莫不有视、听、思。目之能视，耳之能听，心之能思，皆天也。然视而使之明，听而使之聪，思而使之正，皆人也。然形不可太劳，精不可太用。太劳则竭，太用则瘦。唯能啬之而不使至于太劳、太用，则能尽性。尽性则至于命。"苏辙《老子解》："夫'啬'者，有而不用者也。"林希逸《口义》："'啬'者，有余不尽用之意。啬则能有而无，能实而虚，宜其可以治人，宜其可以事天。"薛蕙《集解》："'啬'，俭也。节以制度，不伤财，不害民，治人之啬也；郊用特牲，扫地而祭，器用陶匏，席用稿秸，事天之啬也。夫治人事天，皆莫如啬，则啬之为道，无所不宜矣。"案薛蕙以祭祀天地为"事天"之事，义虽偏狭，然亦可为

修身之一例。奚侗《集解》："啬以治人，则民不劳；啬以治身，则精不亏。"

②早服：意谓在事物尚未出现损害时便提前检点、准备。服，使用，从事，顺应，应备。《韩非子·解老》："众人之用神也躁，躁则多费，多费之谓侈。圣人之用神也静，静则少费，少费之谓啬。啬之谓术也，生于道理。夫能啬也，是从于道而服于理者也。众人离于患，陷于祸，犹未知退，而不服从道理。圣人虽未见祸患之形，虚无服从于道理，以称早服。故曰：'夫谓啬，是以早服。'"《朱子语类·老氏》："俭德极好。凡事俭则鲜失。老子言：'治人事天，莫若啬。夫惟啬，是谓早服；早服，是谓重积德。'被它说得曲尽。早服者，言能啬则不远而复，便在此也。重积德者，言先已有所积，复养以啬，是又加积之也。如修养者，此身未有所损失，而又加以啬养，是谓早服而重积。若待其已损而后养，则养之方足以补其所损，不得谓之重积矣。所以贵早服。早服者，早觉未损而啬之也。如某此身已衰耗，如破屋相似，东扶西倒，虽欲修养，亦何能有益耶！今年得季通书说，近来深晓养生之理，尽得其法。只是城郭不完，无所施其功也。看来是如此。"案河上公注以"早服"为"先得天道"（注曰："'早'，先也。'服'，得也。夫独爱民财，爱精气，则能先得天道也。"），于理有失。道不可先得，亦不能后得。道之所得，正其宜也：得在其人、其时、其地，成于其事。老子只寓言"啬"或"早服"合于"道"，并未直言"早服"即是"道"。后世如陈景元等从河上注，亦皆失之。今世注家或据河上注释"早服"为"早早从事于道"，或为"在困难来临之前及早服从于大道"，皆失其所谓。盖"道"之运行，不早亦不晚，不可将亦不可迎，安可早早

行之？"以"字王弼本原作"谓"，《韩非子·解老》引、郭店本、帛书乙本（甲本缺）、汉简本、傅奕本、严遵本等并作"以"，据改。

③重积德：不断地修积德性。重，深厚地。克：胜。河上公注："先得天道，是谓重积德于己也。'克'，胜也。重积德于己，则无不胜。"薛蕙《集解》："'早服'，犹言先事。凡俭啬者，未有不足之患而豫为不足之计，故曰'早服'。早服则积累之日久，故重积德。'克'，胜也。重积德则人给家足，故无所不克。"

④莫知其极：人们都无法知道这种无往不胜的根源所在。极，顶点，极点，根本，这里指决定、主导事物变化的终极起点，与三十六章"国之利器"相呼应，隐喻能变的道。河上公注："无不克胜，则莫有知己德之穷极也。"苏辙《老子解》："德积既厚，虽天下之刚强，无不能克，则物莫测其量矣。如此而后可以有国。彼世之小人，有尺寸之柄而轻用之，一试不服，天下测知其深浅而争犯之，虽欲保其国家，不可得也。"案本章老子以"啬"论人君治国，意在申言人君须当希言、贵行，行"无为"之政，收"无不为"之效。如此行政，其德乃"玄德"，以其神秘莫测，世人自然"莫知其极"。这一点，在名家鼻祖邓析那里，也有与之相类似的思想，如《邓析子·无厚》篇所言："不以耳听，则通于无声矣！不以目视，则照于无形矣！不以心计，则达于无兆矣！不以知虑，则合于未朕矣！君者，藏形匿影，群下无私，掩目塞耳，万民恐震。"

⑤有国：保有国家。有，拥有，保有。国之母：立国的根本。河上公注："莫知己德有极，则可以有社稷，为民致福。国、身同也。母，道也。人能保身中之道，使精气不劳，五神不苦，则

可以长久。"王弼注:"道无穷也。以有穷莅国,非能有国也。国之所以安,谓之母。重积德,是唯图其根,然后营末,乃得其终也。"

⑥柢(dǐ):根本。长生久视:长久存在。生,生命;视,视觉,代指各种感官能力,也喻指国家长治久安。河上公注:"人能以气为根,以精为蒂,如树根不深则拔,蒂不坚则落,言当深藏其气,固守其精,使无漏泄。深根固蒂者,乃长生久视之道。"苏辙《老子解》:"孟子曰:'存其心,养其性,所以事天也。'以啬治人,则可以有国者也;以啬事天,则深根固蒂者也。古之圣人,保其性命之常,不以外耗内,则根深而不可拔,蒂固而不可脱,虽以长生久视可也。盖治人事天,虽有内外之异,而莫若啬则一也。"河上本"柢"作"蒂",字异而理同。帛书本、汉简本并同王弼本作"柢"。

六十章

【题解】

本章突出了"为政不折腾"的治国方略，主张以无为之道莅临天下，以取民心。

世人皆知"鬼"之神，而不知"道"之灵；都害怕鬼怪显灵以害人，却漠视圣道无为以佑人。于是，老子从世态人情出发，以譬喻的手法，十分奇妙地将鬼怪与圣人相提并论，申言：由于圣人不伤人，所以，鬼怪也无可奈何于人。圣人、鬼怪俱不伤人，则鬼、圣合德，交归于道，结果便是万民安泰。

老子"治大国，若烹小鲜"一语，现如今已成为家喻户晓的名言。然而，晓则晓之，行则未必尽然。

治大国，若烹小鲜①。以道莅天下，其鬼不神；非其鬼不神，其神不伤人；非其神不伤人，圣人亦不伤人②。夫两不相伤，故德交归焉③。

【译文】

治理大国，就好像烹煎小鱼，要少折腾。倘能以"道"莅临天下，则鬼怪都不会显灵；并不是鬼怪没有神灵，而是其神灵不会伤害人；也不是其神灵不能伤害人，是因为圣人也不伤害人。

鬼怪、圣人都不伤害人，所以，他们的德行都归宗于道。

【注释】

①小鲜：小鱼。河上公注："'鲜'，鱼。烹小鱼不去肠，不去鳞，不敢挠，恐其糜也。治国烦则下乱，治身烦则精散。"王弼注："不扰也。躁则多害，静则全真，故其国弥大，而其主弥静，然后乃能广得众心矣。"苏辙《老子解》："烹小鲜者不可挠，治大国者不可烦。烦则人劳，挠则鱼烂。"

②莅：到，临。老子于"天下"，言"莅"、言"取"，唯不言"治"，注家不识而以"治天下"代之，实为措辞失当。其鬼不神：鬼怪不显现其神灵。河上公注："以道德居位治天下，则鬼不敢见其精神以犯人也。其鬼非无精神也，邪不入正，不能伤自然之人。非鬼神不能伤害人，以圣人在位不伤害人，故鬼不敢干之也。"王弼注："治大国则若烹小鲜，以道莅天下，则其鬼不神也，神不害自然也。物守自然，则神无所加。神无所加，则不知神之为神也。道洽则神不伤人，神不伤人，则不知神之为神。道洽则圣人亦不伤人，圣人不伤人，则不知圣人之为圣也。犹云不知神之为神，亦不知圣之为圣也。夫恃威网以使物者，治之衰也；使不知神圣之为神圣，道之极也。"苏辙《老子解》："圣人无为，使人各安其自然。外无所烦，内无所畏，则物莫能侵，虽鬼无所用神矣。非其鬼之不神，亦有神而不伤人耳。非神之不伤人，圣人未尝伤人，故其鬼无能为耳。"

③两不相伤：鬼神和圣人都不伤人。故德交归焉：所以鬼怪与圣人的德行都归宗于道。交，并，都，皆；归，指行为合乎道。王弼注："神不伤人，圣人亦不伤人；圣人不伤人，神亦不伤人，

故曰'两不相伤'也。神圣合道，交归之也。"薛蕙《集解》："鬼神圣人两不伤人，则道德之美，咸聚于当世。如董子所谓诸福之物，可致之祥，莫不毕至也。"案鬼不伤人，圣亦不伤人，是鬼不以现其神灵而伤人，圣不以用其聪明而伤人，神灵、聪明俱不得用，此乃皆行于无为；无为，自合于道。鬼、圣皆安其道，是"交归"之谓。或释"交归"为"恩德归于百姓"，其义肤浅且与前言重复；或释"交归"为"功德归于圣人"，则其义乖谬、狭隘。圣人不居功德，归之何用？

六十一章

【题解】

本章力倡谦下之德，主张不管是大国之君还是小国之主，都应该居下守静，以保常有其国，久居其位。在大国与小国的博弈当中，由于大国居于主导地位，因此，大国之君尤其应该持守谦下之德，老子直言"大者宜为下"。林希逸对本章的归纳是："此章借大国小国之得所欲，以喻知道之人，宜谦宜静，非教人自下以取胜也。三代而下，世有取国之事，故因其所见以为喻尔。"

本章之旨，于六十六章、六十八章、七十六章等处亦有体现，可以与之对读。

大邦者下流①，天下之牝，天下之交也②。牝常以静胜牡，以静为下③。

故大邦以下小邦，则取小邦；小邦以下大邦，则取大邦④。故或下以取，或下而取⑤；大邦不过欲兼畜人，小邦不过欲入事人⑥。夫两者各得所欲，则大者宜为下⑦。

【译文】

邦国之大者，如水性之下流一样，以其谦下而能成其大。它以能生而为天下之牝母，又以能蓄而为天下之所归。能生而为牝母，所以总是能以静胜雄；以其能静，所以又总能谦卑居下。

因此，大国若能谦下于小国，便可以获得小国的拥戴；小国若能谦下于大国，便可以获得大国的接纳。这样，一种情况是以谦下而获得拥戴，一种情况是以谦下而获得接纳。大国不过分想要兼并、收纳小国，小国不过分想要臣服、侍奉大国。要达到这种两者都能各得其所欲的境界，大国尤其应该谦下。

【注释】

①大邦：意谓能自成其大、得天下民意的邦国。下流：犹"流下"，就下，处下。这里取譬水性，喻能流向卑低之处，成其"谦下"之德。六十六章："江海所以能为百谷王者，以其善下之，故能为百谷王。"河上公注："治大国，当如居下流，不逆细微。"王弼注："江海居大而处下，则百川流之。大国居大而处下，则天下流之。故曰'大国下流'也。"苏辙《老子解》："天下之归大国，犹众水之趋下流也。"彭耜《集注》引曹冲曰："人以谦为德，海以容为重。自高者不受于物，能下者为物所归。""邦"字王弼本及世传本多作"国"，帛书甲本、汉简本并作"邦"。"邦"为本字，"国"为汉人避刘邦讳而改，下同。二字虽义同，但意味稍异，据帛书甲本、汉简本改回。下同。

②天下：指人民和民心。牝：即"玄牝"之牝，这里指雌性，以譬大国能畜养万民的德性。交：乃承上章"交归"之文意而为省文，表示归宗、畜养、归向。河上公注："大国，天下士民之所交会。'牝'者，阴类也。柔谦和而不倡也。"王弼注："天下所归会也。静而不求，物自归之也。"苏辙《老子解》："众动之赴静，犹泉高之赴下也。"案本句乃重申"道"与"德"的"生""畜"

功能，响应前此相关章节的旨意。如十章："生之畜之，生而不有，为而不恃，长而不宰，是谓玄德。"五十一章："道生之，德畜之。"此意在《庄子》中也多有阐发。如《天地》："故曰：古之畜天下者，无欲而天下足，无为而万物化，渊静而百姓定。《记》曰：'通于一而万事毕，无心得而鬼神服。'"《天道》："故曰：'其动也天，其静也地。一心定而王天下；其鬼不祟，其魂不疲，一心定而万物服。'言以虚静推于天地，通于万物，此之谓天乐。天乐者，圣人之心，以畜天下也。"注家或以下文为据而释"交"为"交配"，不仅文意浅薄，而且章法重叠，恐非老子本意。盖老子既已言牝，其义已足，自不必复言"交配"。后文虽申释"牝"，唯在取其"静"义，自非拘于"交配"环节，更何况这一环节未必能静。若以"天下之交"为"天下之交配"，情实不堪。反观上章言鬼、圣"交归"于道，此章言"天下交归"于大成之邦国，正是善治国者功德广被之意。故该训解固不足取。本句王弼本及世传本多作"天下之交，天下之牝"，文序稍异于帛书本、汉简本，据改，并补"也"于"交"字后，且读该句属上文，以总括大邦之生、畜功能。

③牝常以静胜牡：雌性总是以其安静而能战胜雄性。以静为下：以其安静而能居于谦下之位。为，作为，施为。河上公注："女所以能屈男，阴胜阳，以安静，不先求之也。阴道以安静为谦下。"王弼注："以其静，故能为下也。牝，雌也。雄躁动贪欲，雌常以静，故能胜雄也。以其静复能为下，故物归之也。"案此句乃老子以雌雄的秉性为例进一步阐述阴阳之道的差异：阴道取静，阳道好动。老子以为雌性之所以能战胜雄性，根源就在于雌性的好静之德。也因其好静，才能甘居卑低之位。所以，取静、就卑

作为牝之常德，具有上德的品质。上德合于道，在个人则希言、贵行，在治邦国则"若烹小鲜"，如此则成其玄德，而其牝亦乃为"玄牝"。静之广大，由此可见。"常"字帛书本、汉简本作"恒"。"恒"当为本字。"以静为下"帛书甲、乙本高明校作"为其静也，故宜为下也"，汉简本作"以其静也，故为下"，意皆与王弼本接近。

④大邦以下小邦：大国以谦下的姿态对待小国。取：获得，取得，赢得。这里指获得拥戴或接纳。河上公注："能谦下之，则常有之。此言国无大小，能执谦畜人，则无过失也。"王弼注："'大国以下'，犹云以大国下小国，小国则附之。"王弼注"小国以下大国"："大国纳之也。"苏辙《老子解》："大国能下，则小国附之；小国能下，则大国纳之。"

⑤"故或下"句：一种情况是以谦下而获得拥戴，一种情况是以谦下而获得接纳。王弼注："言唯修卑下，然后乃各得其所。"苏辙《老子解》："大国下以取人，小国下而取于人。"吕惠卿《传》："'下以取'之者，言大之于小，宜若可以无下，而下之者，以取之故也。……'下而取'之者，言小之于大，不得不下而取之故也。"易顺鼎《读老札记》："两句承'大国取小国，小国取大国'分言。两句不同，即在一'以'字，一'而'字。'以取'者取人，'而取'者取于人。"

⑥过欲：过分想要。过，过分，即"过犹不及"之"过"；欲，冀求，欲望。兼畜：兼并收纳。人：他人，这里尤指他国。入事：前去侍奉，犹河上公注云"使为臣仆"。范应元《集注》："'过'，越也。'畜'，聚也。不过兼畜、入事，两得所欲，则大小相安。然大国兼畜，常宜谦下。"案此句历来注家多失其诂，其

误多因将"不过欲"三字训为"仅仅是想要"之意，甚失其正。唐玄宗御注："大国执谦德而下小国者，不过欲兼畜小国为臣妾。小国赟贡赋以下大国者，不过欲入事大国为援助也。"顾欢《道德真经注疏》引成玄英疏云："大国所以用谦者，更无余意也，不过欲兼爱小国；小国用柔者，〔亦无〕余心，不过欲入大国之中，慕德接事也。"这一训解后来成为主流，几乎莫非从者。吴澄《道德真经注》直接将经文中的"不过"二字去掉，遂完全成为正面肯定"兼畜""入事"之"欲"："大国下小国者，欲兼畜小国而已；小国下大国者，欲入事大国而已。"如此注解老子此语，则古往今来，大国都成了暗度陈仓之辈，小国则成了投怀送抱之徒，国之独立，则无从谈起。其释义之不伦，明清以降，注家似无有歧见者，亦属古怪。而反观河上、王弼注，其实并无如此错谬，因其似已将"过欲"理解为"过分想要"。即如范应元，亦将"过"训为"越"，不违老子本意。细品老子之"以下"和"不过欲"，其实正是大、小国家立国的中庸之道：小国"以下"则不至于灭国"入事"，大国"以下"而不过分追求"兼畜"他国。小国"而取"则从民心，大国"以取"而顺民意。大、小国家，取、入之间无非盛德是趋，如此则独立之国可以安，被兼并之国不为亡。意此乃老子本句及本章立言之大旨。

⑦大者宜为下：大国尤其应该谦下。河上公注："大国小国各欲得其所，大国又宜为谦下。"王弼注："小国修下，自全而已，不能令天下归之。大国修下，则天下归之，故曰各得其所欲，则大者宜为下也。"彭耜《集注》引陈象古曰："大国恃强，鲜能下下，今独言大者宜为下，明所难也。"

六十二章

【题解】

本章主旨在于从一个侧面阐述"道"的功用：道对人的庇护功能。

"道"本来无所不在，但只要言及"道"的庇护功能，就一定会带出一个价值判断的问题，即基于人的立场（而不是自然的立场）去看"道"的积极功能或消极功能，即"道"的所谓"好"或所谓"坏"。老子在本章中，没有跌入人类的价值陷阱，没有背离其道论的一贯宗旨，而是巧妙地从区分"人之宝"和"人之所保"出发，将"道"的庇护功能清晰地限定在"人之宝"这一面。守定这一面，老子的"保身"哲学便能一以贯之；守定这一面，老子的"道"之无所不在的思想便没有破绽。因为，对于"人之所保"，"道"虽依然发挥作用，但这个作用就不一定是"奥"，不一定是"善"。只有这样，桀纣其人及其所作所为也才同样为"道"所生，为"道"所亡；其生可得"道"之"奥"、"道"之"善"，而其早亡（即老子所谓"早已"）则是因为"道"之不奥或"道"之"不善"，等于为"道"之"奥"和"善"所摒弃。至于得以"长生久视"的圣人，其生死皆得益于"道"之所"奥"、所"善"，这是得道者终生受到庇护（"没身不殆"）的典型例证。

　　所以，本章最为关键的两个字是"奥"和"善"。

　　自河上公以来，除了王弼之外，历代注家均未能正解此二字，尤其是"善"字，使得《老子》本章成了又一篇最为难读的文字。尽管注家曲为解说，但最终仍不能得其真意。即便是王弼，也未能对本章其他文字作出正解。

　　其实，"奥"（yù）字，正如王弼注所云，乃"暖"也。在先秦其他典籍中，"奥"又作"燠（yù）"。初春的暖意，就是"燠"。《诗经》有云："昔我往矣，日月方奥。"《尚书》又说："日雨，日旸，日燠，日寒，日风，日时。""奥"就是万物成长的"庇护所"，是人的"护身符"，也像是今人在寒冬里怀着的一个"暖宝"。因此，"奥"的庇护功能就在于庇护人自身所葆有的东西，却不庇护人借以保护自己的东西。换言之，它可以庇护你的机体肠胃，但不庇护你的锦衣玉食。前者为身内所自有，后者为身外所假用，在道家看来，其地位有本末之别。这个不庇护，也就是不"奥"，也就是"不善"。

　　所以，本章之"善"，不是形容词的"善"，而是动词的"善"，当作"善待""与……为善""以……为善""使……成其善"解。这样，"善"与"奥"在语义上就有了对应的关系，在文意上就建立起了逻辑自洽。这样，"善人之宝"（庇护人自身所葆有的东西）其实是许多学派都能接受的修身哲学共识，而"不善人之所保"（不庇护人借以保护自己的东西）则构成了包括道家在内少数学派修身哲学的特色——作为老子"三宝"之一的"俭"，其用功所在，就是让世人能够对所有"借以保护自己的东西"加以俭省，即所谓"损之又损"。本质上，"道"只教人适当保身，但不教人过度保身。过度保身，就是"益多"；"道"教人知退，不教人亢进。这样，"美言"与"尊行"由于都属于"人之所保"，因此，它们均在可以"不善"之列；而天子之至尊，三公之至贵，与得"道"相比，也不过是尘垢其外者，因此老子说"不如坐进此道"。此"道"之贵，天下皆知，古来如此。然而，古人推崇此"道"的原因究竟是什么呢？当然不会是以为"道可以求得，得道则有罪也可免罚"了。正因为"道"不可求得以免罚，"道"才是天下最稀贵的东西。

如此说来，老子本章的表述层次是：先谈道的基本功能，乃是"万物之奥"。次言这一功能的有限性，有其奥者、善者，有其不奥者、不善者，奥、善其身所自有者，不奥、不善其身所赖以庇护者。再次，挑明美言、尊行这些为世俗所趋之若鹜的体面待遇，都是社会交往中可以外求（如孟子所谓"外铄"）的华丽装饰，对此类"人之所保"的东西，"道"自然不会庇护；明白了这个道理，人立足于社会，就不必以天子为尊，以三公为贵，只有一个东西值得追求，那就是"道"。如果有人愿意进献什么东西，则以此"道"为最贵。《庄子》中有"尧让天下于许由而许由不受"的故事，恐怕就是老子此句的道理演绎。最后，在再度强调"道"之至贵之前，老子根据现实的人情世故，在语言表述上杀了一个回马枪，用一句"不曰'以求得，有罪以免'邪"（其中"邪"同"也"，是肯定词而不是疑问词），阐明古之真正贵此"道"者，是不会以为"道"是有求必应从而可免于惩罚的。言下之意，现实当中不乏求道以免罪之徒。其实，在老子道论思想中，一个贯穿的主旨是修道可以保身避祸，但没有那种你已恶贯满盈还能靠立地求道而免罪的说教。如果不识此大旨，则对本章所作的文意解读就会去老子本意十万八千里。

从阅读的角度来说，只要弄清楚言说的主体和客体，只要不对本章文字误改、误读，理解本章的文意并不难。另外，本章宜与二十七章对读，力求贯通其旨。

观老子本章的文章之法，也能让人对老子寓道于胸、喻道于文的道德境界叹为观止。

道者，万物之奥①。善人之宝，不善人之所保②。

美言可以市，尊行可以加③。人人之不善，何弃之有④？故立天子，置三公，虽有拱璧以先驷马，不如坐进此道⑤。古之所以贵此道者何？不曰"以求得，有罪以免"邪！故为天下贵⑥。

【译文】

"道"是万物的庇护所，是人的护身符。它庇护人自身所葆有的东西，不庇护人借以保护自己的东西。

赞美的语言可以取自交易，尊崇的行为可以得自嘉勉。假如人人都不推重赞美之词、尊崇之行，那么，还有所谓被放弃或不被庇护吗？所以，人即便被推立为天子之尊，或委任以三公之贵，享有被进献精美大璧和驷马之驾的尊荣，也不如当即被人进献此"道"。古人尊崇此"道"究竟是为什么呢？总不至于说"'道'可以求得，这样有罪也可以免"吧！也正因此，"道"才为天下人所尊崇。

【注释】

①奥（yù）：温暖。通"燠"。这里有庇护、呵护之意。王

弼注:"'奥',犹'暖'也。可得庇荫之辞。"案此句"奥"字,义甚费解,历来注家多有歧见,然多失其正。河上公注释"奥"为"藏":"'奥',藏也。道为万物之藏,无所不容也。"蒋锡昌《校诂》从河上公注:"《广雅·释诂》四:'奥,藏也。'故河上注'奥,藏也',故含有覆盖庇荫等义。'道者万物之奥',言道为万物之庇荫也。五十一章:'故道生之,德畜之;长之育之,亭之毒之,养之覆之。'与此谊同。"王弼注训"奥"为"暖",训解虽异,但都取"庇护"义,是其同者。考先秦典籍,"奥"之"暖""藏"二义均有用者(另有作"主"解)。然从本章文意看,以王弼之训为略胜。《诗经·小雅·谷风之什》:"昔我往矣,日月方奥。"毛公《传》曰:"奥,暖也。"郑玄《笺》注云:"暖音暄。"《尚书正义·洪范》:"曰雨,曰旸,曰燠,曰寒,曰风,曰时。"孔安国传曰:"雨以润物,旸以乾物,暖以长物,寒以成物,风以动物,五者各以其时,所以为众验。"孔颖达疏云:"是言天气有寒有暑,暑长物而寒成物也。《释言》云:'燠,暖也。'舍人曰:'燠,温暖也。'是'燠''暖'为一,故传以'暖'言之。不言'暑'而言'燠'者,'燠'是热之始,'暑'是热之极,'凉'是冷之始,'寒'是冷之极。长物举其始,成物举其极,理宜然也。"

②善:爱惜,善待,喜好。这里指加以庇护、呵护,义与"奥"相近。人之宝:人自身所葆有的最宝贵的东西。这里指人的身体、性命。王弼注:"宝以为用也。"人之所保:人借以保护自己的东西,如功名利禄、美言尊行之类。王弼注:"保以全也。"案此句历来注家见解不一,但多不能得其正。盖注家皆以"善人""不善人"为读,且训作"好人""恶人",不知老子思想中并无世俗之善恶念,只有合于"道"之"至善""上善",而"上

善不善"，犹"大仁不仁"。况老子明言"圣人不仁，以百姓为刍狗"，何善之有？故此句之"善"字，是理解本章之锁钥，训解失当，则全章皆不可通。帛书甲乙本、汉简本"宝"作"葆"，葆为宝字别构，义通。

③美言：赞美之词，嘉美之言。市：购买，交易。尊行：尊崇的行为，这里指从外界所获得的尊荣、尊崇。加：施加，施与，施及，嘉勉。案本句之美言、尊行，属上句"人之所保"，即孟子所谓"非由外铄我也，我固有之也"之"外铄"者，而孟子所谓"我固有之"者，即属前文"人之宝"（《孟子·告子上》）。"加"字世传本俱同王弼本，帛书甲乙本、汉简本并作"贺"，文意相近可通。本句《淮南子·道应训》《人间训》引作"美言可以市尊，美行可以加人"，是未明老子文意者所误读、误补。

④人人之不善：没有人将美言、尊行视为重要的东西。为倒置句，犹"人人不善之"。之，指美言、尊行；不善，不加珍爱。本句上"人"字旧读属上句，组成"加人"一词，义不可通，理则不伦。何弃之有：就无所谓放弃了。此"弃"即"不善"，与"奥"相对，指不予庇护。

⑤立：推立。这里指将人推立为天子。置：安置，任命。三公：周朝时指太师、太傅、太保，为百官之尊者。拱璧以先驷马：先贡奉大璧，然后进献由四匹马拉的车驾。《春秋左传·正义》："与我其拱璧，吾献其枢。"孔颖达疏云："拱，谓合两手也。此璧两手拱抱之，故为大璧。"坐进：立地进献。坐，遂，立即，恰好，表示随时随地的因应之举。《庄子》中有"坐驰""坐忘"，其"坐"并有"当即"之义。吕惠卿《传》："故立天子，置三公，虽有拱璧以先驷马，所以享于上者，礼之恭、币之重者也。然而

不如坐进此道，以道之为天下贵，虽坐而进之，过于恭礼重币也。天子三公所以坐而论者，不过此而已矣。"蒋锡昌《校诂》："古之献物，轻物在先，重物在后。'拱璧以先驷马'，谓以拱璧为驷马之先也。"

⑥"古之"句：句谓古人尊崇此"道"究竟是为什么呢？总不至于说"'道'可以求得，这样有罪也可以免"了吧！也正因此，"道"才为天下人所尊崇。邪，同"也"，表示肯定判断。帛书本作"与"，汉简本作"乎"，河上本、顾欢本作"耶"，义同。此字旧训为疑问助词，于情理相悖，于文意扞格。致有人以为老子也有"念佛抵罪"的宗教情结，甚妄。"以求得"，帛书乙本（甲本残）、汉简本、傅奕本、严遵本作"求以得"，意无大别。

六十三章

【题解】

本章与下章俱承五十九章"啬"之旨，言圣人之为在于防患于未然。在提出这种正面言教的同时，老子还特别提醒，这样的言教亦不可执为教条。没有这个特别的提醒，老子的言教就与其所主张的"不言之教"自相矛盾了。

作为《老子》一书总纲领的"无为而无不为"的表述，其重点在于强调"无为"，即不刻意其为，如此则能收"无不为"之效。而本章所言之"为不为"，实即为而无为、为于无为，强调的是"有为"，同时又警告以"无为"。仔细揣度其中的玄妙意涵，是全面理解老子"无为"思想的关键所在。

统观本章，可以发现，为之于小，乃是无为思想的一种体现。

为之于小，本质上属"豫"，而这与庄子所言之"至人之用心若镜，不将不迎，应而不藏，故能胜物而不伤"（《应帝王》）并无矛盾。"豫"不同于"将"和"迎"。"将"和"迎"是悬念、执念，并无当下实事，只有往事、来事。所以，圣人当"不将不迎"。但"豫"是"为难于易""为大于细"，因此，圣人不可不"豫"。"豫"是在极重大而又极微末的小事上做功，其施力极小而得功极大。这是老子于本章和下章着重传达的思想。

按照上述思想，本章的行文逻辑是：先在《老子》全书"无为而无不为"的总纲领之下推演出本章"为无为，事无事，味无味"这一亚纲领，凸显的是"有为"或"无不为"的思想。然后，从这一亚纲领出发，自然可以推出一种齐同万物的思想，其中包括形体之别、大小之差、恩怨之判，俱将消解于一个"无"字当中。因此，"大小多少，报怨以德"是作为上一句的举例而穿插进来的。而接下来的文字，则重新又回归到对首句亚纲领的诠释路线上来。

由于本章的立论是"有为"，所以，在接下来的数句当中，"图"和"为"以及"成"和"大"才是关键词。有意思也最有价值的启示是，老子在这里所强调的"为"，其施力的焦点在于"易"（以其极简而不难为）和"细"（以其极小而难见，故易被忽略）而不在于"成"和"大"，但如此之"为"的结果却是自然收获的大功、完成。当然，能做到这一点，真正的挑战在于能发现那些真正重大的"易"和"细"，而这又要有赖于人的整体修道功夫，用今天的话说，有赖于修道所养成的"智慧"（今人的"智慧"与《老子》中的"智"不同，老子的"智"多属"知"）。

不过，为什么接下来老子的话风像是变了，论题像是转了？突然就来了一句"夫轻诺必寡信"云云，这不免令人困惑。

其实，老子没有变换话风，也没有转移话题。老子只是觉得自己上述的"呶呶"之言，弄不好就成了"凿凿"之教，所以到了该提示的时候了。否则，若闻者执以为念，把"易"和"细"视为捷径（五十三章不是说"而民好径"吗？），那么，再好的布道之言也都成了误导之教了。对于善行"不言之教"的老子来说，他怎么会自陷于己说！所以，《老子》中多有那种放出去的话还要被拉回来的循环表述，貌似"车轱辘话"，实际是大道圆融在老子语言文本中的绝妙体现，庄子所谓"吊诡"，即在此。所以，接下来的几句话，就是在这样的逻辑中发出来的。其中，"夫轻诺必寡信"一句，不管是老子引用成语还是自发格言，与紧接着的一句"多易必多难"一样，都是对前文主张"图难于其易，为大于其细"之言教的反思性警示，其潜台词当然是"不可满世界去刻意寻找'易'与'细'"。过于重视"易"和"细"，则会由此产生新的灾难，只有随顺自然，方合于大道。所以接着后边跟一句"是以圣人犹难之"，便自在情理当中：圣人对待"易与难""大与微"的态度，当是亦易之、细之，亦难之、大之；亦不易之、不细之，亦不难之、不大之；难与易、大与微之间，能道遥游之，方为圣人，"故终无难也"。这就是老子"车轴辘话"的玄妙所在！

本章有一句话，即"报怨以德"，它后来演化为成语，深刻地影响着中国人的思想和行动，反过来也极大地影响了今人对老子此语含义的理解。虽然老子原语确有与今人相同的价值取向，但原语的文本价值和语境意涵其实有着认识论上的意义，换言之，"报怨以德"的伦理意义是建立在"'怨'以'德'泯"的知识观基础上的。能不忽略这一点，才可以保持老子学说的认识论高度，也不至于将"德"过度地理解为"美德"，因为老子所谓"德"，乃以"上德不德"为宗，只有合于"道"的"德"才是"上德"，而这种"德"自然已经脱离了美善的伦理束缚。另外，若一味地执念于"报怨以德"，则同样会陷入老子道论所最为排斥的教条主义的泥沼。

为无为，事无事，味无味①。大小多少，报怨以德②。

图难于其易，为大于其细；天下难事，必作于易；天下大事，必作于细③。是以圣人终不为大，故能成其大④。

夫轻诺必寡信，多易必多难⑤。是以圣人犹难之，故终无难矣⑥。

【译文】

有为于无为，有事于无事，有味于无味。以大为小，以多为少，以德报怨。

对于大灾大难，要从容易做到的小处去防范；对于大事大功，要从不易察觉的细处去着手。天下的难事，一定都是从简易之处生发；天下的大事，都是从细微之处发作。所以，圣人始终不刻意去做所谓大事，因此才能终归成全其大功。

不过，轻出诺言就会缺少信用，多求简易反会增加困难。所以，就连圣人也还是会把图易、为细看得很难，这样，最终才不会有大灾大难。

【注释】

①为：有为，作为，施为。无为：不刻意其为。事：有事，认为有值得施为之事。无事：不刻意找事，不勉强以为是值得施为之事。味：细加品味，品尝滋味。无味：不刻意区别于味道之好坏。王弼注："以无为为居，以不言为教，以恬淡为味，治之极也。"宋徽宗御注："道之体，无作故无为，无相故无事，无欲故无味。圣人应物之有而体道之无，于斯三者，概可见矣。"苏辙《老子解》："圣人为无为，故无所不为；事无事，故无所不事；味无味，故无所不味。"陈柱《老子》："此云'为无为，事无事'，

则谓为于无为之中、事于无事之处甚明。岂如后人之所谓无为乎！"案本句意乃"无为而无不为"思想的反向表达，其文意乃"为而无为，事而无事，味而无味"，或"为于无为、事于无事、味于无味"，其中的无为、无事、无味本是道家思想的总原则，其要点是"不刻意"，它也是有为、有事、有味之际的反身性警示。从这一点看老子哲学，其主旨并非绝对的"无为"，"有为"反倒是其立言之鹄的，而"无为"只是老子为其"为不得已"所建立的天道依据，是从人尤其是社会人的立场出发的，因此，老子的"无为"思想具有一定的工具理性。只是"为无为"三字同时也会颠覆、消解这种工具理性，因为它意味着，任何刻意之为，包括刻意的"为无为"，都是违背"为无为"思想的。刻意的"为无为"也属一种执念，在《庄子》中将其归纳为"胥易技系"，也是老子所极力反对的。所以，言老子的"无为"思想具有工具理性，此命题之所以又可以说不成立，是因为它会被《老子》的内在逻辑所自然消解。

②大小：以大为小。多少：以多为少。报怨以德：以德行回报仇怨。指因顺自然之德以回报怨怒。司马光《道德真经论》："视小若大，视少若多，犯而不较。"王弼注："小怨则不足以报，大怨则天下之所欲诛，顺天下之所同者，德也。"宋徽宗御注："大小言形，多少言数，物量无穷，不可为倪。大而不多，小而不少，则怨恩之报孰睹其辨？圣人所以同万有于一无，能成其大。"苏辙《老子解》："其于大小多少，一以道遇之而已。盖人情之所不忘者，怨也，然及其爱恶之情忘，则虽报怨犹报德也。"案此句中包含的齐同大小、多少、恩怨的辩证法思想，一再见于二章等其他章节，体现了老子道论在知识观上所达"以为未始有物""以

为有物而未始有封""以为有封而未始有是非"（见《庄子·齐物论》）的境界。

③图难：谋划避免大的灾难。为大：做大事。《韩非子·喻老》："有形之类，大必起于小；行久之物，族必起于少。故曰：'天下之难事必作于易，天下之大事必作于细。'是以欲制物者于其细也。故曰：'图难于其易也，为大于其细也。'千丈之堤，以蝼蚁之穴溃；百尺之室，以突隙之烟焚。故曰：白圭之行堤也塞其穴，丈人之慎火也涂其隙。是以白圭无水难，丈人无火患。此皆慎易以避难，敬细以远大者也。"河上公注："欲图难事，当于易时，未及成也；欲为大事，必作于小，祸乱从小来也。"薛蕙《集解》："'作'，起也。凡难事非遽难也，盖起于易，而积渐以为难。故图难者必于其易，无以易而慢之，使将来之事不可为也。大事非遽大也，盖起于细，而积渐以至于大。故为大者必于其细，无以细而少之，使远大之功莫能成也。"

④不为大：意谓不刻意于做大事、成大功。河上公注："处谦虚也。天下共归之也。"宋徽宗御注："为之于小，故能成其大。乱已成而后治之，不亦晚乎？"

⑤轻诺：轻出诺言。河上公注："不重言也。"寡信：缺少信用。多易：把"易"看得特别重要。多，重视，视为重要。多难：有更多的灾难。多，增多。案"轻诺必寡信"一句，可能是老子所引成语，也可能是自发格言。又，后一句两"多"字，义有不同。两句的表述逻辑是一致的，都是因果指陈式的，"轻"与"多"作为使动词，俱表"因"；"寡"与"多"作为名词化动词，俱表"果"。前一句回应的道论主旨是"不言之教"，后一句回应的道论主旨是"大小多少"。老子文本机关藏匿之深，于此可

见一斑。

　　⑥犹难之：还是会觉得很难。难，将……当作困难。之，指"图难于其易，为大于其细"。王弼注："以圣人之才犹尚难于细易，况非圣人之才，而欲忽于此乎？故曰'犹难之'也。"

六十四章

本章乃承上章"图难于其易，为大于其细"之旨（这一宗旨可概括为"有为于易、细"）而再作阐发。同时，本章还兼顾了"慎终如始"的思想，从而揭示了"道"的运行贯穿于事物成败全过程当中这一基本事实。

本章内容郭店本分作两章，世传本合作一章，此处分作三节，而文意则互有发明。

首节承五十九章"治人、事天，莫若啬"之旨，乃续上章"为无为"之余，先举物之"安""未兆""脆""微"以明"图难于其易"之理，再举物之"木""台""行"以为"为大于其细"之例，从而确立了"为之于未有，治之于未乱"的基本观点，以彰明"防患于未然"这一基本道理。其论证逻辑，借用彭耜《集注》引陆佃的说法，分别属于"造理而悟"和"造形而悟"。圣人之"有为"，即在此事物未然之际，而成败已自在其中矣。

次节的内容，先是引用了二十九章的成语"为者败之，执者失之"，然后围绕这一主题而再作阐发。在上节展现了圣人"有为"于事物之"几微"的一面之后，此节则以"民"和"圣人"作对比，发明了两个主题，并隐含了一个意味。一个主题是，圣人之有为，不是刻意之为，所以无败；另一个主题是，圣人之有为，既能"有为于易、细"，又能"慎终如始"，所以才"无败事"；一个意味是，上述所有这些道理、举例或主题思想，均不可以持为执念而刻意为之，这也正扣住了下文"学不学"的主题，从而将论题重又带回到知识论的疆域。这个"意味"，可谓意味深长。因为，从老子道论的整体思想来把握的话，老子的"无为"和"不言之教"思想，自然应该始终作为《老子》一书中任何"言教"之施的警钟，因此，在首节言之凿凿的明理、举例之后，警以"为者败之，执者失之"，不能不说这是一种有意的语意安排。显然，这是一种反复申述的循环文法，其宗旨不外是"将重要的事情说三遍"而已，而其表述方式又每每能别出新致，这便是老子的厉害之处。

　　本章最后一节又对上章的"为无为"和本章首节的内容进行了呼应。所谓"欲不欲"，就是"欲而不欲""欲于不欲"；所谓"学不学"，就是"学而不学""学于不学"。显然，这又是庄子所说"逍遥游"于"欲"与"不欲"、"学"与"不学"之间的至高道德境界。对于普通读者来说，最令人崩溃的是，老子在这里不留痕迹地借助于引用两句内嵌有价值取向的命题，恰与其前摄命题构成了"否定之否定"的逻辑，从而获得了本节立论与老子整体思想的自洽。这两句就是在"欲不欲"和"学不学"之后，分别紧跟着"不贵难得之货"和"复众人之所过"。其意涵是什么呢？显然，"不贵难得之货"是一个价值判断，而"复众人之所过"是一个知识判断。价值判断关联"欲"，而圣人当"欲而不欲""欲于不欲"；知识判断关乎"学"，而圣人当"学而不学""学于不学"。如此境界，唯圣人能为。圣人能此，"则无败事"。圣人能为此，而又不敢为，于是，圣人之为就处于能与不能、敢与不敢、为与不为之间的自由、自主的游离状态，其间万般变化，神妙莫测。这或许就是"玄之又玄"的深意所在吧。

　　总体上看，本章三节内容的连贯性主要体现在对事物成败的归因上。结合上一章的内容，本章再度强调了"有为于易、细"的不易和"慎终如始"的重要性，从而近乎周遍地概括了决定事物成败的基本规律，将"无为而无不为"的思想做了具体而全面的阐发。

　　其安易持，其未兆易谋①；其脆易泮，其微易散②。为之于未有，治之于未乱③。合抱之木，生于毫末；九层之台，起于累土；千里之行，始于足下④。

　　"为者败之，执者失之⑤。"是以圣人无为，故无败；无执，故无失⑥。民之从事，常于几成而败之⑦。慎终如始，则无败事⑧。

　　是以圣人欲不欲，"不贵难得之货"⑨；学不学，"复众人之所过"⑩；以辅万物之自然，而不敢为⑪。

【译文】

　　事物处于安稳之际，就比较容易把握；事物尚未显露苗头，就比较容易防范；事物还在脆弱阶段，就比较容易瓦解；事物处在微小状态，就比较容易消散。要在事物尚未出现时有所作为，在祸乱尚未形成时予以治理。合抱粗的大树，生长于细小的萌芽；九层高的台地，要从堆积第一筐土起始；千里远的路途，启程于脚下的第一步。

　　"刻意施为会遭致失败，固执把持会蒙受损失。"所以，圣人不刻意施为，也就不会失败；不固执把持，也就不会损失。常人做事，常常在事情接近成功时却失败了。如果能像对待事情开始时那样谨慎对待事情的终结，就不会有失败的事情发生。

所以，圣人如果"有欲"，一定是源自"不欲"，比如想要"不贵难得之货（不珍爱难得的财货）"，也是一种"有欲"，但其所想要的又属不应该要的；圣人如果"有学"，一定是出于"不学"，比如知晓"复众人之所过（重复众人所犯的过错）"，也是一种"有学"，但其所学的又属于不应该学的。圣人的这种"欲于不欲""学于不学"，只是用以辅助万物使之能自然而然地是其所是、成其所成，而不敢刻意施为于万物。

【注释】

①其安：事物处于安定的状态。其，指万物，事物。下同；安，安稳，安定。持：握持，把持，维持，控制。未兆：没有显露出苗头。兆，前兆，朕兆，迹象。易谋：容易谋划应对的办法。譬如塞蚁穴以防溃堤。范应元《集注》："虑难曰谋。"案以往注家多训"其"为"心"，以"其安易持"为心灵安静则容易把持，于理难通。如王弼注："以其安不忘危，持之不忘亡，谋之无功之势，故曰易也。"范应元《集注》："'持'谓持守道心也。"心既已安，何须持？或训"其"为特殊的"社会""国家"，虽近是，但义犹过狭，如河上公注："治身治国，安静者易手持也。"

②其脆易泮（pàn）：东西脆弱则容易折断。泮，通"判"，分开，破裂。本或作"判"，或作"破"，义同。微：细，几，纤弱。散：解散，消解，散开。王弼注："虽失无入有，以其微脆之故未足以兴大功，故易也。此四者，皆说慎终也，不可以无之故

387

而不持，不可以微之故而弗散也。无而弗持，则生有焉；微而不散，则生大焉。故虑终之患如始之祸，则无败事。"吕惠卿《传》："其脆易破，则不可使至于坚；其微易散，则不可使至于著。物皆然，心为甚。通诸其心，则天下国家无难矣。"

③为之于未有：在事物尚未出现时有所作为。王弼注："谓其安未兆也。"治之于未乱：在尚未形成祸乱时有所治理。王弼注："谓微脆也。"严遵《老子指归》："未疾之人，易为医也；未危之国，易为谋也；萌芽之患，易事也；小弱之祸，易忧也。何以效之？庄子曰：'任车未亏，僮子行之，及其倾覆也，颠高堕谷，千人不能安。卵之未剖也，一指摩之，及其为飞鸿也，奋翼凌云，矰缴不能连。'"苏辙《老子解》："方其未有，持而谋之足矣；及其将然，非泮而散之不去也，然犹愈于既成也。故为之于未有者，上也；治之于未乱者，次也。"

④毫末：微末，此指细小的萌芽。累土：一筐土。宋徽宗御注："有形之类，大必滋于小，高必基于下，远必自于近。其作始也简，其将毕也必巨。圣人见端而思末，睹指而知归，故不为福先，不为祸始，踌躇以兴事，每以成功。"奚侗《集解》："此即上章'图难于易''为大于细'之谊。"

⑤"为者"句：刻意施为会遭致失败，固执把持会蒙受损失。王弼注："当以慎终除微，慎微除乱。而以施为治之，形名执之，反生事原，巧辟滋作，故败失也。"苏辙《老子解》："治乱祸福之来，皆如彼三者，积小成大。圣人待之以无为，守之以无执，故能使福自生，使祸自亡。譬如种苗，深耕而后籽之，及秋自穰。譬如被盗，危坐而熟视之，盗将自却。世人不知物之自然，以为非为不成，非执不留，故常与祸争胜，与福生赘，是以祸至于不

救，福至于不成，盖其理然也。"案此句为老子应本章行文需要而引用二十九章既成之言，通过再度陈述"有为"之弊，以反衬"为无为"之必要，并启后文之"欲不欲""学不学"。

⑥"是以"句：句谓圣人不刻意施为，也就不会失败；不固执把持，也就不会损失。宋徽宗御注："圣人不从事于务（案此语引自《庄子·齐物论》。"务"为"务必"之意，参阅拙著《庄子内篇引归》）。不以故自持，故无失。昧者规度而固守之，去道愈远矣，能无败失乎？"案老子的"无为"思想，实与孔子的"绝四"思想一脉相通。《论语·子罕》："子绝四：毋意，毋必，毋固，毋我。"

⑦民：这里指普通人，与"圣"相对。常于几成而败之：常常在事情接近成功时却失败了。王弼注："不慎终也。"宋徽宗御注："中道而止，半途而废，始勤而终怠者，凡民之情，盖莫不然，故事常几成而至于败。"李霖《取善集》："凡民从事，至于几成而败者，以不慎厥终也。《书》曰：'为山九仞，功亏一篑。'"常，帛书本、汉简本作"恒"，当为本字。"于几"，河上本、严遵本同，傅奕本作"于其几"，帛书本、汉简本作"于其"。义无大别。

⑧慎终如始：像对待开始那样慎重地对待终结。犹言始终一贯地战战兢兢、如履薄冰。薛蕙《集解》："常人见事之将成，而慢易之心生焉，则常转而为败矣。慎其终如慎其始，斯能底于成而无败事也。"

⑨欲不欲：虽然有欲望但却是为了没有欲望。理承上章"为无为"，犹言"欲而不欲"或"欲于不欲"。欲，是"有为"之欲；"不欲"，是"无为"之欲。"欲不欲"三字将"有为之欲"和"无

为之欲"有机地统一起来。不贵难得之货：此语已见于三章，故此处为引语（林希逸《口义》："借喻语也。"），而其用法又暗藏机巧："不贵"本即"不欲"，此在三章已成为明确的言教。但若执此言教以为信念，则又必有失。推而广之，在"欲"与"不欲"之间，实无可以笃定持守的极端、绝对原则。历来注家于本句多不得其解，即便是王弼注，也仍停留在三章的意涵上，未得其旨："好欲虽微，争尚为之兴；难得之货虽细，贪盗为之起也。"

⑩学不学：虽然在增益学识但却是为了归于无知。理亦承上章"为不为"，犹言"学而不学"或"学于不学"，与"为学日益、为道日损"宗旨相呼应。学，是"有为"之学；"不学"，是"无为"之学。"学不学"三字将"有为之学"和"无为之学"有机地统一起来。复众人之所过：重复众人所犯的过错，意犹"重蹈覆辙"。复，重复做某事，反复。此句亦当为一引语（林希逸《口义》："此亦借喻语也。"），同样暗藏机巧：学习知识的目的本来在避免重蹈前人覆辙，但这一知识本身便可能是覆辙或陷阱，因此，即便学了，也不应念念为执。苏辙《老子解》："人皆徇其所欲以伤物，信其所学以害理。圣人非无欲也，欲而不欲，故虽欲而不伤于物。非无学也，学而不学，故虽学而不害于理。"陈柱《老子》："'学不学'，谓学如不学，不以知识阶级矜人也。然则老子亦非真主不学者。"案此句历来注解纷歧。王弼注云："不学而能者，自然也。喻于学者，过也。故学不学，以复众人之过。"是王注训"复"为补救，后多从之，然其训于理恐难通。盖圣人修道，为己而不为人，更不能代他人补过、受过。此不仅为道家之共识（《庄子·让王》："原宪笑曰：'夫希世而行，比周而友，学以为人，教以为己，仁义之慝，舆马之饰，宪不忍为也。'"），

且儒家也有类似观点（《论语·宪问》："子曰：'古之学者为己，今之学者为人。'"）。详参题解和译文。

⑪以辅万物之自然：用以辅助万物使之能自然而然的是其所是、成其所成。辅，从旁帮助，辅助；自然，自是其是、自成其成。不敢为：不敢刻意作为。案此句乃就"欲不欲""学不学"二者言。其中"辅"字尤其重要，特言圣人之"欲"和"学"，对事之所是、功之所成，所起的作用完全是辅助性的、次要的，而不是主导性的、决定性的。这就使得道家的循道、因顺、因是因非思想在"有为"（此处为"欲"或"有欲"和"学"或"有学"）的框架中获得了操作层面的落实。

六十五章

【题解】

本章以知识运用为主题，旨在揭示常识（文中的"稽式"或"楷式"就是常识之一种，其他如各种定理、公式、法式、伦理等，它们构成了某个领域的基本理论）或"常道"之用，必须以知其然而又知其所以然为前提，这样，才能使常识之用不至于陷入教条主义的泥沼，达于"大顺"的境界。用一句话来概括其中的操作路径，便是"与物反也"（此"物"指"稽式"等常识），也就是把常识或"常道"带回到"道"的框架中加以运用，这也与"反者道之动"（四十章）这一命题相契合。

"明""愚"和"智（知）"三字，是本章关键词。老子用"明民""愚之"，与孔子用"知之"（"民可使由之，不可使知之"）一样，均有"用明于民""用愚于民"和"用知于民"之意。一般常人都会习惯于接受"用明""用知"于民（人），却不习惯或不能理解"用愚"于民（人），圣俗之别，恰在此处。在《老子》和《庄子》的语境当中，凡"用"，皆属"有为"，而世俗之"用"，又常常会走向过度的"用"，即"益之、助之"的勉强之"用"。这样，如果所"用"为"明"、为"知"，就容易犯"益之、助之"之病；如果所"用"为"愚"，由于此"用"是令其归为淳朴，本来属于"损之又损"之道，因此，老子之"用愚"

便是褒义，是符合"道论"宗旨的"用"。不过，若"用愚"成为执念，勉强其"用"，也容易犯《庄子》中为老子所讥之"胥易技系"的毛病。这是老子反复强调"反"是"道"的基本精神的缘由。从这个角度说，"将以愚之"虽然为老子所主张，可以作为下文的"稽式"来看待，但若不能"反"归于"道"，则也会变成一个教条。

老子所谓"稽式"（他本或作"楷式"），也是一个关键词。对于这个词以及与之相关的表述，须在《老子》全书框架内及"道可道，非常道"的总纲领下来理解、把握。在老子看来，得知"稽式"或"楷式"，就是得知定理、公理、规律、常识，也就是得知"常道"；而能进一步"知稽式"，就意味着还知晓"常道"或"稽式"的假设前提、应用条件，既知其然而又知其所以然。这等于说，真正彻知"常道"的人，他同时还十分清楚，在万物皆流的世界中，彼类"常道"或"稽式"的应用，有时会失能、无效，有时还会存在风险甚至产生危害；同时，他也知道补偿"常道"之失能、化解"常道"之风险的唯一解决方案，是能令"常道"的应用归于或依循"道"。人若能做到这一点，则为圣；修德若如此，则为玄德。玄德的幽深奥妙，就在这种"知常而能反于道"的循环往复之中体现出来。这个道理说来似乎神秘莫测，其实人们在日常百事之中，只要能悬置（胡塞尔的现象学用语）权威意义上的常识，大多都能达到此等境界，所以阳明先生才可以说"满街人是圣人"（《传习录》）。

从价值判断的立场看老子本章，有的人会认为老子主张君主要推行"愚民政策"，而这一观点甚至还连带到孔子在《论语·泰伯》中的那句话："子曰：'民可使由之，不可使知之。'"诚然，孔子和老子的思想是一致的，都具有基于自主、自由理念而反对"用智（知）"于民的思想。但是，这种思想不是今人所谓的愚民思想，而是民本思想、民主思想。其实，老子所谓"不以明民"，义属"不见可欲"于民，即不在百姓面前炫耀聪明智巧，以避免百姓或起而效仿，或避而为诈。由此可知，在老子的"可欲"概念当中，非但指难得之货，亦指聪明智巧。所以，"不以明民"一语当中，自然包含圣人"塞兑闭门"（老子语）、"藏形匿影"（邓析语）之意。而"将以愚之"，乃是令百姓回归淳朴刚直的状态。显然，修道之人，先以自愚，然后愚人，所以，愚人实有渡人之意。人若得渡，则没身不殆。

古之善为道者，非以明民，将以愚之[①]。民之难治，以其智多[②]。故以智治国，国之贼；不以智治国，国之福[③]。知此两者亦稽式，常知稽式，是谓玄德。玄德深矣，远矣，与物反矣[④]。然后乃至大顺[⑤]。

【译文】

古代善于循道而为的人，不是要借以使人民更加聪明，而是要借以使人民归于淳朴。人民之所以难以统治，是因为其知识、伎巧本来杂多。所以，君王若再以知识、伎巧治理国家，那就是国家的祸害；若不以知识、伎巧治理国家，那就是国家的福祉。知道这两句话，也算是得到一个"法式"或"常理"了，而又能彻知此"法式"或"常理"，就叫做"玄德"。玄德，那可是既深奥又玄远啊，它也能让"法式"或"常理"复返于"道"。这样，"法式"或"常理"的应用就会达到"大顺"的境界。

【注释】

①善为道：善于"为无为"之道。明民：用明于民。指利用"为无为"之道而让百姓更为聪明。明，使聪明。这里非为"明道"之明。愚之：用愚于民。指利用"为无为"之道而使百姓归于淳朴。愚，使愚钝，使淳朴。王弼注："'明'，谓多见巧诈，蔽其朴也；'愚'，谓无知守真，顺自然也。"宋徽宗御注："'民可使由之，不可使知之。'古之善为道者，使由之而已。反其常然，道可载而与之俱，无所施智巧焉，故曰愚。三代而下，释夫恬淡无为，而悦夫哼哼之意，屈折礼乐以正天下之形，吁俞仁义以慰天下之心，将以明民，名曰治之，而乱孰甚焉？"（"哼哼"为据他本改，读法不同于他本）范应元《集注》："圣人之道，大而化之，故古之善为道以化民者，非以明之，将以愚之，使淳朴不散，智诈不生也。所谓'愚之'，非欺也，但因其自然，不以穿凿私意导之也。"释德清《老子道德经解》："'明'者，昭然揭示之意。'愚'者，'民可使由之，不可使知之'之意。夫民之所趋，皆观望于上也，所谓'百姓皆注其耳目'。凡民之欲蔽，皆上有以启之。故上有好者，下必有甚焉者也。故圣人在上，善能以斯道觉斯民，当先身以教之。上先不用智巧，离欲清静，一无所好，若无所知者，则民自安其日用之常，绝无一念好尚之心，而黠滑之知自消，奸盗之行自绝矣。所谓'我好静而民自正，我无为而民自化'。故曰'非以明民，将以愚之'。此重在'以'字，前云'众人皆有以'，'以'，如《春秋》'以某师'之'以'，谓左右之也，此其上不用智，故民易治耳。"

②"民之"句：意谓人民之所以难以统治，根源在于其日用之知杂多不一。智，同"知"，知识，这里指有关日用百事的常

识和伎巧。《庄子·胠箧》："上诚好知而无道，则天下大乱矣。何以知其然邪？夫弓弩毕弋机变之知多，则鸟乱于上矣；钩饵罔罟罾笱之知多，则鱼乱于水矣；削格罗落罝罘之知多，则兽乱于泽矣；知诈渐毒、颉滑坚白、解垢同异之变多，则俗惑于辩矣。故天下每每大乱，罪在于好知。"王弼注："多智巧诈，故难治也。"案此处言民之智（知）多，原因至少有三：一为人多故智多，二为事多故智多，三为人、事复合，其智尤多。与之相比，君王以一身一人，事限于朝堂，人交于臣下，安可遽知百姓日用之事而施为于治？此其理自然难能也。所以，欲凭一人之知而有为于统治天下，其事不败，于理说不过去。另外，国君之所以觉得"民之难治"，还在于国君只有邦国之念而无天下之心。若有天下之心，则必以天下为无事；若天下无事，何谈"民之难治"？若民无须治，便是民心趋归，君王于无事、无为之中而自取天下人心。所以，在《老子》中，"治国"和"取天下"是两个不同的境界，而"以智治国"又等而下之。帛书甲乙本、傅奕本、严遵本、范应元本等"智"作"知"。《老子》书"智"多同"知"，《庄子》亦然。

③贼：害，祸害。王弼注："民之难治，以其智多也。当务塞兑闭门，令无知无欲。而以智术动民，邪心既动，复以巧术防民之伪。民知其术，放随而避之。思维密巧，奸伪益滋，故曰'以智治国，国之贼'也。"苏辙《老子解》："吾以智御人，人亦以智应之，而上下交相贼矣。"案王弼注中言"当务塞兑闭门，令无知无欲"，乃指君主而非直接指百姓，但君主能如此，则百姓自然也归于淳朴，无知无欲。

④两者：指"以智治国国之贼，不以智治国国之福"。此为

两句治国格言，今古皆然。稽式：法则，法式，引申为规律、公理。常知：总是知道，全面知道，义犹"彻知""周知"。与物反：与万物共返于道。物，万事万物，也包括"稽式"；反，指返归于道。二十五章言道："大曰逝，逝曰远，远曰反。"王弼注："'稽'，同也。今古之所同，则不可废。能知稽式，是谓玄德。玄德深矣，远矣，反其真也。"林希逸《口义》："'两者'，智与不智也。能知智之为贼，不智之为福，则亦可以为天下法矣。能知此法，则可谓之玄妙之德。'深矣''远矣'者，叹美之辞也。"范应元《集注》："此用智不用智两者，亦是考古之法也。能知此考古之法，是谓玄远之德也。故三代皆顺考古道而行之。傅奕云：'稽式，今古之所同式也。'玄德深而莫测，远而无极，非以察察为明，与智固反。"案此句再次说明老子总是念念不忘将自己的"言教"拉回到其"道论"的知识论疆域，从而不使自己陷入既主张不施言教而又呶呶于言教的尴尬境地。这一点，基本上被以往的注老著作忽略了，值得注意。汉简本、河上本、严遵本等"稽式"作"楷式"，"稽""楷"声近相假。帛书本、汉简本"常"作"恒"，当为本字。

⑤然后乃至大顺：句谓能彻知稽式，就可以达到知识运用上的"大顺"境界。大顺，至为顺畅。这里指知识运用上没有任何失和之处，进入"道用"的境界。此句承"以智治国"和"稽式"而来。林希逸《口义》："'大顺'，即自然也。"蒋锡昌《校诂》："'大顺'者，大顺自然，即指道而言。此言玄德深远，人主与万物皆返于真，然后乃同至于道也。"案本句极富深意，谓既知"稽式"之所然，又知"稽式"之所以然，则"稽式"之用，必不至于陷入教条主义泥沼，而总是能解决现实的问题。能如此，便进

入了知识运用的"大顺"境界。本章老子对"常道"与"道"之间关系的讨论，不仅可以消除人们对老学的一些误解，而且在哲学知识论层面极具现实意义。这一点，是研究老学乃至国学应该特别重视的。

六十六章

【题解】

本章主旨在发扬圣人的谦下之德，其旨若合于六十一章。

老子于本章所言，其关键字在一"欲"字。凡生物，有其欲，然后有其行，人莫不如此，而圣人亦不例外。然而，道家理论中的"欲"，一定是与"不欲"合同于一个框架，即在"无为而无不为"的总纲领之下，体现为"欲不欲"，从而导引行为上的"行不行"。将这一框架延伸至庄子所发扬的思想体系中，便是"逍遥游"于一切现实事物之两极而取其中庸，合乎中道。因此，理解《老子》本章中言圣人之"欲"，也必须在这个框架中理解。秦汉以降，承法家之余绪者流，以"权谋之术"体谅老子本章所言之"欲"、所践之"行"，乃各立于己心之所趣取，与老子"道论"的宗旨并不相属。圣人之谦下，乃不居功之意；圣人之后人，乃不邀名之意；能不居功、不邀名，乃有无己之心。无功、无名、无己，岂非圣人乎？

何其大乎，江海之德！人君、平民，身价虽异，而于心德之修，则未必不能同至于斯境也。是或为《老子》本章题中自有之意。

江海所以能为百谷王者，以其善下之，故能为百谷王^①。是以圣人欲上民，必以言下之；欲先民，必以身后之^②。是以圣人处上而民不重，处前而民不害，是以天下乐推而不厌^③。以其不争，故天下莫能与之争^④。

【译文】

江海之所以能成为百川汇聚之地，是因为它善处卑下之位，所以才能为百川所归往。因此，圣人假若要位居人民之上，其言辞必须谦下；假若要身处人民之先，其行动必须落后。这样，圣人居人上而人民无负重之感，处人先而人民无祸患之心，如此则天下之人都乐此不疲地拥戴他。由于他不与人相争，所以，天下也就没有人能与他相争。

【注释】

①王：通"往"，去，归往。《诗经·大雅·板》："昊天曰明，及尔出王。"《说文》："王，天下所归往也。"善下：善居于卑下之地，表示至为谦卑。河上公注："江海以卑下，故众流归之，若民归就王。"顾欢《道德真经注疏》引疏云："'王'，往也。'百谷'，百川也。言江海所以百川之所归往者，以其善居湫下之地也。人能退身谦下，虚柔容物者，亦为苍生之所归往也。"

②欲上民：想要居于人民之上。这是一个假设句，圣人本"欲不欲"，故不会平白无故有"上民"之"欲"。其"有欲"，必以"无欲"为条件，属不得已，从而合于"欲于不欲""欲而不欲"之道。苏辙《老子解》："圣人非欲上人，非欲先人也，盖下之后之，其道不得不上且先耳。"王弼本无"圣人"二字，郭店本、帛书本、汉简本、河上本、严遵本、傅奕本、景龙碑本等皆

有，据补。"民"字，多本或作"人"，义通。

③不重：不以为繁重。重，重负，重压。推：推举，拥戴。河上公注："圣人在民上为主，不以尊贵虐下，故民戴而不为重。圣人在民前，不以光明蔽后。民亲之若父母，无有欲害之心也。圣人恩深爱厚，视民如赤子，故天下乐推进以为主，无有厌也。"（河上公以为圣人恩深爱厚，则与老子"圣人不仁，以百姓为刍狗"之意相违）唐玄宗御注："谦为德柄，尊用弥光。以言谦下之，百姓欣戴，故处其上而人不以为重；以身退后之，百姓子来，故处其前而人不以为害也。以是不重不害之故，故天下之人乐推崇为之主，而不厌倦。"

④"以其"句：河上公注："言人皆争有为，无有与吾争无为。"陆希声《传》："《易》曰：'天道亏盈而益谦，地道变盈而流谦，鬼神害盈而福谦，人道恶盈而好谦。'谦之为德，卑以自牧，故江海以谦为德而为百谷所归往，圣人以谦为德，故为天下所先上。圣人岂欲先上哉？天下乐推而不厌耳。所以言欲先上者，举圣人以劝众人耳。然则圣人之处先上者，岂争而得之耶！《书》曰：'汝唯不争，故天下莫与汝争能；汝唯不矜，故天下莫与汝争功。'此之谓也。"

六十七章

本章旨在阐明通往"道"的实践路径。

得道之人，居则守道，行则循道。守、循之间，如何得其法、奏其效，其中或亦有"常道"。此于老子，便是"三宝"，所谓慈，所谓俭，所谓不敢为天下先。

对此"三宝"，陈鼓应在《老子今注今译》中作了较好的解释："本章所说的三宝：'慈'——爱心加上同情感，这是人类友好相处的基本动力；'俭'——意指含藏培蓄，不肆为，不奢靡，这和五十九章'啬'字同义；'不敢为天下先'——即是谦让、不争的思想。"

细品老子"三宝"的文字表述也很有意思。本来，老子也可以将其"三宝"表述为"慈、俭、后"，或者"为慈、为俭、为后"，或者"为慈、为俭、不为先"，或者"敢于慈、敢于俭、敢于后"，等等，总之，可以有各种句法变换来表达近似的意涵。而老子之所以"去彼取此"，统观《老子》全书行文的缜密性，可以肯定，老子在这里使用的独特文法，也一定别有深意。这深意是什么呢？那就是，老子的"道论"，是嵌入在一个"反"或"否定"框架当中的"正"或"肯定"，其中含有深刻的"游移"（或谓辩证法）思想（此亦为庄子以"朝三暮四"的"逍遥游"论予

402

以发扬，参阅拙著《庄子内篇引归》），亦如孔子以"绝四"彰明
其实践论观点一样："毋意，毋必，毋固，毋我。"据此推断，"为
慈""为俭""为后"，都存在因一"为"字之用而有陷入"有为"
（即"益之、助之"）的可能，所以，老子不使用"为"字就可以
免除"意、必、固、我"的系絷之念，此其一。其二，老子主张
"勇于敢则杀，勇于不敢则活"（七十三章），因此，"不敢"二字
的使用，不仅极其洽和于"先"这个字的意涵及其所关联的行为
实践，同时也影射性地寓有不敢为慈、不敢为俭之意——尽管慈
与俭二字在本质上已符合"损之又损"的道论思想。其三，由以
上两点所启发，可以肯定，老子的实践哲学，必然在其"无为而
无不为"的总纲领之下，万化为各种具体的类如"为无为""事无
事""味无味""欲无欲""慈无慈""俭无俭""先无先""后无后"
的行动策略。所以，老子虽然在本章言其有"三宝"，但"三宝"
终归于"道"。这样的"道"，能不大吗？这样的"大"，何种形
而下之物可以"肖"之？

　　由此可见，老子的文字表述极其微妙，不如此，道之"玄之
又玄"的品质，便无法用文字传递出来。《老子》一书通篇谨守这
个原则，因此，书中不时地有类似的文字表达。此类文字，意涵
闪烁迷离，非彻悟老子道论之大体，则不可得也。

　　天下皆谓我道大，似不肖。夫唯大，故似不肖；若肖，
久矣其细也夫①。
　　我有三宝，持而保之：一曰慈，二曰俭，三曰不敢为
天下先②。慈故能勇，俭故能广，不敢为天下先，故能成器
长③。今舍慈且勇，舍俭且广，舍后且先，死矣④。夫慈，

以战则胜，以守则固。天将救之，以慈卫之⑤。

【译文】

天下人都以为我所言的"道"过于广大，似乎不像任何东西。正是由于它广大，所以才不像任何东西；如果像某个东西，那么，"道"早已渺小得微不足道了。

我持守和葆有三件法宝：一个叫慈，一个叫俭，一个叫不敢为天下先。由于能慈忍，所以能勇武；由于能俭约，所以能奢费；由于不敢居于人先，所以能成为万物之长。倘若舍弃慈忍而求取勇武，舍弃俭约而求取奢费，舍弃居后而求取处先，那么，就是走向死地。慈忍，以其征战就能胜利，以其防守就能坚固。上天将要拯救谁，就用慈忍来卫护他。

【注释】

①大：广大，形容道的玄远、幽深和宏大。义承二十五章："有物混成，先天地生。寂兮寥兮，独立而不改，周行而不殆，可以为天地母。吾不知其名，字之曰道，强为之名曰大。大曰逝，逝曰远，远曰反。故道大，天大，地大，王亦大。域中有四大，而王居其一焉。人法地，地法天，天法道，道法自然。"似不肖：好似什么都不像。肖，相像。久矣其细：早就不值一提了。细，微末，琐碎，苟细。王弼注："'久矣其细'，犹曰其细久矣。肖则失其所以为大矣，故曰若肖久矣，其细也夫。"苏辙《老子解》："夫道，旷然无形，颓然无名，充遍万物，而与物无一相似，此其所以大也。若似于物，则亦一物耳，而何足大哉？"奚侗《集解》："无状之状，无物之象，故云不肖。"案本句是本章灵魂，而"道"字

是本句灵魂，俱不可删，本句亦非他章错简。虽然二十五章中曾以"王"与道、天、地并列为四大，但王可肖于地、肖于天、肖于道，故不可言王"似不肖"，唯道可言不肖，以其无可肖者，故老子说"道法自然"（其中之"法"，已无"肖""效"之义，参见二十五章注解）。帛书乙本（甲本残缺）、汉简本、河上本、严遵本、傅奕本、范应元本等均误夺"道"字，于义不通，于理失伦。

②三宝：三个法宝。此"宝"字所指类于"楷式""稽式"，为可遵行的法则、原则。老子借此三宝而通达于"道"。持而保之：持守并葆有。保，葆有，保全。或作"葆""宝"，义同。宋徽宗御注："肖物者小，为物所肖者大。道，覆载万物者也，洋洋乎大哉，故似不肖；若肖，则道外有物，岂得为大乎？"苏辙《老子解》："道以不似物为大，故其运而为德，则亦闷然；以钝为利，以退为进，不合于世俗。今夫世俗，贵勇敢，尚广大，夸进锐，而吾之所宝，则慈忍、俭约、廉退。此三者，皆世之所谓不肖者也。"

③广：博施，奢费。器长：万物的官长。器，犹"朴散而为器"之器，指各种形而下的事物。《论语·为政》："君子不器。"《礼记·学记》："君子曰：大德不官，大道不器，大信不约，大时不齐。察此四者，可以有志于学矣。"王弼注："夫慈，以陈则胜，以守则固，故能勇也。节俭爱费，天下不匮，故能广也。唯后外其身，为物所归，然后乃能立成器，为天下利，为物之长也。"陆希声《传》："夫慈悯于物者，必能勇于拯救，所谓仁者必有勇也。俭约于用者，必能广于振施，所谓节用而爱人也。不敢先于天下，则必能成器用之长，所谓用九，见群龙无首，吉也。"苏辙《老子解》："世以勇决为贤，而以慈忍为不及事。不知勇决之易挫，而慈忍之不可胜，其终必至于勇也。世以广大盖物，而以俭约为陋。

不知广大之易穷，而俭约之易足，而终必至于广也。世以进锐为能，而以不敢先为耻。不知进锐之多恶于人，而不敢先之乐推于世，其终卒为器长也。盖朴散而为器，圣人用之则为官长。自朴成器，始有属有长矣。"

④今：假如，如果。且：通"挝（zhā）"，取，拿。王弼注："'且'，犹取也。"陆希声《传》："今世之所谓肖者，则不然。舍其慈愍，而苟为勇义以陷物，则过涉灭顶矣。舍其俭约，而苟为广施以费用，则伤财害民矣。舍所以后其身，而苟欲先于天下，则犯上作乱矣。夫如此者，皆不合于道，自取灭亡者也。"苏辙《老子解》："勇、广、先三者，人之所共疾也。为众所疾，故常近于死矣。"

⑤以战：应用于征战。以，指三宝之一的"慈"。王弼注："相愍而不避于难，故胜也。"陆希声《传》："然此三宝最以慈为贵，夫慈于物则忧爱之矣。爱人者人亦爱之，忧人者人亦忧之。人忧之则助之，故以阵则行列自正；人爱之则保之，故以守则城池自固。是知天将救斯人也，必以慈爱赋之。人有慈爱则阵必正，守必固，是以慈爱为卫也。《易》曰：'自天佑之，吉无不利。'此之谓也。天将弃斯人也，则必以凶德厚之。人有凶德则阵必乱，守必亡，是以凶德为蹶也。《语》曰：'天厚其恶，恶厚将崩。'此之谓也。"宋徽宗御注："志于仁者，其衷为天所诱；志于不仁者，其鉴为天所夺。则天所以救之卫之者，以慈而已。此三宝所以慈为先。"苏辙《老子解》："以慈卫物，物之爱之如父母，虽为之效死而不辞，故可以战，可以守。天之将救是人也，则开其心志，使之无所不慈；无所不慈，则物皆为之卫矣。"傅奕本、范应元本"死矣"作"是谓入死门"。

六十八章

本章言用兵的最高境界,从中可以发现后来兵家所主之"不战而屈人之兵""上兵伐谋""后发制人"等兵战思想,皆可从本章的主旨中衍生出来。

《老子》中言兵的章节不多,且所言皆取非战的观点。至于用兵,无非出于"不得已",且以"恬淡为上"。本章正是在这一总原则之下对兵家的战略进行阐发,且依然蕴含着浓厚的非战思想。

与《老子》其他章节中用"善"字的地方一样,老子此处所言之"善",亦非器物层面在价值判断意义上的"善",而是在"道"的意义上的"至善"或"上善",是"不善之善"、"善无善"之"善",因此已完全超越了世俗世界惯常意义上的好与坏或善与恶的标准。老子的这种思想,对后世兵家哲学产生了深刻的影响,也由此铸就了中国军事思想的独特精神。

细品《老子》本章文意,可见《老子》思想的"一以贯之"已经达到十分圆融的境地,其中并无自相违忤之论。或有以己见而武断《老子》中有某某瑕疵或自相扞格之处者,其中不乏不自见其不见而率然置评之论,不足为信。

善为士者,不武①;善战者,不怒②;善胜敌者,不与③;

善用人者，为之下④。是谓不争之德，是谓用人之力，是谓配天，古之极也⑤。

【译文】

最善于为帅的人，不逞强于武力；最善于作战的人，不忿怒于战场；最善于制胜的人，不对敌于军阵；最善于用人的人，能取势于卑下。这就叫作不争之德，这就叫作借力使力，这就叫作与天道相配。这是古时用兵的最高境界。

【注释】

①"善为士"句：最善于为帅的人，不逞强于武力。善，犹"上善"，最善于，这里指行为的最高境界，下同；士，指军队中的统帅；不武，不动用武力，不以武力逞强。三十章："以道佐人主者，不以兵强天下。"王弼注："'士'，卒之帅也；'武'，尚先陵人也。"苏辙《老子解》："士当以武为本，行之以怯。若以武行武，则死矣。"案本句义承三十一章，主张军队中的将帅不应逞强于武力："兵者不祥之器，非君子之器，不得已而用之，恬淡为上，胜而不美，而美之者，是乐杀人。"这一思想在兵家著作中也多有体现。《孙子兵法·谋攻》："不战而屈人之兵者，善之善者也。"

②不怒：不以忿怒主使其行为。王弼注："后而不先，应而不唱，故不在怒。"苏辙《老子解》："圣人不得已而后战，若出于怒，是以我故杀人也，天必殃之。"案本句与十三章"宠辱若惊"在思想上也有关联，寓有"见侮不辱"之意。盖怒必轻动，轻动则兵祸顿起，大凶亦随之而至。

③不与：不争，不正面冲突。王弼注："不与争也。"《孙子兵

法·谋攻》："上兵伐谋，其次伐交，其次伐兵，其下攻城。攻城之法为不得已。"宋徽宗御注："争，逆德也。争地以战，杀人盈野；争城以战，杀人盈城，胜败特未定也。不武以成其武，不怒以济其怒，不争所以弥其争，三者皆出于德，故曰'善'。"苏辙《老子解》："以吾不争，故能胜彼之争。若皆出于争，则未必胜也。"

④用人：这里指利用他人之力，喻军事上的乘势而为。用，利用，借用。为之下：处在卑下的地位。王弼注："用人而不为之下，则力不为用也。"案此处虽然仍承六十一章"大邦者下流"、六十六章"江海所以能为百谷王者，以其善下之"之旨，但其言已转向用兵谋略，故句意乃属新的语境，专就用兵而言，取其"后而不先，应而不唱"的后发制人之意。《孙子兵法·兵势》篇："故善战者，求之于势，不责于人，故能择人而任势。"

⑤用人之力：借用敌人的力量，义与上文"用人"相近。人，他人，这里尤指敌人。"之力"二字，或为衍文。帛书甲、乙本与汉简本并无。配天：指用兵之德与天道相匹配。配，配合，谐和。河上公注："能行此者，德配天也。"古之极也：古时用兵的最高境界。极，至，极致。王弼本原无"也"字，据帛书甲乙本、傅奕本、景龙碑本、范应元本等补。宋徽宗御注："德荡乎名，知出乎争，才全而德不形者，未尝闻其唱也，常和人而已。聪明者，竭其视听；智力者，尽其谋能，而位之者，无知也。无为为之之谓天，不争而用人，故可以配天；可以配天，则至矣，不可以有加矣，故曰'古之极'。'极'，至也。木之至者，屋极是也。"吕惠卿《传》："无为为之，之谓天德。至于无为，则与天同而无以加矣，故曰'是谓配天，古之极'。"

六十九章

【题解】

本章主旨在于彰明"行不行"的用兵思想,强调慎于用兵,不得已而用之,则循道而行,万不可轻视敌人。老子的这种用兵思想,与孙子所谓"兵者,国之大事,死生之地,存亡之道,不可不察也"言异而旨同。

老子在本章将其"三宝"理念和"为无为"思想全面体现在用兵这一主题上。在老子看来,基于"为无为"这一纲领,用兵也必须遵循"行不行"之道,即"行于不行""行而不行"。大兵之动,完全在于"不得已"。这就是"为无为"思想。既出于不得已而用兵,自然就"不敢为天下先",所以首句主客、进退之论,能一语而关其要旨,此其一宝也;攘而无臂,执而无兵,俭之又俭,此其二宝也;哀慈谦退,战则能胜,此其三宝也。三宝不丧,则天下无敌;而若自以为天下无敌,则三宝旋即又可能不保矣。老子看似吊诡的循环逻辑,在此又一次得到体现。

所以,从文章学的角度看本章,文章虽短,但跌宕之势并未稍减。从文意衔接方面看,本章不仅延续上一章话头,而且照应三十章、三十一章、五十章及七十六章之观点,又与六十三章"为无为"、六十四章"欲不欲""学不学"的表述方式相呼应,因此,可以参看相关章节。

用兵有言："吾不敢为主而为客，不敢进寸而退尺①。"
是谓行无行②。攘无臂，执无兵，乃无敌矣③。

祸莫大于无敌，无敌几丧吾宝④。故抗兵相若，哀者
胜矣⑤。

【译文】

兵家有这样的说法："我不敢做主导者，而宁可做宾从者；我
不敢进犯一寸，而宁可退避一尺。"这就是军事上的"行于不
行""行而不行"思想。如同搏击而不使用臂膊，擒拿而不依靠兵
器，能够这样就可以无视敌手了。

不过，祸患再大也莫过于无视敌手，无视敌手，就几乎丧失
了我的"三宝"。所以，兵力相当的两军对垒，哀慈谦退的一方
才能取胜。

【注释】

①主：主人，主导。客：客人，宾从。此句极言"不得已"
的用兵思想和对敌人的重视态度，颇具"哀者"之状，与七十三
章所言"勇于敢则杀，勇于不敢则活"之旨互有照应，主旨为
"重敌"，与三宝之"不敢为天下先"相照应。河上公注："'主'，
先也，不敢先举兵；'客'者，和而不倡。用兵当承天而后动。"
王真《道德经论兵要义述》："夫兵者必以先举者为主，后应者为
客也。且圣人之兵，常以不得已而用之，故应敌而后起。应敌而
后起者，所以常为客也。进少退多者，是沉机密用，重敌之意
也。"苏辙《老子解》："'主'，造事者也；'客'，应敌者也。'进'
者，有意于争者也；'退'者，无意于争者也。"宋徽宗御注："感

之者为主，应之者为客，迫而后动，不得已而后起，谓之应兵。应兵，为客者也。不嗜杀人，故难进而易退。"

②行无行：意谓军事行动的施行，以不刻意施行为前提。行，指举兵布阵等军事行动。此句意即行而不行、行于不行，是"为无为"这一总原则在军事上的具体落实，其理与"欲不欲""学不学"相同。王弼注："'行'，谓行陈也。言以谦退哀慈，不敢为物先，用战犹行无行。"苏辙《老子解》："无意于争，则虽用兵，与不用均也。"案此句乃总括前文所言主客、进退之论，肯定该论合于"行无行"之德，从而将军事行动的基本原则也纳入"为无为"的"玄德"框架，以彰明"战亦有道"的思想。一言以蔽之，军事行动的实施原则是"行无行"，这是保证军事行动合于道义并取得胜利的基本依据。

③攘无臂：搏击而不用胳臂。攘，援臂，此指援臂以便争夺、搏击。执无兵：擒拿而不用兵器。执，逮捕，捉拿，执持；兵，兵器。乃无敌矣：这样就没有敌手了。此句"无敌"有藐视敌人的意味，但下文之"无敌"，则又马上转而回到对轻敌的警示，故两个"无敌"含义有别，体现了老子学说不重言议之教从而总是处在否定之否定逻辑框架的特点。本句照应老子三宝之"俭"。王弼注："攘无臂，执无兵，扔〔乃〕无敌也。言无有与之抗也。"苏辙《老子解》"扔"作"仍"，训义为"因"："苟无意于争，则虽在军旅，如无臂可攘，无敌可因，无兵可执，而安有用兵之咎耶？"楼宇烈《老子道德经注》引马叙伦云："'扔'字，疑当作'乃'。"马、楼说可从。案本句"攘无臂"或"执无兵"皆实举互相对立的条件为前提（如攘必以臂，有臂方能攘），这与"行无行"的情况有所不同，故不可将它们并列做等价齐观，其"行

无行"的句法结构也与"攘无臂"或"执无兵"不同，因此，它们必分属于前后不同的语境。"乃无敌"王弼今本原作"扔无敌"并在"执无兵"前，此据帛书甲乙本、汉简本、王弼注改"扔"为"乃"，并据帛书甲乙本、严遵本、傅奕本及王弼注移此句于"执无兵"后；句中"矣"字王弼本原无，据帛书甲本及王弼注补。

④无敌：犹"轻敌"，无视对手，即自以为没有对手。此句"无敌"与前文之"无敌"意涵稍别，有警示意味，旨在回应首句重敌之意。宝：指三宝。王弼注："言吾哀慈谦退，非欲以取强无敌于天下也。不得已而卒至于无敌，斯乃吾之所以为大祸也。'宝'，三宝也，故曰'几亡吾宝'。"苏辙《老子解》将"宝"局限为三宝之一的"慈"，失于不周："圣人以慈为宝，轻敌则轻战，轻战则轻杀人，丧其所以为慈矣。""无敌"王弼今本原作"轻敌"，河上本、严遵本等世传本多同。帛书甲乙本、汉简本、傅奕本并作"无敌"，王弼注亦有"无敌"之引，可知王弼原本亦作"无敌"，据改。

⑤抗兵相若：兵力相当的两军对垒。抗，举，发动；相若，相当，差不多。哀者：指心怀哀慈谦退之念的人。本句照应三宝之"慈"。王弼注："'抗'，举也；'加'，当也。'哀'者，必相惜而不趣利避害，故必胜。"苏辙《老子解》："两敌相加，而吾出于不得已，则有哀心。哀心见，而天人助之，虽欲不胜，不可得矣。""若"字王弼本原作"加"，帛书甲乙本、汉简本、傅奕本并作"若"，据改。

七十章

【题解】

本章将言与行、知与行、彻知与能行等问题纳入同一框架进行讨论，首开"知行"之议，对后世的知识论观点影响巨大。细加品味就不难看出，宋明心学一脉所主张的"知行合一"思想，已经在本章有了充分的体现，差别仅仅在于，老子没有从正面加以主张，而是从侧面付之以喟叹。毫无疑问，"被褐怀玉"的圣人，由于能知言之宗，能识事之君，能循道而行，所以自然是完美的知行合一之人。

老子在本章所强调的观点是，在行事之际要知"言之宗"和"事之君"，而不能停留在耳闻目见之音声语句，泥守教条之言。这首先就涉及"知言"的问题。《论语·尧曰》有这样的话："不知言，无以知人也。"不知人，也就不能得事之成。孟子曾自谓"我知言"。公孙丑于是问孟子："何谓知言？"孟子回答说："诐辞知其所蔽，淫辞知其所陷，邪辞知其所离，遁辞知其所穷。"（《孟子·公孙丑上》）孟子明确指出了"言"之不可轻信轻从。但孟子虽辩，其表述仍不如老子简约。老子一句"言有宗"，便将言语的千头万绪抛开，一下子就回到语言的本质，提示人们在理解言语时应操持的根本的技术路线。老子之高明在此。如果要寻得这个"宗"的一般形态（按说，老子学是排斥"一般"的，

是以"常道"为非的，但老子永远不绝对），那这个"宗"就是
"无为而无不为"，退而求其次，于言语层面就是"言不言"。所
以，"言不言"就是"言之宗"，当然这只是脱离于情境的语言
的"一般宗本"，而不是处在情境之中具体言语的"个别宗本"。
知此，可谓"知言"矣。对此，庄子在其《知北游》篇中有极为
精准的表述："知谓黄帝曰：'吾问无为谓，无为谓不应我，非不
我应，不知应我也。吾问狂屈，狂屈中欲告我而不我告，非不我
告，中欲告而忘之也。今予问乎若，若知之，奚故不近？'黄帝
曰：'彼其真是也，以其不知也；此其似之也，以其忘之也；予与
若终不近也，以其知之也。'狂屈闻之，以黄帝为知言。"在《淮
南子·道应训》中，有更为具体的一段记载，可以作为理解老子
强调"言有宗，事有君"的生动案例："白公问于孔子曰：'人可以
微言？'孔子不应。白公曰：'若以石投水中，何如？'曰：'吴、
越之善没者能取之矣。'曰：'若以水投水，何如？'孔子曰：'菑、
渑之水合，易牙尝而知之。'白公曰：'然则人固不可以微言乎？'
孔子曰：'何谓不可？谁知言之谓者乎？夫知言之谓者，不以言言
也。争鱼者濡，逐兽者趋，非乐之也。故至言去言，至为无为，
夫浅知之所争者，末矣。'白公不得也，故死于浴室。故老子曰：
'言有宗，事有君。夫唯无知，是以不吾知也。'白公之谓也。"
《列子·说符》亦载有此事。其中"孔子不应"白公"人可以微
言"之问的一句对答，简直奥妙无穷。古人的言说智慧，都寓于
这不露声色的一句对话之中，令人喟叹不已！以上两则引文中所
蕴含的道家思想及其玄奥智慧，值得仔细玩味。

后世注家或以为本章为老子自表孤独之作，谬矣！真正的道
家人物，他们同儒家的圣人、大君子一样，"人不知而不愠"，绝

无顾影自怜的孤独感。被褐怀玉之人，满目天光，畅行大道；临莅俗世，心怀悲悯。哪里来的那份矫情的孤独感！

本章之旨，下章又有引申，故可对读。

吾言甚易知，甚易行①。天下莫之能知，莫之能行②。言有宗，事有君③。夫唯无知，是以不我知④。知我者希，则我者贵⑤。是以圣人被褐而怀玉⑥。

【译文】

我有关"道"的话看似很容易理解，很容易实行。但是天下没有人能理解，没有人能实行。出言总有宗旨，行事总有根本；正是由于人们不能彻知言之宗旨、事之根本，所以也就不能理解我所说的"道"。真正能理解道的人少之又少，能循道而行的人就更为稀贵了。所以，圣人虽然也同样穿着粗布衣服，但却怀揣着美玉。

【注释】

①言：指老子基于"道可道"这一认知而对"道"所发表的言论。河上公注："老子言：吾所言，省而易知，约而易行。"王弼注："可不出户窥牖而知，故曰'易知'也；无为而成，故曰'易行'也。"吴澄《注》："老子教人，柔弱谦下而已，其言甚易知，其事甚易行也。"案本句为虚拟语句，旨在强调言语上的"道"似乎很容易被认识、被实行。由于老子之言甚为简易，所以，表面上看，照此言而行，并无难处，其实不然。

②"天下"句：意谓天下人不能彻知有关道的言教，不能将

言的真谛落实于行动。王弼注："惑于躁欲，故曰'莫之能知'也；迷于荣利，故曰'莫之能行'也。"苏辙《老子解》："道之大，复性而足。而性之外，见于起居饮食之间耳。圣人指此以示人，岂不易知乎？人能体此以应物，岂不易行乎？然世常患日用而不知，知且不能，而况行之乎？"王弼今本原无两"之"字，帛书甲乙本、汉简本、傅奕本、范应元本有"之"，王弼注亦出此字，据补。

③宗：根本，本源。君：主导者，主宰者，统帅。河上公注："我所言有宗祖根本，事有君臣上下。世人不知者，非我之无德，心与我反。"林希逸《口义》："'宗'，主也；'君'，亦主也。众言之中有至言，故曰'言有宗'；举世之事道为之主，故曰'事有君'。"苏辙《老子解》："'言'者，道之筌也；'事'者，道之迹也。使道可以言尽，则听言而足矣；可以事见，则考事而足矣。唯言不能尽，事不能见，非舍言而求其宗，遗事而求其君，不可得也。"案老子的简易之言，世之所以不能行，盖由于只记其言之字句，不识其言之宗本，不谙此事之情实。实际上，执言而行则难免会泥守教条，循宗而行方能应付万变，合于天道。所以，世人固有不知言、不能行者。

④无知：对"言"不能彻知，即上文"莫之能知"之义。此"无知"之义相当于"仅有常识之知，且不能彻知此知之真谛"。不我知：不知晓我所言的圣道。此为"不知我"的倒置语。我，这里指老子所传授的"道"，下同。王弼注："以其言有宗、事有君之故，故有知之人，不得（不）［而］知之也。"（楼宇烈《老子道德经注校释》："此句注文文义不明，疑有错误。宇惠说：'不得不知之也'句下'不'字疑为'而'字之误。"愚以宇惠之疑为

是，据改）苏辙《老子解》："盖古之圣人，无思无为，而有漠然不自然、不自知者存焉，此则思虑之所不及，是以终莫吾知也。"案本句"无知"（有时作"不知"）二字，在《老子》和《庄子》的别处文本中本来属于褒义词，是道家知识论主张中的核心观点，是知识修为中的最高境界，其中的"知"为常识或常道之"知"，而"无知"被道家视为在情境中认识事物进而得其情实的条件项，类于西方胡塞尔现象学中的"悬搁"或"悬置"概念。但在当前语境中，此"无知"乃针对上下文所涉之"言"而言，与"知言"与否有关，因此不可与他处（如十章之"能无知乎"）的"无知""不知"作相同解释，而应理解为"知常曰明"的"知"，故此"无知"犹"不能彻知"（本书常用"彻知"这一术语表示对常识、常道能够权宜地去理解，即知道它们的假设前提和应用条件）之意。不过，假如本句"无知"作"有知"，即读为"夫唯有知，是以不我知"，则本句文意确实能与《老子》及《庄子》主张"无知"的思想契合。或许陶方琦、马叙伦也注意到了这一问题，因此陶曰："王弼注曰'故有知之人，不得不知之也'，疑王本'无知'作'有知'。"马叙伦从陶说。前引楼宇烈及宇惠说，亦有此意。其说可备。

　　⑤知我者希：真正知晓"道"的人很少。知，彻知。希，同"稀"，罕有，少见。则我者贵：真正能循道而行的人尤其稀贵。则，效法，依循；贵，稀贵，可贵。王弼注："唯深，故知者希也。知我益希，我亦无匹，故曰'知我者希，则我者贵'也。"吕惠卿《传》："夫道之所以为天下贵，以其不可以知知，不可以识识，故为天下贵。使道而可以知知、识识，则何贵于道哉？故曰'知我者希，则我贵矣'。"案本句老子言道之难知，其奥义非一

般人所能参透，故有希、贵之论，其意亦承四十一章所言："上士闻道，勤而行之；中士闻道，若存若亡；下士闻道，大笑之，不笑不足以为道。""则我者贵"一句帛书乙本、汉简本、傅本、范本作"则我贵矣"，义无大别。唯"则"字后世注家或训为副词，义取"于是""就"，而"贵"训为"尊贵""高贵"，已完全偏离老子思想。盖道家主张无己、无功、无名，意属谦下退让，自然不求自尊、自贵（如七十二章言圣人"自爱不自贵"），况"我知"与"我贵"之间，并无必然的因果关系。《老子》书至为简约，一字之误解，虽毫厘之差，却能谬以千里，足使老学大厦倾颓，于此可见。

⑥被褐（hè）：披着粗布衣服。褐，用兽毛或麻制成的衣服，为平民所服。怀玉：怀中抱着美玉。陈景元《纂微》："'褐'，裘也，贱者之服；'玉'，洁润以比君子之德。"河上公注："被褐者薄外，怀玉者厚内，匿宝藏怀，不以示人也。"王弼注："被褐者，同其尘；怀玉者，宝其真也。圣人之所以难知，以其同尘而不殊，怀玉而不渝，故难知而为贵也。"苏辙《老子解》："圣人外与人同，而中独异耳。"范应元《集注》："是以圣人内有真贵，外不华饰，不求人知，与道同也，故曰'披褐而怀玉'。玉者，以比德也。玉本不足以比德，盖取世俗之所贵者为比，以指人耳。"

七十一章

【题解】

本章承上章话题，进一步对"知"展开讨论。如果说上章之"知"主要还属于"常道"之"知"，则本章被纳入"知不知"框架中的"知"的主体意涵，已几乎属于"道"之"知"了。换言之，在"道"的范畴中的"知"，只能以"知不知"的知识观来对待，这样，此"知"才能合于"道"。这是本章要旨所在。

从这一认识出发，本章的"知不知"一语，就不仅仅是一个知识层面的问题了。如果单纯从知识角度考虑，那么，不仅"知"属于知识范畴，"不知"也属于知识范畴。但是，老子的"知不知"则不止于知识范畴，而是一个有关知识的认识论范畴，内嵌有道家鲜明的知识观。这种知识观的本质，就是基于道家"无为而无不为"这一思想总纲而分化出的"知于不知""知而不知"思想。只有秉持这一思想，才能有效地将耳目口鼻之识转化为能够因应万事万物之变的当下智慧，这与释家所主之"转识成智"说，并无二致。历来注家多仅从知识层面训解"知不知""不知知"，其实是小看了这两句话的奥义所在，不仅失之于凿，而且还谬之于道。

综观《老子》一书，在此"知不知"一语之前，已经多次出现类似于"为无为""味无味""事无事""学不学""言不言""行无行"等带有格式化的话语形式。老子究竟在说什么呢？后来，在《庄子》那里，又不断出现语义大体类似的"材不材""用不用""可不可""辩不辩""仁不仁""是不是""然不然"等表述，那么，庄子又在说什么呢？究其实，就在于道家的经典人物都深知，道论作为一种力求周遍的哲学，绝不能凿于一孔，泥于一言，否则，便不可能得其周遍。当主张"知"时，必以"不知"来消解"知"之偏；当主张"无为"时，则必以"无不为"来消解"无为"之偏。相反亦然。只有借助于这种否定之否定的语言表达形式，道家思想才能永葆其立论的圆融品质。从这一点看，道家主张不施言教的思想，是与其理论特色深度契合的。

在人类社会中，真正能够全面践行此类知识观的，唯有圣人。圣人"知不知"而能"病病"，所以能周遍于万事万物，步入"不病"的知识与道德境界。

令人叹为观止的是，老子于此仅以"知不知，上矣；不知知，病矣"十字，便概括了人类知识论中最要害的命题，可见其哲学认识论之高度已经到了无以复加的程度。从这一点看，此十字也可作为《老子》一书哲学认识论的总结，是道家知识论的总纲领。《庄子》一书即在此总纲领下进一步铺陈、阐发，从而使道家的哲学认识论达到了空前甚至绝后的程度。此或为中国哲学思想乃至中国文化之大幸所在，值得深度发掘，重新认识。

本章在命题表述上充分利用了汉语文字的特点，具有鲜明的形式逻辑美感，林希逸称"此一章文最奇"。名家翘楚公孙龙的著作或许也是受到了《老子》本章文风的影响从而成就了他的逻辑美感。

知不知，上矣；不知知，病矣^①。夫唯病病，是以不病^②。圣人之不病，以其病病，是以不病^③。

【译文】

知道自己有所不知，这样的知识便达到了最高境界；不能如此彻知自己的知识，即使有知识也只是残缺的知识。只有知道自己的知识是有残缺的，这样的知识才不会有残缺。圣人的知识没有残缺，是因为他知道自己的知识是有残缺的，所以他的知识才没有残缺。

【注释】

①知不知：知道自己有所不知。此句中两个"知"，均可在"能知"和"所知"的框架中加以理解。"能知"义近今之"智"，所知即今之"知识"。第一个"知"的含义以"能知"为主，而"不知"中的"知"的主要含义是"所知"，即一般的"知识"。上，至上，最高，这里指知识境界。有本作"尚"，义同。不知知：对自己的知识不能彻知。此句中的"不知"，义属"不能知"，其中"知"的用法承十六章"不知常，妄作，凶"一语中的"知"，有"彻知"义；后一"知"，义属"所知"，即一般的"知识"。病：残缺，有病，有缺点。《庄子·让王》："学而不能行谓之病。"王弼注："不知知之不足任，则病也。"吕惠卿《传》："道之为体，不知而能知者也。知其不知，而以不知知之，至者也。故曰'知不知，上矣'。虽知其不知，而以知知之，则其心庸讵而宁乎？故曰'不知知，病矣'。"彭耜《集注》引刘骥曰："无思无虑始知道，无处无服始安道，无从无违始得道。所以至人无

为，大圣不作，无知而无不知，无为而无不为，通于一而万事毕。其知出于不知，故'知不知，尚矣'。"案此句中"知"字的意涵并不固定，随文转换，需要特别注意。老子于此所论，在《庄子·齐物论》有更为明确的阐发："古之人，其知有所至矣。恶乎至？有以为未始有物者，至矣，尽矣，不可以加矣。其次以为有物矣，而未始有封也。其次以为有封焉，而未始有是非也。是非之彰也，道之所以亏也。道之所以亏，爱之所以成。……故知止其所不知，至矣。众人务多知而乐通物，于不知而知之，弊精神、役思虑，以文灭质，以博溺心，故'不知知，病矣'。"显然，老子所谓知之"上"者，其境界同于庄子所谓"有以为未始有物者，至矣，尽矣，不可以加矣"，即"无知"的境界——既然连"物"都不存在，当然也不存在"知"了。因为，从认识论的角度来说，"知"总是依附于作为对象的"物"。此句王弼注、吕惠卿注甚得老子意，他注则多有大失老子之旨者，或语近不伦，或于理不通，甚至置老子于"不诚实"的境地，失甚。此句王弼本原无两"矣"字，帛书乙本、傅奕本、范应元本等多本有"矣"，据补。

②病病：认识到有残缺。第一个"病"字，作动词用，意为"以为有病""以为有患""以为有残缺"；第二个字作"残缺""病患"解。不病：没有残缺。彭耜《集注》引曹道冲曰："能知病为病，则终不为病。"吴澄《注》："'病病'，犹患其所患。"蒋锡昌《校诂》："'病'，犹患也，见《论语·雍也》下'虽尧舜其犹病诸'皇疏。'病病'犹云患病也。"陈徽《道德经》引刘笑敢云："愚意以为'病病'之第一个'病'字是意动词，即'以……为有病'之意，'病病'即以病为病，即承认缺陷，正视不足之意。"刘说是。句谓只有知道自己的知识是有残缺的，这样

的知识才不会有残缺。案本句乃作一般概括,而下句系举圣人为特例,语意前后一贯,于行文尤有进一步强调之意,并非衍文。《老子》书此类表述并非孤例,常被误断为错简重出或衍文。帛书甲乙本无此句,恐系脱夺。

③"圣人"句:意谓圣人之知周遍而无缺,之所以能如此,就因为他知道知识本有残缺。吕惠卿《传》:"夫惟知知之为病,而病之则反乎无知,而知不足以病之矣。故曰'夫惟病病,是以不病'。圣人不病,以此而已。故曰'以其病病,是以不病'。南伯子綦曰:'我悲人之自丧者,吾又悲夫悲人者,吾又悲夫悲人之悲者,其后而日远矣。'若子綦者,可谓病病者乎?"彭耜引曹道冲曰:"圣人缘何不病?圣人知病为病,终日循省,是以不病。"王弼本原无"之"字,据帛书甲乙本、傅奕本、范应元本补。

七十二章

【题解】

本章先言君王失威之后果，继言君王失威之根由，终言君王立威之道。君王失威的后果是亡国、失位、丧身，此为君王之大可畏者，所以老子说"则大威（此"威"同"畏"）至矣"；失威的根由是君王贪得无厌，"见可欲"于民，以至于人民也贪得无厌；而立威之道便是"自知""自爱"而"不自见""不自贵"。圣君之趣取，在此而不在彼，在自成其成而不在外铄外求。这便是本章的核心思想，而讨论的关键，集中在一个"威"字上，换言之，老子实质上是将立威作为君王的第一等修养功夫来讨论的。根据老子的总体思想，君王之"威"的确立，必基于"无为而无不为"。在老子当时的社会背景之下，尤以"无为"为第一要务。

其实，在先秦典籍中，君威之立几乎是各家各派共同关注的话题，道、儒、名、墨概莫能外，而法家虽然所宗之道有别，但对君威的重视却显得尤为突出。

在儒、道、名家那里，君威的树立是以成为圣王为旨归的。比如，《周易·系辞上》有这样一段话："'鸣鹤在阴，其子和之。我有好爵，吾与尔靡之。'子曰：'君子居其室，出其言善，则千里之外应之，况其迩者乎？居其室，出其言不善，则千里之外违之，况其迩者乎？言出乎身，加乎民；行发乎迩，见乎远。言行，君子之枢机。枢机之发，荣辱之主也。言行，君子之所以动天地也，可不慎乎！'"孔子在此所主张的"慎言"，在《诗经·大雅·荡之什·抑》中也有体现："慎尔出话，敬尔威仪，无不柔嘉。"显然，老、孔都把言语上的"慎言"和"希言""不言"视为君王立威的"枢机"，由此可见儒道思想在其根源处是可相互沟通的。

而在名家那里，君王之"威"更是被明确视为治国理政的重要工具，比之为"君之策"："势者君之舆，威者君之策，臣者君之马，民者君之轮。势固则舆安，威定则策劲，臣顺则马良，民和则轮利。为国失此，必有覆车、奔马、折轮、败载之患，安得不危！"至于如何立威，邓析的药方也是"无为"，与老、孔的思想并无二致："君者，藏形匿影，群下无私；掩目塞耳，万民恐震。"（《邓析子·无厚》篇）君王以"慎言""希言""不言"立威，是先秦主流思想家的共同主张。

从认识论的角度反观"慎言""希言"和"不言"的知识基础，便是老子的"知不知"思想。只要能"知不知"，就有自知之明；有自知之明，自然不会强为之辩。由自知而自爱，由自爱而不自见、不自贵，就不会"无狎其所据，无厌其所生"，从而得入"言不言""行不行"之妙道。这也是圣人或圣王"去彼取此"的体现。

要想正确理解本章文意，须弄清老子每句话的言说对象。在本章第一小节的三句话中，由于省略了作为主语的君主，很容易让人误解言说对象，从而曲解文意。其实，三句话中的第一和第二句都是将民与君对照阐述的，抑扬之意十分明显。

本章与七十四章均以君、民或统治阶级与被统治阶级的关系为切入点展开讨论，观点前后相续，可以对读。从"民从上也"（七十五章王弼注）这一点来说，本章与七十五章的思想也有连贯性，亦可参照阅读。

民不畏威，则大威至矣①。无狎其所居，无厌其所生②。夫唯不厌，是以不厌③。

是以圣人自知不自见，自爱不自贵④。故去彼取此⑤。

【译文】

当人民不惧怕君王权威的时候，君王就将大祸临头了。君王无节制地广造楼宇，不知餍足地厚积财富。由于君王不知餍足，人民于是才贪得无厌。

所以，圣人自知而不自炫，自爱而不自贵。这就是"去彼取此"。

【注释】

①民不畏威：人民不惧怕威权。此即七十四章"民不畏死"之意。威，威权，权威，指君主或统治者对国民的震慑力量。大威：最可惧怕之事，这里指令国君惧怕的事情，如亡国、失位、丧身等。威，通"畏"。帛书乙本、敦煌庚本"大威"作"大畏"。焦竑《老子翼》："'威''畏'古通用。人不畏其所当畏，则大可畏者至矣。"王弼注："离其清静，行其躁欲，弃其谦后，任其威权，则物扰而民僻，威不能复制民；民不能堪其威，则上下大溃矣，天诛将至。"案本句阐释君主的威权与人民对威权的态度，其中所包含的思想，在《尚书·皋陶谟》中也有类似的表述："天聪

明，自我民聪明；天明畏，自我民明威。达于上下，敬哉有土。"而《墨子·七患》则将民不畏威的现象作为"国有七患"之一："赏赐不能喜，诛罚不能威，七患也。"历来注家多不明老子言说的实际视角乃基于君王治国理政之得失，致有将此句作这样的解释："世俗之人，不知天命，不畏天威，以小恶为无伤，而不知忧畏，然积之足以灭身，以至大威至，而无所逃于天地之间。大威，谓死兆也。"（彭耜《集注》引刘骥云）此种观点甚普遍，但其解实于理不通，与老子观点相悖，也与上下文不相谐洽。王弼本原无"矣"字，帛书甲乙本、汉简本、河上本、傅奕本等多有此字，据补。

②无狎（xiá）：无所限制。狎，通"狭"，使狭窄，使狭隘，使受局限。"狎"，河上本、景龙碑本等多本即作"狭"。其：指君王。下同。所居：所居住的地方，犹"居所"，这里指楼观台榭之类。无厌：无有餍足。厌，饱，满足。所生：赖以资养生命之物。句谓君王居广厦而嫌其窄，厚养生而不知足。此即五十章"生生之厚"和七十五章"以其上求生之厚"之意。林希逸《口义》："'居'，广居也；'生'，长生久视之理也。"案这两句话阐明君王失威于民的根由是君王"见可欲"于民，故民起而效仿，则君、民俱失于道，故前文言"则大威至"。

③不厌：指君王不知餍足。王弼注："不自厌也。"是以不厌：人民于是也会贪得无厌。王弼注："不自厌，是以天下莫之厌。"案此句"不厌"的含义与上句"无狎""无厌"一脉相承，均就"所居""所生"而言。其中的道理是，只要君王不厌其乐，那么，人民必也贪得无厌。两"不厌"傅奕本、范应元本并作"无厌"，帛书乙本（甲本残缺）、汉简本前个"不厌"作"弗厌"，后个

"不厌"同王弼本。义皆无别。

④自知：知道自己的知识是有缺欠的。犹上一章之"知不知"，即有自知之明。自见（xiàn）：自我炫耀。自爱：爱惜自己。自贵：自显尊贵。河上公注："自知己之得失，不自显见德美于外，藏之于内。自爱其身，以保精气也。不自贵高荣名于世。"宋徽宗御注："祸福无不自己求之者。圣人有自知之明，而不自炫以矜其能；有自爱之仁，而不自贵以临物。若是者，处物不伤物，物莫之能伤也。"吴澄《注》："'自知'，自知爱身之道。'自见'，自显著所知以示人。'自贵'，即后章'贵生'，言贪生之心太重也。"蒋锡昌《校诂》："'自知'与'自爱'词异谊同，'自见'与'自贵'词异谊同，'自爱'即清静寡欲，'自贵'即有为多欲。"案此句之"不自见"，乃承三章"不见可欲，使民心不乱"之旨而发。此意《老子》中非仅此处出之，他如四十七章"是以圣人不行而知，不见而名，不为而成"，七十七章"是以圣人为而不恃，功成而不处，其不欲见贤（景龙碑本作"斯不见贤"）也"。

⑤去彼取此：舍弃那个，选取这个。彼，指自见、自贵；此：指自知、自爱。河上公注："去彼自见自贵，取此自知自爱。"吴澄《注》："若圣人，则不待畏而自无可畏，不待毋狎而自无所狎；内有自知自爱之实，而外无自见自贵之迹。"蒋锡昌《校诂》："此言圣人清静寡欲，不有为多欲，故去后者而取前者也。"案本句意谓，圣人之德，不求外铄于人，但求自成于己。

七十三章

本章老子先巧妙地对日常生活中通常为人们所崇尚的"勇敢"这一现象做了语言学上的拆分，进而将"勇于"这一态度冠于"敢"和"不敢"这两种相互对立的行为之上，通过强调这两种对立的态度和行为的适当与否（或利或害）完全处于一个充满不确定性的伦理框架之中，从而将"无为而无不为"这一道家的总纲领落实在了具体的行为实践当中。在这一节，老子的思想，一言以蔽之，是天意难测。基于人的立场而判断的一切事物的功利价值，都因人、因时、因地、因事而异，难有定论，更难做预判。

既然连最善于应天道的圣人都难以断言勇于敢必杀身、勇于不敢必活命，以及杀身、活命之中的对与错、利与害，那么，一般人怎么能够对此先做预判呢？既然连圣人都不该"临人以德"（庄子语）、"施以言教"，那么，一般人又有什么理由言之凿凿，呶呶于教人呢？如果所有恪守格言、定理、常道、习俗、权威的行为都应该做反身性的慎思，那么，任何"勇于敢"的行为是不是都应该装备一个刹车装置呢？显然，"勇敢"这个最靓丽、最敏感的褒义词，被老子轻松拈来加以一分为二地使用，其深刻的寓意足以起到振聋发聩的效果。事实上，借助于"敢"和"不敢"这一具有极端性的对立关系，老子找到了一个最能有效注解"无为而无不为"思想的行为样例，借以消解人们对道家思想之"无为"和"无不为"二者关系的困惑，也消解了老子自身著书五千言这一与其所主张的思想似乎自相扞格的行为实践中的内在矛盾，再度彰明了道家不崇尚"常道"而主张"道"的思想。

既然如此，那么，天道则不可知了吗？又不然。与时下的人道相参照，老子以为，关于天道的认识，至少可以得知一点，那就是，一个"不"字所寓之大义，是符合天道的。道家所主张的这个"不"字，就是对人类之普遍的"勇于"所设定的一个刹车装置。依"不"而行，譬如"不为""不欲""不味""不学""不行""不争""不言""不召"，就能够让一切行为归于"道"，应于天，这个极简易的"不"德，就是"上德"。当然，这个"不"是"不刻意""不勉强""不揠苗助长"之意，孔子之"绝四"（毋意、毋必、毋固、毋我），是对这一"不"字理念的变相落实。有了这个认识，人类的真正实践哲学，就自然回到"为无为""事无事""味无味""欲不欲""学不学""行不行""争不争""言不言""召不召"这样的伦理框架当中。在本章的语境，就是回到"敢不敢"的行为伦理上。圣人之行，无非如此，所以才能小大由之，没身不殆！

"勇于敢则杀，勇于不敢则活①。"此两者，或利或害②；天之所恶，孰知其故？是以圣人犹难之③。

天之道：不争而善胜，不言而善应，不召而自来，繟然而善谋④。

【译文】

有一种说法:"勇于敢作敢为就死,勇于不敢作为就活。"其实,这两种情况,各有其利,也各有其害。上天究竟厌恶哪一种,又有谁能知道其中的缘故呢?即便是圣人,也难以断言。

天道运行的法则只是:谦退不争则能胜券在握,希言不辩则能应对自如,不用召唤则能自得归附,舒缓从容则能谋划周全。

【注释】

①敢:进取,果敢有为。不敢:谦退不争。杀:死,致死。河上公注:"勇敢有为,即杀身也;勇于不敢有为,则活其身。"《王安石辑本》:"庄子曰:'圣人以必不必,故无兵;众人以不必必之,故多兵。'勇于敢以不必必之,故多兵而杀;勇于不敢以必不必,故无兵而活。"案此句当为老子引用时人或某些自诩为道家者流的话,虽貌似格言警句,后一句也与道家思想有所契合,但整体上并不符合道家理论的宗旨——老子并不相信任何格言、圣教,否则就不会主张"不施言教"了。本句不仅以格言形式出现,而且两句之间存在矛盾张力。按照常理、常情,勇敢常常是制胜的重要主观因素,兵家言"置之死地而后生",必以"勇于敢"为前提,所以,"勇于敢则杀",并非普遍至理。同样,虽然《老子》一书的主调是"勇于不敢"的"守柔"观,但老子也并不主张一味谦退,因为还有一个对应于"无不为"的"为不得已"。又,此句景龙碑本等多种世传本于第一个"勇"字前有"知"字,此或为原文。若如此,则本句为格言无疑,而此"知"字则同于十六章"知常曰明"、六十五章"常知稽式(楷式)"之"知",乃指"彻知"此类"格言""谚语""权威论断"或所谓"真理"

的真义（参阅该章注解）。从下文老子的判断也可看出，老子实际上在强调不确定性，并非视本句的凿凿之言为真理。

②此两者：指前两句话所代表的情况及其在现实中的实际表现。或：有的，表示不确定。河上公注："谓敢与不敢也。活身为利，杀身为害。"王弼注："俱勇而所施者异，利害不同，故曰'或利或害'也。"

③所恶：所厌恶的东西。犹难之：也难以断定。难，以为困难；之，指"此两者"。句谓圣人对不确定的东西也难以预下断言，此亦圣人之所以为圣的奥妙所在。圣人不利不害，不迎不将，因顺自然，为无为，事无事，味无味，欲不欲，学不学。所以，在本章语境，老子的观点实际上可归纳为"敢不敢"。《列子·力命》："老聃语关尹曰：'天之所恶，孰知其故？'言迎天意，揣利害，不如其已。"帛书甲乙本、汉简本、景龙碑本等误夺"是以圣人犹难之"句，奚侗、马叙伦、蒋锡昌等亦以为本句为六十三章文复出于此，皆非是。此句乃一关键语句，贯通上下文，不可或缺。

④善胜：容易取得胜利。善，善于，擅长，做起来容易。善应：做出适当的回应。来：来附，来归。繟（chǎn）然：舒缓而坦然的样子。王弼注："夫唯不争，故天下莫能与之争。顺则吉，逆则凶，不言而善应也。处下则物自归，垂象而见吉凶，先事而设诚，安而不忘危，未召而谋之，故曰'繟然而善谋也'。"本句后王弼本及世传诸本并有"天网恢恢，疏而不失"句，根据句意文脉移属下章。

七十四章

【题解】

本章在于彰明"天网恢恢，疏而不失"之旨，并进一步申明，人君若欲以刑法治国并求其有功，则必先养民。民若得养，则安土、重迁、畏死；民不得养，必轻死犯禁，而国本为之动摇，人君失位亡国。

理解老子本章之大意，不应局限于"民不畏死，奈何以死惧之"一句，以为老子完全反对刑法之用。道家思想中的行政伦理，其主旨在于因顺自然而不勉强其为，为则必为于不得已，方能得有为之功。恰如《文子·自然》所述："老子曰：'人之性有仁义之资，其非圣人为之法度，不可使向方。因其所恶以禁奸，故刑罚不用，威行如神矣。因其性，即天下听从；怫其性，即法度张而不用。'"在老子看来，只有当百姓能够普遍安居乐业时，对于个别的违法犯禁之人绳之以法，才能取得杀一儆百的功效。这一施政思想十分简易，但却常被统治阶级所轻视。薛蕙在其《集解》中曾引用朱元璋的话来表达这一层含义："本朝太祖皇帝《道德经序》曰：'朕自即位以来，罔知前代哲王之道。问道诸人，人皆我见。一日试览群书，有《道德经》一册，见其文浅而意奥。久之见本经云：民不畏死，奈何以死惧之？当是时，天下初定，民顽吏弊，虽朝有十人弃市，暮有百人仍为之。如此者岂不应《经》

之所云？朕乃罢极刑而囚役之，不逾年而朕心减。朕知斯经乃万物之至根，王者之上师，臣民之极宝，非金丹之术也。'"朱元璋的这番话，也算是能得老子意者，值得后世玩味。

所以，老子于本章虽亦言刑法、杀伐，但其宗旨仍不离因循天道。他以"大匠"喻天道的遵行者，与庄子在《大宗师》篇中用"大冶"喻造物者，譬近而理通，由此也足可见庄子会意老子之深切。

本章首句"法网恢恢，疏而不失"原读为七十三章末句，与该章文意不洽。特移作本章首句，以示本章章旨所在。

天网恢恢，疏而不失①。

民不畏死，奈何以死惧之②？若使民常畏死，而为奇者，吾得执而杀之，孰敢③？常有司杀者④。夫代司杀者杀，是谓代大匠斫；夫代大匠斫者，希有不伤其手矣⑤。

【译文】

天网广大无边，虽然疏阔，却无漏失。

如果人民不畏惧死亡，用死亡来威吓他们又有什么用呢？如果人民总是畏惧死亡，那么，倘有作恶之人，我把他抓来杀掉，谁还敢继续作恶呢？总会有专掌杀伐之职者。至于那些代替掌管杀伐大权者而行杀伐的人，就好比是代替大工匠砍削木头；代替大工匠砍削木头的人，很少有不砍伤自己手的。

【注释】

①恢恢：弘大，宽广。疏：稀疏，指天网的网孔大而稀少，

用以譬喻天网宽宏而不苛责于物。不失：没有疏漏，指一切违背天道的行为都将受到天网的约束。河上公注："天所网罗恢恢甚大，虽疏远，司察人善恶，无有所失。"案本句"天网恢恢，疏而不失"，诸本皆读为上章末句。从文脉上看，该句与本章文意更为契合，疑应属下读，故移至此处。此句所言乃道家秉持的典型法律思想，以反对酷刑苛法为旨归，此思想亦为名家所蹑。

②畏死：害怕死。以死惧之：用死亡来威吓他们。《尹文子·大道下》："凡民之不畏死，由刑罚过；刑罚过，则民不赖其生。生无所赖，视君之威末如也。刑罚中则民畏死，畏死，由生之可乐也。知生之可乐，故可以死惧之。此人君之所宜执，臣下之所宜慎。"苏辙《老子解》："政烦刑重，民无所措手足，则常不畏死，虽以死惧之，无益也。"

③若使：假使。"若使"帛书甲本作"若"，乙本作"使"，义同于"若使"。世传本多同王弼本，汉简本亦作"若使"。常：总是，恒常。奇（jī）：奇诡，邪佞，畸变。王弼注："诡异乱群谓之奇。"汉简本、帛书乙本"奇"作"畸"，义同。执而杀之：抓来杀掉。孰敢：意谓谁还敢冒死犯禁？孰，指"民"。苏辙《老子解》："民安于政，常乐生畏死，然后执其诡异乱群者而杀之，孰敢不服哉？"案本句诸本多有异文，但文意大体无别。

④司杀者：掌管杀伐的，即下文所谓"大匠"，这里指天道。司，主持，掌管。河上公注："司杀者，天。居高临下，司察人过，天网恢恢，疏而不失也。天道至明，司杀有常。犹春生夏长，秋收冬藏，斗杓运移，以节度行之。"王弼注："为逆，顺者之所恶忿也；不仁者，人之所疾。故曰常有司杀也。"苏辙《老子解》："司杀者，天也。方世之治，而有诡异乱群之人恣行其间，

则天之所弃也，而吾杀之，则是天杀之而非我也。"林希逸《口义》："'司杀'者，造物也。天地之间为善为恶，常有造物者司生杀之权，其可杀者造物自杀之，故曰'常有司杀者杀'。"此句王弼本原作"常有司杀者杀"，严遵本、傅奕本等同王本，河上本、景龙碑本、帛书甲乙本、汉简本并无第二个"杀"字，且王弼注亦未出此字，当为衍文，据删。另帛书甲乙本于此句前有"若民恒且不畏死"一句，他本皆无，但据帛书本此句文意推断，可知"常有司杀者"句当属上句而非下句。读法不同，文意亦变，不可不察。

⑤代大匠斫（zhuó）：代替大工匠砍削木头。大匠，技艺极为精湛的工匠，这里代指天道。与《庄子·大宗师》篇之"大冶"义通，唯庄子之大冶主司造物，老子此处之大匠主司杀伐。斫，砍，削。希：同"稀"，极少。河上公注："人君欲代杀之，是犹拙夫代大匠斫木，劳而无功也。"苏辙《老子解》："非天之所杀，而吾自杀之，是代司杀者杀也。代大匠斫，则伤其手矣；代司杀者杀，则［伤］及其身矣。"林希逸《口义》："为国者切切于用刑，是代造物者司杀也。以我之拙工，而代大匠斫削，则鲜有不伤其手者。此借喻之中又借喻也。此章亦因当时嗜杀，故有此言。其意亦岂尽废刑哉？天讨有罪，只无容心可矣。"

七十五章

本章以民之"轻死"与君之"贵生"相对而论,先阐明人民之所以轻死的原因,进而明确什么才是真正的贵生。这样的叙述方式,正如王弼注所说的"言民之所以僻,治之所以乱,皆由上不由其下也,民从上也",不仅对社会矛盾的根源做了深度发掘,同时还从有利于君王治国理政的立场出发,提出了明确的修身策略。

老子在本章首提"贵生"这一概念,而且将其置于一个貌似贬义的语境,从而引发了后世注家对老子本章文意的误解。其实,"贵生"本是道家无为思想整个逻辑进程中自然会推演出的一个命题,老子在第十三章言"故贵以身为天下,若可寄天下;爱以身为天下,若可托天下","如何万乘之主,以身轻天下",在四十四章言"名与身,孰亲?身与货,孰多",其实都直接或间接地体现了老子所本的"贵身"或"贵生"思想。老子的这一思想,在其他道家著作中得到了更为淋漓尽致的体现,甚至后来以道家学说为其门面的道教和方术,都在演绎老子的"贵生"思想。比如,庄子在《养生主》篇就直言"缘督以为经,可以保身,可以全生,可以养亲,可以尽年",在《人间世》篇中则言"夫支离其形者,犹足以养其身,终其天年,又况支离其德者乎",等等，不一而足，讲的多是"存身之道"(《缮性》)。所以，将《老子》本章所提出的"贵生"概念直接作为贬义词，肯定是不对的。老子在此的主意，其实是批评国君不当的"贵生"观，即"生生之厚"的贵生观，这是一种"有为"或刻意施为的贵生观，与道家"无为"或因顺自然的贵生观正相背离。

在《列子·杨朱》篇中，道家的另一位大师级人物列子借助于杨朱与孟孙阳之间的一番对话，阐明了道家"贵生"思想的特色所在，颇值得玩味。"孟孙阳问杨朱曰：'有人于此，贵生爱身，以蕲不死，可乎？'曰：'理无不死。''以蕲久生，可乎？'曰：'理无久生。生非贵之所能存，身非爱之所能厚。且久生奚为？五情好恶，古犹今也；四体安危，古犹今也；世事苦乐，古犹今也；变易治乱，古犹今也。既闻之矣，既见之矣，既更之矣，百年犹厌其多，况久生之苦也乎？'孟孙阳曰：'若然，速亡愈于久生；则践锋刃，入汤火，得所志矣。'杨子曰：'不然。既生，则废而任之，究其所之，以放于尽。无不废，无不任，何遽迟速于其间乎？'"

显然，道家的"贵生"思想并没有给苟且求生留下余地。庄子的"真人"序列中有"至人无己"一等，就是指那些行于不得已之地而能赴汤蹈火之士，这样的人，也同样是深谙道家"贵生"真谛的人。在《淮南子·道应训》有一段文字，正是这个观点的恰当注脚："昔孙叔敖三得令尹，无喜志；三去令尹，无忧色。延陵季子，吴人愿一以为王而不肯。许由，让天下而弗受。晏子与崔杼盟，临死地不变其仪。此皆有所远通也。精神通于死生，则物孰能惑之！荆有佽非，得宝剑于干队，还反度江，至于中流，阳侯之波，两蛟挟绕其船。佽非谓枻船者曰：'尝有如此而活者乎？'对曰：'未尝见也。'于是伙非瞋目，勃然攘臂拔剑曰：'武士可以仁义之礼说也，不可劫而夺也。此江中之腐肉朽骨，弃剑而已，余有奚爱焉？'赴江刺蛟，遂断其头。船中人尽活，风波毕除，荆爵为执圭。孔子闻之，曰：'夫善哉！腐肉朽骨弃剑者，伙非之谓乎？'故老子曰：'夫唯无以生为者，是贤于贵生焉。'"

　　本章主题与七十二章主题有紧密的承接关系，譬如，"无狎其所居，无厌其所生"便是本章"生生之厚""以生为"的具体举例，它们无疑是在"贵生"这一问题上走错了方向，乃属"以其生生之厚"而"动之死地"（五十章）者。由此可见，理解老子在本章所要传达的准确意涵，必须以贯通《老子》全书整体思想为前提，同时又要正确训解本章的每一个关键字，尤其要明了它们在特殊语境中的真实含义，否则必出纰缪。

　　民之饥，以其上食税之多，是以饥①。民之难治，以其上之有为，是以难治②。民之轻死，以其上生生之厚，是以轻死③。

　　夫唯无以生为者，是贤于贵生④。

【译文】

　　人民之所以饥饿，是因为统治者课税太多，所以才饥饿。人民之所以难治，是因为统治者过度施为，所以才难治。人民之所以轻死，是因为统治者过分贵生，所以才轻死。

　　所以，只有那种不为生而生的人，才是懂得"贵生"真谛的人。

【注释】

①上：指君主及其所代表的统治阶级。食税：课税，收税。河上公注："人民所以饥深者，以其君上税食下太多。"宋徽宗御注："赋重则田莱多荒，民不足于食。"奚侗《集解》："古者税出于田，上食税多，则农力不胜，于是趋末富而荒本业。农事败，民之所以饥也。"蒋锡昌《校诂》："人君欲多，则费大；费大，则税重；此必然之势也。然税重，则民饥矣。"

②有为：刻意施为，也有恣意作为之义，与"无为"相对。宋徽宗御注："政烦则奸伪滋起，民失其朴。"苏辙《老子解》："上以有为导民，民亦以有为应之，故事多而难治。"陈景元《纂微》："有为则政烦，无为则简易，易则易从，烦则难治。又上有击鲜玉食之厌，则下有腐粮糟糠之美。"奚侗《集解》："上有为则法令滋彰，上下各以知巧相应，民之所以难治也。"

③轻死：不看重死，即"不畏死"，亦有"不畏威"之义。生生之厚：过度地以生为生。生生，以生为生，指君王为得长生久视之寿而刻意求生，即下文之"贵生"，亦即"以生为者"之为；厚，丰厚，多余。《文子·上仁》："老子曰：'古者，明君取下有节，自养有度，必计岁而收，量民积聚，知有余不足之数，然后取奉。如此，即得承所受于天地，而离于饥寒之患。其惨怛于民也，国有饥者，食不重味；民有寒者，冬不被裘。与民同苦乐，即天下无哀民。暗主即不然，取民不裁其力，求下不量其积。男女不得耕织之业，以供上求，力勤财尽，有旦无暮，君臣相疾。……贪主暴君，涸渔其下，以适无极之欲，则百姓不被天和、履地德矣。'"范应元《集注》："民本不轻死，以其在上者嗜欲太厚，意欲自生其生，下民化之于利甚切，不顾危亡，是以轻死。"

蒋锡昌《校诂》:"《大宗师》《释文》引崔云:'常营其生为生生。'是'生生'即养生也。此言上养生太厚,则民亦务为争竞,见利忘生,故轻死也。"本句王弼本原误夺"上"字,帛书甲乙本、汉简本、河上本等并同王弼本,致"轻死"与"生生(或求生)之厚"自相矛盾,此据傅奕本补。"生生",王弼本原作"求生",帛书甲、乙本与之同,傅奕本作"求生生",景龙碑本、范应元本等多本作"生生"。"求生"与"生生"义近,但以"生生"义胜。易顺鼎《读老札记》:"按'求生之厚'当作'生生之厚'。文选《魏都赋》:'生生之所常厚。'张载注引《老子》曰:'人之轻死,以其生生之厚也。'谓通生生之情以自厚也。足证古本原作'生生'。《淮南·神训》、《文选·鵩鸟赋》注、《容斋续笔》并引作'生生之厚',皆其证。五十章云'夫何故,以其生生之厚',又其证之见于本书者矣。"易说是。此据景龙碑本、范应元本及易说改作"生生"。

④无以生为:不以生为生,意即不为了求得长生久视而刻意谋求养生、厚生之术。蒋锡昌《校诂》:"强本成疏:'故独不以生为生者。'是成'为'下有'生'字。"由蒋说可知"以生为"即"以生为生"之意,义同于"生生"。贤于:在……方面有德行、有才能。贤,贤能,德行优异。贵生:怜惜生命。贵,视为珍贵。历来注家训此句之"贤"为"胜",误以为老子在作二者之间的比较,失甚。盖"贵生"本亦无过,老子之"贵身"(十三章,二十六章,四十四章)哲学,本质上也是"贵生",但如果是"以生为生""生生之厚"的"贵生",则必有刻意求生之为,而这样的"贵生"反而会有害于生,这样的人自然也就不是知"贵生"之真谛者,所以老子才说"夫唯无以生为者,是贤于贵生"。

七十六章

【题解】

本章延续三十章"以道佐人主者，不以兵强天下，其事好还"，六十八章"善为士者，不武；善为战者，不怒；善胜敌者，不与，善用人者，为之下"以及六十九章"抗兵相若，哀者胜矣"的宗旨而再作阐发，指出"兵强则不胜"的兵家法则，体现了老子守柔、处弱的思想。林希逸《老子鬳斋口义》说："老子之学主于尚柔，故以人与草木之生死为喻。"

值得注意的是，根据"人之生"以及"草木之生"的柔弱特性而做的推论，其所寓意者并非恒常的一般性规律，而是具有或然性的发展态势。它的最大价值是警示性，是引导人们回归于"道"的一种反向运动提示。因此，"兵强则不胜"，并非指军队强大了就不会得胜，其真义在于警告拥有强兵的君王如果倚强凌弱，则必遭失败。显然，这里也同样蕴含了辩证法的思想。用释德清的话说，老子此意是"伤世人之难化，欲在上者当先自化，而后可以化民也"。从现实的情况看，难化之世人亦不可谓不多。

人之生也柔弱，其死也坚强①。草木之生也柔脆，其死也枯槁②。故坚强者死之徒，柔弱者生之徒③。是以兵强则不胜，木强则折④。

强大处下，柔弱处上⑤。

【译文】

　　人活着时身体是柔弱的，死了以后身体就僵硬了。草木活着时是柔弱的，死了以后就枯槁了。所以，僵硬的属于死亡一族，柔弱的属于生存一类。由此推之，兵势强大不一定能胜，树势强大反而会断折。

　　强大的当处下位，柔弱的可居上位。

【注释】

　　①坚强：坚硬僵直。河上公注："人生含和气，抱精神，故柔弱也。人死和气竭，精神亡，故坚强也。"吴澄《注》："人生则肌肤柔软，而活动可以屈伸，死则冷硬而强直不能屈伸。"蒋锡昌《校诂》："此以人类生死现象表示柔弱之可贵。"

　　②柔脆：柔弱，柔嫩。枯槁：干枯。严遵《老子指归》："草木之始生也，枝条润泽，华叶青青，丰茂畅美，柔弱以和。何则？阳气存也。其衰也，华叶黄悴，物色焦殃。及其死也，根茎枯槁，枝条坚刚。何则？阳气去之也。阳气之所居，木可卷而草可结也；阳气之所去，气可凝而冰可折也。"林希逸《口义》："'柔弱''坚强'，皆借喻也。老子之学，主于尚柔，故以人与草木之生死为喻。"王弼本于"草木"前有"万物"二字，世传本及帛书本、汉简本与之同，唯傅奕本、严遵本、吴澄本并无此二字，马叙伦、蒋锡昌以为二字为衍文，据删。

　　③徒：类，族。河上公注："以其上二事观之，知坚强者死，柔弱者生也。"严遵《老子指归》："万物随阳以和弱也。故坚强实

满，死之形象也；柔弱润滑，生之区宅也。凡人之性，憎西邻之父者，以其强大也；爱东邻之儿者，以其弱小也；燔烧枯槁者，以其刚强也；簪珥荣华者，以其和淖也。"顾欢《道德真经注疏》成玄英疏云："'徒'，类也。是知行刚强者乖于和理，故与死为徒。行柔弱者顺于和气，故与生为徒。此合喻也。"吴澄《注》："上文言人与草木生柔而死坚，推此物理则知人之德行。凡坚强者不得其死，是死之徒；柔弱者善保其生，是生之徒也。"

④兵强则不胜：兵势强大不一定能取胜。木强则折：树势强大可能会断折。王弼注："强兵以暴于天下者，物之所恶也，故必不得胜。"王注强调"以暴天下"之"强兵"必不得胜，可见普通之"强兵"未必不胜。宋徽宗御注："抗兵相加，则哀者胜矣。"苏辙《老子解》："兵以义胜者，非强也。强而不义，其败必速。"李霖《取善集》："兵恃强则必骄矜。骄矜者，败亡之道也。秦皇至强，不二世而亡；项氏暴强，不旋踵而灭。"魏源《老子本义》引李氏嘉谟曰："柔弱虽非即道，而近于无为；刚强虽未离乎道，而涉于有为。无为则去道不远，有为则吉凶悔吝随之，益远于道矣。"奚侗《集解》："木强则失柔韧之性，易致断折。'折'各本或作'共'，或作'兵'，皆非是。'折'以残缺误作'兵'，复以形近误为'共'耳。兹据《列子·黄帝》篇、《文子·道原》篇、《淮南·原道训》引改。""折"王弼本原即作"兵"，据奚侗说改。又帛书甲本作"恒"，乙本作"竞"，傅奕本作"共"，高明《帛书老子校注》以为三字均当假为"烘"："'木强则烘'，犹言木强则为樵者伐取，燎之于灶竈也。"其说亦辩，备于此。

⑤强大处下：强大的当处下位。强大，指坚硬巨大的东西。王弼注："木之本也。"柔弱处上：柔弱的可以处上位。柔弱，指

柔软脆弱的东西。王弼注："枝条是也。"苏辙《老子解》："物之
常理，精者在上，粗者在下。其精必柔弱，其粗必刚强。"陈景元
《纂微》："夫木之强干大本常处于下，柔条弱枝常处于上，木犹如
此，况于人乎？况于国乎？"案本句为老子的一般总结，其宗旨
合于无为之道，是老子守柔思想的体现。

七十七章

【题解】

本章主旨在"言天道之妙，以明圣人法天以制用"（释德清语）之道。

按照老子的思想，天道的一般规律（即其"常"）可谓"天法道"和"周行不殆"，亦如七十九章所说的"天道无亲，常与善人"。老子对天道的这种认识，后来在道家系统中得到了充分的发展。庄子对这一思想的表述是"天无不覆，地无不载"（《庄子·德充符》），关尹子也有类似表述："天无不覆，有生有杀，而天无爱恶"（《关尹子·三极》）。天道的这种周遍性，在认识论上呈现的是一种圆融和完满的知识观。当试图用具象之物来表示这种知识观时，老子选择了"张弓"这一现象，以譬喻天道的周遍和圆融。仔细推敲，"张弓"这一举动有两个显著的特征，一个是射箭者根据目标所在位置而做出"高者抑之，下者举之"的抑、举动作调整，其中体现了"有的放矢"的因应策略，这便是道家思想中的"因顺"之道，它本质上是一个重要的规范性概念。在老子看来，"道之尊，德之贵，夫莫之命而常自然"，因此，因顺"自然"是天道的本质所在。

老子在借助"张弓"动作总结行动的因应策略时，还发现了这种因应之举所自然产生的一种外在效应，这就是"张弓"的第二个特点，即损有余以补不足。这一结论的得出，为检讨人道得失、确立圣人的行为准则构建了逻辑起点。从理解老子"张弓"二字所寓的含义角度看，可以将"张弓"与另一概念"弛弓"加以对照，二者虽均为弓箭的存在形态，但前者表示"弦拉紧了的弓箭"，后者表示"弦放松了的弓箭"。从下面的图示中可以看出，如果用一个可以喻示天道之"周遍性"的圆来作为参照系的话，那么，弛弓状态下的多余表现为超出圆形之外的阴影部分，而圆内很大一部分空白处是代表不足的，因此，弛弓状态的弓箭如半月，是有短缺的，是不圆满的。一旦箭弦被拉紧而使弓箭处于张弓状态，则弛弓状态的多余部分就会转而弥补其短缺的地方，从而使张弓如满月，它可以形象地代表着世界的丰盈性和圆满性。老子所见的天道运行规律，就是这样损有余以补不足，而他借助于"张弓"这一动作及其所展现的弓箭状态，将有余与不足之间的转换机制极为形象地描绘出来，显示出老子体悟人情物理之深，实在是出人意表。

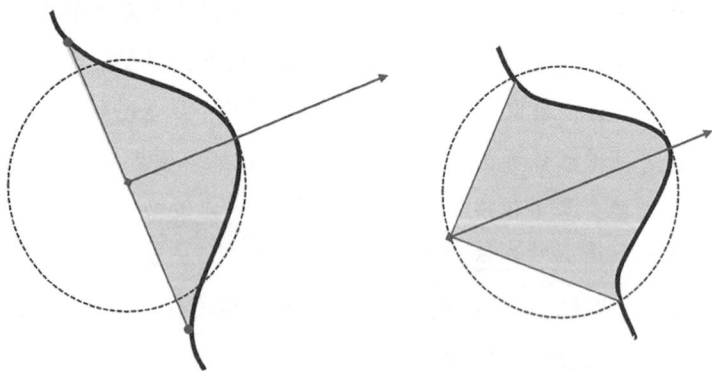

A·弛弓　　　　　　　　　　　B·张弓

图示　弛弓与张弓所展现的多余与不足

　　从老子的张弓之喻中，至少可以体会这样三个道理：一者，人世间的抑、举之对，须因顺自然，以终极目的为依归；二者，在社会阶层当中，所处地位的高下之别，存在着"反者道之动，弱者道之用"的规律，即便是成功者，也须战战兢兢，如履薄冰，谨慎其为；三者，在"有余"与"不足"的相互转化当中，蕴有祸福相依之机，得即是失，失亦是得。圣人知此，所以"为而不恃，功成而不处"，从而能"没身不殆"。尤为重要的是，老子在本章所使用的"抑"、"举"和"有余"、"不足"等概念，并不限于物质或财富层面，而是贯通于人类的所有行为。正因为此，老子在本章最后以"圣人为而不恃，功成而不处，其不欲见贤"为例、作结，体现了具有普遍意义的"有为而又无为""举之而又抑之"的平衡思想。

　　值得注意的是，老子在本章虽然展现了对天道"损有余而补不足"的感情倾向，但并不意味着老子有平均主义思想，也不意味着老子是在价值层面谈论甚至主张公平正义，因为老子等道家哲学的本质是淡化甚至否定伦理意义上的"德"的（所谓"上德不德"即指此）。老子谈人道之缺，乃是基于当时社会现实而发出的呐喊和警告，是立足于天道而对当时的"人道"之非人道予以批判。后世注家尤其当代注家以为老子在主张"公平""均平"，其实是不识老子学说之宗。另外，尽管老子学说与儒家中庸学说大有相通之处，但以为本章的"张弓"之喻包含有"中庸"思想，似乎也是想多了。

　　天之道，其犹张弓与^①！高者抑之，下者举之^②；有余者损之，不足者补之^③。天之道，损有余而补不足；人之道则不然，损不足以奉有余^④。孰能损有余以奉天下？唯有道者^⑤。

是以圣人为而不恃，功成而不处，其不欲见贤也^⑥。

【译文】

天道的运行，就像拉弓射箭一样啊！居高临下者，势必抑之；处下仰高者，势必举之；有多余的地方，一定要减损之；有不足的地方，一定要补益之。天道的运行，就这样减损多余以便弥补不足。当下"人道"的运行则不然，是在减损不足以便奉养多余啊。谁能减损其多余以补给天下之不足呢？唯有得道之人。

正因为这样，圣人即使有所作为也不会自恃己能，即使有所成功也不会据为己有，因为他不想炫耀自己的贤德。

【注释】

①天之道：即天道，这里指天道的运行规律。张弓：弦拉紧的弓，拉弓。与：或作"欤"，叹词。案"张弓"一词，以往注家的训解多未得其义（刘笑敢《老子古今》："此段'张弓'之喻较费解。"），而误解之源可溯及河上公注、严遵注，以致将"张弓"解为制作或调适弓箭的动作。释德清《老子道德经解》虽从弓箭结构立论颇能给人以启发，然其以为"弣"自为"高"而"弰"自为"下"并据以推断"抑"与"举"，恐亦属牵强："弓之为物，本弣高而有余，弰下而不足，乃弛而不用也。及张而用之，则抑高举下，损弣有余之力，以补弰之不足，上下均停，然后巧于中的。否则，由基、逢蒙无所施其巧矣。"查阅先秦典籍，"张弓"的含义本来明确而稳定。如《仪礼·大射仪》："遂命胜者执

张弓，不胜者执弛弓。"《礼记·曲礼上》："凡遗人弓者，张弓尚筋，弛弓尚角。"（此句苏辙《老子解》仅择引"张弓上筋，弛弓上角"而舍弃其必不可少的前提语句"凡遗人弓者"，以致令人不知所云，横生误解）《说苑·尊贤》："君之赏赐，不可以功及也，君之诛罚，不可以理避也，犹举杖而呼狗，张弓而祝鸡矣，虽有香饵而不能致者，害之必也。"上引典籍中之"张弓"，前两者义为"弦拉紧的弓"（"弛弓"即弦松弛的弓），指弓的状态，后者释作"拉弓"，指动作。老子此处之"张弓"，义属后者，特以拉弓射箭动作所展现的状态来譬喻天道运行的规律。按说，天道运行既有其不确定性的一面，即老子所谓的"道"，也有其确定性的一面，即老子所谓"常道"，而此处老子仅就天道之"常"立言，以张弓的常态揭示天道运行的一般规律。

②高者：指居高临下的射手。抑之：将弓箭按下去射击。之，指弓箭。抑，压制，压抑，压下。下者：指处下仰高者。举之：将弓箭举起来射击。举，抬举，扬起。唐玄宗御注："张弓如此，乃能命中。"

③有余者：多余的地方。有余，富余，多余。损之：减损那些多余的地方。不足者：短缺的地方。奚侗《集解》："天道无私，喻如张弓，抑高举下，损有余补不足，要于均平而已。"案此处老子借用射箭动作从"弛弓"到"张弓"的形态转换来譬喻天道对于多余和不足的调谐，而这种调谐的结果使世界达到圆满。

④奉：供给，养活，给予。彭耜《集注》引刘骥曰："天道出于自然，故损有余而补不足；人道出于使然，故损不足以奉有余。"

⑤"孰能"句：句谓只有得道之人才能循天道，做到损有余

以补不足。河上公注："言谁能居有余之位，自省爵禄以奉天下不足者乎？唯有道之君能行也。"苏辙《老子解》："有道者，瞻足万物而不辞，既以为人，己愈有，既以予人，己愈多。非有道无以堪此。"此句王弼本原阙"损"字。严遵本作"孰能损有余而奉天下"，傅奕本作"孰能损有余而奉不足于天下者"，范应元本作"孰能损有余以奉天下"，三本因有"损"字而语意更为完足，据补。

⑥不欲见（xiàn）贤：不想向世人彰显其贤能。河上公注："不欲使人知己之贤，匿功不居荣名，畏天损有余也。"宋徽宗御注："不恃其为，故无自伐之心；不居其功，故无自满之志。人皆饰智，己独若愚；人皆求胜，己独曲全。唯不欲见贤也，故常无损，得天之道。"苏辙《老子解》："为而恃，成而处，则贤见于世；贤见于世，则是有余自奉也。"案圣人之有为，非刻意其为，乃是因顺自然，物来照应，所以能自得其成，自成其功。功成事遂而不自恃己能，不自居其功，不欲有贤名于世，这便是"高者抑之"之道。王弼本原无"也"字，帛书甲乙本、汉简本并有，据补。傅奕本"也"作"邪"，义同。

七十八章

本章承八章"上善若水"之旨，再次以水为喻，总结水不可取代的柔弱特性和攻坚功能，并以世人与圣人在理解和践行守柔之道方面的差异为对比，申述柔弱胜刚强的道理，提醒君王在守柔方面的德行建设，认为只有以柔弱自处、能忍辱负重的君王才是明王圣君。

关于"弱之胜强，柔之胜刚"一语，须知它所表达的主要是可能性，而不是必然性。不过，就这一总结所具有的真理性来看，它还是具有相当的普遍性的。如果站在历史长河中回望，或者立足现实大地上进行观察，就会发现，不管是个人的生命历程，还是国家的兴衰之路，不管是军事斗争的胜败转折，还是政治地位的转换沉浮，都有无数事例证明"弱之胜强，柔之胜刚"的真理性，所以，这句话不仅给柔弱者以希望，也给坚强者以警示。然而，可悲的是，这样一个道理，天下之人虽能知其语、记其词，但由于不能得其义、晓其理、信其真，所以往往不得行其实、得其效。正是在这个意义上，老子借圣人之口从正面提出，只有那些能够受国人之诟病、受国家之不祥的人，才能作为社稷主、天下王。这样的观点在普通人看来很难接受，因此，老子说"正言若反"。不过，如果联系到春秋之际诸侯国之间动辄兴兵攻伐，荼毒百姓，就能领会老子此处立言之深意和寓情之深切了。十三章老子言"宠辱若惊，贵大患若身"，其宗旨与此无异。这样的思想在名家那里则以"见侮不辱"展现出来，与老子的思想也别无二致。儒家经典《春秋左传·宣公十五年》中宣传的思想也与此相通："川泽纳污，山薮藏疾，瑾瑜匿瑕，国君含垢，天之道也。"

本章主题亦与七十六章接近，可以对读。

天下莫柔弱于水，而攻坚强者莫之能胜，以其无以易之①。弱之胜强，柔之胜刚，天下莫不知，莫能行②。

是以圣人云："受国之垢，是谓社稷主；受国不祥，是为天下王③。"正言若反④。

【译文】

天下万物，没有比水更柔弱的了。若论能攻克坚硬的东西，没有什么能超过水，原因是它的特性、功能无法取代。弱能胜强，柔能克刚，这个道理天下人无有不知，但却无人践行。

所以，圣人说："能够承受国家的耻辱，可以作为社稷的主宰；能够承受国家的灾殃，可以作为天下的君王。"圣人的这句话虽然中正，但听起来却像是违背常理。

【注释】

①莫柔弱于水：没有比水更柔弱的了。河上公注："圆中则圆，方中则方，壅之则止，决之则行。"莫之能胜：没有能胜过水的。之，指水。河上公注："水能怀山襄陵，磨铁消铜，莫能胜水

而成功也。"易：取代，更替。河上公注："夫攻坚强者，无以易于水。"王弼注："'以'，用也。'其'，谓水也。言用水之柔弱，无物可以易之也。"吕惠卿《传》："天下之物，唯水能因物之曲直方圆而从之，则是柔弱莫过于水者也。而流大物，转大石，穿陵谷，浮载天地，唯水为能，则是攻坚强者无以先之也。所以然者，以其虽曲折万变，而终不失其所以为水，是其无以易之也。"吴澄《注》："金石至坚，然磨金石皆须用水，是水为攻坚强之第一物，莫有能先之者。虽欲以他物易之，而无可易之者也。"彭耜《集注》引黄茂材曰："上善若水章，言水善利万物而不争，处众人之所恶，与此所言大抵略同。含垢纳污，水之德也。虽为天下王，莫能违之。"王弼今本原无"以"字，帛书甲乙本、汉简本、傅奕本均有此字。蒋锡昌引陶鸿庆曰："傅奕本作'以其无以易之也'。据王弼注，'以，用也。其，谓水也。言用水之柔弱，无物可以易之也'，是其所见本，亦有'以'字，系误脱，故顺文解之。"陶说是，据补。

②弱之胜强：弱能胜强。河上公注："水能灭火，阴能消阳。"柔之胜刚：柔能克刚。河上公注："舌柔齿刚，齿先舌亡。"陈景元《纂微》："夫水之灭火，阴之制阳，舌柔齿刚，舌存齿亡，此天下之莫不知，而世俗之所共闻也。而迩各师其心，莫能行其柔弱之道者，此老氏所以重叹息，故引圣人之言。"

③受国之垢：承受国人的诟病。国，这里指国人。《庄子·天下》篇引作"受天下之垢"，即指天下人。下文的"国"字，当指国家。垢，侮辱，指责。社稷：本指土神和谷神及其祭祀场所，这里指代国家。范应元《集注》："'社稷'者，古者建邦立国，左社右稷。社者，五土之神也；稷者，祈谷之所也。民以食

为天，故有国必先社稷，而王者乃社稷之主也。"河上公注："君
能受国垢浊者，若江海不逆小流，则能长保其社稷，为一国君主
也。君能引过自与，代民受不祥之殃，则可以王有天下。"陈景元
《纂微》："圣人言者，《三坟》之遗文也，或老氏之论也。'垢'，
秽辱也。言人君能含受垢秽，引万方之罪，在于一人；予一人有
罪，无以汝万方，则民仰德美而不离散，可以常奉社稷而为主矣。
又人君能谦虚用柔，称孤寡不谷，则四海归仁，六合宅心，是谓
天下王矣。《传》曰：'山泽纳污，国君含垢。'盖近之矣。"奚侗
《集解》："《书·汤诰》：'万方有罪，在予一人；予一人有罪，无
以尔万方。'《庄子·则阳》篇：'古之君人者，以得为在民，以失
为在己；以正为在民，以枉为在己。'皆此所谓受国之垢与不祥
也。能受垢与不祥，而后可以为社稷主，为天下王。"蒋锡昌《校
诂》："凡《老子》书中所言'曲''枉''窐''敝''少''雌'
'柔''弱''贱''损''啬''慈''俭''后''下''孤''寡'
'不谷'之类，皆此所谓'垢'与'不祥'也。此言人君唯处谦
下，守俭啬，甘损少，能受天下人之所恶者，而后方能清静无为，
以道化民；如此，乃可真谓之社稷主，或谓之天下王也。"

④正言若反：中正的言语听上去像是违背常理。河上公注：
"此乃正直之言，世人不知，以为反言。"苏辙："正言合道而反
俗，俗以受垢为辱、受不祥为殃故也。"林希逸《口义》："垢与不
祥，不可受之受也，似反一世之常言，其实正论，故曰'正言若
反'。"彭耜《集注》引陈象古曰："似反于正矣。受垢为社稷主，
受不祥为天下王，以言观之，则似非正，以理观之，则至正矣。"

七十九章

【题解】

本章的主旨在于彰明消除大怨的最好途径是使怨不生，而不生怨的途径是使德合于道。譬如即便有债权于人，也不以为是负债者必须履行的义务，这样一种契约精神，就是符合于道、能令怨尤不生的德行。释德清归纳本章之旨为"此言圣人无心之恩，但施而不责报。此为当时计利者发也"，颇契老子之意。

在老子看来，恩怨本质上类似于一种债权债务关系。施恩于人者，对人拥有债权；受恩于人者，对人负有债务；只有债务得以偿还，债权才能撤销。然而，就世情而论，即使这种债权债务关系已经不存在，但某种债权感、债务感会长久弥留于双方的心念之中而不得清除。如果这种关系不是向着清算的方向运动而是朝着累加的方向运动，则必然形成积怨甚至终成大怨，大怨一旦积成，即使采取十二分的努力加以调和，恐怕也余怨难消。这时，余怨不得消除，所作的调和也就难以称得上善，也算不上好。这就是老子首言"和大怨，必有余怨，安可以为善"的缘由。前此老子曾言及"民不畏威""民不畏死"，其实都是大怨已成，积重难返，所以才说"则大威至"，这时的民怨是难以调和的。

那么，如何能够从源头上消除大怨积成的可能性呢？老子以为，关键是宽容地对待各种债权、债务的契约关系，这一态度的内在依据当然是老子一贯的"欲不欲""行不行"等"无为而无不为"思想，由此自然会推导出在债权、债务关系上的"债不债"操作策略：圣人执左契，而不以责于人。换言之，即使有债权，也不刻意地以为它是必须始终不渝加以执守的契约。如果遵守契约是一种美德（在现代社会，这确实是一种为人推崇的思想），那么，践行契约就是"有德"之人，所以，老子说"有德司契"。然而，在道家看来，这一德行并没有达到最高境界。德行的最高境界在于"无德"，即"上德不德"，是那种不会心心念念去践行某个契约但却能随机应变、因人而异、因地制宜地变通契约的德行。用今天的价值观来衡量，"有德司契"带有某种科学主义的精神，如果将其落实在法律层面，则可能是严密的法律体系的构筑，但与此同时，它也可能是苛察缴绕的政法体系的温床。与此相对，"无德司彻"的道家精神如果落实在法律层面，就会体现为"法网恢恢，疏而不失"的法治思想，当然它也可能滋长人治大于法治的风习。但不管怎样，就老子立论的背景来看，老子主张"无德司彻"是符合春秋之际的社会现实的。老子学后来变而以黄老之学的面目为汉初政治家所用，也体现了"无德司彻"的精神实质，并取得了广为称道的成功。从中可以看出，"有德司契"和"无德司彻"究竟哪一种为好，恐怕还是要根据社会发展的历史阶段性加以抉择，或者，倘能因地制宜地兼顾于二者，而不是一刀切地择其一而不计其余，才是真正符合老子学说基本精神的策略。这样，就更容易理解，老子最后言"天道无亲，常与善人"，已经周遍地回答了上述自设的或他人很可能会有的疑问：天道本无亲疏，视万物如刍狗，它唯一能持续去做的事情，就是帮助人是其所是，成其所成。这就是"善人"二字的本义。历来人们以"大好人"来训解"善人"二字，显然是大错特错了，因为老子道论体系中，只有善于因顺的圣人，是绝对没有永恒的"大好人"这种类型的人的。

和大怨，必有余怨，安可以为善①？是以圣人执左契，而不以责于人②。有德司契，无德司彻③。

天道无亲，常与善人④。

【译文】

大的怨恨即使得以调和，也终究不能彻底消除，这样还怎么可以说得上是妥善呢？所以，圣人即使手里拿着标志债权的左契，也不会凭它讨要债务。刻意于德行的人才会按照契约办事，而无意于德行的人只会循道行事。

天道并无亲疏远近的偏爱，它通常只是帮助那种因循于道的人。

【注释】

①和大怨：调和大的怨恨。余怨：残存的怨恨。安可以为善：怎么可以算作是"善"？李霖《取善集》："人君不能无为无事，谦卑柔弱，而民乃多欲好争，怨恶并兴。人君立法以绳之，其杀人者死，伤人者刑，而和报其怨，奈何奸诈愈甚而怨恶益多，则安可以为善！"蒋锡昌《校诂》："人君不能清静无为，而耀光行威，则民大怨生。待大怨已生而欲修善以和之，则怨终不灭，此安可以为善乎？"

②左契：契的左边一半。契，券契，契约。蒋锡昌《校诂》

说，古代"刻木为契，剖为左右，以便分执，至日后再相合为信。左契为负债人所立，交债权人收执。右契为债权人所立，交负债人收执。"责：指债权人以所执左契向负债人索取所欠。王弼注："'左契'，防怨之所由生也。"陆希声《传》："古者结绳为约，而民不欺；破木为契，而民不伪，何者？圣人无常心，以百姓心为心也。故圣人之心，与百姓心，犹左右契尔。契来则合，而不责于人，故上下相亲，怨用不作。"案本句意谓圣人即便有债权于人，亦不足为念。心无所系于恩怨，则能和光同尘，恩怨俱泯。王弼本原无第二个"以"字，据帛书本、汉简本、严遵本补。

③有德：犹三十八章之"不失德"，意谓刻意于德行。有，指出于刻意的行为，如"有为"之"有"亦然。老子学在认识论上以"无"为上，以"有"为下，全书贯通于此，几无例外。司契：执守契约。司，主管，执守，有固执恪守的意思。无德：犹三十八章之"不德"，意谓不刻意于德行。司彻：依循于道。司，因循，依循，执守；彻，道，轨辙，通达。这里指事物发展变化的轨迹，虽有踪迹可循，但也有某种不确定性，因此可以喻作道的运行。《诗经·小雅·节南山之什·十月之交》："天命不彻，我不敢效我友自逸。"《尔雅·释训》："不彻，不道也。"后世注家多训"彻"为"周朝的田税制度"，于文突兀，于理扞格，于老子学说相悖，不可取。陈景元《纂微》："夫'有德'者，中古之君也，无文书法律，但刻契合符以为信约，则民自从化，故称有德也。'无德'者，谓远古之君也，德大无名，物皆自然，而穴处巢居，各安其分，故其君无思无虑，朝彻而见独，不为不恃，道冥而德渊，更无契可司，但司其通彻而已矣，故称'无德'焉。"案本句为本章一句极为重要的话，强调圣人（"上德不德"之

人）并不泥守契约，而是游于当下，从而能得情境之真实。庄子于《德充符》篇所阐发的思想，亦属对老子此意的引申："故圣人有所游，而知为孽，约为胶，德为接，工为商。圣人不谋，恶用知？不斫，恶用胶？无丧，恶用德？不货，恶用商？四者，天鬻也。天鬻者，天食也。既受食于天，又恶用人！"后世注家以"有德"为褒义，以"无德"为贬义，与三十八章之旨正相反对，于是不免对"司契""司彻"强为曲解，不能服人。

④无亲：没有亲疏远近之别。亲，亲近，亲爱。此句意承五章之旨："天地不仁，以万物为刍狗；圣人不仁，以百姓为刍狗。"常与善人：总能助人成为他自己。与，有助于，帮助，赞与；善人，能因循于道的人，即圣人，意犹圣人能依循于道而使事物自是其所是，自成其所成，故"善"为使动词，有"成全"义。案此句历来注家多不得其旨，盖以世俗之"善"而误解老子之"善"。须知老子道论所言之"善"，乃取"上善若水"之"善"义，固有"上善不善"之义，非同于世俗好坏、善恶之"善"。尤为明显的是，本句老子先已断言"天道无亲"，则下句"常与善人"之"善"，必非世俗所谓"善恶"之"善"，乃是道家"上善不善"的"善"。由于这种"善"因人而异，便不是普遍伦理意义上的"善"了。因此，此"善"字也有"成人之善"的意思，是使人是其所是、成其所成的"善"。检视先秦典籍中"善人"之用法，亦可见有此义，后世注家未能留意于此，致使此句的注译完全背离老子思想的总脉络，造成《老子》书前后思想自相扞格的假象，失甚。

八十章

【题解】

本章老子以三个假设句立言，既描绘了自己心目中的理想社会形态，也阐明了当下复杂社会问题的根源以及避免这些问题的可能途径。释德清对《老子》本章之旨作了简要而准确的总结："老子所言，疾当时之弊皆有为，用智刚强，好争尚利，自私奉己，而不恤于民，故国乱民贫，而愈难治。所以治推上古，道合无为。全篇所论，不出乎此，盖立言之本旨也。"

老子的"小国寡民"说曾被视为乌托邦式的空想，甚至有学者认为老子要开历史倒车，其实这是对老子思想的大误解，也是对老子学说当世价值的大轻贱。《老子》本章的真正立意，乃出于对当时社会种种现实情况的不满：譬如，智巧之用，虽然高效的器械得以发明，但矛盾也由此相竞而生，争斗之心机亦从此为之埋伏；政苛民怨，则人民必然轻死，不得不背井离乡以求生计；君王好战，则甲兵起于天下，大攻小，强执弱，死者以国量，国界为之变迁，人民相互敌对而生大怨。这些都是周朝末年春秋之际的现实情况，而当今社会又何独不然？只要睁开眼看看当今世界的军备竞赛、国际争端，就不能不惊叹老子之卓见。与此相反，在理想的社会中，人民哪怕是以看似笨拙的结绳记事的方法来生活，但事简民淳，安土重迁，重死慎战，何用严苛的法治、矫饰的人治? 人民食甘衣美, 安居乐俗, 这样, 国与国之间, 以疆界为别, 可望而不相犯, 老死而不往来。如此, 则老子所勾勒的世界图景, 难道不是每个人心目中的理想家园吗?

历来注家对本章文意的把握颇有歧见, 其根源有三: 一者是读法有偏误, 致语不成义; 二者对"使"字失训, 皆释作使动词"让"、"致使", 而非释作连词"假如""即使""即便", 致词义误读; 三者, 正由于以上两点, 注家多不识《老子》本章乃属假设之文, 其中设有三个类似于"假如……, 那么, 即便……, 也"的假言判断, 乃老子借以立论的严密逻辑架构。能明了以上三种错误, 则知本章老子之论, 虽然是在勾勒一种近乎完美的理想社会形态, 但假设毕竟是假设, 仅为推导出"无为"这一道家思想本旨而已, 并非老子企图开历史倒车。因此, 给老子学说扣上某种是非、对错的标签, 这一做法在本质上就与"有以为未始有物"的道家知识观不搭调, 其论必妄。

从文章学的角度鉴赏老子本章行文, 仅从三个"使"字的运用上看, 即可见其鲜活、灵动之态, 近乎三个有生命力的音符, 其字虽同, 但由其位异处, 故其音有别, 每个音符起伏跳跃于乐谱之中, 绝无半点拘泥之态, 终而成就一篇美妙的华章, 真可谓大美之文!

小国寡民, 使有什伯人之器而不用[①]。使民重死而不远徙, 虽有舟舆, 无所乘之[②]; 虽有甲兵, 无所陈之[③]。使民复结绳而用之, 甘其食, 美其服, 安其居, 乐其俗, 邻国相望, 鸡犬之声相闻, 民至老死不相往来[④]。

【译文】

假如国家小，人口少，那么，即便有十倍、百倍于人力的器械都可以不用。假如人民爱惜生命而不愿远迁异地，那么，即便有船只车辆，也没有什么可运载的；即便有铠甲兵器，因为没有什么战阵也就派不上用场。假如人民重又过起结绳记事的生活，吃什么食物都觉得甘甜，穿什么衣服都觉得舒美，住什么居所都觉得安适，随什么习俗都觉得和乐，那么，即便相邻的国家彼此看得见，鸡鸣犬吠的声音彼此听得到，但其人民却仍可以直到老死也不相往来。

【注释】

①小国寡民：国家小，人口少。此为一假设语句，是全章推论的基点。使：即使，即便。什伯人之器：指效率高出人力十倍百倍的器械。伯，通"佰"。吴澄《注》："十人为什，百人为伯。"《庄子·天地》："有机械者必有机事，有机事者必有机心。机心存于胸中，则纯白不备；纯白不备，则神生不定；神生不定者，道之所不载也。"苏辙《老子解》："老子生于衰周，文胜俗弊，将以无为救之，故于其书之终，言其所志愿，得小国寡民以试焉，而不可得尔。"李霖《取善集》引王元泽（即王雱）曰："小国寡民，则民淳厚。盖国大民众，则利害相摩，巧伪日生。观都邑与聚落之民，质诈殊俗，则其验也。"案庄子所言，正引申老子之旨，盖智巧不用，人民淳朴，是为老子所假设的"小国寡民"社会的一般风尚。王弼本原无"人"字，据帛书甲乙本、汉简本、河上本补。

②使：假使，假如。下文"使"字义同。重死：看重死亡，

与"轻死"相对。不远徙：不迁移到远方。远徙，谓背井离乡。舆（yú）：车。无所乘之：没有什么可运载的。乘，驾驭，运载。河上公注："君能为民兴利除害，各得其所，则民重死而贪生也。政令不烦，则安其业，故不远徙，离其常处。"宋徽宗御注："其生可乐，其死可葬，故民不轻死而之四方。孔子（案当为曾子，见《论语·子张》）曰：'上失其道，民散久矣。'远徙之谓欤？"彭耜《集注》引曹道冲曰："水行则用舟，陆行则用舆。今既乐其土不迁，弗远徙而就利，民不相往来，故无用。"林希逸《口义》："不致远以求利也。"王弼本及世传本"不远徙"，帛书甲乙本、汉简本并作"远徙"，无"不"字，则其"远"字当训为"远离"，而句意仍同于王弼本。

③甲兵：铠甲兵器。陈：同"阵"，布阵，列阵。李霖《取善集》引张君相曰："兵以讨逆，武以静乱，上既行道，下乃好德，自然从化，何事陈兵？"又引曹道冲曰："大国不侵，小国守土，介胄戈矛，不战安用？"范应元《集注》："动甲兵者，莫非仇雠。既不致仇雠，则虽有而不陈也。"

④结绳：在绳子上打结。文字出现之前，古人结绳以记事。《周易·系辞下》："上古结绳而治，后世圣人易之以书契。"孔颖达疏云："'结绳'者，郑康成注云：'事大大结其绳，事小小结其绳。'义或然也。"甘：觉得甘美。后文之"美""安""乐"，均指主观感觉。往来：这里指国家之间国民的往来，其中包括军事侵犯。以往注家训为邻里之间的往来，失之。此句"国"字是关键。苏辙《老子解》："事少民朴，虽结绳足矣。"李霖《取善集》："欲明结绳之世，人人淳朴。文字既兴，诈伪日渐。"杜光庭《道德真经广圣义》："列国相望，鸡犬相闻，盖言其近也。人至老死

不相往来，由彼此俱足，无所求及故尔。君无境上之会，民无身外之求，虽接风烟，何烦来往？在身则各安其分，外绝贪求；于国则各畅其生，民无劳役。乐道顺性，道之至乎！"奚侗《老子集解》引高延第云："太古之食衣居俗，苟且简略，非真能甘美安乐也。唯人人循分知足，无假外求，故自以为甘美安乐也。"案此句亦为一假设句，以"使民复结绳而用之，甘其食，美其服，安其居，乐其俗"为假设条件，以"邻国相望，鸡犬之声相闻，民至老死不相往来"为假设之推论，言喻国家之间纷争的因果关系。句谓只要一国之民于食、衣、居、俗方面有甘、美、安、乐之感，那么，即便国家之间离得再近，也会各守疆界，不相侵犯，无所往来。老子此论乃针对当时诸侯国之间征伐频仍、疆域不断变更而发。

八十一章

【题解】

本章将"言""知"和"行"三者合为一处作统一论述，是对《老子》一书五千言的"道"论进行知识论的总结，与首章宗旨相互呼应。

从文本的叙述结构上看，本章先言"言"，次言"知"，再言"行"。于"行"，又再作申论，而归之于天道，终之于圣道。这样的叙述安排，使全书构成一个完整的逻辑闭环，完成了老子以天道谕圣道、以圣道化人道的完整表述。

《老子》首章横空排出"道可道，非常道"六字，其中即已涉及"道""常道"和"言"三个贯穿全书始终的概念。在那里，老子挑明了"言"与"道"及"常道"的关系：用言语来叙述"常道"，不存在任何障碍，"常道"可言、可教，可书于文契，可铭于钟鼎，它的基本形态就是教条。"道"则不然，它本质上难以用语言表述，勉强以"言"说"道"，也只不过如佛家所谓"假言说法"，是不得不借助语言来传达"道"之精义，以求达到"善人"（成全人、渡人）的目的，使人或事物成其所成、是其所是，但若受言之人得鱼犹不能忘筌、过河还不能弃筏，则有关"道"的一切言语便转而成为空洞的说教，去道已远。因此，《老子》首章之六字已经规定了《老子》全书五千余"言"与"道"和"常道"的关系，也范围了这些"言"的"信"与"美"的价值。为此，老子于本章作出的总结论是：信言不美，美言不信。

不过，对于老子的这句话，今人的解读颇令人困惑。综观各家注释，或谓"真话不好听，好听的不是真话"，或谓"真实的言辞不华丽，华丽的言辞不真实"，或谓"真实的言语不华美，华美的言语不真实"，或谓"诚信的言语不华美，华美的言语不诚信"，或谓"真实可信的话不漂亮，漂亮的话不可信"。大约自有白话译文以来，老子的这句话便被人作类似的解读。如高亨译作"诚实的言谈则不华丽，华丽的言谈则不诚实"，任继愈译作"真话不漂亮，漂亮的不是真话"，张松如译作"真诚的话不漂亮，漂亮的话不真诚"，字虽异而意同。陈鼓应蹑前人之迹，译作"真实的言词不华美，华美的言词不真实"，颇有定鼎之效，后来注家引为典范，陈陈相因。

然而，仔细忖度上述注家对该句的训解，不免令人疑窦顿生。将"信言"释作"真实的言词"或"真诚的言词"，将"美言"释作"华美的言词"甚至"漂亮话"，这样的训解合适吗？从逻辑上看，在《老子》全书缺少相应铺垫的情况下，这种解释只有不与老子思想产生冲突才可信，只有不与常理相背离才能服人。然而，"凡是真实的言词必不华美，凡是华美的言词必不真实"，这样的判言着实令人有不踏实的感觉，因为其间的对立关系会使得"真、善、美"在现实当中永无统一的可能性了，这显然是荒谬的。仅从《老子》一书本身所述之"理"与所言之"言"的关系上看，上述结论就说不过去。鄙意以为，《老子》一书的语言已经自带美感，其有关"常道"之论，或更进一步，即便是"假言说法"的有关"道"的言语，不是也真的很美吗？难道这些美言都不足信吗？所以，一定要弄清楚，老子究竟是在什么意义上做如此的自我否定的。

或者有人会说："老子所言，指的是凡俗世界的通常情况，与自己的'道论'无涉。"若果真如此，那么，但凭这一句话，也足可以将《老子》一书定格为逻辑不能自洽的庸俗之作。《老子》一书纵横捭阖五千言，若于终章如此收笔，几近匪夷所思了。

要想解决上述困惑，恐怕还得回到先秦至汉的典籍中，弄清"信言"和"美言"的实际用法。检索这一时期的主要典籍，其中的"美言"一词，一直有褒、贬两种用法。褒义的"美言"指完美、至善之言，如《大戴礼记·曾子本孝》："美言兴焉，故恶言不出于口，烦言不及于己。"扬雄《法言·寡见》："或曰：'良玉不雕，美言不文，何谓也？'曰：'玉不雕，玙璠不作器。言不文，典谟不作经。'"桓宽《盐铁论·卷七》："夫称上圣之高行，道至德之美言，非当世之所能及也。"《卷九》："故不知味者，以芬香为臭，不知道者，以美言为乱耳。"桓谭《新论》："夫言行在于美善，不在于众多。出一美言善行，而天下从之，或见一恶意丑事，而万民违，可不慎乎！故易曰：'言行，君子之枢机。枢机之发，荣辱之主。所以动天地者也。'""美言"的这种褒义用法是其主流。贬义的"美言"指粉饰、不实之言，如《孔子家语·卷八》："美言伤信，慎言哉！"陆贾《新语·辅政》："谗夫似贤，美言似信，听之者惑，观之者冥。"

在《老子》中，"美言"出现于六十二章和本章，其用法即有不同。在六十二章，"美言"指"赞美之词"，在老子学说体系中显然有贬义，因为老庄均主张"无己""无功""无名"，邀誉、求赞不是道家所主张的行为。正因为老子于该章的此等用法，影响了人们对本章"美言"意涵的判断。其实，本章的"美言"指"完美的言词"，即"希言""不言"，只有这样的言词，才足以周遍地概括本来不可言说的"道"。如此，"美言不信"就别有意涵，必不同于以往注家的理解。

这里又出现了如何理解"信"和"信言"的问题。其实，古语中的"信"，不光有"诚"义，用以表示人的主观态度，更有"信用""准时""有规律"之义，用以表示客观事实。如《管子·任法》："如天地之坚，如列星之固，如日月之明，如四时之信。"这样的用法不胜枚举。《老子》此章之"信言"，即如此种用法，实指"可征信的言词"，也就是能够再度用经验事实证明的言词，它所对应的是"规律性的事实"。然而，万物皆流，从"道"的立场上看，显然没有任何两个事物是完全等同的，因此，有关"道"的言词也自然不可能再度完全被具体的、确凿的事实所证明，这一点，与"常道"恰好不同——前已一再说明，"常道"是那种只要满足其假定前提，便可以反复得到验证的定理、公理、共识，科学定理是其中最典型的知识类型。所以，本章老子言"美言不信"，其实际含义是：大美之言，以其不言、希言，所以是无法按照常规予以征信的。这样一来，"信言不美，美言不信"一语，就自得其理论高度，同时与《老子》首章之论相互呼应。鄙意此必为老子此章立言之本意！

由此可见，《老子》一书中有关"道"与"常道"的言论，贯穿着一个始终不变的思想脉络："道"贵"因"，"常道"贵"信"。统观老庄之言，"因"字于道家至为关键，当然，道家也不排斥"信"的客观存在。老子言"窈兮冥兮，其中有情；其情甚真，其中有信"（二十一章），庄子言"夫道，有情有信"，都表明两位道家宗师对"道"与"常道"或对"因"与"信"的同等兼顾。在《慎子》书中，有两段议论可用以分述"常道"和"道"的这两种不同特点以及对待二者的不同态度。《慎子·威德》所言之"公"，即属于"常道"的范畴："故著龟，所以立公识也；权衡，所以立公正也；书契，所以立公信也；度量，所以立公审也；法制礼籍，所以立公义也。"同样，在《慎子·因循》中，慎子又强调了"因"对于"道"的意义："天道因则大，化则细。因也者，因人之情也。人莫不自为也，化而使之为我，则莫可得而用矣。是故先王见不受禄者不臣，禄不厚者不与入难。人不得其所以自为也，则上不取用焉。故用人之自为，不用人之为我，则莫不可得而用矣。此之谓因。"《庄子》书中对"因"的发挥已经达于至境，使之最终成为道家思想系统中的最重要概念之一，是老子"无为而无不为"思想的终极体现（参见拙著《庄子内篇引归》）。

　　了解了"信言"和"美言"、"不信"和"不美"的真实意涵，便可以明了老子本章立意的本旨，是在对自己五千言"道论"的自我否定。这种否定是根本性的，是对语言与"道"之间所存在的无法消解的内在张力的终极肯定，也是对世人在面对以语言形式所传达的所谓"真理"提出的终极警示：在"道"的意义上，语言无法准确传达其精义；即便有某种看似周遍的言语（如"希言"或"不言"）貌似能传达"道"的信息，但这些言词仿佛也是不可征信的、不能验证的——此处用"仿佛"二字，意谓其实是能验证，但这种验证是在流动的世界中所做的不拘一格的验证，是那种"不是验证的验证"，属于"知不知""行不行"的范畴，其终极的对应命题，自然是"无为而无不为"。

　　就此，老子的话题又重新回归到"知"的问题。正是由于有关"道"的"美言"的不可征信性，老子、庄子都主张"无知""知不知"，如十章："明白四达，能无为乎?"七十一章："知不知，上矣。"当然，这种主张不独道家为然，儒家亦然，名家亦然，释家亦然。《论语·子罕》有谓："子曰：'吾有知乎哉? 无知也。有鄙夫问于我，空空如也。我叩其两端而竭焉。'"《里仁》亦有谓："子曰：'参乎! 吾道一以贯之。'"《卫灵公》亦谓："子曰：'赐也，女以予为多学而识之者与?'对曰：'然，非与?'曰：'非也，予一以贯之。'"在孔子这里，其所谓"一"，几近于"道"；其所谓"知"，相当于"常道"。至于主张"万法唯识""转识成智"的释家，主张"智者寂于是非，故善恶有别；明者寂于去就，故进退无类"（解见拙著《名家四子引归》）的名家，也同样在根本宗旨上将"无知"与"道"相对应，将"有知"与"常道"相对应。凡进入"无知"境界的问题，均属于"不可征信"的问题，故老子曰"知者不博"，是为"道论"之要旨所在。

上述"知"与"言"的问题，反映在现实事物当中，就属于"名实关系"的问题。对这个问题的重要性，古人一直都有极为清醒的认识。在《诗经·唐风·采苓》中有这样的描述："采苓采苓，首阳之颠。人之为言，苟亦无信。舍旃舍旃，苟亦无然。人之为言，胡得焉? 采苦采苦，首阳之下。人之为言，苟亦无与。舍旃舍旃，苟亦无然。人之为言，胡得焉? 采葑采葑，首阳之东。人之为言，苟亦无从。舍旃舍旃，苟亦无然。人之为言，胡得焉?"因此，位居先秦思想界主流的各家各派都对"言""名"和"实"及其关系有所论及，而道家基于"道论"所建立的"名实"观，对儒家、名家的影响又极大。

在讨论了"言"与"知"之后，老子以"善者不多，多者不善"一语,将话题推向"行"的层面,并进而将"天之道"与"圣人之道"相贯通,为"人之道"的化育指明了方向。这样,由"知"而"名",由"名"而"言",由"言"而"行",老子于本章以寥寥数语贯通了当时学界有关知识论的所有重大议题,而且还全部给出了正面的、肯定的答案,若非站在知识论的塔尖俯瞰整个知识疆域,遍览其间由名谓而生之"万事万物"的生生灭灭,洞察人类所有知识问题的本质,是绝对无法做到的。

最后,借用《刘子·审名》的一段话来引申老子"道论"当中所涉及的"名实关系",或许有助于进一步理解《老子》一书的知识论底色以及它与儒、名、墨、法诸家的学术关联:"言以译理,理为言本;名以订实,实为名源。有理无言,则理不可明;有实无名,则实不可辨。理由言明,而言非理也;实由名辨,而名非实也。今信言以弃理,实非得理者也;信名而略实,非得实者也。故明者课言以寻理,不遗理而著言;执名以责实,不弃实而存名。然则言理兼通,而名实俱正。世人传言,皆以小成大,以非为是。传弥广,理逾乖;名弥假,实逾反。"刘子所言,不仅于"常道"为是,即便于"道"之言谓,不亦宜乎?由此可知,"信言不美,美言不信",斯真言也!

信言不美,美言不信①;知者不博,博者不知②;善者不多,多者不善③。圣人不积,既以为人,己愈有;既以与人,己愈多④。天之道,利而不害;圣人之道,为而不争⑤。

【译文】

可以反复征信的言语并不完美,完美的言语是无法反复征信的；了知于道的人知识不一定渊博，知识渊博的人不一定了知于道；至善之人不会追求益多，追求益多的人未臻至善。所以，圣人不积藏外物。所为越是为人，其为越是为己；所与越是与人，其与越是与己。天道之行，有所谓利而无所谓害；圣道之行，有所谓为而无所谓争。

【注释】

①信言：可以反复征信的言语。这里指关于那些依一定假设前提可以反复得以验证的定理、公理、推论的言论，即有关"常道"的说教。信，有规律，可反复征信，重复出现，准时出现。《管子·任法》："如日月之明，如四时之信。"不美：不够完美。美，完美，完善。此就言语在陈述大道时不够周延而言，即呼应首章"道可道，非常道；名可名，非常名"之宗旨。《老子》全书始终体现着"语言无以传道"的知识观。美言：能周遍地传达大道的言语。此处之"美言"为褒义，与六十二章之"美言"为贬义有所不同。不信：没有办法反复征信。意谓即便看似能完美表述"道"之精义的语言，也很难征信，更不可视为值得笃信的教条。此意与释迦牟尼说经的态度完全契合。释德清《老子道德经解》："'信言不美'，斯乃释疑之辞，以明道本无言，因言显道之意也。首章云'道可道，非常道'，以'可道'之'道'，乃言说也，老子自谓道若可言，即非真道矣。今上下五千余字，岂非言耶？既已有言，则道非真矣。因于终篇以自解之，以释后世之疑耳。"此句立论于"言"。

②知者：指知于道者。四十八章："为学日益，为道日损。"不博：谓不一定具有广博的知识。博者不知：谓知识广博的人

未必能知大道之要妙。五十六章:"知者不言,言者不知。"《庄子·缮性》:"心与心识知,而不足以定天下,然后附之以文,益之以博。文灭质,博溺心,然后民始惑乱,无以反其性情而复其初。"河上公注:"'知者',谓知道之士。'不搏'者,守一元也。'博者',多见闻。'不知'者,失要真也。"王弼注:"极在一也。"苏辙《老子解》:"有一以贯之,则无所用。博学而日益者,未必知道也。"林希逸《口义》:"知道之知,不以博物为能;以博物为夸,非知道者也。"范应元《集注》:"通于一则万事毕,故博者未必知一也。"案此句老子从知识的角度分辨人对于"道"和"常道"的把握,明确了知"常道"者未必知"道",知"道"者不必知"常道"。老子在终篇以此示警,显然带有自我否定的意味。此句立论于"知"。

③善者:犹"善人",特指至善之人,即下文之圣人。"善"字义承"上善若水"之意,故此"善者"乃为善于因应自然、循道而为者。多:增益,格外增加。这里指言行上的多余。《老子》中的"多",多属贬义。如五章:"多言数穷,不如守中。"二十二章:"少则得,多则惑。"四十四章:"多藏必厚亡。"五十七章:"天下多忌讳,而人弥贫;人多利器,国家滋昏;人多伎巧,奇物滋起;法令滋彰,盗贼多有。"王弼本此句原作"善者不辩,辩者不善",并在"知者不博"句前。帛书甲乙本、汉简本、严遵本此句并在'知者不博'句后,且帛书乙本(甲本残缺)"不辩"作"不多",独异于世传诸本。高明《帛书老子校注》:"今本误在'善者不辩,辩者不善'一句。从经义分析,原讲三层意义:一为'信言不美',二为'知者不博',三为'善者不多'。今本文次颠倒,经义重叠。……其中必有讹误。甲、乙本(案实际上

甲本残缺）同作'善者不多，多者不善'，正与下文'圣人无积，既以为人，己愈有；既以予人，己愈多'文义联属，足证今本有误。"高说是，刘笑敢《老子古今》从高说。此从帛书乙本、高说改。此句立论于"行"。

④不积：不积藏任何外物。王弼注："无私自有，唯善是与，任物而已。"既：连词，表示并列。为人：意谓所作所为都是为了别人。己愈有：自己更加充足。与人：给予别人。多：富裕。《庄子·天道》："天道运而无所积，故万物成；帝道运而无所积，故天下归；圣道运而无所积，故海内服。"苏辙《老子解》："圣人抱一而已，他无所积也。然施其所能以为人，推其所有以与人，人有尽而一无尽，然后知一之可贵也。"吕惠卿《传》："道之为物，未始有物者也。圣人者与道合体，夫何积之有哉？唯其无积，故万物与我为一；万物与我为一，则至富者也。"薛蕙《集解》："积，藏也。圣人以其道为人，以其利而与人，虽施及天下与后世，而其道愈有而无尽，其利愈多而不减也。"

⑤天之道：即"天道"，义与九章、七十三章、七十七章所谓"天之道"同，但其观察及言说的角度却各异，因为天道无常、无不周遍，所以可从方方面面去言说。利而不害：善利万物而无所谓构成伤害。不害，算不上有害。盖利害之谓，皆出于人的立场和视角，而天道无亲，其实本无利无害。但天生万物（其中包括桀、纣及其杀戮），从人的立场上看，尚可以"利"言之，故曰"利而不害"。圣人之道：指善于顺应天道的人道。寓意唯圣人之道能够做到这一点，而常人则未必然。为而不争：有为但却非出于争心。争，谓争先、争利、争名、争功等等，一言以蔽之，可谓"争有"或"争多"。此义承八章而来："上善若水。水善利

万物而不争。"吕惠卿《传》："凡物有所利则有所不利，有所不利则不能不害矣。唯天之道，无所利则无所不利，无所不利则利而不害矣。凡物之有为者莫不有我，有我故有争。圣人之道，虽为而无为，无为故无我，无我故不争，是'天之道'而已矣。"苏辙《老子解》："势可以利人，则可以害人矣；力足以为之，则足以争之矣。能利能害而未尝害，能为能争而未尝争，此天与圣人所以大过人，而为万物宗者也。凡此皆老子之所以为书，与其所以为道之大略也。故于终篇复言之。"帛书本、汉简本误夺一"圣"字。

附：本书征引及参考的主要著作

1.［战国］庄周:《庄子》(百子全书本第八册),浙江人民出版社,2013 年。

2.［战国］韩非:《韩非子》(百子全书本第三册),浙江人民出版社,2013 年。

3.［汉］严遵:《老子指归》,中华书局,1994 年。

4.［汉］河上公:《道德真经注》,《道德经集释》,中国书店,2015 年。

5.［汉］河上公:《宋刊老子道德经》,福建人民出版社,2008 年。

6.［魏］王弼注,楼宇烈校释:《老子道德经注》,中华书局,2011 年。

7.［南齐］顾欢编纂,董建国点校:《道德真经注疏》,凤凰出版社,2016 年。

8.［唐］傅奕校订:《道德经古本篇》,天津古籍出版社,1988 年。

9.［唐］陆希声:《道德真经传》,《道德经集释》,中国书店,2015 年。

10.［唐］陆德明:《老子音义》,《经典释文》,中华书局,1983 年。

11. ［唐］杜光庭：《道德真经广圣义》，《道德经集释》，中国书店，2015 年。

12. ［唐］王真：《道德经论兵要义述》，《道德经集释》，中国书店，2015 年。

13. ［宋］王安石著，容肇祖辑：《王安石老子注辑本》，中华书局，1979 年。

14. ［宋］苏辙：《道德真经注》（又名《老子解》，四库全书本），华东师范大学出版社，2010 年。

15. ［宋］范应元：《老子道德经古本集注》，华东师范大学出版社，2010 年。

16. ［宋］陈景元：《道德真经藏室纂微篇》，华夏出版社，2016 年。

17. ［宋］林希逸：《老子鬳斋口义》，华东师范大学出版社，2009 年。

18. ［宋］司马光：《道德真经论》，《道德经集释》，中国书店，2015 年。

19. ［宋］吕惠卿：《老子吕惠卿注》（又名《道德真经传》），华东师范大学出版社，2015 年。

20. ［宋］董思靖：《太上老子道德经集解》，商务印书馆，1939 年。

21. ［宋］彭耜：《道德真经集注》，浙江人民美术出版社，2021 年。

22. ［金］寇才质：《道德真经四子古道集解》，华夏出版社，2016 年。

23. ［金］李霖：《道德真经取善集》，华夏出版社，2021 年。

24.[元]吴澄:《道德真经注》(四库全书本影印),中国书店,2010年。

25.[明]焦竑:《老子翼》,华东师范大学出版社,2011年。

26.[明]释德清:《道德经解》,华东师范大学出版社,2009年。

27.[明]薛蕙:《老子集解》,商务印书馆,1939年。

28.[清]王夫之:《老子衍 庄子通 庄子解》,中华书局,2009年。

29.[清]魏源:《老子本义》,华东师范大学出版社,2010年。

30.[清]姚鼐、马其昶、奚侗:《老子注三种》,黄山书社,1994年。

31.[清]奚侗:《老子集解》,上海古籍出版社,2007年。

32.[清]俞樾:《老子平议》,《诸子平议》,中华书局,1956年。

33.[清]郭乾泗:《道德经元翼》,三多斋发兑,乾隆庚申年。

34.[清]易顺鼎:《读老札记》,程颂藩署首,光绪甲申年。

35.[清]刘师培:《老子斠补》,宁武南氏校印本,1934年。

36.[清]黄元吉:《道德经讲义》,九州出版社,2014年。

37.[清]张尔岐:《老子说略二卷》,山东省图书馆藏清抄本。

38.[清]王引之:《经传释词》,岳麓书社,1984年。

39.[清]济阳张尔岐:《老子说略二卷》,山东省图书馆藏清抄本。

40.[日]林罗山:《老子鬳斋口义注》(《中国典籍日本注译丛书》,影印本),上海古籍出版社,2021年。

41.唐玄宗、宋徽宗、明太祖、清世祖:《〈道德经〉四帝注》,

海南出版社，2012 年。

42. 陈柱：《老子集训》，商务印书馆，1928 年。

43. 冯振：《老子通证》，华东师范大学出版社，2012 年。

44. 蒋锡昌：《老子校诂》，商务印书馆，1937 年版，成都古籍书店 1988 年影印。

45. 严灵峰：《老子章句新编》，文风书局，1944 年。

46. 马叙伦：《老子校诂》，北京古籍出版社，1956 年。

47. 马王堆汉墓帛书整理小组：《经法》，文物出版社，1976 年。

48. 朱谦之：《老子校释》，中华书局，1984 年。

49. 许抗生：《帛书老子注译与研究》（增订本），浙江人民出版社，1985 年。

50. 卢育三：《老子释义》，天津古籍出版社，1987 年。

51. 张默生：《老子章句新释》，成都古籍书店，1988 年。

52. 徐仁甫：《诸子辨正》，成都出版社，1993 年。

53. 高明：《帛书老子校注》，中华书局，1996 年。

54. 张松如：《老子说解》，齐鲁书社，1998 年。

55. 刘信芳：《荆门郭店竹简老子解诂》，艺文印书馆，1999 年。

56. 黄炳辉：《老子章句解读》，上海古籍出版社，2001 年。

57. 廖名春：《郭店楚简老子校释》，清华大学出版社，2003 年。

58. 古棣：《老子校诂》，吉林人民出版社，2005 年。

59. 胡道静主编：《十家论老》，上海人民出版社，2006 年。

60. 冯达甫：《老子译注》，上海古籍出版社，2006 年。

61. 刘笑敢：《老子古今——五种对勘与析评引论》，中国社会科学出版社，2006 年。

62. 詹剑峰：《老子其人其书及其道论》，华中师范大学出版社，2006 年。

63. 党圣元：《老子评注》，岳麓书社，2007 年。

64. 张松辉：《老子译注与解析》，岳麓书社，2008 年。

65. 楼宇烈：《老子道德经注校释》，中华书局，2008 年。

66. 高亨：《老子注译》，清华大学出版社，2010 年。

67. 高亨：《老子正诂》，清华大学出版社，2011 年。

68. 郑良树：《老子新论》，上海古籍出版社，2011 年。

69. 黄朴民：《道德经》，岳麓书社，2011 年。

70. 北京大学出土文献研究所编：《北京大学藏西汉竹书（贰）》，上海古籍出版社，2012 年。

71. 傅佩荣：《傅佩荣译解老子》，东方出版社，2012 年。

72. 罗义俊：《老子译注》，上海古籍出版社，2012 年。

73. 朱俊红整理：《道德经四帝注》，海南出版社，2012 年。

74. 刘昭瑞：《〈老子想尔注〉导读与译注》，江西人民出版社，2012 年。

75. 黄瑞云：《老子本原》，湖北人民出版社，2013 年。

76. 樊波成：《老子指归校笺》，上海古籍出版社，2013 年。

77. 刘思禾校点、〔汉〕河上公注、严遵指归、〔三国〕王弼注：《老子》，上海古籍出版社，2013 年。

78. 汤漳平、王朝华：《老子》，中华书局，2014 年。

79. 杨丙安：《老子古本合校》，中华书局，2014 年。

80. 任继愈：《老子绎读》，国家图书馆出版社，2015 年。

81. 董平:《老子研读》,中华书局,2015 年。

82. 王西平:《老子辨正》,三秦出版社,2015 年。

83. 陈高傭:《老子今解》,商务印书馆,2016 年。

84. 林语堂:《老子的智慧》,湖南文艺出版社,2016 年。

85. 陈剑:《老子译注》,上海古籍出版社,2016 年。

86. 吴诚真:《道德经阐微》,东方出版社,2016 年。

87. 陈徽:《老子新校释译》,上海古籍出版社,2017 年。

88. 王中江:《老子》,国家图书馆出版社,2017 年。

89. 李存山:《老子》,中州古籍出版社,2017 年。

90. 韩起编校:《吕祖秘注道德经心传》,广西师范大学出版社,2017 年。

91. 冯国超:《老子》,华夏出版社,2017 年。

92. 徐梵澄:《老子臆解》,武汉崇文书局,2018 年。

93. 吴根友:《老子》,岳麓书社,2018 年。

94. 任思源:《道德经》,线装书局,2018 年。

95. 李若晖:《老子异文总汇》,上海辞书出版社,2019 年。

96. [日] 金谷治:《老子读本》,北京联合出版公司,2020 年。

97. 陈鼓应:《老子今注今译》,中华书局,2020 年。

98. 裘锡圭:《老子今研》,中西书局,2021 年。

99. 罗志霖:《老子今注新解》,巴蜀书社,2021 年。

100. 张景、张松辉:《道德经》,中华书局,2021 年。

101. 左克厚:《老子句读》,东方出版中心,2021 年。

102. 吴文文:《北大汉简老子译注》,中华书局,2022 年。

103. 王晓玮:《注音全译老子》,新华出版社,2022 年。

104. 陈徽:《道德经》,上海古籍出版社,2023 年。

图书在版编目（CIP）数据

老子引归 / 谢彦君著 . — 北京 ： 商务印书馆，
2024. — ISBN 978-7-100-24352-0

Ⅰ．B223.12

中国国家版本馆 CIP 数据核字第 2024Z38E08 号

老子引归

谢彦君 著

商 务 印 书 馆 出 版
（北京王府井大街 36 号　邮政编码 100710）
商 务 印 书 馆 发 行
艺堂印刷（天津）有限公司印刷
ISBN　978-7-100-24352-0

2024 年 8 月第 1 版　　　　开本 880×1230　1/32
2024 年 8 月第 1 次印刷　　　印张 15⅝
定价：65.00 元